La grande cuisine *de* tous les jours

Données de catalogage avant publication (Canada)

Vedette principale au titre:
La grande cuisine de tous les jours
Traduction de: Weight Watchers Great Cooking Every Day

Régimes amaigrissants – Recettes. 2. Cuisine santé. I. Weight Watchers International. II. Titre.
RM222.2W313714 2001   641.5'635   C2001-941213-4

DISTRIBUTEURS EXCLUSIFS:

- Pour le Canada
  et les États-Unis:
  MESSAGERIES ADP*
  955, rue Amherst
  Montréal, Québec
  H2L 3K4
  Tél.: (514) 523-1182
  Télécopieur: (514) 939-0406
  * Filiale de Sogides ltée

- Pour la France et les autres pays:
  VIVENDI UNIVERSAL PUBLISHING SERVICES
  Immeuble Paryseine, 3, Allée de la Seine
  94854 Ivry Cedex
  Tél.: 01 49 59 11 89/91
  Télécopieur: 01 49 59 11 96
  Commandes: Tél.: 02 38 32 71 00
                   Télécopieur: 02 38 32 71 28

- Pour la Suisse:
  VIVENDI UNIVERSAL PUBLISHING SERVICES SUISSE
  Case postale 69 - 1701 Fribourg - Suisse
  Tél.: (41-26) 460-80-60
  Télécopieur: (41-26) 460-80-68
  Internet: www.havas.ch
  Email: office@havas.ch
  DISTRIBUTION: OLF SA
  Z.I. 3, Corminbœuf
  Case postale 1061
  CH-1701 FRIBOURG
  Commandes: Tél.: (41-26) 467-53-33
                   Télécopieur: (41-26) 467-54-66

- Pour la Belgique et le Luxembourg:
  VIVENDI UNIVERSAL PUBLISHING SERVICES BENELUX
  Boulevard de l'Europe 117
  B-1301 Wavre
  Tél.: (010) 42-03-20
  Télécopieur: (010) 41-20-24
  http://www.vups.be
  Email: info@vups.be

© 2001, Weight Watchers International, Inc.

© 2001, Les Éditions de l'Homme,
une division du groupe Sogides,
pour la traduction française

L'ouvrage original américain a été publié par IDG Books Worldwide, Inc.,
succursale de International Data Group Company,
sous le titre *Great Cooking Every Day*

Tous droits réservés

Dépôt légal: 3e trimestre 2001
Bibliothèque nationale du Québec

ISBN 2-7619-1660-3

L'Éditeur bénéficie du soutien de la Société de développement des entreprises culturelles du Québec pour son programme d'édition.

Nous reconnaissons l'aide financière du gouvernement du Canada par l'entremise du Programme d'aide au développement de l'industrie de l'édition (PADIÉ) pour nos activités d'édition.

Pour en savoir davantage sur nos publications,
visitez notre site: www.edhomme.com
Autres sites à visiter: www.edjour.com • www.edtypo.com
www.edvlb.com • www.edhexagone.com • www.edutilis.com

WEIGHT Ⓦ WATCHERS®

La grande cuisine de tous les jours

Plus de 250 recettes

Un mot à propos de Weight Watchers ®

Depuis 1963, Weight Watchers connaît une croissance prodigieuse et des millions de personnes deviennent membres chaque année. Aujourd'hui le nom de Weight Watchers est reconnu comme étant un chef de file sûr et avisé dans le domaine de la gestion du poids. Les membres de Weight Watchers composent des groupes variés qui accueillent des gens de tous âges, des plus jeunes aux plus âgés. Ces groupes se rencontrent dans presque tous les pays du monde.

Les résultats de la perte et du maintien du poids varient selon les individus, mais nous vous recommandons d'assister aux rencontres de Weight Watchers, de suivre le programme Weight Watchers et de faire de l'activité physique de façon régulière. Vous pouvez composer le 1 800 651-6000 pour connaître le groupe de rencontre Weight Watchers le plus près de chez vous. Nous vous invitons aussi à visiter notre site au www.weightwatchers.com

WEIGHT WATCHERS est une marque déposée de Weight Watchers International, Inc.

Weight Watchers Publishing Group
Directrice de l'édition originale: Nancy Gagliardi
Assistante à la publication: Jenny Laboy-Brace
Photographe: Rita Maas
Styliste alimentaire: Mariann Sauvion
Styliste-accessoiriste: Cathy Cook

The Culinary Institute of America
Rédactrice en chef: Jennifer Armentrout
Responsable de la photo: Jessica Bard
Directrice du Food and Beverage Institute: Mary Cowell
Chef certifié, doyen des Culinary, Baking and Pastry Studies: Victor Gielisse
Directrice du studio de photo: Elizabeth Corbett Johnson
Photographe (pages sur les étapes): Lorna Smith

Traduction: Françoise Schetagne

Remerciements
Weight Watchers et The Culinary Institute of America remercient leurs précieux collaborateurs: Rebecca Adams, Joyce Hendley, Carol Praeger, Deri Reed et Christopher Thumann qui ont rédigé les recettes; Barbara Dunn, Kendra Glanbocky, Carol Hanscom, Deborah Hartman, Dena Peterson et Gina Tori qui ont aidé aux séances de photographie; Diane Buscaglia, Sophie Cowell, Mary Donovan, Gypsy Gifford, Kendra Glanbocky, Wendy Karn, Fran Kearney, Laura Pensiero, Thomas Schroeder et Belinda Treu qui ont essayé les recettes.

Introduction

Chez Weight Watchers, lorsque nous avons décidé de créer un livre de recettes qui vous permettrait de cuisiner en expert, nous savions que la qualité des recettes et des ingrédients était une chose, et que la préparation et la cuisson de ces ingrédients en était une autre. Ce livre de recettes allait devoir vous fournir toute l'information nécessaire sur les différentes méthodes de cuisson, ainsi que des conseils simples et astucieux pour la préparation des aliments.

Et où avons-nous déniché cette précieuse information? Nous nous sommes adressés à la plus prestigieuse institution culinaire aux États-Unis: le Culinary Institute of America. L'une des vocations de cette école est d'éduquer le public en matière de techniques culinaires; elle s'applique également à créer des recettes qui font appel à des ingrédients frais et naturels. Chez Weight Watchers, nous avons su reconnaître la valeur des connaissances du Culinary Institute of America.

Dans cet institut, l'étude de la nutrition a toujours figuré au programme. Dès son ouverture en 1946, l'un des premiers membres à temps plein de la faculté fut un spécialiste de la diététique. En 1985, le Culinary Institute of America s'est résolument engagé sur la voie de l'enseignement de l'hygiène alimentaire en fondant le General Foods Nutrition Center. Niché sur le site du campus de l'institut dans Hyde Park, à New York, ce centre abrite plusieurs salles de conférence ainsi qu'un laboratoire à la fine pointe de la technologie, où les étudiants emploient des outils informatiques afin de procéder à diverses analyses nutritionnelles. Ils étudient ainsi les principes qui régissent une saine alimentation et apprennent à créer de nouvelles recettes fidèles à ces principes. Mais la réelle pierre angulaire de ce complexe d'enseignement est le St. Andrew's Café, un restaurant exploité par les étudiants et ouvert au public. Là, la préparation des aliments va de pair avec leur qualité nutritive. C'est autour des fours du St. Andrew's Café que les étudiants mettent en pratique les saines techniques de cuisson qui leur ont été enseignées à l'institut.

Chez Weight Watchers, notre plus grande préoccupation est de créer pour vous des recettes délicieuses, saines et faciles à préparer. Notre expérience en la matière jumelée aux conseils du Culinary Institute of America en ce qui a trait aux techniques de préparation des aliments font de cet ouvrage un guide de cuisine inestimable autant pour le débutant que pour le cuisinier chevronné. En réalité, ce sont ces techniques de préparation qui, bien plus que l'élaboration de recettes spécifiques, expriment le plus directement la vocation du Culinary Institute of America: une bonne connaissance des rudiments permet au chef cuisinier de considérer la recette non pas comme une formule immuable, mais comme un point de départ qui lui permettra de créer des plats sains et savoureux. Maintenant, grâce à Weight Watchers, vous pouvez appliquer les méthodes éprouvées du Culinary Institute of America dans votre propre cuisine.

Au premier chapitre de ce livre, vous prendrez connaissance des grands principes dont s'inspirent les techniques de cuisson les plus saines. Ce livre contient également bon nombre de mini-leçons illustrant, en photos, diverses méthodes de préparation et de cuisson. Ces guides photographiques, au même titre que les conseils et directives accompagnant les recettes, représentent la vaste expérience des chefs cuisiniers du Culinary Institute of America, une expérience que nous faisons maintenant vôtre. *La grande cuisine de tous les jours* est un ouvrage aussi efficace que stimulant; nous ne doutons pas que vous le consulterez maintes et maintes fois dans les années à venir. Nous considérons qu'il s'agit d'une référence majeure en matière de cuisine saine et savoureuse.

NANCY GAGLIARDI
Directrice de l'édition
Weight Watchers

Chapitre premier

L'art de manger sainement au XXIe siècle

Aux yeux du profane, l'enseignement que les instituts culinaires prodiguent aux futurs chefs est une chose complexe et mystérieuse. Pourtant, rien n'est aussi simple que la création de plats sains et délicieux.

Le Culinary Institute of America a développé une série de principes qui vous mettront sur la voie d'une saine hygiène alimentaire, tout en vous aidant à créer des plats nutritifs et savoureux. En vous appuyant sur ces principes, vous découvrirez de nouvelles façons de choisir et d'apprêter vos aliments. Soyez sans crainte : vous n'aurez pas affaire ici à des règles strictes. Il s'agit plutôt d'explorer de nouvelles possibilités dans un univers alliant saveur à saine alimentation.

Choisir ses ingrédients

Choisissez vos ingrédients avec soin. Autant que possible, procurez-vous des produits saisonniers frais. S'il vous est possible d'acheter vos aliments directement à la ferme ou au marché, n'hésitez pas : ces produits sont nettement supérieurs à ceux que vous trouverez au supermarché, autant par leur qualité que par leur saveur. Mais l'élément clé restera toujours la fraîcheur. Si l'un de vos ingrédients est hors saison, vous pouvez utiliser un produit congelé ou en conserve, mais lisez bien les étiquettes et choisissez une marque de qualité reconnue.

Dans la confection de vos repas, n'employez que des céréales à grains entiers. Les céréales raffinées perdent une grande partie de leur valeur nutritive lors du processus de mouture. Certains des minéraux et des vitamines dont ces céréales ont été dépouillées seront plus tard rajoutés artificiellement, mais les fibres contenues dans la céréale entière avant son traitement sont perdues à jamais.

La conservation des aliments

Manipulez et rangez vos aliments avec soin afin de préserver leur saveur, leur texture, leur couleur et leur valeur nutritive. Enveloppez soigneusement les aliments secs et rangez-les dans un endroit frais et sec, à l'abri de la lumière directe du soleil. Quant aux denrées périssables, réfrigérez-les aussitôt que possible. Gardez la température de votre réfrigérateur au-dessous de 4 °C (38 °F) afin de préserver la fraîcheur de vos aliments et d'empêcher la prolifération de bactéries. Évitez la contamination en rangeant la viande, la volaille et les fruits de mer sur l'étagère du bas de votre réfrigérateur ; vous vous assurerez ainsi que les liquides contenus dans ces denrées (liquides qui peuvent contenir des bactéries dangereuses) ne s'écouleront pas sur vos autres aliments.

La plupart des fruits et des légumes ne doivent être lavés, pelés ou tranchés que juste avant la cuisson, ceci afin de préserver l'essentiel de leur valeur nutritive. Cependant, les racines comestibles telles que la betterave, le navet, la carotte et le radis devront être équeutées dès l'achat, à défaut de quoi les feuilles continueront d'absorber les éléments nutritifs et l'eau contenus dans ces aliments.

Céréales, fruits et légumes : une saine variété

Votre menu quotidien devrait inclure une grande variété de céréales, de fruits et de légumes. Pains, pâtes alimentaires et autres aliments à base de céréales sont essentiels à une alimentation équilibrée : ils sont riches en hydrates de carbone complexes qui vous donneront de l'énergie, ainsi qu'en vitamines, en minéraux et en fibres alimentaires. Vous pouvez manger des aliments à base de céréales à tous les repas. Au déjeuner, savourez un bon bol de céréales ou un muffin, par exemple. Aux autres repas, les céréales se retrouvent dans le pain (nos recettes de pain sont si faciles à préparer !) et constitueront un savoureux ingrédient dans les salades, les farces et les desserts. Certaines céréales, le riz par exemple, peuvent même être utilisées afin d'épaissir vos sauces et vos soupes.

Sur les tables du monde entier, les céréales côtoient les légumineuses pour créer un parfait équilibre nutritionnel. Les légumineuses sont généralement plus riches en protéines que les céréales et constituent elles aussi une bonne source de fibres alimentaires. On peut composer de riches sauces avec des légumineuses simplement cuites ou réduites en purée. Les salades et les ragoûts à base de légumineuses composeront un accompagnement sensationnel pour d'autres mets plus riches en saveur.

Les légumes et les fruits, quant à eux, regorgent d'éléments nutritifs. Ils contiennent des quantités impressionnantes d'eau, d'hydrates de carbone, de fibres, de vitamines et de minéraux. À quelques exceptions près, les fruits et les légumes vous offriront cette manne nutritive sans apport significatif en gras ou en cholestérol, et tout cela dans un alléchant éventail de textures, de saveurs et de couleurs.

Braiser, griller, rôtir : choisir son type de cuisson

Choisissez le type de cuisson qui mettra vos aliments en valeur. À l'exception de la friture, la plupart des techniques de cuisson sont bonnes pour la santé. Les éléments nutritifs solubles contenus dans vos aliments seront mieux préservés si vous faites rôtir, sauter, griller ou étuver ceux-ci que si vous les faites bouillir ou mijoter. En braisant un aliment ou en le faisant cuire à l'étouffée, vous préserverez également son contenu nutritif, car le bouillon de cuisson, qui fait généralement office de sauce, aura capturé l'essentiel des vitamines et des minéraux contenus dans l'aliment.

Manger des fruits et des légumes… sans douleur

Vous pouvez aisément accroître votre consommation de fruits et de légumes en utilisant ceux-ci dans des sauces, des purées, des chutneys, des compotes et des salsas. Les fruits secs seront délicieux dans vos salades, vos sauces, vos farces et vos desserts, ou pour garnir un bol de céréales ou de gruau. Employez des jus de fruits et de légumes dans les vinaigrettes, sauces et soupes ou, à l'instar de bien des grands chefs cuisiniers, comme bouillon de cuisson. En faisant bouillir ou mijoter vos jus de fruits et de légumes, vous les « réduirez », c'est-à-dire qu'une partie de leur eau s'évaporera ; leur saveur s'en trouvera intensifiée.

Une fois un aliment tranché ou cuit, il sera exposé à la lumière, à l'air, aux hautes températures du four, à différents liquides, à des substances alcalines tel le bicarbonate de soude ou acides comme le jus de citron et le vinaigre. Tous ces éléments auront un impact sur le contenu nutritif de l'aliment. Une des meilleures façons de minimiser la perte nutritionnelle d'un aliment est d'éviter de le préparer à l'avance. Évitez de faire trop cuire vos aliments et ils demeureront juteux et nourrissants. Un mets surcuit deviendra soit sec, soit détrempé ; à tout le moins, il sera peu appétissant.

La question du gras

Vous devez être conscient de la quantité de matières grasses contenue dans un ingrédient ou nécessitée par un type de cuisson particulier. Cuisiner des plats faibles en gras présente un réel défi : nous désirons tous manger moins gras, plus sainement, mais cela sans rien sacrifier de la saveur des aliments. Eh bien, rassurez-vous ! Il existe plusieurs techniques qui vous permettront de « couper dans le gras » sans souffrir pour autant.

Dans la préparation de vos recettes, veillez à utiliser des ingrédients naturellement faibles en gras tels les légumes, les fruits, les céréales, les légumineuses et le poisson. Optez pour les coupes de viande et de volaille les plus maigres et enlevez l'excédent de gras s'il y a lieu. Les poitrines de volaille et les coupes de viande dans le filet, la longe ou la ronde constituent généralement de bons choix.

Portez attention à la catégorie des pièces de viande que vous achetez. Nous tenons compte de facteurs telle la quantité de gras contenue dans une viande maigre. Ainsi, certaines pièces de viande moins dispendieuses et apparemment de qualité inférieure contiennent en fait moins de « veinures » de gras que d'autres coupes jouissant d'une appellation supérieure.

Au lieu des viandes traditionnelles, pourquoi ne pas essayer le gibier ? Ces viandes vous feront découvrir des saveurs nouvelles et différentes et, dans bien des cas, leur contenu en gras et en cholestérol est significativement moins élevé que celui des viandes domestiques. Nul besoin de chasser pour se procurer du gibier : l'autruche, l'émeu, le cerf, le sanglier et le bison, pour ne nommer que ceux-ci, sont maintenant des animaux d'élevage ; demandez à votre boucher de vous les faire découvrir.

Jouissant d'un faible contenu en gras et en calories, le poisson et les fruits de mer représentent d'excellents choix pour qui veut manger sainement. Cependant, sachez que certains fruits de mer, le calmar par exemple, sont particulièrement riches en cholestérol. Par contre, les crevettes, les pétoncles et le homard contiennent très peu de cholestérol et quasiment aucun gras.

Des aliments riches en gras tels le fromage et le beurre trouveront tout de même leur place dans une alimentation saine, mais on ne doit les utiliser qu'en petites quantités et dans un but précis. Le bacon, par exemple, pourra être employé afin de donner une saveur particulière à un plat. En jetant la graisse accumulée dans le poêlon lors de la cuisson, vous pourrez bénéficier de la saveur du bacon tout en contrôlant la quantité de matières grasses contenue dans votre repas.

Mais il ne suffit pas de limiter la quantité de gras : il importe tout autant de reconnaître le type de gras auquel nous avons affaire. Les acides gras monoinsaturés et polyinsaturés sont meilleurs pour la santé que les acides gras saturés ; les graisses végétales telles l'huile de canola (colza) et l'huile d'olive (qui contient plus d'acides gras insaturés que d'acides gras saturés) constituent donc un choix plus sain que le beurre et les autres graisses animales (qui sont plus riches en gras saturés). Cependant, les margarines et les shortenings, bien que faits à base de graisses végétales, constituent un choix moins judicieux que les huiles : le traitement qui rend ces produits solides plutôt que liquides à la température ambiante entraîne également des transformations chimiques dans les gras qu'ils contiennent ; les acides gras insaturés qui s'y trouvent sont alors changés en gras saturés. En ce qui a trait à cette question, il suffit de vous rappeler que plus un corps gras est mou à température ambiante, meilleur il sera pour vous du point de vue nutritionnel.

Dans la mesure du possible, dégraissez vos aliments tout au long de la cuisson. Soupes et ragoûts, par exemple, peuvent être préparés une journée à l'avance et réfrigérés jusqu'au repas du lendemain. Le gras qu'ils contiennent montera alors à la surface, se solidifiera, et il vous sera possible de le retirer avant de réchauffer l'aliment. Lorsque vous faites rôtir la viande et la

Utiliser les bons outils

Il n'est pas essentiel de posséder un équipement spécial pour faire une cuisine faible en gras, mais certains outils vous simplifieront tout de même la vie. Poêlons et casseroles en fonte ou à revêtement antiadhésif empêcheront vos aliments de coller même lorsque vous cuisinez sans excédent de gras, et cela tout en les faisant cuire à la perfection. Afin de ne pas avoir à ajouter d'huile lorsque vous cuisez un aliment au four, tapissez le fond du plat de papier sulfurisé : l'aliment ne collera pas.

Lorsque vous avez une petite quantité de liquide à dégraisser ou que vous n'avez pas le temps d'attendre que le gras se solidifie au réfrigérateur, utilisez un broc à dégraisser. Ce pratique outil culinaire possède à son extrémité inférieure un goulot que vous pourrez ouvrir lorsque le gras aura monté : le liquide s'écoulera alors, laissant le gras à la surface. Pour dégraisser de plus importants volumes de liquide, utilisez une passoire très fine.

volaille, débarrassez-vous du gras accumulé au fond du plat avant d'ajouter d'autres ingrédients.

Afin de garder votre volaille juteuse, vous pouvez faire cuire celle-ci avec la peau : cela évitera l'évaporation des jus naturels au cours de la cuisson et n'ajoutera qu'une très faible quantité de gras à la viande. Mais ne mangez pas cette peau très grasse ; retirez-la avant de servir.

Certaines recettes font appel à davantage de gras qu'il n'est nécessaire. En réalité, une trop grande quantité de gras peut masquer la saveur naturelle des ingrédients. Diverses expériences culinaires ont démontré que lorsqu'on réduit le contenu en matières grasses d'une recette donnée, la saveur du plat demeure intacte et même, dans certains cas, son goût s'avère encore meilleur. Tentez vous-même l'expérience : en préparant un plat spécifique, réduisez chaque fois, graduellement, son contenu en gras ; ainsi, vous pourrez juger de la quantité de gras nécessaire dans la préparation de cette recette.

Lorsque c'est possible, remplacez les ingrédients gras par un équivalent faible en gras ou sans gras. Essayez les différents produits laitiers tels que crème sure, fromages et laits dans leur version « légère ». Le lait évaporé écrémé, par exemple, de par sa saveur, sa couleur et sa consistance, remplacera avantageusement la crème épaisse dans les soupes. Aussi, dans la plupart des recettes qui contiennent des jaunes d'œufs, vous pouvez remplacer ceux-ci par des blancs d'œufs ou par un succédané.

Qu'elles soient servies chaudes ou froides, bien des sauces s'avèrent très riches en gras. Mais comme la saveur, l'apparence et la consistance d'une sauce font bien souvent partie intégrante du caractère d'un plat, la substitution d'ingrédients devient ici une opération délicate, quoique praticable. Ainsi, vous pourrez tout aussi bien épaissir une sauce au bœuf avec de l'arrow-root et de la fécule de maïs au lieu d'utiliser graisse animale et farine. De même, dans les vinaigrettes à l'huile, remplacez une partie de l'huile par un bouillon ou un jus épaissi à la fécule de maïs : vous obtiendrez ainsi une vinaigrette faible en gras, qui de plus adhérera bien mieux à la salade qu'une vinaigrette ordinaire.

La perception de la saveur

Un plat aura beau être incroyablement sain et nourrissant, il n'impressionnera personne si son goût n'est pas à la hauteur. Un repas riche en saveur se crée avec des ingrédients de qualité que l'on aura préparés selon les règles de l'art. Mais, ainsi que nous le verrons ici, ce que nous interprétons comme étant la « saveur » d'un aliment est en fait la perception additionnée de nos cinq sens.

Voir la saveur

La vue est l'un des premiers sens par lesquels nous percevons la saveur. La couleur vive d'un plat ou d'un aliment le rend appétissant. Nous interprétons l'aspect de l'aliment comme étant un gage de sa saveur. La couleur d'un aliment témoigne également de sa fraîcheur et de la qualité de sa préparation : un haricot d'un beau vert vif évoque le jardin duquel il est issu. Le goût sucré, légèrement fumé et la texture veloutée d'une tranche de patate douce grillée se révèle à nous avant même que nous l'ayons goûtée.

Lorsqu'une soupe fume, nous savons qu'elle sera chaude. Un plat conçu en hauteur est stimulant et pique l'imagination. Simplement en regardant un mets, nous pouvons en anticiper le goût et la texture.

Écouter la saveur

Le pétillement du champagne que l'on verse, le grésillement d'un plat frais sorti du four, le crépitement des céréales auxquelles on ajoute du lait : tous ces éléments sonores nous procurent des indices quant à la saveur d'un aliment. Vous apprêtant à croquer dans une belle cuisse de poulet pané, vous vous attendez à entendre un joli son croustillant. Que la panure soit molle ou détrempée, et cette première bouchée ne produira pas le son attendu ; alors, même si le goût et l'arôme du plat sont exemplaires, votre degré de satisfaction sera amoindri.

Sentir la saveur

L'odorat joue un rôle énorme dans notre perception de la saveur. Le plat le plus délicieux du monde nous semble fade lorsque nous sommes enrhumés. En fait, l'arôme est la composante dominante dans notre perception de la saveur. Alors que le goût nous permet de percevoir une poignée de différentes saveurs fondamentales, notre odorat, lui, sait distinguer un parfum spécifique parmi des centaines d'odeurs. Prenez deux fruits de la même famille, une orange et une tangerine par exemple, et vous verrez que la plupart des gens sauront différencier ces fruits par leur arôme respectif alors que leur saveur leur semblera similaire.

Toucher la saveur

Dès que nous touchons un aliment, que ce soit du bout des doigts ou à l'aide d'un ustensile, nous avons déjà une bonne idée de sa texture et de sa consistance. Nous savons intuitivement qu'un saumon poché dont la chair s'émiette doucement au moindre coup de fourchette sera tendre à souhait. Le plaisir de manger provient en partie de la sensation que procure la nourriture dans la bouche ; cela aussi fait partie de notre sens du toucher.

Goûter la saveur

La saveur d'un aliment s'exprime pleinement dès la première bouchée. Ce que nous percevons comme étant le « goût » ou la « saveur » est en réalité une interaction du goût, de l'arôme et de la texture de l'aliment en bouche. Nous percevons le goût d'un aliment par l'entremise des papilles gustatives, ces petits

Au-delà du sel

Un bon chef aura toujours sous la main des ingrédients aromatiques comme l'ail, l'oignon, le gingembre et l'échalote. Nous vous conseillons de faire de même. De tels ingrédients donneront à vos plats un arôme et une saveur très particuliers.

Que vous les achetiez frais, séchés ou fumés, les piments chilis anaheim, poblano, serrano, jalapeño, habanero ajouteront du piquant et du mordant à vos recettes. En utilisant des ingrédients au goût relevé tels que la moutarde et le raifort, vous pourrez mettre moins de sel.

Ne sous-estimez pas la puissance des agrumes et des vinaigres parfumés : la saveur vive de ces ingrédients donnera du goût à vos aliments sans que vous ayez à ajouter de sel.

récepteurs qui recouvrent notre langue. On dit que les papilles gustatives sont susceptibles d'interpréter quatre types fondamentaux de saveurs : le sucré, le salé, l'aigre et l'amer. Cependant, les chercheurs croient avoir identifié d'autres types de saveurs, le goût métallique par exemple. De plus, notre palais sait reconnaître bon nombre de sensations différentes : la brûlure d'un piment fort, l'effet rafraîchissant de la menthe, le pétillement caractéristique d'une eau gazeuse, l'astringence provoquée par le tanin contenu dans le thé et le vin, etc.

La température d'un aliment influence elle aussi notre perception de sa saveur. Notre sens du goût est particulièrement sensible entre 22 °C et 40 °C (72 et 105 °F). Les goûts sucrés et aigres sont perçus à leur maximum vers 40 °C, tandis que le salé et l'amer s'avèrent plus prononcés aux alentours de 22 °C. Le potage de poireaux et de pommes de terre est un exemple classique de ce phénomène : servez-le chaud et c'est le sucré du poireau qui sera le plus perceptible ; mais servez ce même potage en vichyssoise, c'est-à-dire froid, et son goût deviendra alors plutôt salé.

Remplacer le sel

La plupart d'entre nous consommons une trop grande quantité de sodium. Aussi devez-vous prendre l'habitude de saler parcimonieusement, en utilisant plutôt des ingrédients faibles en sodium qui rehausseront naturellement la saveur de vos plats.

Si vous devez saler, faites-le à petites doses tout au long de la cuisson au lieu de saler à la fin. Les ingrédients seront ainsi en contact avec le sel plus longtemps et adopteront, à quantité moindre, un goût salé bien plus intense. Mais ne salez jamais systématiquement vos aliments : goûtez le plat d'abord, puis ajoutez du sel au besoin, par petites touches.

Souvent, un ingrédient sera suffisamment salé par lui-même pour que vous vous dispensiez de rajouter du sel. Les anchois, les câpres, les olives, les cornichons marinés, la moutarde, les aliments fumés, la sauce soja et le fromage parmesan contiennent tous une bonne part de sodium, sans compter qu'ils contribueront à ajouter du goût au plat au-delà de leur simple teneur en sel. Incorporez les ingrédients salés au début de la cuisson et jugez par la suite s'il est nécessaire de saler davantage. Les aliments marinés dans une saumure

La présentation

Tout chef cuisinier digne de ce nom maîtrise l'art de la présentation et reconnaît son importance. Tel un artiste, un bon chef sait s'ajuster aux goûts du jour et varier le style et la façon dont il présente ses plats. Mais nul besoin d'être un grand chef pour rendre une assiette attrayante! Voici quelques suggestions qui, nous l'espérons, vous épauleront dans la création de vos propres chefs-d'œuvre.

Chauffez ou refroidissez les assiettes. Un repas chaud servi dans un plat chaud conservera plus longtemps sa température optimale. Assurez-vous d'abord que vos assiettes sont résistantes à la chaleur, puis mettez-les au four à basse température pendant environ 10 minutes. Les salades et autres mets froids garderont plus longtemps leur fraîcheur dans une assiette que l'on aura réfrigérée pendant 20 minutes environ.

Les plats doivent pouvoir se manger aisément. Désossez vos poitrines de poulet et découpez-les en tranches minces que vous disposerez en éventail dans l'assiette. Dans vos salades, déchiquetez la laitue et autres légumes verts de façon que chaque morceau soit de la grosseur d'une bouchée. Assurez-vous que les ingrédients que vous mettez dans vos soupes sont suffisamment petits pour tenir dans une cuillère.

Au lieu de présenter vos mets séparément dans l'assiette, créez une base avec un lit de pâtes, de riz ou de couscous sur laquelle vous coucherez délicatement légumes, viandes, volaille et poissons.

Ne cherchez pas la perfection: un plat à la présentation naturelle sera plus invitant qu'un mets à l'aspect trop compliqué.

tels que cornichons, câpres, etc. peuvent même présenter une trop forte concentration en sodium; rincez-les d'abord et ils seront encore bien assez salés.

Vous serez tentés de saler certains aliments qui vous sembleront fades et peu appétissants: rehaussez plutôt leur saveur en les parfumant d'un mélange d'épices et de fines herbes de votre cru.

Les portions

En diététique, il est courant de limiter la taille des portions dans le but de contrôler l'apport en gras et en calories. Un adulte normal ne devrait manger que deux ou trois portions de 120 g (4 oz) de viande, de volaille ou de poisson par jour.

Une portion de 120 g (4 oz) est environ de la taille d'un jeu de cartes, ce qui semblera peu lorsqu'on a l'habitude de portions plus généreuses. Accompagnez cette quantité de viande, de volaille ou de poisson d'une variété de légumes et de céréales, concoctez des farces savoureuses, peaufinez la présentation, et vous verrez que votre repas sera tout à fait satisfaisant. En guise de présentation, vous pouvez découper viandes et volaille en papillon ou en tranches fines que vous disposerez harmonieusement dans l'assiette.

Chapitre 2

Entrées et hors-d'œuvre

Trempette à l'avocat et aux épinards	20
Tartinade aux légumes	21
Salsa aux tomatilles	22
Œufs farcis au jambon à la diable	23
Croquettes au maïs et aux oignons verts	24
Croquettes au saumon avec relish au concombre	26
Pétoncles à la vinaigrette aux betteraves	28
Brochettes de crevettes	29
Dumplings épicés au poulet et aux arachides	30
Empenadas à la dinde *	31
Rouleaux vietnamiens	32
Strudel au fromage de chèvre et aux champignons sauvages	35
Tarte à la provençale	36
Salade de roquette et de poivrons grillés au prosciutto	37
Salade de haricots blancs et de portobellos	38

Trempette à l'avocat et aux épinards

Dans cette trempette inspirée du guacamole mexicain, l'avocat, un aliment riche en gras, est en partie remplacé par un mélange d'épinards et de babeurre. Servez-la avec des chips de maïs cuites au four ou des pointes de pain pita légèrement grillé.

4 portions

500 ml (2 tasses) de feuilles d'épinards, nettoyées

50 ml (¼ tasse) de babeurre écrémé

½ oignon rouge, finement haché

15 ml (1 c. à soupe) de piments verts en conserve, égouttés et hachés

5 ml (1 c. à thé) de jus de lime fraîchement pressé

¼ d'avocat moyen, pelé et coupé en tranches

2 tomates prunes, hachées

50 ml (¼ tasse) de coriandre fraîche, hachée

1 **Cuire les épinards** dans une casserole d'eau bouillante pendant 1 minute. Égoutter et rincer à l'eau froide, égoutter de nouveau et bien éponger.

2 **Mettre les épinards,** le babeurre, la moitié de l'oignon, les piments et le jus de lime dans le robot de cuisine et activer le moteur jusqu'à ce que les épinards soient finement hachés et que la préparation soit homogène (ne pas trop mélanger).

3 **Réduire l'avocat** en purée dans un bol. Mélanger avec la préparation aux épinards, les tomates, la coriandre et les oignons restants.

---

0 POINT par portion **Par portion**

44 Calories | 2 g Gras total | 0 g Gras saturé | 1 mg Cholestérol | 57 mg Sodium | 5 g Glucide total | 3 g Fibres alimentaires | 2 g Protéines | 45 mg Calcium

Tartinade aux légumes

Cette trempette, qui a la richesse et la consistance d'un pâté, est parfaite pour les collations; le tofu lui donne une belle texture veloutée. À tartiner sur des craquelins ou du pain français grillé.

1. **Mettre le tofu** sur une seule couche entre deux petites assiettes plates. Mettre une boîte de conserve par-dessus pour faire un poids. Laisser reposer de 30 à 60 minutes (ne pas laisser plus de 60 minutes). Jeter l'eau.

2. **Chauffer l'huile** dans un grand poêlon à revêtement antiadhésif. Ajouter les oignons et faire sauter jusqu'à ce qu'ils soient tendres. Ajouter les champignons et faire sauter pour les ramollir. Ajouter les haricots et les noix et faire sauter environ 3 minutes pour bien les réchauffer.

3. **Transvider la préparation** dans le robot de cuisine. Ajouter le persil, la sauge, le piment de la Jamaïque, le sel et le poivre. Actionner le moteur jusqu'à ce que la préparation commence à devenir onctueuse. Transvider dans un bol.

4. **Couper grossièrement** le tofu en lamelles et le presser pour enlever l'eau. Incorporer le tofu dans la préparation aux oignons. Couvrir et conserver au réfrigérateur au moins 2 heures pour bien refroidir. Garnir avec des brins de persil au goût.

4 portions

120 g (4 oz) de tofu ferme à faible teneur en matières grasses, coupé en deux sur la longueur

5 ml (1 c. à thé) d'huile végétale

1 oignon moyen, finement haché

175 ml (¾ tasse) de champignons, finement hachés

250 ml (1 tasse) de haricots verts, hachés et cuits à la vapeur

50 ml (¼ tasse) de noix, hachées

30 ml (2 c. à soupe) de persil plat frais, haché

5 ml (1 c. à thé) de sauge, hachée

1 ml (¼ c. à thé) de piment de la Jamaïque moulu

1 ml (¼ c. à thé) de sel

Poivre fraîchement moulu

Brins de persil frais (facultatif)

Par portion   **2 POINTS par portion**

95 Calories | 6 g Gras total | 0 g Gras saturé | 0 mg Cholestérol | 173 mg Sodium |
7 g Glucide total | 2 g Fibres alimentaires | 5 g Protéines | 41 mg Calcium

Salsa aux tomatilles

Cette variante acidulée et croquante de la salsa aux tomates est aussi polyvalente que la recette traditionnelle. Proche parente de la groseille, la tomatille ressemble à une petite tomate verte enveloppée dans une fine membrane qui ressemble à du papier. Sa chair ferme a un goût d'herbe et de citron. Servez cette salsa avec des chips de maïs cuites au four, des crudités, ou comme accompagnement au poulet et au poisson grillé. (Voir photo page 25.)

6 portions

3 tomatilles moyennes, hachées (enlever la membrane et rincer avant de hacher)

1 petite tomate, hachée

½ oignon rouge, finement haché

50 ml (¼ tasse) de coriandre fraîche, hachée

1 piment jalapeño moyen, épépiné et haché (porter des gants pour prévenir l'irritation des mains)

10 ml (2 c. à thé) de jus de lime fraîchement pressé

1 grosse gousse d'ail, émincée

2 ml (½ c. à thé) d'origan frais, haché

2 ml (½ c. à thé) de sel

1 ml (¼ c. à thé) de cumin moulu

1 ml (¼ c. à thé) de grains de poivre noir concassé

Mélanger tous les ingrédients dans un bol de service, couvrir et conserver au réfrigérateur jusqu'à ce que la salsa soit bien froide.

0 POINT par portion

Par portion
17 Calories | 0 g Gras total | 0 g Gras saturé | 0 mg Cholestérol | 180 mg Sodium | 4 g Glucide total | 1 g Fibres alimentaires | 1 g Protéines | 7 mg Calcium

Œufs farcis au jambon à la diable

Au cours des années 1940, le jambon en conserve mélangé à de la crème sure et à du fromage à la crème était l'amuse-gueule en vogue dans le Midwest américain. Nous avons adapté ce favori de jadis au goût d'aujourd'hui en le jumelant à un autre hors-d'œuvre classique : l'œuf à la diable. Dans cette version moderne et faible en gras, on farcit de jambon des œufs cuits durs dont on aura préalablement retiré le jaune. Pour ajouter un peu de piquant, on ajoutera soit du pepperoncini, soit des poivrons marinés.

1 **Retirer le jaune des œufs durs** et les réserver pour un autre usage ou les jeter. Réserver les blancs.

2 **Émincer le jambon** à l'aide du robot de cuisine. Ajouter les pepperoncinis et actionner le moteur trois fois pour les émincer. Ajouter la mayonnaise, la moutarde et le paprika. Actionner le moteur pour bien mélanger. (Ou hacher finement le jambon et les pepperoncinis à la main et incorporer les ingrédients restants.) Farcir les blancs d'œufs avec la préparation à l'aide d'une cuillère. Couvrir et conserver jusqu'à 4 heures au réfrigérateur avant de servir.

12 portions

6 gros œufs durs, pelés et coupés en deux sur la longueur

120 g (4 oz) de jambon maigre à teneur réduite en sel

30 ml (2 c. à soupe) de pepperoncinis marinés, égouttés

45 ml (3 c. à soupe) de mayonnaise légère

5 ml (1 c. à thé) de moutarde jaune

2 ml (½ c. à thé) de paprika

Conseil du chef

Pour obtenir des œufs durs cuits à la perfection, mettre les œufs dans suffisamment d'eau froide pour les couvrir. Amener à ébullition, couvrir immédiatement et retirer du feu. Laisser reposer 20 minutes sans enlever le couvercle, égoutter, puis rincer à l'eau froide pour arrêter la cuisson. Écaler les œufs immédiatement.

Par portion　　　　　　　　　　　　　　　　　　　　　　　　　　　　　　　　　　　**1 POINT par portion**

33 Calories | 2 g Gras total | 0 g Gras saturé | 6 mg Cholestérol | 153 mg Sodium |
1 g Glucide total | 0 g Fibres alimentaires | 3 g Protéines | 3 mg Calcium

Croquettes au maïs et aux oignons verts

Ces galettes croustillantes sont une interprétation à l'américaine des blinis russes, ces petites galettes de sarrasin que l'on sert avec du caviar et de la crème sure. Si vous manquez de temps ou si le maïs frais n'est pas de saison, vous pouvez utiliser du maïs congelé, quoique le goût ne sera pas alors aussi prononcé. Servez ces galettes avec la Trempette à l'avocat et aux épinards (page 20).

4 portions

250 ml (1 tasse) de grains de maïs frais (environ 2 épis moyens)

½ poivron rouge, épépiné et haché

2 oignons verts, hachés

175 ml (¾ tasse) de babeurre écrémé

1 gros œuf, légèrement battu

15 ml (1 c. à soupe) d'huile de maïs

5 ml (1 c. à thé) de feuilles de thym frais

300 ml (1 ¼ tasse) de farine tout usage

10 ml (2 c. à thé) de sucre

5 ml (1 c. à thé) de levure chimique (poudre à pâte)

5 ml (1 c. à thé) de sel

Poivre noir fraîchement moulu

125 ml (½ tasse) de crème sure légère (facultatif)

1 **Mélanger le maïs,** les poivrons, les oignons verts, le babeurre, l'œuf, l'huile et le thym dans un bol. Mélanger la farine, le sucre, la levure chimique, le sel et le poivre dans un autre bol. Verser lentement la première préparation dans les ingrédients secs et bien remuer. Laisser reposer 5 minutes.

2 **Vaporiser un grand poêlon** à revêtement antiadhésif avec de l'enduit anticollant et mettre sur feu moyen. Verser la pâte, 50 ml (¼ tasse) à la fois, dans le poêlon. Diviser la pâte en rondelles de 7,5 cm (3 po) avec le dos d'une cuillère. Cuire de 2 à 3 minutes, jusqu'à ce que des bulles apparaissent à la surface. Retourner et cuire 2 à 3 minutes de plus, jusqu'à ce que les croquettes soient légèrement dorées. Répéter les mêmes opérations avec la pâte restante pour obtenir un total de 8 croquettes. Servir avec de la crème sure au goût.

---

5 POINTS par portion   **Par portion (2 croquettes)**
268 Calories | 6 g Gras total | 1 g Gras saturé | 54 mg Cholestérol | 729 mg Sodium | 47 g Glucide total | 3 g Fibres alimentaires | 9 g Protéines | 94 mg Calcium

WEIGHT WATCHERS 25

Dans le sens des aiguilles d'une montre en commençant en haut à droite : Croquettes au maïs et aux oignons verts (p. 24) et Trempette à l'avocat et aux épinards (p. 20) ; Brochettes de crevettes (p. 29) ; Salsa aux tomatilles (p. 22) ; Empenadas à la dinde (p. 31)

Croquettes au saumon avec relish au concombre

Mélangé au saumon en conserve, le saumon fumé rehaussera ici la saveur de ces délicieuses croquettes de poisson. Accompagnez-les d'une salade verte, en utilisant, en guise de vinaigrette, le liquide que vous aurez égoutté du relish.

4 portions

1 grosse pomme de terre idaho, pelée et coupée en cubes de 1,25 cm (½ po)

2 ml (½ c. à thé) de sel

1 boîte de 180 g (6 oz) de saumon, égoutté et défait en flocons

125 ml (½ tasse) de chapelure nature

60 g (2 oz) de saumon fumé, émincé (environ 50 ml/¼ tasse)

50 ml (¼ tasse) de lait écrémé

15 ml (1 c. à soupe) de moutarde jaune ou à l'ancienne

15 ml (1 c. à soupe) de mayonnaise

15 ml (1 c. à soupe) de câpres, égouttées et hachées

1 **Dans une grande casserole,** mélanger les pommes de terre, le sel et suffisamment d'eau pour couvrir et amener à ébullition. Réduire la chaleur, couvrir et laisser mijoter environ 15 minutes, jusqu'à ce que les pommes de terre soient tendres. Égoutter et remettre la casserole sur feu doux. Remuer doucement jusqu'à ce que la vapeur cesse de monter. Transvider les pommes de terre dans un bol et les réduire en purée onctueuse. Laisser reposer à la température ambiante.

2 **Mélanger le saumon en conserve,** la chapelure, le saumon fumé, le lait, la moutarde, la mayonnaise, les câpres, la ciboulette, l'aneth et le poivre avec les pommes de terre. Façonner 8 croquettes. Couvrir et conserver au réfrigérateur au moins 30 minutes mais pas plus de 6 heures avant de cuire.

3 **Pour faire le relish,** mélanger les concombres, les tomates, les oignons, les piments, le vinaigre, la coriandre et l'huile dans un bol. Verser dans une passoire à fines mailles placée au-dessus d'un bol et secouer brièvement (réserver le liquide pour le mélanger avec une salade de verdure ou d'autres légumes).

4 **Vaporiser un grand poêlon** à revêtement antiadhésif avec de l'enduit anticollant et mettre sur feu moyen-élevé. Cuire les croquettes environ 4 minutes de chaque côté en les retournant dès qu'elles sont dorées d'un côté. Servir les croquettes sur le relish aux concombres.

15 ml (1 c. à soupe) de ciboulette fraîche, hachée

15 ml (1 c. à soupe) d'aneth frais, haché

2 ml (½ c. à thé) de poivre noir concassé

1 petit concombre, pelé, épépiné et coupé en cubes de 6 mm (¼ po)

1 tomate, pelée, épépinée et hachée (voir Conseil du chef)

1 petit oignon rouge, haché

1 piment jalapeño, épépiné et émincé (porter des gants pour prévenir l'irritation des mains)

20 ml (4 c. à thé) de vinaigre balsamique

15 ml (1 c. à soupe) de coriandre fraîche, hachée

10 ml (2 c. à thé) d'huile d'olive

Conseil du chef

Pour préparer la tomate, amener une grande casserole d'eau à ébullition. Remplir un grand bol d'eau glacée. Tailler un X peu profond dans la partie inférieure de la tomate. La plonger ensuite dans l'eau bouillante pendant 30 secondes, puis la plonger rapidement dans l'eau glacée. La retirer immédiatement de l'eau, puis la peler avec un petit couteau en commençant là où l'on a fait un X. Couper la tomate en deux à l'horizontale, enlever les graines et la hacher.

Par portion   **5 POINTS par portion**

243 Calories | 10 g Gras total | 2 g Gras saturé | 39 mg Cholestérol | 438 mg Sodium | 23 g Glucide total | 3 g Fibres alimentaires | 16 g Protéines | 69 mg Calcium

Pétoncles à la vinaigrette aux betteraves

Le daïkon, ou radis oriental, a une saveur douce et rafraîchissante. Si vous ne pouvez en trouver chez votre épicier, remplacez-le par n'importe quel autre radis blanc. Pour donner une couleur et un goût plus intenses à la vinaigrette, passez les betteraves crues dans l'extracteur à jus au lieu de les faire cuire et d'en faire une purée.

4 portions

1 petite betterave

45 ml (3 c. à soupe) de vinaigre de cidre

22 ml (1 ½ c. à soupe) d'huile d'olive extravierge

2 ml (½ c. à thé) d'aneth séché

1 ml (¼ c. à thé) de sel

1 pincée (⅛ c. à thé) de poivre fraîchement moulu

480 g (1 lb) de pétoncles de mer (enlever le petit muscle)

500 ml (2 tasses) de salades vertes mélangées, lavées et égouttées

1 petite carotte, pelée et finement râpée

250 ml (1 tasse) de daïkon, finement râpé

1. **Pour préparer la vinaigrette,** mettre la betterave dans une petite casserole d'eau bouillante. Laisser mijoter environ 20 minutes, jusqu'à ce qu'elle soit tendre. Égoutter et laisser refroidir un peu. Quand la betterave est suffisamment refroidie, la peler et la hacher. Réduire la betterave en purée avec le vinaigre dans le robot de cuisine ou le mélangeur. Transvider dans un petit bol et y incorporer en fouettant l'huile, l'aneth, le sel et le poivre.

2. **Bien éponger les pétoncles** avec du papier essuie-tout. Vaporiser un poêlon à revêtement antiadhésif avec de l'enduit anticollant et mettre sur feu moyen-élevé. Ajouter les pétoncles et cuire environ 2 minutes de chaque côté, jusqu'à ce qu'ils brunissent légèrement à l'extérieur tout en restant opaques au centre.

3. **Mélanger les salades** avec la vinaigrette. Couvrir avec les carottes, le daïkon, puis les pétoncles. Servir immédiatement.

Conseil du chef

Les pétoncles ont souvent un petit muscle coriace qui reste attaché à la noix. Ce muscle est dur et doit être retiré avant la cuisson. Il suffit de le couper et de le jeter.

---

4 POINTS par portion

Par portion

166 Calories | 6 g Gras total | 1 g Gras saturé | 37 mg Cholestérol | 371 mg Sodium | 8 g Glucide total | 1 g Fibres alimentaires | 20 g Protéines | 60 mg Calcium

Brochettes de crevettes

Dans cette recette, les saveurs audacieuses du Mexique et du Sud-Ouest américain – lime, piment jalapeño et coriandre – viennent égayer la sauce à cocktail traditionnelle. Servez ces appétissantes et rafraîchissantes brochettes en hors-d'œuvre lorsque vous recevez; vos invités en raffoleront. Vous pouvez préparer ce mets une journée à l'avance, ou gagner encore plus de temps en utilisant des crevettes précuites que vous achèterez le jour même chez votre poissonnier. (Voir photo page 25.)

1. **Amener de l'eau à ébullition** dans une grande casserole. Ajouter les crevettes et le sel et cuire de 3 à 5 minutes, jusqu'à ce qu'elles soient opaques au centre. Égoutter dans une passoire et rincer à l'eau froide pour arrêter la cuisson. Éponger les crevettes avec du papier essuie-tout.

2. **Mélanger la sauce cocktail,** la coriandre, le jus de lime et le piment dans un petit bol de service.

   Préparation à l'avance : Les crevettes et la sauce peuvent être conservées séparément au réfrigérateur pendant 24 heures. Il suffit de bien les couvrir.

3. **Enfiler 3 crevettes** sur chacune des 8 brochettes de bambou de 17,5 cm (7 po). Mettre le bol contenant la sauce au centre d'une grande assiette et dresser les feuilles de laitue tout autour. Déposer les brochettes sur les feuilles de laitue.

8 portions

480 g (1 lb) de crevettes géantes (environ 24), décortiquées et déveinées

Pincée de sel

1 pot de 360 ml (12 oz) de sauce cocktail

15 ml (1 c. à soupe) de coriandre fraîche, émincée

10 ml (2 c. à thé) de jus de lime fraîchement pressé

1 piment jalapeño, épépiné et émincé (porter des gants pour prévenir l'irritation des mains)

Petites feuilles de laitue romaine, lavées et égouttées

Conseil du chef

Pour nettoyer les crevettes, il faut enlever la carapace et l'intestin (veine pâle ou foncée située sur le dos). C'est ce que l'on appelle décortiquer et déveiner une crevette. Les carapaces se détachent facilement de la chair. On peut les congeler pour les utiliser plus tard dans une bisque ou un bouillon de crevettes. Une fois la carapace enlevée, mettre la crevette sur une planche à découper et, à l'aide d'un petit couteau, faire une incision peu profonde parallèle à la veine, de la tête jusqu'à la queue. Retirer la veine avec la pointe du couteau.

Par portion **2 POINTS par portion**

97 Calories | 1 g Gras total | 0 g Gras saturé | 86 mg Cholestérol | 338 mg Sodium | 9 g Glucide total | 0 g Fibres alimentaires | 12 g Protéines | 56 mg Calcium

Dumplings épicés au poulet et aux arachides

Typiques de la cuisine orientale, les feuilles de pâte won-ton sont utilisées pour envelopper dim sums, rouleaux impériaux et dumplings. Vous pourrez vous procurer la pâte won-ton au supermarché ou dans les épiceries spécialisées. Avant de l'acheter, assurez-vous qu'elle est souple, sinon elle risque de se déchirer au moment de la préparation. Servez ces savoureux dumplings avec une sauce soya faible en sodium.

4 portions

240 g (8 oz) de poitrine de poulet, hachée

16 oignons verts, émincés

125 ml (½ tasse) de coriandre fraîche, hachée

50 ml (¼ tasse) d'arachides rôties à sec non salées, grossièrement hachées

1 blanc d'œuf

2 ml (½ c. à thé) de sel

2 ml (½ c. à thé) de gingembre moulu

1 ml (¼ c. à thé) de sauce piquante aux piments

20 pâtes won-ton de 7,5 cm (3 po)

1 **Mélanger le poulet,** les oignons verts, la coriandre, les arachides, le blanc d'œuf, le sel, le gingembre et la sauce dans un bol.

2 **Étendre les pâtes won-ton** sur une surface de travail propre et sèche. Mettre 15 ml (1 c. à soupe) de garniture au centre de chacune. Brosser les côtés avec de l'eau, puis plier en demi-cercle. Presser la garniture pour laisser tout l'air s'échapper. Presser ensuite les côtés pour bien sceller. Répéter les mêmes opérations pour faire les 20 dumplings.

3 **Mettre les dumplings** dans une marguerite que l'on déposera dans une casserole contenant 2,5 cm (1 po) d'eau bouillante. Couvrir hermétiquement et cuire à la vapeur environ 7 minutes, jusqu'à ce que les dumplings soient bien cuits.

---

5 POINTS par portion **Par portion (5 dumplings)**

245 Calories | 6 g Gras total | 1 g Gras saturé | 36 mg Cholestérol | 561 mg Sodium | 28 g Glucide total | 3 g Fibres alimentaires | 21 g Protéines | 78 mg Calcium

Empenadas à la dinde

Le nom empanada *provient du verbe espagnol* empanar, *qui veut dire « cuire dans une pâte feuilletée ». Dans cette variante faible en gras, la dinde hachée et la pâte phyllo remplacent la farce et la pâte traditionnelle, ce qui n'altérera en rien le goût et la texture de ce mets typiquement sud-américain. La farce peut être préparée une journée à l'avance. (Voir photo page 25.)*

1 **Chauffer un grand poêlon** à revêtement antiadhésif. Verser l'huile, puis ajouter les oignons, l'ail et le piment de la Jamaïque. Faire sauter environ 7 minutes, jusqu'à ce que les oignons commencent à brunir. Ajouter la dinde, l'origan et le sel. Cuire la dinde jusqu'à ce qu'elle brunisse en défaisant les morceaux avec une cuillère de bois. Couvrir et conserver au réfrigérateur au moins 1 heure, jusqu'à ce que la préparation soit ferme.

2 **Préchauffer le four** à 190 °C (375 °F). Tapisser une plaque à pâtisserie avec du papier parchemin ou du papier d'aluminium vaporisé avec de l'enduit anticollant.

3 **Couvrir les feuilles de pâte phyllo** avec de la pellicule plastique pour les empêcher de sécher. Prendre une feuille de pâte et la vaporiser avec de l'enduit anticollant. Répéter cette opération avec 3 feuilles de pâte que l'on placera l'une sur l'autre. Couper la superposition de pâte en trois lamelles de 14 x 30 cm (5 ½ x 12 po). Mettre environ 50 ml (¼ tasse) de préparation à la dinde à environ 7,5 cm (3 po) du côté droit d'une lamelle. Replier le côté droit inférieur de la pâte sur la garniture pour former un triangle, puis continuer à plier comme pour faire un drapeau. Répéter les mêmes opérations avec les 2 autres lamelles de pâte, puis avec les feuilles de pâte phyllo restante de manière à obtenir 12 empenadas. Mettre les empenadas sur une plaque à pâtisserie et les brosser avec le substitut d'œuf. Cuire au four de 20 à 25 minutes, jusqu'à ce qu'ils soient dorés.

12 portions

10 ml (2 c. à thé) d'huile de canola (colza)

1 oignon moyen, haché

1 gousse d'ail, émincée

2 ml (½ c. à thé) de piment de la Jamaïque, moulu

480 g (1 lb) de poitrine de dinde, sans peau, hachée

5 ml (1 c. à thé) d'origan séché

5 ml (1 c. à thé) de sel

12 feuilles de pâte phyllo de 30 x 42,5 cm (12 x 17 po), à la température ambiante

50 ml (¼ tasse) de substitut d'œuf sans matières grasses

Par portion
121 Calories | 3 g Gras total | 1 g Gras saturé | 22 mg Cholestérol | 317 mg Sodium | 11 g Glucide total | 1 g Fibres alimentaires | 11 g Protéines | 13 mg Calcium

2 POINTS par portion

Rouleaux vietnamiens

Ces rouleaux sont servis froids et leur goût est frais et léger. L'ingrédient clé de la trempette, le nuoc-mâm, une sauce aigre et salée à base de poisson fermenté, se retrouve dans toutes les cuisines vietnamiennes. Vous pourrez vous procurer le nuoc-mâm (ou sa version thaïlandaise, appelée nam pla) ainsi que les feuilles de riz dans les épiceries orientales.

10 portions

Sauce

50 ml (¼ tasse) de sauce vietnamienne au poisson (nuoc-mâm)

75 ml (⅓ tasse) de sucre

45 ml (3 c. à soupe) de jus de citron fraîchement pressé

45 ml (3 c. à soupe) de vinaigre de riz

30 ml (2 c. à soupe) d'eau

1 grosse gousse d'ail, émincée

10 ml (2 c. à thé) de sauce chili

1 **Pour faire la sauce,** fouetter ensemble la sauce au poisson, le sucre, le jus de citron, le vinaigre, l'eau, l'ail et la sauce chili dans un petit bol. Couvrir et conserver au réfrigérateur le temps de préparer les rouleaux (pas plus de 2 jours).

2 **Pour faire la garniture,** cuire les vermicelles 1 ou 2 minutes dans une grande casserole d'eau bouillante, jusqu'à ce qu'ils soient cuits. Égoutter, rincer à l'eau froide et égoutter de nouveau. Remplir la casserole d'eau et amener à ébullition. Ajouter les crevettes et cuire environ 2 minutes, jusqu'à ce qu'elles soient opaques au centre. Transvider les crevettes dans un bol d'eau froide pour les refroidir avant de les décortiquer, de les déveiner et de les couper en deux sur la longueur.

3 **Dans un bol moyen,** mélanger les carottes avec 2 ml (½ c. à thé) de sel et laisser reposer 10 minutes. Bien égoutter. Ajouter les vermicelles, la laitue, le jus de citron, 7 ml (1 ½ c. à thé) de sucre et le sel restant. Bien remuer.

4 **Pour assembler les rouleaux,** dissoudre le sucre restant dans l'eau chaude dans un grand bol peu profond ou une assiette à tarte. Humecter 1 feuille de riz dans l'eau sucrée et la placer ensuite sur un linge propre. Mettre environ 125 ml (½ tasse) de la préparation aux vermicelles, 2 moitiés de crevette et quelques feuilles de coriandre au centre. Replier les extrémités de la feuille et bien rouler pour enfermer complètement la garniture. Répéter les mêmes opérations pour faire 10 rouleaux. Réchauffer l'eau sucrée au besoin. Couper chaque rouleau en deux et servir avec un peu de sauce.

Rouleaux vietnamiens

180 g (6 oz) de vermicelles de riz ou de feuilles de riz

10 crevettes moyennes

1 grosse carotte, pelée et râpée

3 ml (¾ c. à thé) de sel

500 ml (2 tasses) de laitue iceberg, en lamelles

52 ml (3 ½ c. à soupe) de jus de citron fraîchement pressé

22 ml (1 ½ c. à soupe) de sucre

250 ml (1 tasse) d'eau chaude

10 feuilles de riz de 21 cm (8 ½ po) de diamètre

75 ml (⅓ tasse) de feuilles de coriandre fraîche

Conseil du chef

Il est préférable de servir les rouleaux dès qu'ils sont prêts, mais on peut quand même les conserver au réfrigérateur pendant 2 heures au besoin. Il suffit de les couvrir avec du papier essuie-tout humide, puis de les envelopper hermétiquement dans de la pellicule plastique pour les empêcher de sécher.

Par portion (1 rouleau + environ 15 ml (1 c. à soupe) de sauce)   **3 POINTS par portion**

161 Calories | 0 g Gras total | 0 g Gras saturé | 11 mg Cholestérol | 473 mg Sodium | 36 g Glucide total | 1 g Fibres alimentaires | 5 g Protéines | 13 mg Calcium

Utilisation de la feuille de riz

Humecter une feuille à la fois en la trempant dans un bol d'eau chaude.

Replier les deux côtés les plus longs sur la garniture.

Former un rouleau en prenant soin d'enfermer complètement la garniture.

Strudel au fromage de chèvre et aux champignons sauvages

Ce feuilleté est particulièrement délicieux avec des champignons shiitake, mais toute variété de champignon sauvage fera l'affaire : creminis, porcinis, pleurotes, portobellos, etc. Remplacez ceux-ci par des champignons blancs ordinaires, et vous aurez un plat savoureux et économique.

1. **Chauffer le bouillon** dans un grand poêlon, puis ajouter les échalotes et l'ail. Cuire de 3 à 5 minutes, en remuant, jusqu'à ce que les échalotes soient transparentes. Ajouter les champignons et cuire environ 5 minutes, jusqu'à ce qu'ils soient ratatinés et qu'ils aient moins d'eau. Verser le vin et cuire jusqu'à ce qu'il soit presque complètement absorbé en raclant le fond du poêlon pour détacher les morceaux qui pourraient coller au fond. Étendre la préparation sur une plaque à pâtisserie pour laisser refroidir. Quand les champignons sont refroidis, bien les mélanger avec le fromage de chèvre et le poivre.

2. **Préchauffer le four** à 180 ºC (350 ºF).

3. **Couvrir les feuilles** de pâte phyllo avec de la pellicule plastique pour les empêcher de sécher. Prendre une feuille de pâte et la vaporiser avec de l'enduit anticollant. Faire la même chose avec une deuxième feuille, puis une troisième. Brosser cette superposition de feuilles avec 7 ml (½ c. à soupe) de beurre. Mettre la moitié de la préparation aux champignons le long du côté le plus long. Rouler le strudel hermétiquement pour bien enfermer la garniture. Brosser le dessus du strudel avec 7 ml (½ c. à soupe) de beurre. Répéter les mêmes opérations pour faire un autre strudel.

4. **Mettre les strudels** sur une plaque à pâtisserie. Faire des fentes sur le dessus avec un couteau pour indiquer 5 portions égales pour chaque strudel. Cuire au four de 15 à 20 minutes, jusqu'à ce qu'ils soient dorés. Laisser refroidir de 10 à 15 minutes sur une grille. Couper en 10 portions et servir chaud.

10 portions

50 ml (¼ tasse) de bouillon de légumes ou de poulet hyposodique

125 ml (½ tasse) d'échalotes, émincées

4 gousses d'ail, émincées

480 g (1 lb) de champignons sauvages, en quartiers

125 ml (½ tasse) de vin blanc sec

125 ml (½ tasse) de fromage de chèvre à faible teneur en matières grasses, émietté

1 ml (¼ c. à thé) de poivre fraîchement moulu

6 feuilles de pâte phyllo de 32,5 x 45 cm (13 x 18 po), à la température ambiante

30 ml (2 c. à soupe) de beurre sans sel, fondu

Par portion   **2 POINTS par portion**

105 Calories | 5 g Gras total | 1 g Gras saturé | 12 mg Cholestérol | 104 mg Sodium | 12 g Glucide total | 1 g Fibres alimentaires | 2 g Protéines | 7 mg Calcium

Tarte à la provençale

Jamais l'aubergine n'aura été si élégante! L'appétissante présentation de ce plat et la touche d'amertume que procure le fromage de chèvre confèrent ici à l'humble aubergine un petit air aristocratique. Servez cette tartelette en entrée à votre prochain souper; vos invités en redemanderont.

4 portions

1 aubergine de 720 g (1 ½ lb), pelée et coupée en tranches de 6 mm (¼ po) d'épaisseur

6 ml (1 ¼ c. à thé) de sel

Poivre fraîchement moulu

10 ml (2 c. à thé) d'huile d'olive

250 ml (1 tasse) de champignons, tranchés

1 boîte de 796 ml (28 oz) de tomates prunes, égouttées et hachées

30 ml (2 c. à soupe) de câpres, égouttées

30 ml (2 c. à soupe) de basilic frais, haché, ou 5 ml (1 c. à thé) de basilic séché

15 ml (1 c. à soupe) d'origan frais, haché, ou 2 ml (½ c. à thé) d'origan séché

15 ml (1 c. à soupe) de thym frais, haché, ou 2 ml (½ c. à thé) de thym séché

2 gousses d'ail, émincées

90 g (3 oz) de fromage de chèvre, en fines tranches

1 **Saler les tranches** d'aubergine des deux côtés et les mettre dans une passoire. Placer une assiette sur les aubergines et mettre une grosse boîte de conserve par-dessus pour faire un poids. Laisser reposer de 30 à 60 minutes. Rincer rapidement les aubergines et les éponger avec du papier essuie-tout.

2 **Pendant ce temps,** préchauffer le gril. Vaporiser une plaque à pâtisserie à revêtement antiadhésif et une assiette à tarte en céramique de 22,5 cm (9 po) avec de l'enduit anticollant. Mettre les tranches d'aubergine sur la plaque à pâtisserie et poivrer. Griller de 5 à 10 minutes à 12,5 cm (5 po) de la source de chaleur, jusqu'à ce qu'elles brunissent légèrement. Retirer du gril et réserver. Régler la température du four à 230 ºC (450 ºF) et diviser le four en deux avec les grilles.

3 **Chauffer l'huile** dans un poêlon à revêtement antiadhésif. Ajouter les champignons et faire sauter jusqu'à ce qu'ils soient ramollis et presque secs. Ajouter les tomates, les câpres, le basilic, l'origan, le thym, l'ail, le sel restant et un peu de poivre. Cuire de 5 à 10 minutes, en remuant souvent, jusqu'à épaississement. Retirer du feu et réserver.

4 **Superposer la moitié** des tranches d'aubergine dans l'assiette à tarte. Couvrir avec la moitié de la préparation aux tomates, puis les aubergines restantes. Verser la sauce restante à la cuillère sur les aubergines. Couvrir uniformément avec des tranches de fromage de chèvre. Cuire au four environ 10 minutes, jusqu'à ce que le fromage soit fondu.

5 **Retirer l'assiette** du four et régler la température à *broil*. Passer l'assiette sous le gril à 12,5 cm (5 po) de la source de chaleur, environ 5 minutes, jusqu'à ce que le fromage soit doré.

3 POINTS par portion

Par portion

153 Calories | 7 g Gras total | 0 g Gras saturé | 14 mg Cholestérol | 920 mg Sodium | 18 g Glucide total | 8 g Fibres alimentaires | 4 g Protéines | 104 mg Calcium

Salade de roquette et de poivrons grillés au prosciutto

Ici, le goût légèrement salé du prosciutto vient magnifiquement contrebalancer la saveur sucrée du poivron rôti. Choisissez un fromage monterey jack vieilli : sa texture sera plus ferme et son goût plus prononcé que ceux du monterey jack ordinaire. Vous trouverez sans doute ce type de fromage dans les fromageries ; sinon, utilisez du parmesan ou de l'asiago. Pour agrémenter la présentation, parsemez votre salade de copeaux de fromage que vous aurez confectionnés à l'aide d'un éplucheur ou d'un couteau à fromage.

1. **Préchauffer le gril.** Mettre les poivrons sur une plaque à rôtir et les griller à 12,5 cm (5 po) de la source de chaleur, en les retournant souvent avec une pince, jusqu'à ce qu'ils soient ratatinés et noircis, de 10 à 20 minutes. Mettre les poivrons dans un bol moyen, couvrir de pellicule plastique et laisser reposer 10 minutes. Quand les poivrons peuvent être manipulés sans risque de se brûler, les peler, les épépiner et les couper en morceaux de 5 x 7,5 cm (2 x 3 po).

2. **Amener** 2,5 cm (1 po) d'eau à ébullition dans un poêlon. Ajouter les asperges. Réduire la chaleur et laisser mijoter à découvert jusqu'à ce qu'elles soient tendres mais encore croquantes. Égoutter et réserver.

3. **Pour faire la vinaigrette,** fouetter ensemble le vinaigre, l'huile et la moutarde.

4. **Mettre la roquette** sur une grande assiette. Couvrir avec les poivrons et les asperges. Couper le prosciutto en longues lamelles et les mettre sur la salade. Arroser avec la vinaigrette et parsemer de fromage avant de servir.

6 portions

2 poivrons rouges

1 poivron vert

1 poivron jaune

360 g (12 oz) d'asperges, pelées, parées et coupées en morceaux de 7,5 cm (3 po)

30 ml (2 c. à soupe) de vinaigre balsamique

15 ml (1 c. à soupe) d'huile d'olive extravierge

1 ml ($\frac{1}{4}$ c. à thé) de moutarde de Dijon

1 botte de roquette, nettoyée

60 g (2 oz) de prosciutto, en fines tranches

30 g (1 oz) de monterey jack affiné, en copeaux

Par portion   **2 POINTS par portion**

105 Calories | 6 g Gras total | 2 g Gras saturé | 9 mg Cholestérol | 227 mg Sodium | 9 g Glucide total | 2 g Fibres alimentaires | 7 g Protéines | 149 mg Calcium

Salade de haricots blancs et de portobellos

La saveur et la texture robuste des champignons portobellos font de cette salade un plat très satisfaisant. Vous pouvez préparer la salade de haricots une journée à l'avance si vous le désirez, mais dans ce cas, n'oubliez pas de la laisser reposer au moins une heure à la température de la pièce avant de la servir.

4 portions

1 boîte de 443 ml (15 oz) de haricots canellinis, rincés et égouttés (environ 375 ml/1 ½ tasse)
1 petite carotte, pelée et finement hachée
1 branche de céleri, finement hachée
½ poivron rouge, épépiné et finement haché
½ poivron jaune, épépiné et finement haché
1 oignon vert, finement haché
15 ml (1 c. à soupe) de ciboulette fraîche, hachée
15 ml (1 c. à soupe) de persil frais, haché
10 ml (2 c. à thé) d'huile d'olive extravierge
10 ml (2 c. à thé) de jus de citron
2 ml (½ c. à thé) de sel
1 ml (¼ c. à thé) de poivre moulu
4 champignons portobellos moyens de 12,5 cm (5 po) de diamètre environ
10 ml (2 c. à thé) d'huile d'olive
125 ml (½ tasse) de radicchio, en lamelles
10 ml (2 c. à thé) de coriandre fraîche, hachée

1 **Pour faire la salade,** mélanger dans un grand bol en verre ou en acier inoxydable les haricots, les carottes, le céleri, les poivrons, les oignons verts, la ciboulette, le persil, l'huile, le jus de citron, le sel et le poivre. Couvrir et laisser reposer jusqu'à 2 heures à la température ambiante (conserver au froid si on ne la sert pas d'ici 2 heures).

2 **Pour préparer les champignons,** préchauffer le four à 180 ºC (350 ºF). Placer les champignons sur une plaque à pâtisserie et brosser le dessus avec de l'huile d'olive. Couvrir de papier d'aluminium et cuire au four de 15 à 20 minutes, jusqu'à ce qu'ils soient tendres. Retirer du four et enlever le papier d'aluminium. Régler la température du four à *broil*.

3 **Griller les champignons** à 12,5 cm (5 po) de la source de chaleur, environ 2 minutes de chaque côté, jusqu'à ce qu'ils brunissent légèrement et qu'ils perdent leur excès d'eau. Couper les champignons en lamelles de 1,25 cm (½ po).

4 **Diviser la salade** entre 4 assiettes et mettre les lamelles de champignons tout autour. Couvrir de radicchio et de coriandre.

---

3 POINTS par portion

Par portion
181 Calories | 6 g Gras total | 1 g Gras saturé | 0 mg Cholestérol | 302 mg Sodium | 27 g Glucide total | 8 g Fibres alimentaires | 9 g Protéines | 93 mg Calcium

Chapitre 3
Salades

Salade de fraises et d'épinards	40
Salade de romaine et de pamplemousse aux noix et au stilton	41
Mesclun au fromage bleu et aux pignons	42
Salade de carottes à la menthe, vinaigrette au citron	43
Salade de haricots chinois, vinaigrette à la tangerine, à la moutarde et au sherry	44
Salade de jicama, de poivrons et de maïs grillé	46
Salade de maïs à la mexicaine	47
Salade tiède de champignons sauvages et de fenouil	48
Salade de nouilles de sarrasin à l'orientale	50
Salade de riz au cari	51
Salade de lentilles, d'olives et d'oranges	52
Salade de lentilles rouges	53
Salade de calmars à l'italienne	54
Salade de homard et de poivrons rouges grillés	55
Salade de poulet grillé et de pacanes	56
Salade de poulet au sésame, vinaigrette au gingembre	57
Salade de bœuf à la thaï	58
Vinaigrette balsamique	59
Vinaigrette à la lime et à la coriandre	60
Vinaigrette aux grains de poivre et au parmesan	61
Vinaigrette au fromage bleu	62
Vinaigrette crémeuse au raifort et aux pommes	63
Vinaigrette au porto	64

Salade de fraises et d'épinards

Cette salade délicieuse et sucrée, aux saveurs et aux couleurs vives, est aussi très nutritive puisque la vitamine C contenue dans les fraises permettra à votre métabolisme de mieux assimiler le fer que l'on retrouve dans les épinards. Essayez cette recette avec un fromage de chèvre à pâte dure : sa texture ferme et son goût plus prononcé compléteront magnifiquement cette salade savoureuse.

4 portions

15 ml (1 c. à soupe) de vinaigre de cidre

10 ml (2 c. à thé) d'huile végétale

5 ml (1 c. à thé) de moutarde de Dijon

2 ml (½ c. à thé) de miel

Pincée de romarin séché, émietté

Poivre fraîchement moulu

1 paquet de 300 g (10 oz) d'épinards bien lavés, rincés et déchiquetés

500 ml (2 tasses) de fraises, équeutées et coupées en deux

¼ d'oignon doux, en tranches très fines

150 ml (⅔ tasse) de fromage de chèvre affiné, émietté

Dans un grand bol, fouetter ensemble l'huile, la moutarde, le miel, le romarin et le poivre. Ajouter les épinards, les fraises et les oignons. Remuer doucement pour bien enrober. Garnir la salade avec le fromage de chèvre et servir immédiatement.

Conseil du chef

Les épinards frais prélavés contiennent parfois du sable malgré tout. Il suffit de les plonger dans un évier ou un grand bol rempli d'eau froide et de les secouer vigoureusement pour faire sortir le sable. Les laisser ensuite reposer 1 ou 2 minutes pour que les impuretés tombent au fond de l'eau. Retirer les épinards et répéter l'opération au besoin jusqu'à ce qu'ils soient parfaitement lavés. Il faut parfois jusqu'à trois eaux de trempage pour y arriver. Les égoutter et les sécher ensuite dans une essoreuse à laitue. On peut les conserver au réfrigérateur jusqu'à 3 jours dans un sac de plastique fermé.

---

3 POINTS par portion

Par portion

144 Calories | 10 g Gras total | 5 g Gras saturé | 20 mg Cholestérol | 154 mg Sodium | 8 g Glucide total | 8 g Fibres alimentaires | 8 g Protéines | 238 mg Calcium

Salade de romaine et de pamplemousse aux noix et au stilton

Le goût acidulé du fromage stilton et du pamplemousse s'agencera ici à la douceur du porto et à la saveur des noix pour créer une salade originale et rafraîchissante. Si vous ne pouvez vous procurer de stilton, utilisez un autre fromage bleu crémeux, un roquefort par exemple. Toutes les composantes de cette salade, y compris la vinaigrette, peuvent être préparées à l'avance puis combinées juste avant de servir.

1 **Dans une petite casserole,** amener le porto et le bouillon à ébullition. Ajouter lentement l'eau contenant l'arrow-root. Remuer sans cesse environ 1 minute jusqu'à épaississement. Retirer du feu, incorporer le vinaigre et le jus de pamplemousse et laisser refroidir complètement. Incorporer l'huile graduellement à l'aide d'un fouet.

2 **Dans un grand bol,** remuer délicatement la laitue avec la vinaigrette. Servir la salade sur des assiettes refroidies. Garnir avec les quartiers de pamplemousse, le fromage et les noix. Servir immédiatement.

4 portions

30 ml (2 c. à soupe) de porto ruby

22 ml (1 ½ c. à soupe) de bouillon de légumes

2 ml (½ c. à thé) d'arrow-root, délayé dans 5 ml (1 c. à thé) d'eau

10 ml (2 c. à thé) de jus de pamplemousse

10 ml (2 c. à thé) d'huile d'olive

1 litre (4 tasses) de laitue romaine, rincée et en tranches fines

1 pamplemousse blanc ou rose, en quartiers

75 ml (⅓ tasse) de stilton, émietté

75 ml (⅓ tasse) de noix grillées, hachées

Conseil du chef

Pour griller les noix, les mettre dans un petit poêlon sur feu moyen-doux. Secouer le poêlon et remuer les noix sans cesse de 3 à 5 minutes, jusqu'à ce qu'elles brunissent légèrement et qu'une bonne odeur commence à se répandre. Il faut bien les surveiller puisqu'elles peuvent brûler rapidement. Les transvider ensuite sur une assiette pour les laisser refroidir.

Par portion

145 Calories | 11 g Gras total | 3 g Gras saturé | 8 mg Cholestérol | 163 mg Sodium | 4 g Glucide total | 2 g Fibres alimentaires | 6 g Protéines | 86 mg Calcium

3 POINTS par portion

Mesclun au fromage bleu et aux pignons

Avec son goût légèrement sucré, la vinaigrette au porto (voir page 64) constitue le contraste parfait au piquant du fromage bleu et à l'amertume des laitues qui composent cette salade tiède. Si vous manquez de temps pour préparer la vinaigrette, parfumez tout simplement votre salade avec un peu d'huile et de vinaigre.

4 portions

1 petit oignon rouge, en tranches de 6 mm (¼ po) d'épaisseur

125 ml (½ tasse) de Vinaigrette au porto (p. 64)

12 feuilles d'endive

375 ml (1 ½ tasse) de roquette, rincée et déchiquetée

375 ml (1 ½ tasse) d'épinards, rincés et déchiquetés

250 ml (1 tasse) de chicorée frisée, rincée

125 ml (½ tasse) de radicchio, rincé et déchiqueté

125 ml (½ tasse) de fromage bleu, émietté

30 ml (2 c. à soupe) de pignons, grillés

1. **Vaporiser le gril** avec de l'enduit anticollant; préchauffer le gril. Faire griller les tranches d'oignons à 12,5 cm (5 po) de la source de chaleur, de 2 à 3 minutes de chaque côté, jusqu'à ce qu'ils soient bruns et tendres. Réserver au chaud.

2. **Chauffer la vinaigrette** dans une petite casserole; réserver au chaud.

3. **Dresser les endives,** la roquette, les épinards, la chicorée frisée et le radicchio sur des assiettes chaudes. Mettre les tranches d'oignon par-dessus. Parsemer de fromage bleu et de pignons. Arroser avec la vinaigrette chaude et servir immédiatement.

Conseils du chef

Pour bien laver les laitues et les épinards, il suffit de les plonger dans un évier ou un grand bol rempli d'eau froide et de les secouer vigoureusement pour faire sortir le sable. Les laisser ensuite reposer 1 ou 2 minutes pour que les impuretés tombent au fond de l'eau. Les retirer de l'eau et répéter l'opération au besoin jusqu'à ce qu'ils soient parfaitement lavés. Il faut parfois jusqu'à trois eaux de trempage pour y arriver. Les égoutter et les sécher ensuite dans une essoreuse à laitue. On peut les conserver au réfrigérateur jusqu'à 3 jours dans un sac de plastique fermé.

Pour griller les pignons, les mettre dans un petit poêlon sec sur feu moyen-doux. Secouer le poêlon et remuer les pignons sans cesse de 3 à 5 minutes, jusqu'à ce qu'ils brunissent légèrement. Il faut bien les surveiller puisqu'ils peuvent brûler rapidement. Les transvider ensuite sur une assiette pour les laisser refroidir.

4 POINTS par portion **Par portion**

179 Calories | 14 g Gras total | 4 g Gras saturé | 13 mg Cholestérol | 294 mg Sodium | 7 g Glucide total | 2 g Fibres alimentaires | 6 g Protéines | 134 mg Calcium

Salade de carottes à la menthe, vinaigrette au citron

Facile à préparer, cette salade d'accompagnement est idéale à l'occasion d'un brunch ou d'un buffet. Comme elles seront servies crues, n'utilisez que des carottes de toute première fraîcheur. Les carottes biologiques sont un bon choix, mais assurez-vous que les fanes ne sont pas flétries, ce qui est un signe que la carotte n'est plus très fraîche. Arrachez les fanes avant de mettre les carottes au réfrigérateur.

1 **Pour préparer la vinaigrette,** fouetter ensemble dans un petit bol le jus de citron, l'huile et le sucre. Dans un bol en verre ou en acier inoxydable, mélanger les carottes, les raisins secs et la menthe.

2 **Arroser les carottes** avec la vinaigrette et bien remuer. Si on a le temps, on peut laisser reposer la salade 30 minutes à la température ambiante, ce qui permettra aux saveurs de bien se marier.

4 portions

30 ml (2 c. à soupe) de jus de citron fraîchement pressé

10 ml (2 c. à thé) d'huile d'olive

5 ml (1 c. à thé) de sucre

4 carottes, pelées et finement râpées

250 ml (1 tasse) de raisins secs dorés

45 ml (3 c. à soupe) de menthe fraîche, hachée

Par portion

184 Calories | 2 g Gras total | 0 g Gras saturé | 0 mg Cholestérol | 33 mg Sodium | 39 g Glucide total | 5 g Fibres alimentaires | 2 g Protéines | 46 mg Calcium

3 POINTS par portion

Salade de haricots chinois, vinaigrette à la tangerine, à la moutarde et au sherry

Les haricots chinois sont de la même famille que les haricots à œil noir. Pour une présentation spectaculaire, laissez-les entiers ; sinon, vous pouvez les couper en morceaux plus petits. Ces haricots sont habituellement offerts dans les épiceries orientales, mais si vous ne pouvez en trouver, utilisez des haricots verts ordinaires. À servir avec des grillades de viande, de poulet ou de poisson.

4 portions

240 g (8 oz) de haricots longs chinois, parés et coupés en morceaux de 3,75 cm (1 ½ po)

2 tangerines

125 ml (½ tasse) d'oignon vidalia, en fines tranches

50 ml (¼ tasse) de graines de tournesol, grillées

1 ml (¼ c. à thé) de sel

Pincée (⅛ c. à thé) de poivre fraîchement moulu

125 ml (½ tasse) de bouillon de légumes hyposodique

5 ml (1 c. à thé) de fécule de maïs, délayée dans 10 ml (2 c. à thé) d'eau

22 ml (1 ½ c. à soupe) d'huile d'olive

15 ml (1 c. à soupe) de vinaigre de xérès

15 ml (1 c. à soupe) de jus d'orange fraîchement pressé

15 ml (1 c. à soupe) de moutarde de Dijon

7 ml (½ c. à soupe) de cassonade pâle bien tassée

1 échalote, émincée

5 ml (1 c. à thé) d'ail, émincé

1. **Mettre les haricots** dans une marguerite placée dans une casserole contenant 2,5 cm (1 po) d'eau bouillante. Couvrir hermétiquement et cuire à l'étuvée de 7 à 9 minutes.

2. **Avec un petit couteau,** couper une tranche sur le dessus et le dessous des tangerines. Mettre les fruits sur une planche à découper et enlever l'écorce et toute trace de membrane blanche avec le couteau. Défaire les quartiers au-dessus d'un bol afin de recueillir le jus des tangerines en même temps que leur chair. Jeter les pépins.

3. **Ajouter les haricots,** les oignons et les graines de tournesol aux tangerines. Saler, poivrer et réserver.

4. **Amener le bouillon** à ébullition dans une casserole. Incorporer la fécule de maïs délayée à l'aide d'un fouet et remuer environ 1 minute jusqu'à épaississement. Retirer du feu et laisser refroidir.

5. **Mélanger l'huile** le vinaigre, le jus d'orange, la moutarde, la cassonade, les échalotes et l'ail dans un petit bol. Incorporer le bouillon épaissi en fouettant. Verser la vinaigrette sur les haricots et remuer délicatement. Servir chaud ou à la température ambiante (ou couvrir et conserver jusqu'à 2 jours dans le réfrigérateur).

---

3 POINTS par portion

Par portion

168 Calories | 10 g Gras total | 1 g Gras saturé | 1 mg Cholestérol | 261 mg Sodium | 17 g Glucide total | 4 g Fibres alimentaires | 5 g Protéines | 60 mg Calcium

Salade de haricots chinois, vinaigrette à la tangerine, à la moutarde et au sherry

Salade de jicama, de poivrons et de maïs grillé

Cette salade croustillante et colorée doit être servie à la température de la pièce. En grillant le maïs, vous lui donnerez un goût sucré et doux. Le jicama, aussi connu sous le nom de patate mexicaine, est un tubercule au goût sucré dont la consistance s'apparente à celle du radis. Épluchez-le avant de l'utiliser.

6 portions

1 épi de maïs moyen

1 jicama moyen, pelé et coupé en fines lamelles

1 oignon rouge moyen, en fines tranches

1 petit poivron rouge, en fines lamelles

1 petit poivron vert, en fines lamelles

1 petit piment jalapeño, épépiné, déveiné et émincé (porter des gants pour prévenir l'irritation des mains)

30 ml (2 c. à soupe) de vinaigre de vin rouge

30 ml (2 c. à soupe) d'huile végétale

30 ml (2 c. à soupe) d'eau

2 ml (½ c. à thé) de moutarde sèche

2 ml (½ c. à thé) de sel

1 gousse d'ail, émincée

Poivre fraîchement moulu

1 **Préchauffer le four** à 200 °C (400 °F). Détacher, sans les enlever, les feuilles de l'épi. Arracher la barbe. Attacher les feuilles de nouveau autour de l'épi à l'aide d'une lanière de feuille. Tremper l'épi dans l'eau et le mettre sur une plaque à pâtisserie. Cuire au four environ 25 minutes. Laisser refroidir légèrement. Enlever les feuilles et détacher les grains de l'épi.

2 **Mélanger le maïs,** le jicama, les oignons, les poivrons et les piments dans un grand bol.

3 **Dans un petit bol,** fouetter ensemble le vinaigre, l'huile, l'eau, la moutarde, le sel, l'ail et le poivre. Verser la vinaigrette sur les légumes et bien remuer.

---

2 POINTS par portion   **Par portion**

85 Calories | 5 g Gras total | 1 g Gras saturé | 0 mg Cholestérol | 246 mg Sodium | 10 g Glucide total | 3 g Fibres alimentaires | 1 g Protéines | 16 mg Calcium

Salade de maïs à la mexicaine

Cette salade est idéale lorsque le maïs est de saison. Faites rôtir puis congeler une portion de maïs frais ; lors d'un long jour d'hiver, vous pourrez ainsi préparer à nouveau cette salade qui vous fera rêver à l'été. Si vous manquez de temps, remplacez le poivron fraîchement rôti par un piment rôti en bouteille.

1. **Préchauffer le four** à 200 ºC (400 ºF). Détacher, sans les enlever, les feuilles des épis. Arracher la barbe. Attacher les feuilles de nouveau autour des épis à l'aide d'une lanière de feuille. Tremper les épis dans l'eau et les mettre sur une plaque à pâtisserie. Cuire au four environ 25 minutes. Laisser refroidir légèrement. Enlever les feuilles et détacher les grains des épis.

2. **Chauffer l'huile** dans un grand poêlon à revêtement antiadhésif. Ajouter les échalotes, l'ail et les piments. Faire sauter 2 ou 3 minutes, jusqu'à ce que les échalotes soient transparentes.

3. **Ajouter le maïs,** les tomates, les tomatilles, le jicama et les poivrons. Cuire les légumes 2 ou 3 minutes, jusqu'à ce que le liquide des tomates soit presque complètement évaporé. Garnir de coriandre et saler. Servir chaud ou à la température ambiante.

Conseils du chef

Les tomatilles, proches parentes des groseilles, sont disponibles dans plusieurs supermarchés et boutiques spécialisées. Il faut choisir celles qui sont bien protégées par leur pelure semblable à du papier qu'il faudra évidemment enlever avant de les utiliser. On peut les manger crues dans des salsas ou des salades.

Pour griller le poivron, vaporiser le gril avec de l'enduit anticollant. Préchauffer le gril. Cuire le poivron de 10 à 20 minutes à 12,5 cm (5 po) de la source de chaleur, en le retournant souvent avec une pince, jusqu'à ce qu'il soit noirci et ratatiné. Mettre le poivron dans un petit bol, couvrir de pellicule plastique et laisser étuver 10 minutes. Quand il est suffisamment refroidi pour être manipulé, le peler et l'égrener.

6 portions

4 épis de maïs moyens

5 ml (1 c. à thé) d'huile d'olive

1 échalote, émincée

1 gousse d'ail, émincée

1 petit piment jalapeño, épépiné, déveiné et émincé (porter des gants pour prévenir l'irritation des mains)

4 ou 5 tomates prunes, épépinées et hachées

2 tomatilles, finement hachées

$\frac{1}{2}$ petit jicama, pelé et haché

$\frac{1}{2}$ poivron rouge, grillé et haché

7 ml ($\frac{1}{2}$ c. à soupe) de coriandre fraîche, hachée

Pincée de sel

Par portion
83 Calories | 1 g Gras total | 0,2 g Gras saturé | 0 mg Cholestérol | 155 mg Sodium | 18 g Glucide total | 4 g Fibres alimentaires | 3 g Protéines | 22 mg Calcium

1 POINT par portion

Salade tiède de champignons sauvages et de fenouil

Bon nombre de supermarchés offrent maintenant un bel assortiment de champignons exotiques. Pour cette recette, vous pouvez tout aussi bien utiliser des creminis, des pleurotes ou des chanterelles que des shiitakes… cependant, ne choisissez que des champignons frais et en saison.

4 portions

1 petit bulbe de fenouil, en fines tranches

150 ml ($2/3$ tasse) de radicchio, rincé et déchiqueté

1 tête d'ail (séparer et peler les gousses)

22 ml (1 $1/2$ c. à soupe) d'huile d'olive extravierge

625 ml (2 $1/2$ tasses) de champignons sauvages, en tranches ou en quartiers

300 ml (1 $1/4$ tasse) de bouillon de poulet hyposodique

125 ml ($1/2$ tasse) de tomates séchées (non conservées dans l'huile), hachées

6 olives de Calamata, dénoyautées et coupées en tranches

30 ml (2 c. à soupe) de sauge fraîche, émincée

22 ml (1 $1/2$ c. à soupe) de câpres, égouttées

45 ml (3 c. à soupe) de jus de citron fraîchement pressé

$1/3$ de poivron rouge moyen, en tranches

Poivre fraîchement moulu

1. **Mettre le fenouil** dans une petite casserole avec suffisamment d'eau pour le couvrir. Amener à ébullition. Réduire la chaleur, couvrir et laisser mijoter environ 5 minutes, jusqu'à ce qu'il soit presque tendre. Égoutter, laisser refroidir et mélanger avec le radicchio dans un bol.

2. **Mélanger les gousses d'ail** avec suffisamment d'eau pour les couvrir. Amener à ébullition. Égoutter et répéter la même opération ave de l'eau fraîche. Réserver l'ail.

3. **Chauffer l'huile** dans un poêlon à revêtement antiadhésif. Faire sauter 4 ou 5 minutes. Ajouter les champignons et faire sauter environ 8 minutes pour les attendrir. Ajouter le bouillon. Cuire de 5 à 10 minutes, jusqu'à ce que le bouillon soit presque complètement évaporé. Racler le fond du poêlon pour empêcher de coller. Retirer du feu et incorporer les tomates, les olives, la sauge et les câpres.

4. **Mettre le fenouil** et le radicchio sur des assiettes individuelles. Couvrir avec les champignons. Arroser de jus de citron. Garnir de poivrons rouges et poivrer. Servir immédiatement.

Conseil du chef

Dans cette recette, les gousses d'ail entières sont blanchies deux fois avant d'être jetées dans l'huile. Cela les attendrit suffisamment pour qu'on puisse ensuite les manger entières. Pour éplucher les gousses, les écraser légèrement avec la lame d'un grand couteau. Les gousses sortiront facilement de leur enveloppe.

---

3 POINTS par portion

Par portion

160 Calories | 8 g Gras total | 1 g Gras saturé | 2 mg Cholestérol | 400 mg Sodium | 20 g Glucide total | 4 g Fibres alimentaires | 7 g Protéines | 96 mg Calcium

Salade tiède de champignons sauvages et de fenouil

Salade de nouilles de sarrasin à l'orientale

Ne laissez pas la longue liste d'ingrédients vous décourager : cette salade est simple à préparer, et sa riche saveur de noix en vaut la chandelle. Ajoutez des morceaux de poitrine de poulet (1/3 tasse) agrémentés d'un peu d'huile de sésame et de piments broyés, et vous aurez là un repas complet.

1. **Pour préparer** la vinaigrette, mélanger le bouillon, le vinaigre, 10 ml (2 c. à thé) de tamari, les échalotes, la moutarde et l'ail dans un petit bol. Incorporer 15 ml (1 c. à soupe) d'huile à l'aide d'un fouet. Ajouter la ciboulette.

2. **Chauffer l'huile** d'arachide restante dans un grand poêlon à revêtement antiadhésif. Ajouter les champignons et faire sauter environ 4 minutes, jusqu'à ce qu'ils soient tendres. Ajouter le tamari restant et le poivre. Laisser refroidir complètement.

3. **Cuire les nouilles** selon les indications inscrites sur l'emballage. Égoutter et rincer à l'eau froide. Égoutter de nouveau. Mélanger les nouilles avec l'huile de sésame dans un grand bol. Ajouter les champignons, les oignons verts, les germes de haricots, les carottes et les pois. Verser la vinaigrette et remuer doucement.

4. **Dresser les laitues** sur des assiettes individuelles. Couvrir avec les nouilles. Garnir de gingembre mariné et de graines de sésame. Servir immédiatement.

4 portions

45 ml (3 c. à soupe) de bouillon de légumes hyposodique ou d'eau

22 ml (1 1/2 c. à soupe) de vinaigre de riz

18 ml (3 1/2 c. à thé) de sauce tamari ou soja hyposodique

5 ml (1 c. à thé) d'échalote, émincée

5 ml (1 c. à thé) de moutarde à l'ancienne

1 gousse d'ail, émincée

20 ml (1 c. à soupe + 1 c. à thé) d'huile d'arachide

7 ml (1 1/2 c. à thé) de ciboulette fraîche, hachée

375 ml (1 1/2 tasse) de champignons shiitake, en tranches

Pincée (1/8 c. à thé) de poivre grossièrement moulu

240 g (8 oz) de nouilles de sarrasin (soba)

2 ml (1/2 c. à thé) d'huile de sésame orientale (foncée)

4 oignons verts, en fines tranches

300 ml (1 1/4 tasse) de germes de haricots

1 carotte, pelée et râpée

150 ml (2/3 tasse) de pois mange-tout, en fines tranches

500 ml (2 tasses) de laitues mélangées, rincées

30 ml (2 c. à soupe) de gingembre mariné

10 ml (2 c. à thé) de graines de sésame, grillées

Conseil du chef

Souvent servi avec le sushi, le gingembre mariné ajoute une touche essentielle à cette salade. Il est conservé dans du vinaigre sucré et a une couleur rosée. On le trouvera dans les épiceries orientales et les grands supermarchés avec les autres ingrédients de la cuisine orientale.

Par portion

301 Calories | 8 g Gras total | 1 g Gras saturé | 0 mg Cholestérol | 807 mg Sodium | 51 g Glucide total | 5 g Fibres alimentaires | 13 g Protéines | 75 mg Calcium

6 POINTS par portion

Salade de riz au cari

Rehaussez le goût de cette salade en faisant rôtir au préalable les graines de citrouille et le cari en poudre. Tout leur arôme sera ainsi libéré. Vous pouvez utiliser vos restes de riz pour préparer cette salade ; sinon, faites cuire 1 ¼ tasse de riz.

1 **Faire griller** les graines de citrouille 2 ou 3 minutes dans un petit poêlon sec sur feu moyen-doux, en remuant souvent, jusqu'à ce qu'elles commencent à éclater et à brunir. Transvider sur une assiette et laisser refroidir. Dans le même poêlon, faire griller légèrement la poudre de cari 1 ou 2 minutes sur feu doux, sans cesser de remuer. Transvider dans un bol en verre ou en acier inoxydable.

2 **Ajouter à l'aide d'un fouet** le bouillon, l'huile et le vinaigre. Ajouter le riz, les pois, les oignons verts, les raisins secs, les graines de citrouille, les pommes, le sel et le poivre. Remuer et servir immédiatement.

6 portions

22 ml (1 ½ c. à soupe) de graines de citrouille

20 ml (4 c. à thé) de cari en poudre

50 ml (¼ tasse) de bouillon de légumes hyposodique

30 ml (2 c. à soupe) d'huile d'olive extravierge

30 ml (2 c. à soupe) de vinaigre de vin rouge

500 ml (2 tasses) de riz blanc à grains longs, cuit

125 ml (½ c. à thé) de pois verts (décongelés s'ils sont surgelés ; cuits s'ils sont frais)

2 oignons verts, en fines tranches

30 ml (2 c. à soupe) de raisins secs dorés

1 petite pomme granny smith, évidée et hachée

1 ml (¼ c. à thé) de sel

1 ml (¼ c. à thé) de poivre fraîchement moulu

Par portion **4 POINTS par portion**

156 Calories | 7 g Gras total | 1 g Gras saturé | 0 mg Cholestérol | 105 mg Sodium | 21 g Glucide total | 0 g Fibres alimentaires | 4 g Protéines | 21 mg Calcium

Salade de lentilles, d'olives et d'oranges

Souvent utilisée dans les soupes et les ragoûts, la lentille présente ici, dans cette salade aussi fraîche que substantielle, une saveur tout à fait différente. Il existe plusieurs variétés de lentilles, dont les rouges, les jaunes, les brunes et les vertes. La plupart de ces variétés cuiront en 20 minutes environ, ce qui vous donnera le temps de préparer les autres ingrédients.

4 portions

15 ml (1 c. à soupe) de jus de citron fraîchement pressé

15 ml (1 c. à soupe) d'huile d'olive extravierge

2 gousses d'ail, émincées

2 ml (½ c. à thé) de cumin moulu

1 ml (¼ c. à thé) de sel

Pincée de clou de girofle, moulu

500 ml (2 tasses) de lentilles, cuites

2 oranges navels, pelées, en quartiers

1 petit oignon rouge, haché

50 ml (¼ tasse) d'olives vertes farcies au piment doux

30 ml (2 c. à soupe) de persil frais, haché

Feuilles de laitue ou d'épinards (facultatif)

Mélanger le jus de citron, l'huile, l'ail, le cumin, le sel et le clou de girofle dans un bol. Incorporer délicatement les lentilles, les oranges, les oignons, les olives et le persil. Servir sur des feuilles de laitue ou d'épinards au goût.

---

4 POINTS par portion

Par portion

197 Calories | 5 g Gras total | 1 g Gras saturé | 0 mg Cholestérol | 340 mg Sodium | 31 g Glucide total | 10 g Fibres alimentaires | 10 g Protéines | 63 mg Calcium

Salade de lentilles rouges

Cette salade colorée accompagnera merveilleusement le thon, le saumon grillé ou les sardines. Pour un goûter simple et nutritif, servez les restes sur un lit d'épinards frais avec un œuf cuit dur.

1 **Préparer les lentilles** selon les indications inscrites sur l'emballage. Laisser refroidir.

2 **Chauffer l'huile** dans un poêlon à revêtement antiadhésif. Ajouter les poivrons, les oignons, l'ail et le piment. Faire sauter environ 3 minutes, jusqu'à ce que les oignons soient transparents. Laisser refroidir.

3 **Dans un grand bol,** mélanger les lentilles, les tomates, la préparation aux poivrons, les oranges, le vinaigre et le basilic. Laisser refroidir au réfrigérateur de 1 h à 1 ½ h avant de servir.

6 portions

250 ml (1 tasse) de lentilles rouges en paquet

30 ml (2 c. à soupe) d'huile d'olive extravierge

½ petit poivron rouge, haché

½ oignon rouge, haché

15 ml (1 c. à soupe) d'ail, émincé

2 ml (½ c. à thé) de piment jalapeño, émincé (porter des gants pour prévenir l'irritation des mains)

3 ou 4 tomates prunes fraîches, épépinées et hachées

1 petite orange, pelée et hachée

15 ml (1 c. à soupe) de vinaigre balsamique

15 ml (1 c. à soupe) de basilic frais, en lamelles

Conseil du chef

Pour peler les tomates, amener une grande casserole d'eau à ébullition. Remplir un grand bol d'eau glacée. Tailler un X peu profond dans la partie inférieure des tomates. Plonger ensuite une tomate dans l'eau bouillante pendant 10 à 15 secondes, puis la plonger rapidement dans l'eau glacée. La retirer immédiatement de l'eau, puis la peler avec un petit couteau en commençant là où l'on a fait un X. Si la tomate ne se pèle pas facilement, la replonger rapidement dans l'eau bouillante, puis dans l'eau glacée. Faire les mêmes opérations avec les autres tomates. Couper les tomates en deux à l'horizontale, enlever les graines et les hacher finement. Réserver.

Par portion — **2 POINTS par portion**

108 Calories | 5 g Gras total | 1 g Gras saturé | 0 mg Cholestérol | 53 mg Sodium | 14 g Glucide total | 4 g Fibres alimentaires | 4 g Protéines | 27 mg Calcium

Salade de calmars à l'italienne

Bien qu'il soit la plupart du temps servi frit, le calmar est absolument délicieux lorsqu'il est légèrement cuit puis servi froid, comme c'est le cas ici. Les saveurs que vous retrouverez dans cette salade sont typiquement italiennes, et tous ses ingrédients sont offerts au supermarché.

4 portions

360 g (12 oz) de calmars cuits, en tranches de 6 mm (¼ po)

1 pot de 210 g (7 oz) de poivrons rouges grillés, égouttés et coupés en lamelles de 5 cm (2 po)

1 boîte de 412 ml (14 oz) de cœurs d'artichaut, égouttés et coupés en deux (environ 250 ml/1 tasse)

6 oignons verts, en tranches

20 petites olives noires, dénoyautées et coupées en deux

8 tomates séchées (non conservées dans l'huile), coupées en fines lamelles

125 ml (½ tasse) de basilic frais, en lamelles

4 ou 5 gousses d'ail, émincées

2 ml (½ c. à thé) de sel

Poivre fraîchement moulu

30 ml (2 c. à soupe) de vinaigre de vin rouge

10 ml (2 c. à thé) d'huile d'olive

500 ml (2 tasses) de roquette, rincée

1 **Dans un grand bol** en verre ou en acier inoxydable, mélanger les calmars, les poivrons, les artichauts, les oignons verts, les olives, les tomates séchées, le basilic, l'ail, le sel et le poivre. Ajouter le vinaigre et l'huile et bien remuer. Couvrir et conserver au réfrigérateur de 2 à 4 h, jusqu'à ce que les calmars et les légumes soient marinés. Remuer les ingrédients de temps à autre pendant ce temps.

2 **Dresser la roquette** sur des assiettes et couvrir avec la salade de calmars. Servir immédiatement.

Conseil du chef

Certains supermarchés offrent des calmars cuits. Si on préfère les acheter crus, on doit choisir les plus frais. Leur odeur doit être agréable et leurs yeux clairs. Le marchand peut les nettoyer et les tailler pour nous. On peut aussi les préparer soi-même en enlevant leurs tentacules et en les évidant. Il faut couper les tentacules sous les yeux et jeter la tête ainsi que le bec. On doit aussi retirer le cartilage transparent et duveteux (la plume). Bien rincer les calmars et retirer la membrane qui recouvre les tentacules. Couper les calmars en tranches de 6 mm (¼ po). Hacher les tentacules en morceaux de 5 cm (2 po). On peut les conserver toute une journée au réfrigérateur.

Cuire les calmars 1 ou 2 minutes dans l'eau qui mijote, jusqu'à ce qu'ils soient tendres. La cuisson doit être brève, sinon ils deviendront caoutchouteux.

---

4 POINTS par portion   **Par portion**

192 Calories | 6 g Gras total | 1 g Gras saturé | 227 mg Cholestérol | 1044 mg Sodium | 17 g Glucide total | 5 g Fibres alimentaires | 19 g Protéines | 126 mg Calcium

Salade de homard et de poivrons rouges grillés

Cette salade riche et élégante se prépare en quelques minutes seulement. Vous pouvez la servir en entrée ou, l'accompagnant de pain croûté, en faire un repas léger. Utilisez de la chair de homard précuite si vous le désirez; sinon, vous devrez faire cuire deux homards de 720 g chacun environ. Une fois vos homards cuits (voir page 165), retirez-en la chair et réfrigérez-la. Vous pouvez faire cela jusqu'à deux jours à l'avance, mais ne rassemblez tous les ingrédients qu'à l'heure du repas.

Dans un grand bol en verre ou en acier inoxydable, mélanger le jus de citron, le thym et l'huile. Ajouter le homard, les poivrons et la laitue. Remuer et servir immédiatement.

4 portions

20 ml (4 c. à thé) de jus de citron fraîchement pressé

10 ml (2 c. à thé) de thym frais, haché

10 ml (2 c. à thé) d'huile d'olive extravierge

240 g (8 oz) de chair de homard, cuite, en morceaux et refroidie ou de surimi (imitation de chair de crabe)

375 ml (1 ½ tasse) de poivrons rouges (environ 4 gros), grillés et en fines tranches

1 litre (4 tasses) de laitues mélangées, rincées et déchiquetées

Conseil du chef

On peut utiliser des poivrons grillés en pot ou les griller soi-même. Il suffit de vaporiser le gril avec de l'enduit anticollant. Préchauffer le gril. Cuire le poivron de 10 à 20 minutes à 12,5 cm (5 po) de la source de chaleur, en retournant souvent avec une pince, jusqu'à ce qu'il soit noirci et ratatiné. Mettre le poivron dans un petit bol, couvrir de pellicule plastique et laisser étuver 10 minutes. Quand il est suffisamment refroidi pour être manipulé, le peler et l'égrener.

Par portion   **2 POINTS par portion**

97 Calories | 3 g Gras total | 0 g Gras saturé | 41 mg Cholestérol | 327 mg Sodium | 6 g Glucide total | 1 g Fibres alimentaires | 13 g Protéines | 65 mg Calcium

Salade de poulet grillé et de pacanes

L'amer, le sucré, un goût de noix : toutes ces saveurs sont présentes dans cette salade-repas. Vous pouvez remplacer les pacanes par des amandes ou des noix, mais n'utilisez que de l'huile de noix dans la vinaigrette, car c'est elle qui donnera en grande partie sa saveur à ce plat.

4 portions

- 4 demi-poitrines de poulet de 120 g (4 oz) chacune, sans peau et sans os
- 125 ml (½ tasse) de cidre de pomme
- 15 ml (1 c. à soupe) de vinaigre de cidre
- 2 ml (½ c. à thé) de sauce Worcestershire
- 2 ml (½ c. à thé) de sauce piquante aux piments
- 2 ml (½ c. à thé) de thym frais, haché
- 15 ml (1 c. à soupe) d'huile de noix
- 500 ml (2 tasses) de roquette, déchiquetée, rincée et égouttée
- 375 ml (1 ½ tasse) de laitues vertes mélangées, rincées
- 250 ml (1 tasse) d'endives, en fines tranches
- 1 pomme granny smith, évidée et coupée en fines tranches
- 50 ml (¼ tasse) de pacanes, grillées

1 **Vaporiser le gril** avec de l'enduit anticollant. Préchauffer le gril. Faire griller le poulet à 12,5 cm (5 po) de la source de chaleur, de 10 à 12 minutes, en le retournant de temps à autre. Laisser refroidir. Couper diagonalement en tranches fines.

2 **Amener le cidre** à ébullition dans une petite casserole et laisser mijoter environ 5 minutes, jusqu'à ce qu'il soit réduit aux deux tiers. Transvider le cidre dans un bol. Ajouter le vinaigre, la sauce Worcestershire, la sauce aux piments et le thym. Incorporer l'huile graduellement en fouettant.

3 **Mélanger la roquette,** les laitues et les endives dans un grand bol. Ajouter les pommes et la moitié de la vinaigrette. Remuer délicatement. Servir la salade sur des assiettes, couvrir avec le poulet et les pacanes. Arroser le poulet avec la vinaigrette restante et servir immédiatement.

Conseil du chef

Pour griller les pacanes, les mettre dans un petit poêlon sec sur feu moyen-doux. Secouer le poêlon et remuer les pacanes sans cesse de 3 à 5 minutes, jusqu'à ce qu'elles brunissent légèrement et qu'une bonne odeur commence à se répandre. Il faut bien les surveiller puisqu'elles peuvent brûler rapidement. Les transvider ensuite sur une assiette pour les laisser refroidir.

---

7 POINTS par portion

Par portion

305 Calories | 12 g Gras total | 2 g Gras saturé | 96 mg Cholestérol | 105 mg Sodium | 9 g Glucide total | 3 g Fibres alimentaires | 37 g Protéines | 71 mg Calcium

Salade de poulet au sésame, vinaigrette au gingembre

Dans cette salade d'inspiration orientale, le poulet au sésame est servi tiède sur un lit de verdure avec une vinaigrette à la fois sucrée et piquante.

1. **Pour préparer la vinaigrette,** mélanger le vinaigre, la sauce soja, le miel, le gingembre, la moutarde, l'huile de sésame et les poivrons rouges dans une petite casserole. Amener à douce ébullition, puis retirer du feu.

2. **Mélanger les graines de sésame,** le sel et le poivre sur une feuille de papier ciré. Enrober le poulet des deux côtés avec ce mélange.

3. **Chauffer l'huile végétale** dans un grand poêlon à revêtement antiadhésif. Ajouter le poulet. Cuire de 4 à 6 minutes de chaque côté, en retournant souvent le poulet jusqu'à ce qu'il soit bien cuit. Mettre le poulet sur une planche à découper. Couper chaque poitrine diagonalement en 4 morceaux.

4. **Dresser la laitue** sur des assiettes. Sans séparer les tranches, mettre une poitrine de poulet sur chaque assiette. Arroser de vinaigrette et servir immédiatement.

4 portions

30 ml (2 c. à soupe) de vinaigre de riz

30 ml (2 c. à soupe) de sauce soja hyposodique

15 ml (1 c. à soupe) de miel

10 ml (2 c. à thé) de gingembre frais, pelé et émincé

5 ml (1 c. à thé) de moutarde sèche

5 ml (1 c. à thé) d'huile de sésame orientale (foncée)

1 ml (¼ c. à thé) de piment de Cayenne broyé

45 ml (3 c. à soupe) de graines de sésame

2 ml (½ c. à thé) de sel

Poivre fraîchement moulu

4 demi-poitrines de poulet de 120 g (4 oz) chacune, sans peau et sans os

15 ml (1 c. à soupe) d'huile végétale

1 litre (4 tasses) de fines laitues mélangées, rincées ou de laitue romaine, rincée et en lamelles

Conseil du chef

Le vinaigre de riz est fait avec du riz fermenté. On en trouve facilement dans les épiceries orientales et dans certains supermarchés à côté des autres ingrédients servant à la cuisine orientale. Son goût est doux et sucré.

Par portion

257 Calories | 11 g Gras total | 2 g Gras saturé | 72 mg Cholestérol | 629 mg Sodium | 9 g Glucide total | 1 g Fibres alimentaires | 29 g Protéines | 100 mg Calcium

6 POINTS par portion

Salade de bœuf à la thaï

Que ce soit pour un dîner nourrissant ou un souper léger, cette salade épicée est servie tiède sur un lit d'épinards ou de chou finement tranché.

4 portions

240 g (8 oz) de longe ou de surlonge de bœuf, en lamelles de 1,25 cm (½ po)

1 oignon moyen, finement haché

45 ml (3 c. à soupe) de sauce soja hyposodique

1 piment jalapeño, épépiné, déveiné et émincé (porter des gants pour prévenir l'irritation des mains)

2 gousses d'ail, émincées

5 ml (1 c. à thé) de gingembre frais, pelé et émincé

250 ml (1 tasse) de germes de haricots

50 ml (¼ tasse) de coriandre fraîche, émincée

10 ml (2 c. à thé) d'huile de sésame orientale (foncée)

1 paquet de 300 g (10 oz) d'épinards bien lavés, rincés et déchiquetés

1 **Vaporiser un grand wok** ou un grand poêlon à revêtement antiadhésif avec de l'enduit anticollant. Mettre sur feu élevé. Ajouter le bœuf et faire sauter environ 30 secondes pour lui faire perdre sa couleur rosée. Ajouter les oignons, la sauce soja, les piments, l'ail et le gingembre. Frire de 2 à 3 minutes, jusqu'à ce que les oignons soient tendres. Retirer du feu. Ajouter les germes de haricots, la coriandre et l'huile. Bien remuer.

2 **Dresser les épinards** dans des bols et couvrir avec la préparation chaude.

---

6 POINTS par portion   **Par portion**

175 Calories | 9 g Gras total | 2 g Gras saturé | 44 mg Cholestérol | 537 mg Sodium | 6 g Glucide total | 7 g Fibres alimentaires | 19 g Protéines | 84 mg Calcium

Vinaigrette balsamique

Le goût de cette vinaigrette dépendra de la qualité du vinaigre balsamique que vous emploierez. Un vinaigre de bonne qualité aura une consistance sirupeuse, une acidité moyenne et un goût aigre-doux en bouche. Outre son utilité dans les salades, cette vinaigrette constitue également une excellente marinade pour les champignons portobellos grillés.

1 **Amener le bouillon** à ébullition dans une casserole. Ajouter lentement l'eau contenant l'arrow-root. Remuer constamment environ 1 minute, jusqu'à épaississement. Retirer du feu, incorporer le vinaigre et laisser refroidir complètement.

2 **Incorporer graduellement** l'huile avec un fouet, puis assaisonner avec le basilic et le sel. La vinaigrette peut être conservée jusqu'à 4 jours au réfrigérateur dans un contenant hermétique.

8 portions

125 ml (½ tasse) de bouillon de légumes ou de poulet hyposodique

3 ml (¾ c. à thé) d'arrow-root, délayé dans 5 ml (1 c. à thé) d'eau

50 ml (¼ tasse) de vinaigre balsamique

50 ml (¼ tasse) d'huile d'olive extravierge

10 ml (2 c. à thé) de basilic frais, finement haché

Pincée (⅛ c. à thé) de sel

Conseil du chef

La proportion habituelle d'huile et de vinaigre (ou d'un autre ingrédient acide) dans une vinaigrette est de 3 pour 1. Pour préparer une vinaigrette à faible teneur en matières grasses, 2 des 3 parts d'huile peuvent être remplacées par du bouillon de poulet ou de légumes épaissi. Le bouillon épaissi a un goût neutre et une texture semblable à celle de l'huile, mais il est virtuellement sans gras. La vinaigrette ainsi obtenue se marie tout aussi bien à la laitue que la vinaigrette classique. On peut remplacer l'arrow-root par de la fécule de maïs, mais la vinaigrette sera alors moins claire et moins transparente.

Par portion de 30 ml (2 c. à soupe)   **2 POINTS par portion**

74 Calories | 7 g Gras total | 1 g Gras saturé | 0 mg Cholestérol | 83 mg Sodium | 3 g Glucide total | 0 g Fibres alimentaires | 0 g Protéines | 2 mg Calcium

Vinaigrette à la lime et à la coriandre

Avec son goût prononcé de lime, d'huile de sésame et de coriandre, cette vinaigrette se mariera merveilleusement aux fruits de mer. Que ce soit avec crevettes et pétoncles sur un lit de verdure, ou encore pour rehausser légèrement l'arôme d'un vivaneau grillé, cette vinaigrette est un succès assuré.

8 portions

125 ml (½ tasse) de bouillon de légumes hyposodique

5 ml (1 c. à thé) d'arrow-root, délayé dans 10 ml (2 c. à thé) d'eau

50 ml (¼ c. tasse) de jus de lime fraîchement pressé

1 ml (¼ c. à thé) de sucre

45 ml (3 c. à soupe) d'huile d'arachide

15 ml (1 c. à soupe) d'huile de sésame orientale (foncée)

2 ml (½ c. à thé) de coriandre fraîche, hachée

Pincée (⅛ c. à thé) de sel

1 **Amener le bouillon** à ébullition dans une casserole. Verser lentement l'eau contenant l'arrow-root et remuer environ 1 minute, jusqu'à épaississement. Retirer du feu. Incorporer le jus de lime et le sucre et laisser refroidir complètement.

2 **Incorporer graduellement** l'huile d'arachide, l'huile de sésame, la coriandre et le sel à l'aide d'un fouet. La vinaigrette peut être conservée jusqu'à 4 jours au réfrigérateur dans un contenant hermétique.

2 POINTS par portion   **Par portion de 30 ml (2 c. à soupe)**

66 Calories | 7 g Gras total | 1 g Gras saturé | 0 mg Cholestérol | 45 mg Sodium | 1 g Glucide total | 0 g Fibres alimentaires | 0 g Protéines | 2 mg Calcium

Vinaigrette aux grains de poivre et au parmesan

Cette vinaigrette accompagnera délicieusement les légumes verts amers tels la roquette et le radicchio. Essayez-la dans un sandwich au rosbif. Vous pouvez ajuster la quantité de poivre au goût.

Mélanger le vinaigre et l'huile dans un petit pot avec couvercle et bien secouer. Ajouter le fromage et le poivre. Bien fermer le couvercle et secouer vigoureusement. La vinaigrette peut être conservée jusqu'à 1 semaine au réfrigérateur dans un contenant hermétique.

8 portions

50 ml (¼ tasse)
de vinaigre balsamique

22 ml (1 ½ c. à soupe)
d'huile d'olive extravierge

125 ml (½ tasse)
de parmesan, râpé

15 ml (1 c. à soupe)
de grains de poivre noir concassé

Par portion de 30 ml (2 c. à soupe)   **1 POINT par portion**

49 Calories | 4 g Gras total | 1 g Gras saturé | 4 mg Cholestérol | 93 mg Sodium | 2 g Glucide total | 0 g Fibres alimentaires | 2 g Protéines | 71 mg Calcium

Vinaigrette au fromage bleu

Pour obtenir une texture vraiment veloutée et un goût audacieux, nous vous conseillons d'utiliser du gorgonzola, bien que n'importe quel fromage bleu fasse l'affaire. Vous pouvez servir cette vinaigrette comme une trempette, avec des crudités, ou encore avec une salade de scarole, d'endives, de poivrons rouges grillés et de miettes de bacon.

6 portions

80 ml (¼ tasse + 2 c. à soupe) de ricotta partiellement écrémée

50 ml (¼ tasse) de babeurre écrémé

50 ml (¼ tasse) de fromage bleu, émietté

15 ml (1 c. à soupe) de vinaigre de cidre

2 ml (½ c. à thé) de sauce Worcestershire

2 ml (½ c. à thé) de ketchup

10 ml (2 c. à thé) de ciboulette fraîche, hachée

Poivre fraîchement moulu

Dans le robot de cuisine ou le mélangeur, réduire en purée la ricotta, le babeurre, le fromage bleu, le vinaigre, la sauce Worcestershire et le ketchup. Transvider dans un petit bol, ajouter la ciboulette et le poivre. La vinaigrette peut être conservée jusqu'à 2 jours au réfrigérateur dans un contenant hermétique.

1 POINT par portion   **Par portion de 30 ml (2 c. à soupe)**
44 Calories | 3 g Gras total | 2 g Gras saturé | 9 mg Cholestérol | 116 mg Sodium | 2 g Glucide total | 0 g Fibres alimentaires | 3 g Protéines | 80 mg Calcium

Vinaigrette crémeuse au raifort et aux pommes

Cette vinaigrette acidulée se sert aussi bien avec les crudités qu'avec le poisson fumé et les saucisses aux fruits de mer. Vous pouvez préparer la vinaigrette à l'avance, mais ne râpez et n'ajoutez la pomme qu'à la toute dernière minute, juste avant de servir.

1 **Réduire la ricotta** en purée dans le robot de cuisine ou le mélangeur. Ajouter le fromage de yogourt et le vinaigre. Mélanger jusqu'à consistance onctueuse.

2 **Incorporer à la main** les pommes et le raifort. Assaisonner avec un peu de jus de citron et du poivre au goût. La vinaigrette peut être conservée jusqu'à 2 jours au réfrigérateur dans un contenant hermétique.

8 portions

50 ml (¼ tasse) de ricotta partiellement écrémée

50 ml (¼ tasse) de fromage de yogourt

30 ml (2 c. à soupe) de vinaigre de vin rouge

1 petite pomme granny smith, pelée, évidée et râpée

11 ml (2 ¼ c. à thé) de raifort préparé, bien égoutté

Jus de citron (facultatif)

Poivre fraîchement moulu (facultatif)

Conseil du chef

Pour préparer le fromage de yogourt, verser 125 ml (½ tasse) de yogourt nature sans matières grasses dans une passoire tapissée d'un filtre à café en papier ou d'un coton fromage placée au-dessus d'un bol. Couvrir et conserver au réfrigérateur au moins 5 heures ou toute la nuit. Jeter le liquide qui s'est accumulé dans le bol.

Par portion de 30 ml (2 c. à soupe) | **0 POINT par portion**

27 Calories | 1 g Gras total | 1 g Gras saturé | 3 mg Cholestérol | 22 mg Sodium | 3 g Glucide total | 1 g Fibres alimentaires | 2 g Protéines | 51 mg Calcium

Vinaigrette au porto

Le porto donne à cette vinaigrette un goût riche et complexe. Le contraste entre l'huile de noix et le goût légèrement sucré du porto fera de cette vinaigrette un complément inusité à toute salade (voir Mesclun au fromage bleu et aux pignons, page 42). Elle peut également être utilisée pour mariner la viande.

8 portions

80 ml (¼ tasse + 2 c. à soupe) de bouillon de légumes

50 ml (¼ tasse) de porto tawny

10 ml (2 c. à thé) d'arrow-root

50 ml (¼ tasse) de vinaigre de vin rouge

50 ml (¼ tasse) d'huile de noix

Pincée (⅛ c. à thé) de sel

Pincée de grains de poivre noir concassé

1 **Dans une casserole,** amener à ébullition 50 ml (¼ tasse) de bouillon et le porto. Fouetter ensemble le bouillon restant et l'arrow-root dans une petite tasse. Verser doucement la préparation à l'arrow-root dans le bouillon qui bout. Remuer sans cesse environ 1 minute, jusqu'à épaississement. Retirer du feu. Incorporer le vinaigre et laisser refroidir complètement.

2 **Incorporer graduellement l'huile,** puis le sel et le poivre à l'aide d'un fouet. La vinaigrette peut être conservée jusqu'à 4 jours au réfrigérateur dans un contenant hermétique.

Conseil du chef

Originaire du Portugal, le porto est un vin fortifié sucré maintenant produit dans plusieurs autres pays. Les portos de type vintage sont issus d'une seule vendange, d'une année exceptionnelle, et ils sont conservés en fût de 2 à 50 ans. Ils sont plus chers et on les utilise rarement pour la cuisson. Les portos de type tawny sont élevés en fût jusqu'à 40 ans et on apprécie leur onctuosité. Les portos de type ruby, les moins coûteux, sont gardés en fût environ 2 ans et ont un goût fruité prononcé. Issus de différentes vendanges, les portos de type tawny et ruby sont souvent utilisés en cuisine.

2 POINTS par portion

Par portion de 30 ml (2 c. à soupe)

77 Calories | 7 g Gras total | 1 g Gras saturé | 0 mg Cholestérol | 41 mg Sodium | 2 g Glucide total | 0 g Fibres alimentaires | 0 g Protéines | 2 mg Calcium

Chapitre 4

Soupes

Soupe aux asperges 66
Soupe au tofu épicée à la thaï 67
Soupe aux betteraves, au fenouil et au gingembre 68
Soupe aux légumes d'hiver à la japonaise 70
Potage aux patates douces 71
Soupe aux courgettes et au cheddar 72
Soupe aux pommes et à la citrouille au cari 73
Soupe froide aux prunes 74
Soupe aux tortillas 75
Soupe aux haricots blancs 76
Soupe aux lentilles à l'indienne 77
Soupe won-ton 78
Soupe au poulet et au maïs à la mode amish 81
Minestrone de fruits de mer 83
Chaudrée de crabe et de champignons sauvages 84
Bisque d'huîtres 85

Soupe aux asperges

Les asperges fraîches étant maintenant offertes toute l'année, vous pourrez savourer ce superbe potage en tout temps. Il sera aussi absolument délicieux comme sauce sur une poitrine de poulet grillée.

4 portions

720 g (1 ½ lb) d'asperges, parées

5 ml (1 c. à thé) de beurre sans sel

75 ml (⅓ tasse) d'oignons, finement hachés

1 gousse d'ail, émincée

750 ml (3 tasses) de bouillon de poulet hyposodique

75 ml (⅓ tasse) de riz à grains longs

75 ml (⅓ tasse) de lait évaporé écrémé

2 ml (½ c. à thé) de zeste de citron, râpé

2 ml (½ c. à thé) de sel

30 ml (2 c. à soupe) de crème sure légère

1. **Couper les pointes** de 12 asperges et réserver. Hacher grossièrement les tiges et les autres asperges restantes. Réserver séparément.

2. **Faire fondre** le beurre dans une casserole, puis ajouter les oignons et l'ail. Faire sauter de 3 à 4 minutes, jusqu'à ce que les oignons soient tendres. Incorporer les asperges hachées, le bouillon et le riz. Amener à ébullition. Réduire la chaleur et laisser mijoter de 30 à 35 minutes, partiellement couvert, jusqu'à ce que les asperges et le riz soient tendres.

3. **Pendant ce temps,** remplir une casserole avec suffisamment d'eau pour couvrir les pointes d'asperges réservées. Amener à ébullition. Ajouter les pointes, couvrir et laisser mijoter de 5 à 7 minutes, jusqu'à ce qu'elles soient tendres. Égoutter dans une passoire et rincer à l'eau froide pour arrêter la cuisson.

4. **Transvider la soupe** dans le mélangeur ou le robot de cuisine. Réduire en purée (en plusieurs étapes au besoin). Verser dans un tamis et presser la purée contre les parois à l'aide d'une cuillère. Remettre dans la casserole. Incorporer le lait, le zeste et le sel. Faire mijoter quelques instants.

5. **Verser à la louche** dans 4 bols. Couvrir chaque portion avec 7 ml (½ c. à soupe) de crème sure et 3 pointes d'asperges.

---

2 POINTS par portion

Par portion

145 Calories | 2 g Gras total | 1 g Gras saturé | 5 mg Cholestérol | 766 mg Sodium | 24 g Glucide total | 3 g Fibres alimentaires | 11 g Protéines | 108 mg Calcium

Soupe au tofu épicée à la thaï

La cuisine thaïlandaise réjouit aussi bien l'œil que le palais. On découvre dans ses plats une réjouissante juxtaposition de goûts sucrés, aigres et salés, ainsi que le mordant des piments et le goût relevé de l'ail. C'est cette époustouflante combinaison de saveurs que vous retrouverez dans cette soupe. Nous préconisons ici l'emploi de l'huile de sésame orientale, qui a un goût plus prononcé que celui de l'huile de sésame ordinaire. Tous les ingrédients se trouvent dans les supermarchés ou dans les épiceries orientales.

1 **Chauffer 15 ml (1 c. à soupe) d'huile** sur feu moyen dans un grand poêlon à revêtement antiadhésif, puis ajouter le gingembre et l'ail. Faire sauter environ 1 minute pour les attendrir. Ajouter les haricots, les carottes et les poivrons. Cuire environ 5 minutes, en remuant souvent, jusqu'à ce que les légumes soient tendres.

2 **Mélanger l'eau,** la sauce chili, la sauce soja, l'huile restante et le piment de Cayenne broyé dans un petit bol. Verser dans les légumes. Incorporer le bouillon et le tofu et amener à ébullition. Réduire et laisser mijoter environ 1 minute pour bien réchauffer, sans cesser de remuer.

4 portions

20 ml (1 c. à soupe + 1 c. à thé) d'huile de sésame orientale (foncée)

15 ml (1 c. à soupe) de gingembre frais, pelé et émincé

3 gousses d'ail, émincées

120 g (4 oz) de haricots verts, parés et coupés en morceaux de 2,5 cm (1 po)

¼ carotte moyenne, pelée et coupée en fines tranches

½ poivron rouge moyen, en fines tranches

50 ml (¼ tasse) d'eau

45 ml (3 c. à soupe) de sauce chili

15 ml (1 c. à soupe) de sauce soja hyposodique

1 ml (¼ c. à thé) de piment de Cayenne broyé

875 ml (3 ½ tasses) de bouillon de légumes ou de poulet hyposodique

240 g (8 oz) de tofu ferme, coupé en morceaux de 2,5 cm (1 po)

Par portion   **3 POINTS par portion**

142 Calories | 7 g Gras total | 1 g Gras saturé | 0 mg Cholestérol | 790 mg Sodium | 12 g Glucide total | 3 g Fibres alimentaires | 9 g Protéines | 137 mg Calcium

Soupe aux betteraves, au fenouil et au gingembre

Cette soupe à la couleur envoûtante et aux arômes complexes est facile à préparer. On peut la servir chaude ou froide. D'abord subtil, le goût du gingembre prend par la suite de l'ampleur et s'attarde en bouche. Vous pouvez préparer cette soupe une journée à l'avance, puis la réfrigérer dans un contenant hermétique.

4 portions

- 625 ml (2 ½ tasses) de bouillon de légumes hyposodique
- ¼ de chou de Savoie moyen, haché
- 1 grosse betterave, pelée et hachée
- ½ bulbe de fenouil, paré et haché
- 1 gousse d'ail, émincée
- 5 ml (1 c. à thé) de gingembre frais, pelé et émincé
- 1 ml (¼ c. à thé) de jus de citron
- 1 ml (¼ c. à thé) de sel
- Poivre fraîchement moulu
- 60 ml (4 c. à soupe) de yogourt nature écrémé

1 **Mélanger le bouillon,** le chou, les betteraves, le fenouil, l'ail et le gingembre dans une casserole et amener à ébullition. Réduire la chaleur, couvrir et laisser mijoter environ 10 minutes, jusqu'à ce que les betteraves soient tendres. Retirer du feu et laisser refroidir légèrement.

2 **Transvider la préparation** dans le mélangeur ou le robot de cuisine et réduire en purée (en plusieurs étapes au besoin). Verser la soupe dans un grand bol. Ajouter le jus de citron, le sel et le poivre. Au besoin, allonger la soupe avec de l'eau froide jusqu'à la consistance désirée. Couvrir et conserver au réfrigérateur au moins 3 ou 4 heures, ou toute la nuit. Servir avec du yogourt nature.

---

0 POINT par portion   **Par portion**

42 Calories | 0 g Gras total | 0 g Gras saturé | 0 mg Cholestérol | 517 mg Sodium | 8 g Glucide total | 2 g Fibres alimentaires | 2 g Protéines | 41 mg Calcium

Soupe aux betteraves, au fenouil et au gingembre

Soupe aux légumes d'hiver à la japonaise

Voici une soupe typiquement japonaise. Le mirin, ou vin de riz, est un ingrédient de base en cuisine japonaise. Si vous ne pouvez vous en procurer, remplacez-le par un sherry sucré. Le miso est une pâte de soja fermenté offerte en plusieurs variétés. De façon générale, le miso de couleur claire est employé dans la confection des soupes légères, tandis que les variétés plus foncées sont utilisées lorsqu'on désire une saveur plus robuste. À vous de choisir le type de miso qui vous convient le mieux. Vous le trouverez dans les magasins d'aliments naturels ou dans les épiceries orientales.

4 portions

480 g (1 lb) de tofu ferme à teneur réduite en matières grasses, coupé en deux sur la longueur

10 ml (2 c. à thé) d'huile végétale

500 ml (2 tasses) d'eau

250 ml (1 tasse) de bouillon de légumes ou de poulet hyposodique

2 grosses pommes de terre de consommation courante, pelées et coupées en cubes

2 carottes, pelées et coupées en cubes de 6 mm (¼ po)

250 ml (1 tasse) de daïkon, en tranches

1 oignon, haché

125 ml (½ tasse) de mirin

50 ml (¼ tasse) de miso

15 ml (1 c. à soupe) de sucre

1. **Étendre le tofu** sur une seule couche entre deux assiettes plates. Couvrir avec une grosse boîte de conserve pour faire un poids. Laisser reposer de 30 à 60 minutes (pas plus). Jeter l'eau qui s'est accumulée. Couper le tofu en cubes.

2. **Chauffer un grand poêlon** à revêtement antiadhésif. Verser l'huile, puis ajouter le tofu. Faire sauter 5 ou 6 minutes, jusqu'à ce qu'il soit doré. Verser l'eau et le bouillon; amener à ébullition. Ajouter les pommes de terre, les carottes, le daïkon et les oignons. Ramener à ébullition. Réduire la chaleur et laisser mijoter environ 20 minutes, jusqu'à ce que les pommes de terre soient tendres.

3. **Dans un petit bol,** mélanger le mirin, le miso et le sucre avec 50 ml (¼ tasse) d'eau de cuisson des légumes. Remuer pour délayer le miso, puis verser dans le poêlon. Chauffer en remuant doucement en prenant soin de ne pas faire bouillir. Verser dans des bols et servir immédiatement.

---

6 POINTS par portion

Par portion
302 Calories | 4 g Gras total | 1 g Gras saturé | 0 mg Cholestérol | 911 mg Sodium | 54 g Glucide total | 5 g Fibres alimentaires | 12 g Protéines | 84 mg Calcium

Potage aux patates douces

Onctueux, riche et nourrissant, ce potage est très facile à préparer. Il réchauffera vos repas d'automne et se prêtera élégamment à tous vos festins.

1. **Pour griller les amandes,** les mettre dans un poêlon sur feu moyen-doux. Secouer le poêlon et remuer les amandes sans cesse de 3 à 5 minutes, jusqu'à ce qu'elles brunissent légèrement et qu'une bonne odeur commence à se répandre.

2. **Chauffer 30 ml (2 c. à soupe)** de bouillon dans une casserole. Ajouter les oignons, le céleri et l'ail. Cuire environ 5 minutes pour les attendrir. Ajouter le bouillon restant, les patates, la cannelle et la muscade. Amener à ébullition. Réduire la chaleur, couvrir et laisser mijoter environ 15 minutes, jusqu'à ce que les patates soient tendres. Jeter le bâton de cannelle.

3. **Transvider la préparation** dans le mélangeur ou le robot de cuisine (en plusieurs étapes au besoin). Remettre la purée dans la casserole. Incorporer le lait, le sirop et le sel. Ramener à ébullition. Au besoin, allonger la soupe avec un peu d'eau. Servir avec du yogourt nature et des amandes.

4 portions

15 ml (1 c. à soupe) d'amandes tranchées

750 ml (3 tasses) de bouillon de poulet hyposodique

75 ml ($1/3$ tasse) d'oignons, finement hachés

50 ml ($1/4$ tasse) de céleri, finement haché

1 petite gousse d'ail, émincée

480 g (1 lb) de patates douces, pelées et coupées en cubes de 2,5 cm (1 po)

1 bâton de cannelle de 5 cm (2 po)

Pincée de muscade

30 ml (2 c. à soupe) de lait évaporé écrémé

5 ml (1 c. à thé) de sirop d'érable

1 ml ($1/4$ c. à thé) de sel

30 ml (2 c. à soupe) de yogourt nature écrémé

Par portion   **2 POINTS par portion**

160 Calories | 1 g Gras total | 0 g Gras saturé | 0 mg Cholestérol | 635 mg Sodium | 33 g Glucide total | 4 g Fibres alimentaires | 6 g Protéines | 74 mg Calcium

Soupe aux courgettes et au cheddar

Une biscotte nappée de fromage cheddar et grillée au four sera délicatement déposée sur cette savoureuse soupe aux courgettes. En absorbant le bouillon, la biscotte ramollira et s'enrichira de toutes les saveurs de la soupe.

4 portions

1 tranche de bacon, émincée

125 ml ($\frac{1}{2}$ tasse) d'oignons, finement hachés

1 gousse d'ail, émincée

1 courgette moyenne, en cubes de 1,25 cm ($\frac{1}{2}$ po)

500 ml (2 tasses) de bouillon de poulet hyposodique

1 tomate prune, pelée, épépinée et hachée

45 ml (3 c. à soupe) de purée de tomate

15 ml (1 c. à soupe) de vinaigre de cidre ou à l'estragon

4 tranches de pain français ou italien de 1,25 cm ($\frac{1}{2}$ po)

50 ml ($\frac{1}{4}$ tasse) de cheddar, râpé

7 ml ($\frac{1}{2}$ c. à soupe) de feuilles de basilic, émincées

1 ml ($\frac{1}{4}$ c. à thé) de sel

Poivre fraîchement moulu

1. **Cuire le bacon** environ 5 minutes dans une casserole, jusqu'à ce qu'il soit croustillant. Ajouter les oignons et l'ail et faire sauter de 8 à 10 minutes, jusqu'à ce que les oignons soient légèrement dorés.

2. **Ajouter les courgettes,** couvrir et cuire environ 5 minutes, jusqu'à ce qu'elles commencent à attendrir. Ajouter le bouillon, les tomates, la purée de tomate et le vinaigre. Augmenter la chaleur et amener à ébullition. Réduire la chaleur et laisser mijoter sur feu doux de 15 à 20 minutes, jusqu'à ce que les légumes soient bien cuits.

3. **Pendant ce temps,** préchauffer le gril pour préparer les biscottes. Griller les tranches de pain à 12,5 cm (5 po) de la source de chaleur environ 4 minutes, jusqu'à ce qu'elles soient dorées des deux côtés. Couvrir le pain avec le fromage et faire griller environ 1 minute de plus, jusqu'à ce que le fromage commence à brunir et que des bulles se forment.

4. **Juste avant de servir la soupe,** ajouter le basilic, le sel, le poivre et un peu de vinaigre au goût. Mettre une biscotte dans chaque bol.

Conseil du chef

Les végétariens peuvent remplacer le bacon par 1 ou 2 cuillerées à thé d'huile d'olive à l'étape 1. On peut aussi utiliser du bouillon de légumes et ajouter 1 cuillerée à soupe de tomates séchées émincées en même temps que le basilic.

3 POINTS par portion

Par portion

165 Calories | 5 g Gras total | 3 g Gras saturé | 11 mg Cholestérol | 468 mg Sodium | 22 g Glucide total | 3 g Fibres alimentaires | 8 g Protéines | 109 mg Calcium

Soupe aux pommes et à la citrouille au cari

Cette soupe légèrement épicée est parfaite pour un petit dîner d'automne. Elle est facile à préparer et on peut la confectionner une journée à l'avance.

1 **Dans une casserole,** chauffer 50 ml (¼ tasse) de bouillon, puis ajouter les oignons, le céleri et la moitié de l'ail. Cuire environ 5 minutes pour attendrir. Ajouter le bouillon restant, le cari, la cannelle et la muscade. Amener à ébullition. Ajouter la courge. Réduire la chaleur et laisser mijoter 8 minutes. Ajouter les pommes et laisser mijoter 7 ou 8 minutes, jusqu'à ce que les pommes et les courges soient tendres.

2 **Transvider la préparation** dans le mélangeur ou le robot de cuisine (en plusieurs étapes au besoin) et réduire en purée. Verser dans un grand bol et saler. Couvrir et laisser refroidir au réfrigérateur au moins 3 ou 4 heures, ou toute la nuit.

Variante

Pour ajouter du zeste à cette soupe, servez-la avec un mélange de lime, de thym et d'ail, ce qui lui donnera un goût rafraîchissant qui fera contraste avec sa saveur légèrement sucrée. Dans un petit bol, mélangez 1 gousse d'ail émincée, 5 ml (1 c. à thé) de zeste de lime râpé et 1 ml (¼ c. à thé) de thym frais émincé. Ajoutez cet assaisonnement à la soupe juste avant de servir.

6 portions

750 ml (3 tasses) de bouillon de poulet hyposodique

1 oignon, finement haché

1 branche de céleri, finement hachée

1 gousse d'ail, émincée

6 ml (1 ¼ c. à thé) de cari en poudre

2 ml (½ c. à thé) de cannelle moulue

1 ml (¼ c. à thé) de muscade moulue

720 g (1 ½ lb) de courge butternut, pelée, égrenée et coupée en cubes de 2,5 cm (1 po)

2 pommes granny smith, évidées, pelées et hachées

2 ml (½ c. à thé) de sel

Conseil du chef

Pour peler la courge, la couper en travers en deux parties de manière à séparer entièrement le bas du haut, ce qui facilitera la tâche. Égrener la courge. Avec un éplucheur solide et bien affûté ou un couteau très coupant, détacher l'écorce de la chair.

Par portion   **1 POINT par portion**

94 Calories | 0 g Gras total | 0 g Gras saturé | 1 mg Cholestérol | 502 mg Sodium | 22 g Glucide total | 5 g Fibres alimentaires | 3 g Protéines | 66 mg Calcium

Soupe froide aux prunes

Ce potage parfumé aux épices aromatiques est composé de jus de pomme, de prunes, de miel et de jus de citron. À servir en entrée ou au dessert.

4 portions

15 ml (1 c. à soupe) d'amandes tranchées

500 ml (2 tasses) de jus de pomme

4 prunes moyennes, dénoyautées et hachées

30 ml (2 c. à soupe) de miel

1 brin de thym

1 tranche de gingembre frais de 6 mm (¼ po), pelée

4 grains de poivre noir

1 ml (¼ c. à thé) de cannelle

Pincée de piment de la Jamaïque

7 ml (1 ½ c. à thé) de jus de citron fraîchement pressé

60 ml (4 c. à soupe) de crème sure légère

1 **Pour griller les amandes,** les mettre dans un petit poêlon sur feu moyen-doux. Secouer le poêlon et remuer les amandes sans cesse de 3 à 5 minutes, jusqu'à ce qu'elles brunissent légèrement.

2 **Dans une casserole moyenne,** mélanger le jus de pomme, les prunes, le miel, le thym, le gingembre, les grains de poivre, la cannelle et le piment de la Jamaïque. Amener à ébullition. Réduire la chaleur et laisser mijoter de 12 à 15 minutes, jusqu'à ce que les prunes soient tendres.

3 **Jeter le gingembre,** le thym et les grains de poivre. Transvider la préparation dans le mélangeur ou le robot de cuisine. Réduire en purée. Incorporer le jus de citron. Couvrir et conserver au réfrigérateur 3 ou 4 heures, ou toute la nuit. Servir avec de la crème sure et des amandes.

---

4 POINTS par portion   **Par portion**
230 Calories | 2 g Gras total | 1 g Gras saturé | 3 mg Cholestérol | 16 mg Sodium | 54 g Glucide total | 3 g Fibres alimentaires | 2 g Protéines | 34 mg Calcium

Soupe aux tortillas

Des tortillas grillées viennent épaissir cette soupe nourrissante et légèrement épicée. Pour la confectionner, vous pouvez utiliser vos restes de poulet grillé ou rôti, ou encore acheter un poulet précuit au supermarché.

1 **Préchauffer le four** à 100 ºC (200 ºF). Couper une tortilla en fines lamelles et la mettre sur une plaque à pâtisserie avec les autres tortillas entières. Cuire au four de 15 à 20 minutes, jusqu'à ce qu'elles soient croustillantes. Écraser les tortillas entières en petits morceaux.

2 **Chauffer 30 ml (2 c. à soupe)** de bouillon dans une casserole. Ajouter les oignons et l'ail. Cuire environ 2 minutes pour attendrir. Ajouter le bouillon restant, les tortillas écrasées, la purée de tomate, la coriandre, le cumin, le poudre chili, la feuille de laurier et le sel. Amener à ébullition, réduire la chaleur et laisser mijoter 20 minutes. Jeter la feuille de laurier. Transvider dans le mélangeur ou le robot de cuisine et réduire en purée (en plusieurs étapes au besoin).

3 **Pour servir,** verser à la louche dans 4 bols. Couvrir chaque portion avec une quantité égale de lamelles de tortillas, de poulet, d'avocat et de fromage.

4 portions

3 tortillas de maïs de 15 cm (6 po)

1 litre (4 tasses) de bouillon de poulet hyposodique

1 gros oignon, haché

2 gousses d'ail, émincées

125 ml (½ tasse) de purée de tomate

15 ml (1 c. à soupe) de coriandre fraîche, hachée

5 ml (1 c. à thé) de cumin moulu

5 ml (1 c. à thé) de poudre chili

1 feuille de laurier

2 ml (½ c. à thé) de sel

1 demi-poitrine de poulet de 120 g (4 oz), sans peau et sans os, rôtie ou grillée, coupée en fines lamelles

50 ml (¼ tasse) d'avocat, haché

60 ml (4 c. à soupe) de cheddar, râpé

Par portion   **3 POINTS par portion**

186 Calories | 6 g Gras total | 2 g Gras saturé | 30 mg Cholestérol | 958 mg Sodium | 20 g Glucide total | 5 g Fibres alimentaires | 16 g Protéines | 103 mg Calcium

Soupe aux haricots blancs

Les haricots Great Northern sont cultivés dans le Midwest américain. Ils sont blancs, assez gros, ont un goût délicat et peuvent être utilisés dans toute recette faisant appel à des haricots blancs. Pour les soupers vite faits, utilisez 500 ml (2 tasses) de haricots en conserve que vous égoutterez et rincerez – vous n'avez pas à les faire tremper. Faites réduire le bouillon jusqu'à obtenir 750 ml (3 tasses) de liquide, puis laissez mijoter 15 minutes seulement. Servez avec du pain chaud à la semoule de maïs.

4 portions

175 ml (¾ tasse) de haricots secs Great Northern, défaits à la fourchette, rincés et égouttés

1,25 litre (5 tasses) de bouillon de poulet hyposodique

1 tranche de bacon, hachée

50 ml (¼ tasse) de poireaux, finement hachés, rincés

50 ml (¼ tasse) d'oignons rouges, hachés

2 gousses d'ail, émincées

1 petite feuille de laurier

1 brin de thym frais

2 ml (½ c. à thé) de vinaigre de vin rouge

Poivre fraîchement moulu

1. **Dans une casserole,** couvrir les haricots avec 7,5 cm (3 po) d'eau froide. Amener à ébullition, puis retirer du feu. Couvrir et laisser reposer 1 heure. Égoutter.

2. **Mélanger les haricots** et le bouillon dans une casserole. Amener à ébullition. Réduire la chaleur, couvrir partiellement et laisser mijoter doucement environ 45 minutes, jusqu'à ce que les haricots soient presque tendres.

3. **Pendant ce temps,** faire cuire le bacon environ 6 minutes dans un poêlon à revêtement antiadhésif, jusqu'à ce qu'il soit croustillant. Ajouter les poireaux, les oignons et l'ail. Faire sauter environ 3 minutes, jusqu'à ce que les oignons soient tendres.

4. **Ajouter la préparation aux oignons,** la feuille de laurier et le thym aux haricots. Laisser mijoter de 15 à 20 minutes, jusqu'à ce que les haricots soient complètement cuits. Jeter la feuille de laurier et le thym. Assaisonner avec le vinaigre et le poivre.

2 POINTS par portion

Par portion

142 Calories | 1 g Gras total | 0 g Gras saturé | 1 mg Cholestérol | 804 mg Sodium | 22 g Glucide total | 6 g Fibres alimentaires | 12 g Protéines | 69 mg Calcium

Soupe aux lentilles à l'indienne

Contrairement aux autres légumineuses, les lentilles ne nécessitent aucun trempage. Il suffit donc d'une petite heure de préparation et de cuisson pour que cette soupe légèrement épicée soit prête à servir. Rapide et nourrissante.

1 **Dans une casserole moyenne,** chauffer l'huile, puis ajouter les oignons. Faire sauter environ 5 minutes, jusqu'à ce qu'ils soient tendres. Ajouter le gingembre, l'ail, le cumin et la coriandre. Cuire 1 minute sans cesser de remuer.

2 **Incorporer l'eau,** les tomates, les lentilles et le sel. Amener à ébullition. Réduire la chaleur et laisser mijoter de 35 à 45 minutes, jusqu'à ce que les lentilles soient cuites. Transvider 500 ml (2 tasses) de la préparation aux lentilles dans le mélangeur ou le robot de cuisine. Réduire en purée. Transvider la purée dans les lentilles et laisser mijoter de 3 à 5 minutes pour bien réchauffer. Juste avant de servir, assaisonner avec le jus de citron et la coriandre.

4 portions

15 ml (1 c. à soupe) d'huile d'olive

1 oignon moyen, haché

30 ml (2 c. à soupe) de gingembre frais, pelé et émincé

4 gousses d'ail, émincées

5 ml (1 c. à thé) de cumin moulu

2 ml ($\frac{1}{2}$ c. à thé) de coriandre moulue

1 litre (4 tasses) d'eau

1 boîte de 412 ml (14 oz) de tomates broyées (sans sel ajouté)

250 ml (1 tasse) de lentilles vertes sèches, défaites à la fourchette, rincées et égouttés

2 ml ($\frac{1}{2}$ c. à thé) de sel

10 ml (2 c. à thé) de jus de citron fraîchement pressé

50 ml ($\frac{1}{4}$ tasse) de coriandre fraîche, hachée

Par portion   **4 POINTS par portion**

234 Calories | 4 g Gras total | 1 g Gras saturé | 0 mg Cholestérol | 340 mg Sodium | 37 g Glucide total | 17 g Fibres alimentaires | 15 g Protéines | 58 mg Calcium

Soupe won-ton

Dans ce classique de la cuisine chinoise, les won-ton tirent leur goût légèrement sucré de la sauce hoisin (sauce barbecue chinoise). N'ayez crainte : vous maîtriserez aisément l'art de préparer les won-ton. Exercez-vous en confectionnant des dim sum aux légumes ou à la viande que vous servirez à l'occasion d'une soirée entre amis. La sauce hoisin et le tamari (un type de sauce soja plus légère au goût) se trouvent tous deux dans la section des ingrédients orientaux de votre supermarché. Vous trouverez la pâte won-ton au comptoir des aliments réfrigérés.

4 portions

1 litre (4 tasses) de bouillon de poulet hyposodique

1 demi-poitrine de poulet de 120 g (4 oz), sans peau et sans os

50 ml (¼ tasse) de carottes, en julienne

45 g (1 ½ oz) de tofu mou (environ 50 ml/¼ tasse)

50 ml (¼ tasse) d'oignons verts, hachés

3 gousses d'ail, émincées

15 ml (1 c. à soupe) de gingembre frais, pelé et émincé

15 ml (1 c. à soupe) de sauce hoisin

12 pâtes won-ton de 7,5 cm (3 po)

15 ml (1 c. à soupe) de sauce tamari ou soja

1 anis étoilé

1 fine tranche de gingembre frais

50 ml (¼ tasse) de feuilles de chou pak-choï, en lamelles

50 ml (¼ tasse) de poireaux en julienne (partie blanche seulement), rincés

1 **Dans une casserole,** amener le bouillon à ébullition, puis ajouter le poulet. Réduire la chaleur, couvrir et laisser mijoter environ 8 minutes, jusqu'à ce que le poulet soit bien cuit. Égoutter et réserver le bouillon. Quand le poulet est suffisamment refroidi pour être manipulé, le couper en fines lamelles de 2,5 cm (1 po).

2 **Pendant ce temps,** remplir une petite casserole avec suffisamment d'eau pour couvrir les carottes. Amener à ébullition et ajouter les carottes. Couvrir et laisser mijoter 2 minutes, jusqu'à ce qu'elles soient tendres mais encore croquantes. Égoutter les carottes dans une passoire et les rincer à l'eau froide pour arrêter la cuisson. Réserver.

3 **Pour préparer la garniture,** mélanger dans un bol le poulet, le tofu, les oignons verts, l'ail, le gingembre émincé et la sauce hoisin. Bien remuer avec une fourchette. Verser 15 ml (1 c. à soupe) de garniture au centre de chaque pâte won-ton. Brosser les côtés avec de l'eau, puis replier la feuille pour former un triangle. Presser sur la garniture pour faire sortir l'air, puis presser les côtés pour bien sceller les pâtes won-ton. Ramener ensemble les deux pointes du triangle, puis les tordre et les presser. Répéter les mêmes opérations avec la garniture et les pâtes won-ton restantes pour obtenir 12 won-ton.

4 **Mélanger le bouillon réservé,** le tamari, l'anis étoilé et la tranche de gingembre dans une casserole. Amener à ébullition. Réduire la chaleur, couvrir et laisser mijoter 20 minutes. Jeter l'anis et le gingembre.

5 **Pendant ce temps,** cuire les won-ton environ 3 minutes dans une grande casserole d'eau qui mijote, jusqu'à ce qu'ils remontent à la surface. Égoutter.

6 **Ajouter le pak-choï,** les poireaux et les carottes au bouillon et cuire jusqu'à ce que le bouillon mijote. Retirer la casserole du feu. Diviser les won-ton, les légumes et la soupe dans 4 bols.

Par portion   **3 POINTS par portion**

158 Calories | 2 g Gras total | 0 g Gras saturé | 28 mg Cholestérol | 1 112 mg Sodium | 19 g Glucide total | 1 g Fibres alimentaires | 16 g Protéines | 25 mg Calcium

Préparation d'une julienne

Couper le légume en tranches de 5 cm (2 po). Tailler les côtés pour qu'ils soient bien droits, ce qui permettra de faire des tranches régulières. (On peut conserver les morceaux ainsi éliminés pour un usage ultérieur dans les bouillons, les soupes, les purées ou toute préparation où la taille des légumes n'a pas d'importance.)

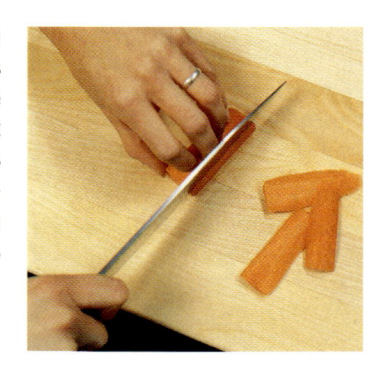

Couper le légume sur la longueur pour obtenir des tranches ayant environ 3 mm (1/8 po) d'épaisseur.

Superposer les tranches et les tailler en parallèle pour obtenir des lamelles de même épaisseur.

Soupe au poulet et au maïs à la mode amish

Malgré sa réputation plutôt fade, la cuisine amish fait montre d'une ingéniosité certaine dans sa façon d'employer fines herbes et épices. Le safran donne à cette soupe une riche couleur dorée ainsi qu'une saveur subtile. Vous pouvez omettre le safran, si vous préférez.

1. **Mélanger le bouillon,** la cuisse de poulet, les oignons, les carottes, le céleri haché et le safran dans une casserole. Amener à ébullition, réduire la chaleur, couvrir et laisser mijoter 45 minutes en enlevant l'écume qui se forme à la surface au besoin.

2. **Enlever le poulet** avec une pince et le mettre sur une assiette. Passer le bouillon au tamis fin. Quand le poulet est suffisamment refroidi pour être manipulé, le désosser et le couper en cubes de 6 mm ($1/4$ po).

3. **Ajouter le poulet,** le maïs, les nouilles, le céleri en cubes et le persil au bouillon. Laisser mijoter un peu et servir immédiatement.

4 portions

1 litre (4 tasses) de bouillon de poulet hyposodique

1 cuisse de poulet (cuisse et pilon), sans peau

$1/2$ oignon moyen, haché

$1/2$ carotte, pelée et hachée

$1/2$ branche de céleri, grossièrement hachée

2 ml ($1/2$ c. à thé) de filaments de safran, broyés (facultatif)

125 ml ($1/2$ tasse) de grains de maïs (frais ou congelés)

125 ml ($1/2$ tasse) de nouilles aux œufs, cuites

$1/2$ branche de céleri, en petits cubes

7 ml ($1/2$ c. à soupe) de persil frais, haché

Conseil du chef

Les deux premières étapes peuvent être faites à l'avance. Le bouillon et le poulet peuvent être conservés 2 ou 3 jours au réfrigérateur et jusqu'à 3 mois au congélateur. Il faut les mettre dans des contenants à fermeture hermétique séparés sur lesquels on indiquera la date. Pour servir, amener le bouillon à forte ébullition, puis ajouter le poulet et les autres ingrédients pour compléter la préparation de la soupe.

Par portion

143 Calories | 5 g Gras total | 2 g Gras saturé | 36 mg Cholestérol | 184 mg Sodium | 13 g Glucide total | 1 g Fibres alimentaires | 13 g Protéines | 35 mg Calcium

3 POINTS par portion

Soupe au poulet et au maïs à la mode amish

Minestrone de fruits de mer

Cette soupe se prépare rapidement et facilement. Afin de la rendre encore plus nourrissante, coupez un filet de poisson blanc en morceaux et incorporez-le à la soupe au même moment que les moules et les crevettes. Idéalement, cette soupe se mange immédiatement, mais vous pourrez conserver les restes jusqu'au lendemain. Rajoutez un peu d'eau avant de la réchauffer, car elle aura épaissi au réfrigérateur.

1. **Dans une casserole,** mélanger les moules, le vin et 45 ml (3 c. à soupe) de bouillon. Couvrir et laisser mijoter environ 4 minutes, jusqu'à ce que les moules soient ouvertes. Transvider les moules dans un bol avec une écumoire. Jeter toutes les moules qui ne sont pas ouvertes. Remettre le liquide qui pourrait s'être échappé des moules dans la casserole. Passer le liquide au tamis et réserver. Enlever les moules de leurs coquilles et les hacher grossièrement. Conserver les moules hachées au réfrigérateur jusqu'au moment de les utiliser.

2. **Cuire le bacon** dans une casserole environ 6 minutes, jusqu'à ce qu'il soit croustillant. Ajouter les poireaux, les oignons, l'ail et l'assaisonnement à l'italienne. Faire sauter jusqu'à ce que les légumes soient tendres. Ajouter le bouillon restant, le bouillon de cuisson des moules réservé, les haricots, les tomates, le riz, le citron, la feuille de laurier et le poivre. Amener à ébullition. Réduire la chaleur, couvrir et laisser mijoter environ 15 minutes, jusqu'à ce que le riz soit cuit.

3. **Ajouter les moules hachées,** les crevettes et le sel. Laisser mijoter environ 3 minutes, jusqu'à ce que les crevettes soient roses. Jeter la feuille de laurier et la tranche de citron.

Conseils du chef

Pour enlever les filaments des moules, les pincer entre le pouce et l'index et tirer fermement. Attendre juste avant la cuisson pour procéder. Brosser les moules minutieusement à l'eau froide avant de les faire cuire.

Pour nettoyer les crevettes, voir le Conseil du chef à la page 29.

4 portions

8 moules moyennes, brossées et ébarbées

30 ml (2 c. à soupe) de vin blanc sec

750 ml (3 tasses) de bouillon de poisson ou de jus de palourdes

½ tranche de bacon, en fines lamelles

1 petit poireau, rincé et haché

1 petit oignon, en tranches

2 gousses d'ail, émincées

10 ml (2 c. à thé) d'assaisonnement à l'italienne

175 ml (¾ tasse) de haricots rouges, rincés et égouttés

3 tomates prunes, hachées

45 ml (3 c. à soupe) de riz arborio

1 tranche de citron de 1,25 cm (½ po)

1 feuille de laurier

Poivre fraîchement moulu

4 crevettes moyennes, décortiquées, déveinées et hachées

1 ml (¼ c. à thé) de sel

3 POINTS par portion

Par portion

159 Calories | 2 g Gras total | 0 g Gras saturé | 17 mg Cholestérol | 855 mg Sodium | 26 g Glucide total | 3 g Fibres alimentaires | 9 g Protéines | 63 mg Calcium

Chaudrée de crabe et de champignons sauvages

Trop coriaces pour être mangés, les pieds des champignons shiitake seront ici utilisé pour créer un bouillon qui donnera une saveur extrêmement riche à cette soupe. De grosses bouchées de crabe apporteront la touche finale à cette chaudrée savoureuse. N'achetez que de la chair de crabe de toute première fraîcheur, et assurez-vous qu'elle ne contient pas de petits morceaux de carapace.

4 portions

240 g (8 oz) de champignons shiitake

25 ml (1 c. à soupe + 2 c. à thé) d'arrow-root

500 ml (2 tasses) de bouillon de poulet hyposodique

5 ml (1 c. à thé) de beurre sans sel

75 ml (1/3 tasse) d'oignons, finement hachés

45 ml (3 c. à soupe) de céleri, finement haché

1 gousse d'ail, émincée

1 pomme de terre moyenne de consommation courante, pelée et hachée

50 ml (1/4 tasse) de lait évaporé écrémé

7 ml (1 1/2 c. à thé) de xérès sec

2 ml (1/2 c. à thé) de sel

2 ml (1/2 c. à thé) de poivre grossièrement moulu

75 ml (1/3 tasse) d'eau

1 morceau de chair de crabe de 120 g (4 oz), piqué à l'aide d'une fourchette

1 **Enlever les pieds** des champignons et les hacher. Couper les chapeaux des champignons en fines tranches. Réserver séparément. Mélanger l'arrow-root avec 30 ml (2 c. à soupe) de bouillon dans un petit bol.

2 **Faire fondre le beurre** dans une casserole, puis ajouter les oignons, le céleri et l'ail. Faire sauter jusqu'à ce que les légumes soient tendres. Ajouter le bouillon restant aux légumes et laisser mijoter. Ajouter les pommes de terre, couvrir et laisser mijoter de 15 à 20 minutes, jusqu'à ce qu'elles soient tendres. Fouetter le bouillon contenant l'arrow-root et l'incorporer au bouillon. Laisser mijoter environ 2 minutes, jusqu'à épaississement. Retirer du feu. Incorporer le lait, le xérès, le sel et le poivre.

3 **Pendant ce temps,** amener l'eau à ébullition dans une petite casserole. Ajouter les pieds de champignons réservés. Réduire la chaleur et laisser mijoter 5 minutes. Passer le liquide, le verser dans un poêlon moyen et jeter les pieds de champignons. Laisser mijoter et ajouter les chapeaux de champignons tranchés. Cuire environ 5 minutes, en remuant de temps à autre, jusqu'à ce qu'ils soient tendres. Verser les champignons et leur jus de cuisson dans la soupe. Servir chaque bol avec de la chair de crabe.

2 POINTS par portion

Par portion

140 Calories | 2 g Gras total | 1 g Gras saturé | 32 mg Cholestérol | 684 mg Sodium | 22 g Glucide total | 3 g Fibres alimentaires | 10 g Protéines | 88 mg Calcium

Bisque d'huîtres

Comptez sur ce potage crémeux pour vous réchauffer les jours froids. En remplaçant la traditionnelle crème par du riz, nous avons grandement diminué la proportion de gras de cette recette, sans rien sacrifier de son onctuosité. Vous pouvez préparer le potage à l'avance, mais n'ajoutez les huîtres qu'à la dernière minute, juste avant de servir.

1. **Remplir une petite casserole** avec suffisamment d'eau pour couvrir les carottes et le céleri et amener à ébullition. Couvrir et laisser mijoter 1 ou 2 minutes, jusqu'à ce qu'ils soient tendres. Égoutter.

2. **Chauffer l'huile** dans une casserole, puis ajouter les oignons. Faire sauter environ 5 minutes, jusqu'à ce que les oignons soient tendres. Ajouter le riz et cuire 2 minutes, sans cesser de remuer. Incorporer 250 ml (1 tasse) de bouillon et 250 ml (1 tasse) d'eau. Amener à ébullition. Réduire la chaleur, couvrir et laisser mijoter environ 15 minutes, jusqu'à ce que le riz soit cuit.

3. **Transvider la préparation au riz** dans le mélangeur ou le robot de cuisine et réduire en purée. Dans une casserole, mélanger la purée avec les carottes et les céleris cuits, le bouillon restant, 125 ml (½ tasse) d'eau, le lait et le poivre de Cayenne. Cuire sans cesser de remuer (ne pas laisser bouillir). Incorporer les huîtres et leur liquide réservé, puis saler. Cuire doucement jusqu'à ce que le bord des huîtres commence à se retrousser et que la soupe soit bien chaude. Servir avec du persil émincé.

4 portions

½ carotte moyenne, pelée et coupée en fines tranches

1 branche de céleri, en fines tranches

10 ml (2 c. à thé) d'huile de canola (colza)

1 oignon moyen, finement haché

50 ml (¼ tasse) de riz à grains longs

375 ml (1 ½ tasse) de bouillon de poulet hyposodique

375 ml (1 ½ tasse) d'eau

125 ml (½ tasse) de lait écrémé

Pincée de poivre de Cayenne

1 boîte de 240 g (8 oz) d'huîtres, égouttées (réserver 125 ml/ ½ tasse de liquide)

Pincée de sel

Persil plat frais, émincé

Par portion

178 Calories | 6 g Gras total | 1 g Gras saturé | 22 mg Cholestérol | 283 mg Sodium | 18 g Glucide total | 3 g Fibres alimentaires | 12 g Protéines | 63 mg Calcium

3 POINTS par portion

Chapitre 5
Pizzas, sandwiches et wraps

Pâte à pizza et variantes	88
Pizza aux tomates grillées et à la mozzarella	90
Pizza au brocoli grillé à la new-yorkaise	91
Pizza aux champignons sauvages et au fromage de chèvre	93
Pizza à la pancetta et aux oignons caramélisés	94
Pizza au provolone, aux tomates séchées et aux olives noires	95
Sandwiches à la salade Cobb	96
Sandwiches au poulet grillé et au chutney	97
Sandwiches à la salade de poulet à la marocaine	98
Paninis à la dinde fumée et aux poivrons grillés	99
Sandwiches aux portobellos glacés au madère	100
Sandwiches aux légumes grillés	101
Burgers aux légumes	102
Sandwiches aux huîtres et à la rémoulade	103
Crêpes au homard et aux asperges	105
Sandwiches au crabe épicé	106
Rouleaux de laitue farcis au bœuf à l'orientale	108

Pâte à pizza et variantes

Cette recette de pâte à pizza est un réel classique. En expérimentant avec les différentes variantes que nous vous présentons ici ainsi qu'avec diverses garnitures, vous serez en mesure de créer toutes sortes de pizzas, de pitas et de pains grillés.

4 portions

250 ml (1 tasse) d'eau chaude à 40-46 ºC (105-115 ºF)

7 ml (½ c. à soupe) de miel

10 ml (2 c. à thé) de levure séchée à action rapide

530 ml (2 tasses + 2 c. à soupe) de farine à pain

3 ml (¾ c. à thé) de sel

Pâte faite à la main

Faire l'étape 1. Incorporer 125 ml (½ tasse) de l'eau restante, la farine restante et le sel. Remuer jusqu'à ce que la pâte commence à coller à la cuillère et ajouter l'eau restante (50 ml/¼ tasse) au besoin. Renverser la pâte sur une surface légèrement farinée et la pétrir environ 10 minutes, jusqu'à ce qu'elle soit légère et élastique. Poursuivre ensuite la recette à l'étape 3.

1. **Mélanger 50 ml (¼ tasse)** d'eau avec le miel, la levure et suffisamment de farine pour faire une pâte légère. Mettre la pâte dans un endroit chaud et la couvrir hermétiquement avec de la pellicule plastique ou un linge humide. Laisser reposer 1 heure ou jusqu'à ce qu'elle devienne mousseuse et augmente de volume.

2. **Ajouter 125 ml (½ tasse)** d'eau, la farine restante et le sel à la pâte. Pétrir de 8 à 10 minutes à vitesse moyenne avec le batteur à main électrique muni d'un crochet pétrisseur. Ajouter l'eau restante au besoin jusqu'à ce que la pâte devienne élastique. La pâte doit se détacher facilement des parois du bol.

3. **Vaporiser un grand bol** avec de l'enduit anticollant. Mettre la pâte dans le bol. Couvrir de pellicule plastique et laisser lever dans un endroit chaud jusqu'à ce qu'elle double de volume, environ 1 heure. Quand on la presse avec un doigt, la pâte devrait garder la marque pendant quelques secondes.

4. **Renverser la pâte** sur une surface légèrement farinée. Pétrir brièvement pour laisser sortir l'air. Diviser la pâte en 4 morceaux de même grosseur et façonner une boule avec chacun. Mettre sur une plaque à pâtisserie. Couvrir les boules de pellicule plastique et laisser lever une deuxième fois sans un endroit chaud, environ 30 minutes.

Préparation à l'avance: Si on ne l'utilise pas immédiatement, envelopper la pâte hermétiquement avant la dernière levée de l'étape 4. La conserver jusqu'à 2 jours au réfrigérateur ou jusqu'à un mois au congélateur. Laisser dégeler la pâte congelée, toujours enveloppée, toute une nuit au réfrigérateur. Laisser reposer à la température ambiante et la faire lever avant de l'utiliser.

---

5 POINTS par portion

Par portion (1 pâte à pizza sans garniture)
256 Calories | 1 g Gras total | 0 g Gras saturé | 0 mg Cholestérol | 438 mg Sodium | 54 g Glucide total | 2 g Fibres alimentaires | 8 g Protéines | 12 mg Calcium

Travailler la pâte à pizza

Variantes

Pâte à pizza de blé entier : Utiliser 425 ml (1 ¾ tasse) de farine à pain, 175 ml (¾ tasse) de farine de blé entier et doubler la quantité de levure.

Par portion (1 pâte à pizza cuite sans garniture)
253 Calories | 1 g Gras total | 0 g Gras saturé | 0 mg Cholestérol | 440 mg Sodium | 53 g Glucide total | 5 g Fibres alimentaires | 9 g Protéines | 17 mg Calcium
4 POINTS par portion

Pâte à pizza de sarrasin : Utiliser 425 ml (1 ¾ tasse) de farine à pain, 175 ml (¾ tasse) de farine de sarrasin et doubler la quantité de levure.

Par portion (1 pâte à pizza sans garniture)
252 Calories | 1 g Gras total | 0 g Gras saturé | 0 mg Cholestérol | 441 mg Sodium | 53 g Glucide total | 4 g Fibres alimentaires | 9 g Protéines | 18 mg Calcium
4 POINTS par portion

Pain pita : Préparer la Pâte à pizza ou l'une des deux variantes ci-dessus. Façonner la pâte tel qu'indiqué à l'étape 4 et la cuire au four à 260 °C (500 °F) sur 2 plaques à pâtisserie farinées avec 50 ml (¼ tasse) de semoule de maïs pendant 7 ou 8 minutes. Une fois sorti du four, le pain se dégonflera et aura l'allure d'un pain pita.

Pain grillé : Préparer la Pâte à pizza ou l'une des deux variantes ci-dessus. Façonner la pâte tel qu'indiqué à l'étape 4 et la faire griller 2 ou 3 minutes de chaque côté, jusqu'à ce que le pain gonfle et que de grosses bulles se forment sur le dessus.

Pizza aux tomates grillées et à la mozzarella

Cette recette est une variante de la pizza margherita qui fut créée à la fin du XIXe siècle pour commémorer la visite à Naples de la reine Margherita d'Italie. Cette pizza arbore le vert, le blanc et le rouge du drapeau italien. Dans notre interprétation de ce classique, les tomates sont d'abord rôties afin d'en intensifier la saveur. Également excellentes avec les pâtes, les tomates rôties se conservent jusqu'à trois jours au réfrigérateur.

4 portions

480 g (1 lb) de tomates prunes, en tranches

37 ml (2 ½ c. à soupe) d'huile d'olive extravierge

1 ml (¼ c. à thé) de sel

5 feuilles de basilic frais, en fines lamelles

2 ml (½ c. à thé) d'origan frais, haché

3 gousses d'ail, émincées

50 ml (¼ tasse) de semoule de maïs

1 recette de Pâte à pizza (p. 88)

120 g (4 oz) de mozzarella partiellement écrémée, en fines tranches

175 ml (¾ tasse) de sauce tomate

20 ml (4 c. à thé) de parmesan, fraîchement râpé

15 ml (1 c. à soupe) de grains de poivre noir concassé

1 **Pour faire griller** les tomates, préchauffer le four à 140 °C (275 °F). Mélanger les tomates, 15 ml (1 c. à soupe) d'huile et le sel dans un bol. Mettre les tranches de tomate sur la grille d'une plaque à rôtir. Faire griller de 2 ½ à 3 heures, jusqu'à ce qu'elles soient sèches mais encore souples. Dans un bol, mélanger l'huile restante avec l'origan, l'ail et la moitié du basilic.

2 **Augmenter la température** du four à 260 °C (500 °F). Saupoudrer 2 plaques à pâtisserie avec de la semoule de maïs. Avec les doigts, aplatir chaque boule de pâte en formant un cercle de 20 cm (8 po). Placer les cercles de pâte sur les plaques. Couvrir avec la préparation au basilic et mettre les tomates grillées et la mozzarella tout autour. Étendre un peu de sauce tomate au centre de chaque pizza en laissant un espace de 2,5 cm (1 po) tout autour. Couvrir avec le basilic restant, le parmesan et les grains de poivre concassé. Cuire au four de 7 à 8 minutes jusqu'à ce que la croûte soit dorée et croustillante.

---

10 POINTS par portion

Par portion (1 pizza)

487 Calories | 17 g Gras total | 5 g Gras saturé | 17 mg Cholestérol | 1089 mg Sodium | 68 g Glucide total | 4 g Fibres alimentaires | 19 g Protéines | 259 mg Calcium

Pizza au brocoli grillé à la new-yorkaise

Comment inciter vos enfants à manger des légumes?... Mettez-les sur une pizza! Ici, le brocoli est d'abord rôti afin de lui donner plus de saveur.

1. **Préchauffer le four** à 260 °C (500 °F). Mélanger le brocoli avec l'huile d'olive, l'ail, le sel et le poivre dans un bol. Mettre le brocoli sur une seule couche sur une plaque à pâtisserie. Griller au four environ 10 minutes, jusqu'à ce que le brocoli soit tendre et qu'il commence à brunir. Réserver.

2. **Vaporiser 2 autres plaques à pâtisserie** avec de l'enduit antiadhésif. Avec les doigts, aplatir chaque boule de pâte à pizza pour faire un cercle de 20 cm (8 po). Mettre les cercles de pâte sur les plaques à pâtisserie. Couvrir la pâte avec le brocoli et la mozzarella. Couvrir de sauce, puis parsemer de parmesan, d'origan et de piment de Cayenne broyé. Cuire au four de 8 à 10 minutes, jusqu'à ce que la croûte soit dorée et croustillante.

4 portions

1 litre (4 tasses) de bouquets de brocoli

30 ml (2 c. à soupe) d'huile d'olive

2 gousses d'ail, en fines tranches

1 ml (¼ c. à thé) de sel

Poivre fraîchement moulu

1 recette de Pâte à pizza (p. 88)

250 ml (1 tasse) de mozzarella partiellement écrémée, en fines lamelles

125 ml (½ tasse) de sauce à pizza préparée

50 ml (¼ tasse) de parmesan, râpé

5 ml (1 c. à thé) d'origan séché

2 ml (½ c. à thé) de piment de Cayenne broyé (facultatif)

Par portion (1 pizza)   **10 POINTS par portion**

464 Calories | 15 g Gras total | 5 g Gras saturé | 20 mg Cholestérol | 939 mg Sodium | 62 g Glucide total | 5 g Fibres alimentaires | 21 g Protéines | 357 mg Calcium

Pizza au brocoli grillé à la new-yorkaise (p. 91) et Pizza à la pancetta et aux oignons caramélisés (p. 94)

Pizza aux champignons sauvages et au fromage de chèvre

Le mariage des champignons sauvages et du fromage de chèvre donne ici une pizza absolument délicieuse. Choisissez un assortiment de vos champignons préférés au supermarché... et faites de cette pizza votre propre création.

4 portions

50 ml (¼ tasse) de semoule de maïs

240 g (8 oz) de champignons sauvages variés, en tranches

22 ml (1 ½ c. à soupe) de bouillon de poulet hyposodique

1 recette de Pâte à pizza (p. 88)

125 ml (½ tasse) de sauce à pizza préparée

250 ml (1 tasse) de fromage de chèvre aux fines herbes, émietté

20 ml (4 c. à thé) de parmesan, râpé

4 gousses d'ail, émincées

10 ml (2 c. à thé) de grains de poivre noir concassé

1 **Préchauffer le four** à 260 °C (500 °F). Saupoudrer 2 plaques à pâtisserie avec de la semoule de maïs. Mélanger les champignons et le bouillon dans un poêlon à revêtement antiadhésif et cuire environ 5 minutes, en remuant au besoin, jusqu'à ce que les champignons soient tendres et que le liquide soit évaporé.

2 **Avec les doigts,** aplatir chaque boule de pâte à pizza pour en faire un cercle de 20 cm (8 po). Mettre les cercles de pâte sur les plaques à pâtisserie. Couvrir chacun avec la sauce, les champignons et le fromage de chèvre. Parsemer de parmesan, d'ail et de poivre concassé. Cuire au four 7 ou 8 minutes, jusqu'à ce que la croûte soit brune et croustillante.

---

13 POINTS par portion   **Par portion (1 pizza)**
567 Calories | 24 g Gras total | 11 g Gras saturé | 141 mg Cholestérol | 1045 mg Sodium | 68 g Glucide total | 5 g Fibres alimentaires | 22 g Protéines | 141 mg Calcium

Pizza à la pancetta et aux oignons caramélisés

La pancetta est un type de bacon italien préparé avec du sel et des épices, mais qui n'est pas fumé. Vous la trouverez dans les épiceries spécialisées. Enveloppée hermétiquement, la pancetta se conserve jusqu'à trois semaines au réfrigérateur. (Voir photo page 92.)

4 portions

30 ml (2 c. à soupe) de pancetta, hachée

125 ml (½ tasse) d'eau

8 oignons, en fines tranches

Pincée de sucre

Pincée de sel

15 ml (1 c. à soupe) de basilic frais, haché

Poivre fraîchement moulu

50 ml (¼ tasse) de semoule de maïs

1 recette de Pâte à pizza (p. 88)

3 tomates prunes, hachées

175 ml (¾ tasse) de mozzarella partiellement écrémée, en fines lamelles

30 ml (2 c. à soupe) de parmesan, fraîchement râpé

1 **Faire sauter la pancetta** dans un poêlon à revêtement antiadhésif jusqu'à ce qu'elle brunisse légèrement. La mettre sur une assiette, enlever toute trace de gras et essuyer le poêlon avec du papier essuie-tout. Remettre le poêlon sur le feu, puis ajouter 50 ml (¼ tasse) d'eau, les oignons et le sucre. Cuire environ 12 minutes, en remuant de temps à autre, jusqu'à ce que les oignons commencent à prendre de la couleur. Saler et ajouter l'eau restante. Cuire environ 30 minutes, en remuant de temps à autre, jusqu'à ce que les oignons soient caramélisés. Laisser reposer de 5 à 10 minutes. Incorporer la pancetta, le basilic et le poivre.

2 **Préchauffer le four** à 260 °C (500 °F). Saupoudrer 2 plaques à pâtisserie avec de la semoule de maïs.

3 **Avec les doigts,** aplatir chaque boule de pâte à pizza pour en faire un cercle de 20 cm (8 po). Mettre les cercles de pâte sur les plaques à pâtisserie. Couvrir avec la préparation aux oignons, les tomates, la mozzarella et le parmesan. Cuire au four environ 10 minutes, jusqu'à ce que la croûte soit dorée et croustillante.

---

9 POINTS par portion

Par portion

462 Calories | 6 g Gras total | 3 g Gras saturé | 15 mg Cholestérol | 651 mg Sodium | 82 g Glucide total | 7 g Fibres alimentaires | 19 g Protéines | 258 mg Calcium

Pizza au provolone, aux tomates séchées et aux olives noires

Le fromage provolone se marie ici magnifiquement aux saveurs provençales de la tomate, des olives noires, de l'huile d'olive et de l'ail.

1 **Préchauffer le four** à 260 °C (500 °F). Saupoudrer 2 plaques avec de la semoule de maïs. Dans un bol, verser l'eau bouillante sur les tomates séchées. Laisser reposer environ 10 minutes pour les attendrir. Égoutter et couper en filaments.

2 **Avec les doigts,** aplatir chaque boule de pâte à pizza pour en faire un cercle de 20 cm (8 po). Mettre les cercles de pâte sur les plaques à pâtisserie et les brosser avec l'huile. Parsemer de tomates, de basilic, d'olives et d'ail. Couvrir avec le fromage. Cuire au four de 7 à 8 minutes, jusqu'à ce que la croûte soit dorée et croustillante.

4 portions

50 ml (¼ tasse)
de semoule de maïs

125 ml (½ tasse) d'eau bouillante

4 ou 5 moitiés
de tomates séchées
(non conservées dans l'huile)

1 recette de Pâte à pizza (p. 88)

22 ml (1 ½ c. à soupe)
d'huile d'olive extravierge

150 ml (⅔ tasse)
de feuilles de basilic frais

12 olives de Calamata,
dénoyautées et
coupées en tranches

3 gousses d'ail, émincées

175 ml (¾ tasse)
de provolone, râpé

Par portion (1 pizza)   **10 POINTS par portion**

489 Calories | 18 g Gras total | 6 g Gras saturé | 23 mg Cholestérol | 1005 mg Sodium | 64 g Glucide total | 4 g Fibres alimentaires | 17 g Protéines | 262 mg Calcium

Sandwiches à la salade Cobb

Nous avons niché cette version faible en gras de la classique salade Cobb au creux d'un pain pita au levain. Une vinaigrette au fromage bleu donnera son goût typique à la salade Cobb; ajoutez-y un peu de roquefort pour lui donner encore plus de mordant.

4 portions

4 grands pitas au levain, coupés en deux

60 ml (4 c. à soupe) de Vinaigrette au fromage bleu hypocalorique maison (p. 62) ou vendue dans le commerce

8 feuilles de laitue romaine

2 grosses tomates, en fines tranches

240 g (8 oz) de poitrine de dinde maigre, en fines tranches

4 tranches de bacon cuites, croustillantes, égouttées et émiettées

Napper l'intérieur de chaque moitié de pain pita avec environ 7 ml ($1/2$ c. à soupe) de vinaigrette. Remplir avec la laitue, les tomates, la dinde et le bacon. Arroser la garniture avec la vinaigrette restante et servir.

---

6 POINTS par portion **Par portion**

284 Calories | 7 g Gras total | 2 g Gras saturé | 27 mg Cholestérol | 1115 mg Sodium | 41 g Glucide total | 3 g Fibres alimentaires | 18 g Protéines | 86 mg Calcium

Sandwiches au poulet grillé et au chutney

Cette recette transformera vos restes de poulet rôti en délicieux sandwiches. Son chutney mélange les saveurs aigres-douces du cidre, des canneberges séchées et des pommes; préparez-le une journée à l'avance et faites-le réfrigérer. Ce chutney peut aussi être servi comme accompagnement, avec du poulet grillé ou rôti.

1 **Chauffer l'huile** dans un poêlon à revêtement antiadhésif, puis ajouter les oignons et le gingembre. Faire sauter environ 10 minutes, jusqu'à ce que les oignons soient tendres et légèrement dorés. Ajouter les pommes, les canneberges, le cidre, le vinaigre et la cassonade. Réduire la chaleur et laisser mijoter environ 30 minutes, en remuant de temps à autre, jusqu'à ce que le liquide soit évaporé et que le chutney épaississe. Laisser refroidir le chutney à la température ambiante, puis le conserver au réfrigérateur jusqu'au moment de l'utiliser.

2 **Étendre le cresson** et le poulet sur 4 tranches de pain. Napper chaque tranche avec 15 ml (1 c. à soupe) de chutney et couvrir avec les autres tranches de pain.

4 portions

10 ml (2 c. à thé) d'huile végétale

2 oignons, hachés

5 ml (1 c. à thé) de gingembre moulu

2 pommes granny smith, pelées, évidées et hachées

150 ml ($2/3$ tasse) de raisins secs ou de canneberges séchées

125 ml ($1/2$ tasse) de cidre de pomme

50 ml ($1/4$ tasse) de vinaigre de cidre

45 ml (3 c. à soupe) de cassonade foncée, bien tassée

125 ml ($1/2$ tasse) de cresson, haché

500 ml (2 tasses) de poitrine de poulet grillée, sans peau, en tranches

8 tranches de pain pumpernickel nature ou pumpernickel aux raisins

9 POINTS par portion

Par portion

477 Calories | 7 g Gras total | 1 g Gras saturé | 60 mg Cholestérol | 492 mg Sodium | 76 g Glucide total | 8 g Fibres alimentaires | 29 g Protéines | 86 mg Calcium

Sandwiches à la salade de poulet à la marocaine

Ici, les cuisses de poulet braisées à la façon marocaine forment une garniture à sandwich délicieuse et exotique. Vous pouvez préparer la salade de poulet une journée à l'avance : elle se conservera au réfrigérateur jusqu'à l'heure du pique-nique.

4 portions

- 10 ml (2 c. à thé) de jus de citron fraîchement pressé
- 2 ml (½ c. à thé) de poudre d'ail
- 2 ml (½ c. à thé) de sel
- 1 ml (¼ c. à thé) de paprika doux
- Poivre fraîchement moulu
- 1 ml (¼ c. à thé) de cannelle moulue
- 1 ml (¼ c. à thé) de cumin moulu
- Pincée (⅛ c. à thé) de poivre de Cayenne
- 1 kg (2 ¼ lb) de cuisses de poulet, sans peau (2 ou 3 cuisses)
- 15 ml (1 c. à soupe) d'huile d'olive extravierge
- 250 ml (1 tasse) de bouillon de poulet hyposodique
- 10 olives de Calamata, dénoyautées et hachées
- 2 grosses tomates, pelées, épépinées et hachées
- 1 poivron rouge, grillé et haché
- 2 ml (½ c. à thé) de coriandre fraîche, hachée
- 2 ml (½ c. à thé) de persil frais, haché
- Sel, au goût (facultatif)
- 4 grands pains pitas de blé entier

1. **Dans un grand sac de plastique** à fermeture hermétique, mélanger le jus de citron, la poudre d'ail, le sel, le paprika, le poivre, la cannelle, le cumin et le poivre de Cayenne. Ajouter le poulet. Faire sortir l'air du sac et bien le sceller. Remuer pour bien enrober le poulet. Conserver au réfrigérateur au moins 30 minutes en tournant le sac de temps à autre.

2. **Chauffer l'huile** dans un grand poêlon, puis ajouter le poulet. Faire sauter 3 ou 4 minutes, en le tournant une fois, pour le faire brunir. Transvider sur une assiette. Vider le gras du poêlon. Ajouter le bouillon et cuire en raclant bien le fond. Remettre le poulet dans le poêlon. Ajouter les olives et laisser mijoter. Réduire la chaleur, couvrir et laisser cuire doucement environ 45 minutes, jusqu'à ce que le poulet soit tendre sous la fourchette. Laisser le poulet refroidir dans son jus de cuisson.

3. **Retirer le poulet** du poêlon à l'aide d'une écumoire. Réserver le jus de cuisson. Désosser et mettre la chair dans un grand bol.

4. **Enlever tout gras** visible du jus de cuisson, puis en verser environ 125 ml (½ tasse) sur le poulet. Ajouter les tomates, les poivrons, la coriandre et le persil. Saler au goût. Bien remuer. Couper les pains pitas en deux et les remplir avec la même quantité de salade de poulet.

Conseil du chef

Pour préparer et épépiner les tomates, amener une grande casserole d'eau à ébullition. Remplir un grand bol d'eau glacée. Tailler un X peu profond dans la partie inférieure de chaque tomate. Plonger ensuite une tomate à la fois dans l'eau bouillante pendant 10 à 15 secondes, puis la plonger rapidement dans l'eau glacée. La retirer immédiatement de l'eau, puis la peler avec un petit couteau en commençant là où l'on a fait un X. Si la tomate ne se pèle pas facilement, la replonger rapidement dans l'eau bouillante, puis dans l'eau glacée. Faire les mêmes opérations avec les autres tomates. Couper les tomates en deux à l'horizontale et enlever les graines.

10 POINTS par portion

Par portion

452 Calories | 16 g Gras total | 4 g Gras saturé | 99 mg Cholestérol | 831 mg Sodium | 42 g Glucide total | 6 g Fibres alimentaires | 37 g Protéines | 45 mg Calcium

Paninis à la dinde fumée et aux poivrons grillés

Le panini est un petit pain italien excellent pour les sandwiches comme celui-ci, où le goût de la dinde fumée s'allie au piquant des poivrons marinés. Préparez le poivron une journée à l'avance afin qu'il puisse bien s'imprégner de toutes les saveurs de la marinade.

1 **Vaporiser la grille** avec de l'enduit anticollant. Préchauffer le gril. Griller le poivron à 12,5 cm (5 po) de la source de chaleur, en le retournant souvent avec une pince, jusqu'à ce qu'il soit ratatiné et noirci, pendant environ 10 minutes. Mettre le poivron dans un bol moyen, couvrir de pellicule plastique et laisser reposer 10 minutes. Quand le poivron peut être manipulé sans risque de se brûler, le peler, l'épépiner et le couper en lamelles.

2 **Dans un sac** de plastique à fermeture hermétique, mélanger le vinaigre, l'eau et le romarin. Ajouter les lamelles de poivron. Faire sortir l'air du sac et le secouer pour bien enrober les poivrons. Conserver au réfrigérateur au moins 8 heures ou toute la nuit, en tournant le sac de temps à autre.

3 **Égoutter les poivrons** et jeter la marinade. Pour faire les sandwiches, garnir les petits pains avec la dinde, les poivrons et le basilic.

4 portions

1 poivron rouge

15 ml (1 c. à soupe) de vinaigre balsamique

15 ml (1 c. à soupe) d'eau

1 brin de romarin frais ou 2 ml (½ c. à thé) de romarin séché

4 petits pains à salade de blé entier, ouverts

240 g (8 oz) de dinde fumée, en fines tranches

8 grandes feuilles de basilic frais

Par portion   **5 POINTS par portion**

215 Calories | 9 g Gras total | 2 g Gras saturé | 54 mg Cholestérol | 964 mg Sodium | 22 g Glucide total | 2 g Fibres alimentaires | 14 g Protéines | 76 mg Calcium

Sandwiches aux portobellos glacés au madère

Mesurant plusieurs centimètres de diamètre, le champignon portobello est en fait un cremini arrivé à maturité. Son chapeau est bien ouvert et son pied, plutôt coriace. Les portobellos ne perdront rien de leur goût si vous les préparez une journée à l'avance ; faites-les griller, réfrigérez-les entiers, puis laissez-les revenir à la température de la pièce avant de les trancher et d'en farcir vos sandwiches.

4 portions

30 ml (2 c. à soupe) de madère

15 ml (1 c. à soupe) d'huile d'olive

5 ml (1 c. à thé) de basilic séché

2 ml (½ c. à thé) d'origan séché

Poivre fraîchement moulu

240 g (8 oz) de champignons portobellos (enlever les pieds et les lamelles)

1 oignon moyen, en tranches

4 tranches (30 g/1 oz) de fromage suisse écrémé

2 gros pains à salade au levain, fendus

1. **Vaporiser le gril** avec de l'enduit anticollant. Préchauffer le gril.

2. **Dans un grand bol,** mélanger le madère, l'huile, le basilic, l'origan et le poivre. Ajouter les champignons et bien les enrober. Laisser mariner 10 minutes.

3. **Vaporiser un poêlon** à revêtement antiadhésif avec de l'enduit anticollant et mettre sur feu moyen-élevé. Ajouter les oignons et faire sauter environ 5 minutes pour les attendrir.

4. **Faire griller les champignons** à 12,5 cm (5 po) de la source de chaleur environ 4 minutes de chaque côté, en les brossant avec la marinade. Quand ils sont assez refroidis pour être manipulés, les couper en fines tranches.

5. **Mettre 1 tranche de fromage** sur chacune des 4 moitiés de pain. Griller environ 2 minutes, jusqu'à ce que le fromage soit fondu. Couvrir avec les champignons et les oignons et servir.

Conseil du chef

Pour enlever le pied du portobello, le tenir fermement à la base et le casser délicatement. Il devrait se détacher facilement du chapeau. Pour enlever les lamelles, qui sont amères et qui donnent un liquide noirâtre peu appétissant quand elles sont cuites, les racler doucement avec une cuillère ou un couteau à beurre.

5 POINTS par portion

Par portion
247 Calories I 10 g Gras total I 4 g Gras saturé I 15 mg Cholestérol I 311 mg Sodium I 27 g Glucide total I 4 g Fibres alimentaires I 14 g Protéines I 269 mg Calcium

Sandwiches aux légumes grillés

Alliant le goût de la pomme granny smith, du fromage ricotta et du basilic frais, ce sandwich est littéralement débordant de saveur. Faites griller les oignons et le pain dans une poêle à fond cannelé à revêtement antiadhésif, ou encore faites-les rôtir au four sur une plaque à pâtisserie que vous aurez vaporisée d'un enduit anticollant.

1 **Verser la ricotta** dans une passoire tapissée d'un filtre à café en papier ou d'un coton fromage placée au-dessus d'un bol de grosseur moyenne. Couvrir et conserver au réfrigérateur au moins 8 heures ou toute la nuit. Jeter le liquide qui s'est accumulé dans le bol.

2 **Vaporiser une poêle** à fond cannelé avec de l'enduit anticollant et mettre sur feu moyen-élevé. Faire griller les tranches d'oignon environ 2 minutes de chaque côté, jusqu'à ce qu'elles soient tendres. Transvider sur une assiette. Faire griller les tranches de pain. Les mettre sur une assiette et les couvrir légèrement pour les réserver au chaud.

3 **Préchauffer le four** à 180 °C (350 °F). Mélanger le bouillon, les champignons et les poivrons dans un poêlon à revêtement antiadhésif. Cuire sur feu moyen environ 5 minutes, en remuant de temps à autre, jusqu'à ce que les légumes soient tendres et presque secs. Saler et poivrer.

4 **Étendre la ricotta** sur 4 tranches de pain. Couvrir de basilic, puis de concombres, de pommes et de préparation aux poivrons. Ajouter les oignons grillés, puis les tomates et les courgettes. Couvrir chaque sandwich avec une tranche de pain. Presser fermement sur le dessus et les mettre sur une plaque. Cuire au four de 20 à 25 minutes, en les retournant deux fois pendant la cuisson.

4 portions

175 ml (¾ tasse) de ricotta partiellement écrémée

1 gros oignon rouge, en fines tranches

8 tranches de pain de blé entier

30 ml (2 c. à soupe) de bouillon de légumes

120 g (4 oz) de champignons, en tranches

½ poivron rouge, en fines lamelles

½ poivron jaune, en fines lamelles

1 ml (¼ c. à thé) de sel

Poivre fraîchement moulu

6 grandes feuilles de basilic frais, en fines lamelles

1 petit concombre anglais, en fines tranches

1 grosse pomme granny smith, coupée en quartiers puis en fines tranches

1 tomate prune, en fines tranches

½ courgette moyenne, en fines tranches

Par portion   **5 POINTS par portion**

278 Calories | 7 g Gras total | 3 g Gras saturé | 16 mg Cholestérol | 539 mg Sodium | 45 g Glucide total | 8 g Fibres alimentaires | 13 g Protéines | 188 mg Calcium

Burgers aux légumes

Ce sandwich allie la fraîche saveur des fines herbes et des légumes au piquant de la sauce aux piments. Servez-le sur un pain kaiser avec, en guise de condiments, un peu de yogourt nature sans gras, de l'ail rôti et des germes de haricots de soja. Accompagné d'une salade et d'un cornichon mariné, ce sandwich constitue une saine et délicieuse option alternative au hamburger traditionnel.

4 portions

- 2 carottes moyennes, pelées et râpées
- ½ branche de céleri, râpée
- 30 ml (2 c. à soupe) d'oignons, râpés
- 30 ml (2 c. à soupe) de poivron rouge, émincé
- 75 ml (⅓ tasse) de champignons, émincés
- 4 oignons verts, émincés
- 1 œuf, légèrement battu
- 50 ml (¼ tasse) de moitiés de noix, finement moulues
- 10 ml (2 c. à thé) de thym frais, haché
- 1 gousse d'ail, émincée
- 2 ml (½ c. à thé) de sel
- 1 ml (¼ c. à thé) de sauce piquante aux piments
- 1 ml (¼ c. à thé) d'huile de sésame
- Pincée (⅛ c. à thé) de poivre moulu
- 75 ml (⅓ tasse) de farine à craquelin ou à matzo

1 **Préchauffer le four** à 250 °C (475 °F). Vaporiser une plaque à pâtisserie avec de l'enduit anticollant. Dans un tamis, mélanger les carottes, le céleri, les oignons et les poivrons. Presser les légumes avec le dos d'une cuillère pour extraire l'eau. Mettre les légumes dans un grand bol, ajouter les champignons, les oignons verts, l'œuf, les noix, le thym, l'ail, le sel, la sauce piquante, l'huile de sésame et le poivre. Bien remuer. Ajouter 50 ml (¼ tasse) de farine à craquelins, ou plus au besoin, pour obtenir une texture ferme. Former 4 rouelles. Passer les rouelles dans la farine restante.

2 **Mettre les rouelles** sur la plaque à pâtisserie et cuire au four environ 12 minutes, jusqu'à ce qu'elles commencent à brunir, en les retournant une seule fois pendant la cuisson.

Conseil du chef

Moudre les noix avec un rouleau à pâte ou un mini robot de cuisine. On devrait obtenir 30 ml (2 c. à soupe) de noix hachées.

2 POINTS par portion

Par portion

110 Calories | 4 g Gras total | 1 g Gras saturé | 53 mg Cholestérol | 328 mg Sodium | 15 g Glucide total | 2 g Fibres alimentaires | 4 g Protéines | 32 mg Calcium

Sandwiches aux huîtres et à la rémoulade

L'origine de ce sandwich, une spécialité de La Nouvelle-Orléans, est quelque peu controversée. Certains prétendent qu'il fut créé en 1920 par Benny et Clovis Martin, deux frères tenant l'épicerie Martin Brothers Grocery à La Nouvelle-Orléans. Selon la légende, les deux frères auraient créé ce sandwich afin de nourrir les chauffeurs de tramway qui, à ce moment-là, étaient en grève. Dans cette variante de la recette originale, les huîtres sont panées, sautées, mises dans un petit pain et nappées d'une sauce rémoulade classique.

1 **Pour préparer la rémoulade,** mélanger dans un bol en verre ou en acier inoxydable la mayonnaise, les oignons verts, le céleri, le persil, les cornichons, le vinaigre, la moutarde, les câpres, la sauce Worcestershire et la sauce aux piments. Couvrir et laisser reposer 30 minutes.

2 **Pour préparer les sandwiches,** enlever environ 15 ml (1 c. à soupe) de mie dans chaque pain en utilisant les doigts. Déchirer la mie enlevée en miettes et réserver sur une assiette. Ajouter la farine, le poivre et le poivre de Cayenne aux miettes et mélanger du bout des doigts. Tremper les huîtres une à une dans le substitut d'œuf, puis les rouler dans la préparation à base de mie de pain.

3 **Chauffer 7 ml (1/2 c. à soupe) d'huile** dans un grand poêlon à revêtement antiadhésif. Ajouter la moitié des huîtres. Cuire environ 3 minutes, en les retournant une seule fois, jusqu'à ce qu'elles soient brunes et bien cuites. Répéter la même opération avec l'huile et les huîtres restantes.

4 **Faire griller les moitiés de pain.** Étendre les huîtres, les tomates et la laitue sur 4 moitiés, puis recouvrir avec les moitiés de pain restantes. Servir avec la rémoulade et les quartiers de citron.

4 portions

Sauce rémoulade

50 ml (¼ tasse) de mayonnaise sans matières grasses

1 oignon vert, émincé

30 ml (2 c. à soupe) de céleri, émincé

15 ml (1 c. à soupe) de persil plat frais, émincé

15 ml (1 c. à soupe) de cornichon à l'aneth, émincé

15 ml (1 c. à soupe) de vinaigre de vin rouge

10 ml (2 c. à thé) de moutarde de Dijon

10 ml (2 c. à thé) de câpres, égouttées et finement hachées

5 ml (1 c. à thé) de sauce Worcestershire

Sauce piquante aux piments (facultatif)

Suite à la page suivante

Sandwiches

4 pains à salade français, fendus

30 ml (2 c. à soupe) de farine tout usage

1 ml ($\frac{1}{4}$ c. à thé) de poivre fraîchement moulu

1 ml ($\frac{1}{4}$ c. à thé) de poivre de Cayenne

24 huîtres moyennes, écaillées

50 ml ($\frac{1}{4}$ tasse) de substitut d'œuf sans matières grasses

15 ml (1 c. à soupe) d'huile végétale

1 tomate, en fines tranches

125 ml ($\frac{1}{2}$ tasse) de laitue iceberg, en fines lamelles

1 citron, en quartiers

---

5 POINTS par portion   **Par portion (1 sandwich + environ 15 ml (1 c. à soupe) de sauce)**
239 Calories | 7 g Gras total | 1 g Gras saturé | 19 mg Cholestérol | 664 mg Sodium | 34 g Glucide total | 2 g Fibres alimentaires | 10 g Protéines | 92 mg Calcium

Crêpes au homard et aux asperges

Parfaite pour un brunch ou un dîner en tête à tête, cette somptueuse crêpe est farcie de chair de homard et nappée d'une délicieuse sauce hollandaise sans gras. En ce qui a trait à la cuisson du homard, consultez notre recette de homard bouilli à la page 165.

4 portions

1. **Pour faire les crêpes,** mélanger le lait, la farine, l'œuf, le blanc d'œuf, l'huile et le sel dans le mélangeur. Faire tourner le moteur jusqu'à consistance onctueuse. Transvider la pâte dans une tasse en verre de 250 ml (1 tasse). Incorporer la ciboulette. Laisser reposer 30 minutes.

2. **Vaporiser une poêle à crêpes** ou un poêlon à revêtement antiadhésif de 15 cm (6 po) avec de l'enduit anticollant. Mettre sur feu moyen-élevé jusqu'à ce qu'une goutte d'eau rebondisse. Verser 30 ml (2 c. à soupe) de pâte et remuer la poêle pour bien couvrir le fond. Cuire environ 30 secondes, jusqu'à ce que le fond de la crêpe commence à brunir. Retourner la crêpe et la faire cuire environ 5 secondes, jusqu'à ce qu'elle soit sèche. Transvider la crêpe sur une assiette et couvrir de papier ciré. Répéter les mêmes opérations pour faire 7 autres crêpes en battant de nouveau la pâte avant chaque utilisation. Couvrir chaque crêpe de papier ciré pour les empêcher de coller ensemble.

3. **Préchauffer le four** à 180 °C (350 °F). Vaporiser un plat de cuisson de 22,5 x 32,5 cm (9 x 13 po) avec de l'enduit anticollant. Couvrir chaque crêpe avec 3 pointes d'asperge et un huitième de la chair de homard. Rouler les crêpes en prenant soin de bien enfermer la garniture. Mettre les crêpes dans le plat de cuisson, ouverture vers le fond. Couvrir et cuire au four environ 15 minutes pour bien les réchauffer.

4. **Pendant ce temps,** pour préparer la sauce, mélanger à l'aide d'un fouet métallique la mayonnaise et l'eau dans un bain-marie contenant de l'eau qui mijote. Cuire 1 ou 2 minutes, sans cesser de fouetter, jusqu'à consistance onctueuse. Retirer du feu. Incorporer le zeste et le jus de citron ainsi que le poivre de Cayenne. La sauce doit être facile à verser; au besoin, l'allonger avec de l'eau, 5 ml (1 c. à thé) à la fois, jusqu'à consistance désirée. Servir les crêpes nappées de sauce.

125 ml (½ tasse) de lait écrémé

85 ml (⅓ tasse + 2 c. à thé) de farine tout usage

1 œuf

1 blanc d'œuf

10 ml (2 c. à thé) d'huile de canola (colza)

1 ml (¼ c. à thé) de sel

15 ml (1 c. à soupe) de ciboulette fraîche, émincée

24 fines pointes d'asperge, parées, cuites et refroidies

300 g (10 oz) de chair de homard cuite, en morceaux

50 ml (¼ tasse) de mayonnaise sans matières grasses

50 ml (¼ tasse) d'eau chaude

1 ml (¼ c. à thé) de zeste de citron, râpé

30 ml (2 c. à soupe) de jus de citron fraîchement pressé

Pincée de poivre de Cayenne

Par portion (2 crêpes + environ 30 ml (2 c. à soupe) de sauce)   **4 POINTS par portion**

201 Calories | 5 g Gras total | 1 g Gras saturé | 105 mg Cholestérol | 583 mg Sodium | 17 g Glucide total | 3 g Fibres alimentaires | 22 g Protéines | 112 mg Calcium

Sandwiches au crabe épicé

Lorsque les crabes se débarrassent de leur carapace, ils conservent une texture spongieuse jusqu'à ce que leur nouvelle carapace durcisse ; on les qualifie alors de crabes mous. C'est ce type de crabe que nous utiliserons dans la confection de ce sandwich. Ce délicieux crustacé doit être acheté vivant, puis être cuit dans les quatre heures qui suivent. Demandez à votre poissonnier de le nettoyer pour vous.

4 portions

30 ml (2 c. à soupe) d'eau

7 ml (1 ½ c. à thé) de vinaigre de riz ou de xérès sec

7 ml (1 ½ c. à thé) de sauce soja hyposodique

2 ml (½ c. à thé) de fécule de maïs

2 ml (½ c. à thé) de cassonade foncée bien tassée

15 ml (3 c. à thé) d'huile d'arachide

4 petits crabes mous de 90 g (3 oz) chacun, nettoyés

2 ml (½ c. à thé) de gingembre frais, pelé et émincé

1 gousse d'ail, émincée

2 oignons verts, coupés en morceaux de 5 cm (2 po)

7 ml (1 ½ c. à thé) de haricots noirs fermentés, rincés, égouttés et hachés finement

8 tranches fines de pain à sandwiches, grillées

1 **Mélanger l'eau,** le vinaigre, la sauce soja, la fécule de maïs et la cassonade dans un bol.

2 **Chauffer 10 ml (2 c. à thé)** d'huile dans un grand poêlon à revêtement antiadhésif. Ajouter les crabes, carapace vers le fond. Cuire 1 ou 2 minutes de chaque côté, en ne les retournant qu'une seule fois, jusqu'à ce qu'ils deviennent d'une belle couleur brun rougeâtre. Mettre les crabes sur une assiette et réserver au chaud.

3 **Remettre le poêlon** sur le feu. Ajouter l'huile restante, puis le gingembre et l'ail. Faire sauter environ 15 secondes. Ajouter les oignons verts et les haricots noirs. Frire de 3 à 4 minutes, jusqu'à ce que les oignons verts soient tendres. Ajouter la préparation à base de vinaigre, puis les crabes. Cuire environ 2 minutes, en remuant délicatement, jusqu'à ce que la sauce épaississe et enrobe bien les crabes. Mettre les crabes sur 4 tranches de pain et couvrir avec les autres tranches pour faire des sandwiches.

5 POINTS par portion

Par portion

213 Calories | 6 g Gras total | 1 g Gras saturé | 56 mg Cholestérol | 533 mg Sodium | 23 g Glucide total | 1 g Fibres alimentaires | 17 g Protéines | 115 mg Calcium

Sandwiches au crabe épicé

Rouleaux de laitue farcis au bœuf à l'orientale

Ce succulent bœuf au sésame et au gingembre est servi enrobé dans des feuilles de laitue. La trempette peut être préparée à l'avance et se conserve jusqu'à trois jours au réfrigérateur; essayez-la avec des crudités.

4 portions

50 ml (¼ tasse) de vinaigre de riz

15 ml (1 c. à soupe) de sauce soja hyposodique

10 ml (2 c. à thé) de menthe fraîche, émincée

5 ml (1 c. à thé) de gingembre frais, pelé et émincé

5 ml (1 c. à thé) de zeste d'orange, râpé

5 ml (1 c. à thé) d'huile de sésame orientale (foncée)

8 grandes feuilles de laitue iceberg

240 g (8 oz) de rôti de bœuf maigre, en fines tranches coupées en lamelles de 6 mm (¼ po)

250 ml (1 tasse) de germes de haricots, lavés

1 concombre moyen, pelé, épépiné et coupé en fines lamelles

8 grandes feuilles de menthe fraîche

1 **Pour faire la sauce,** mélanger dans un bol le vinaigre, la sauce soja, la menthe émincée, le gingembre, le zeste et l'huile. Réserver.

2 **Mettre les feuilles de laitue** sur une surface de travail. Couvrir la laitue avec le bœuf, les germes de haricots, les concombres et les feuilles de menthe. Replier les côtés des feuilles de laitue sur la garniture puis faire des rouleaux en commençant par le côté le plus court. Servir avec la sauce.

---

4 POINTS par portion **Par portion (2 rouleaux)**
174 Calories | 9 g Gras total | 3 g Gras saturé | 46 mg Cholestérol | 183 mg Sodium | 5 g Glucide total | 1 g Fibres alimentaires | 17 g Protéines | 26 mg Calcium

Chapitre 6

Pâtes

Nouilles au poivre	110
Capellinis au citron et aux câpres	111
Orzo aux épinards et à l'asiago	112
Pennes à la sauce crémeuse à l'ail et au parmesan	113
Spaghettis à la sauce crémeuse au gorgonzola	114
Linguines aux olives, au basilic et aux deux tomates	116
Capellinis aux légumes grillés	118
Rigatonis aux légumes et au bouillon de champignons sauvages	119
Farfalles aux asperges grillées, aux morilles et aux petits pois	120
Fettucines au saumon fumé, aux câpres et aux petits pois	122
Linguines à la sauce blanche aux palourdes	123
Rigatonis à l'aubergine et aux tomates séchées	124
Pennes au rapini et à la saucisse de dinde épicée	125
Pad thaï	126
Gnocchis	128
Gnocchis aux shiitake, aux courgettes et au pesto	129
Spätzles	130
Lasagne aux légumes grillés	131
Lasagne aux asperges	132

Nouilles au poivre

Faciles à préparer en peu de temps, ces nouilles accompagneront à merveille un pain de viande ou un rôti de porc. Afin d'obtenir un goût de poivre prononcé, utilisez des grains entiers plutôt que du poivre moulu. Concassez les grains de poivre dans un mortier à l'aide d'un pilon, ou placez-les sur une planche à pain et écrasez-les délicatement avec le dessous d'une poêle ou d'un chaudron.

4 portions

375 ml (1 ½ tasse) de nouilles aux œufs de grosseur moyenne

125 ml (½ tasse) de persil plat frais, émincé

5 ml (1 c. à thé) de grains de poivre noir concassé

1 ml (¼ c. à thé) de sel

1 **Cuire les pâtes** selon les indications inscrites sur l'emballage. Égoutter et réserver 50 ml (¼ tasse) de l'eau de cuisson. Mettre les pâtes dans un grand bol.

2 **Ajouter l'eau de cuisson réservée,** le persil, le poivre et le sel. Bien remuer.

---

1 POINT par portion   **Par portion**

58 Calories | 1 g Gras total | 0 g Gras saturé | 14 mg Cholestérol | 153 mg Sodium | 11 g Glucide total | 1 g Fibres alimentaires | 2 g Protéines | 16 mg Calcium

Capellinis au citron et aux câpres

Les capellinis sont des pâtes très fines, idéales pour ce genre de recette. Également appelés « cheveux d'ange », les capellinis bénéficient ici de la délicate touche d'amertume qu'apporte le citron. Donnez à ce plat un peu de mordant en y ajoutant des grains de poivre rouge concassés. Vous pouvez remplacer le persil par une cuillerée à thé de thym.

1 **Cuire les pâtes** selon les indications inscrites sur l'emballage. Égoutter et réserver au chaud.

2 **Pendant ce temps,** chauffer un grand poêlon à revêtement antiadhésif. Verser l'huile, puis ajouter l'ail. Faire sauter 2 ou 3 minutes, jusqu'à ce que l'ail prenne une belle couleur noisette (garder le feu plutôt doux afin qu'il ne brûle pas). Ajouter les pâtes, le persil, le jus de citron, les câpres et le sel. Bien remuer. Servir avec du poivre fraîchement moulu.

4 portions

180 g (6 oz) de capellinis (pâtes cheveux d'ange)

10 ml (2 c. à thé) d'huile d'olive

1 ou 2 gousses d'ail, émincées

50 ml ($1/4$ tasse) de persil frais, émincé

30 ml (2 c. à soupe) de jus de citron fraîchement pressé

15 ml (1 c. à soupe) de câpres, égouttées et hachées

1 ml ($1/4$ c. à thé) de sel

Poivre fraîchement moulu

Par portion   **4 POINTS par portion**

184 Calories | 3 g Gras total | 0 g Gras saturé | 0 mg Cholestérol | 215 mg Sodium | 33 g Glucide total | 1 g Fibres alimentaires | 6 g Protéines | 17 mg Calcium

Orzo aux épinards et à l'asiago

L'orzo, qui signifie « orge » en italien, est une pâte alimentaire qui a l'apparence d'un grain de riz et qui, en fait, peut avantageusement remplacer le riz dans bien des recettes. On l'utilise souvent dans les soupes ou dans la confection de mets d'accompagnement tels que celui-ci. Alliant les saveurs robustes de l'épinard, de l'ail et de l'asiago, parfumé d'une touche de vinaigre, ce plat accompagnera merveilleusement le poulet ou le poisson grillé.

4 portions

175 ml (¾ tasse) d'orzo

10 ml (2 c. à thé) d'huile d'olive

1 petit oignon, haché

1 petite branche de céleri, hachée

1 gousse d'ail, émincée

250 ml (1 tasse) de feuilles d'épinards bien tassées, nettoyées et hachées

50 ml (¼ tasse) de bouillon de poulet hyposodique

7 ml (½ c. à soupe) de vinaigre de vin rouge

50 ml (¼ tasse) de fromage asiago, râpé

Poivre fraîchement moulu

1 **Cuire l'orzo** selon les indications inscrites sur l'emballage.

2 **Pendant ce temps,** chauffer une casserole à revêtement antiadhésif. Verser l'huile, puis ajouter les oignons, le céleri et l'ail. Faire sauter 3 ou 4 minutes pour les attendrir. Incorporer les épinards, la moitié du bouillon et le vinaigre. Cuire 2 ou 3 minutes de plus, en remuant souvent, jusqu'à ce que le liquide soit évaporé. Incorporer l'orzo, le fromage, le bouillon restant et le poivre.

---

3 POINTS par portion

Par portion

176 Calories | 4 g Gras total | 1 g Gras saturé | 4 mg Cholestérol | 147 mg Sodium | 27 g Glucide total | 2 g Fibres alimentaires | 7 g Protéines | 90 mg Calcium

Pennes à la sauce crémeuse à l'ail et au parmesan

Toute la famille raffolera de ce plat délicieux. Afin de donner à la sauce une consistance riche et crémeuse sans la lourdeur d'une sauce à base de fromage et de crème, nous avons épaissi du lait évaporé écrémé avec de la farine ; ensuite, nous avons ajouté des gousses d'ail bouillies et hachées à la sauce afin d'en rehausser la saveur.

1. Cuire l'ail 3 minutes dans une grande casserole d'eau bouillante pour l'attendrir. À l'aide d'une écumoire, déposer l'ail sur une planche à découper. Réserver l'eau de la casserole. Émincer l'ail et réserver.

2. Cuire les brocolis 3 minutes dans la même casserole d'eau bouillante, jusqu'à ce qu'ils soient tendres et d'un beau vert lustré. À l'aide d'une écumoire, déposer les brocolis sur une assiette et réserver l'eau de la casserole.

3. Cuire les pâtes dans la même casserole d'eau bouillante selon les indications inscrites sur l'emballage.

4. Pendant ce temps, à l'aide d'un fouet métallique, mélanger le lait et la farine dans un grand poêlon à revêtement antiadhésif. Mélanger jusqu'à ce que toute la farine soit dissoute. Cuire sur feu moyen environ 5 minutes, sans cesser de fouetter, jusqu'à ce que le mélange soit bouillonnant et épais. Incorporer l'ail émincé.

5. Réduire la chaleur au minimum. Ajouter le cheddar et le parmesan, le poivre et le sel. Cuire, sans cesser de remuer, jusqu'à ce que le fromage soit fondu. Incorporer les brocolis et les pâtes. Réchauffer quelques instants en remuant souvent.

4 portions

8 gousses d'ail, pelées

750 ml (3 tasses) de petits bouquets de brocoli

550 ml (2 1/4 tasses) de pennes

500 ml (2 tasses) de lait évaporé écrémé

20 ml (1 c. à soupe + 1 c. à thé) de farine tout usage

175 ml (3/4 tasse) de cheddar à faible teneur en matières grasses, en fines lamelles

50 ml (1/4 tasse) de parmesan, râpé

Poivre fraîchement moulu

1 ml (1/4 c. à thé) de sel

Par portion **9 POINTS par portion**

446 Calories | 7 g Gras total | 4 g Gras saturé | 24 mg Cholestérol | 588 mg Sodium | 67 g Glucide total | 4 g Fibres alimentaires | 27 g Protéines | 642 mg Calcium

Spaghettis à la sauce crémeuse au gorgonzola

L'un des meilleurs fromages d'Italie, le gorgonzola, est riche et crémeux, d'un goût très relevé. Traditionnellement, on le savoure avec des fruits et du vin, mais avec les pâtes il est sans égal. Les figues séchées apportent une touche de douceur à la sauce.

4 portions

- 180 g (6 oz) de spaghettis
- 500 ml (2 tasses) de lait écrémé
- 30 ml (2 c. à soupe) de farine tout usage
- 1 ml (¼ c. à thé) de sel
- Poivre fraîchement moulu
- Pincée de poivre de Cayenne
- 50 ml (¼ tasse) de gorgonzola, émietté
- 50 ml (¼ tasse) de parmesan, râpé
- 2 grosses figues séchées, grossièrement hachées
- 50 ml (¼ tasse) de ciboulette fraîche, émincée

1 **Cuire les pâtes** selon les indications inscrites sur l'emballage. Égoutter et réserver au chaud dans un grand bol.

2 **Pendant ce temps,** à l'aide d'un fouet métallique, mélanger le lait et la farine dans un grand poêlon à revêtement antiadhésif. Mélanger jusqu'à ce que toute la farine soit dissoute. Ajouter le sel, le poivre et le poivre de Cayenne. Cuire sur feu moyen environ 5 minutes, sans cesser de fouetter, jusqu'à ce que le mélange soit bouillonnant et épais.

3 **Ajouter le gorgonzola** et le parmesan. Cuire, sans cesser de remuer, jusqu'à ce que le fromage soit fondu. Incorporer les figues et la ciboulette.

4 **Verser la sauce** au fromage sur les pâtes chaudes. Bien remuer.

---

6 POINTS par portion **Par portion**
294 Calories | 5 g Gras total | 3 g Gras saturé | 12 mg Cholestérol | 434 mg Sodium | 48 g Glucide total | 3 g Fibres alimentaires | 14 g Protéines | 284 mg Calcium

Spaghettis à la sauce crémeuse au gorgonzola

Linguines aux olives, au basilic et aux deux tomates

Cette recette est idéale en été, alors que marchés et jardins regorgent de tomates fraîches et colorées. Pour varier, vous pouvez remplacer les tomates cerises par des tomates italiennes que vous couperez en gros morceaux. La sauce s'agencera très bien à différents types de pâtes alimentaires tels les spaghettis, les fettucines et les capellinis.

4 portions

240 g (8 oz) de linguines

15 ml (1 c. à soupe) d'huile d'olive extravierge

3 ml (¾ c. à thé) d'ail, émincé

250 ml (1 tasse) de tomates cerises rouges, coupées en deux

250 ml (1 tasse) de tomates cerises jaunes, coupées en deux

2 oignons verts, en fines tranches

50 ml (¼ tasse) d'olives dans l'huile, dénoyautées et coupées en tranches

15 ml (1 c. à soupe) de basilic frais, en fines lamelles

1 ml (¼ c. à thé) de sel

Poivre fraîchement moulu

50 ml (¼ tasse) de parmesan, râpé

1 **Cuire les pâtes** selon les indications inscrites sur l'emballage. Égoutter et réserver au chaud.

2 **Chauffer un grand poêlon** à revêtement antiadhésif. Verser l'huile, puis ajouter l'ail. Faire sauter environ 30 secondes. Ajouter les tomates et bien les réchauffer. Ajouter les pâtes, les oignons verts et les olives. Si la préparation est trop sèche, ajouter 15 à 30 ml (1 ou 2 c. à soupe) d'eau. Cuire, sans cesser de remuer, pour bien réchauffer. Incorporer le basilic, le sel et le poivre. Servir avec du parmesan râpé.

---

6 POINTS par portion

Par portion

294 Calories | 7 g Gras total | 2 g Gras saturé | 5 mg Cholestérol | 447 mg Sodium | 46 g Glucide total | 5 g Fibres alimentaires | 11 g Protéines | 132 mg Calcium

Linguines aux olives, au basilic et aux deux tomates

Capellinis aux légumes grillés

Les pâtes et les légumes grillés forment toujours un heureux mariage de saveurs et de textures. Cette recette vous propose un mélange coloré de poivron, d'oignon rouge, de courgette, de courge jaune, de fenouil et de fines herbes fraîches. Vous pouvez faire griller les légumes une heure à l'avance puis les laisser reposer à la température ambiante.

4 portions

1 courgette moyenne, coupée en deux sur la longueur

1 courge jaune, coupée en deux sur la longueur

1 poivron vert, rouge ou jaune, épépiné et coupé en quartiers

½ bulbe de fenouil, paré et coupé en deux

1 petit oignon rouge, en fines tranches

240 g (8 oz) de capellinis (pâtes cheveux d'ange)

10 ml (2 c. à thé) d'huile d'olive extravierge

1 petite échalote, émincée

1 petite gousse d'ail, émincée

50 ml (¼ tasse) de vin blanc sec

15 ml (1 c. à soupe) de sauce soja

30 ml (2 c. à soupe) de cerfeuil, d'estragon, de ciboulette ou de persil, ou d'un mélange de ces fines herbes

1 ml (¼ c. à thé) de sel

Poivre fraîchement moulu

1 **Vaporiser le gril** avec de l'enduit anticollant. Préparer le gril.

2 **Vaporiser les courgettes,** les courges, les poivrons, le fenouil et les oignons avec de l'enduit anticollant. Faire griller les légumes à 12,5 cm (5 po) de la source de chaleur, en les retournant souvent, jusqu'à ce qu'ils soient tendres. Quand les légumes sont suffisamment chauds pour être manipulés, les couper en cubes sauf les oignons qui doivent rester en rondelles.

3 **Pendant ce temps,** cuire les pâtes selon les indications inscrites sur l'emballage.

4 **Chauffer l'huile** dans un grand poêlon à revêtement antiadhésif. Verser l'huile, puis ajouter les échalotes et l'ail. Faire sauter 1 minute. Ajouter les légumes grillés et le vin. Bien réchauffer. Incorporer la sauce soja, les fines herbes, le sel et le poivre. Ajouter les pâtes et remuer. Si le mélange semble sec, ajouter 15 à 30 ml (1 ou 2 c. à soupe) d'eau.

---

3 POINTS par portion

Par portion

160 Calories | 3 g Gras total | 0 g Gras saturé | 0 mg Cholestérol | 411 mg Sodium | 27 g Glucide total | 4 g Fibres alimentaires | 5 g Protéines | 36 mg Calcium

Rigatonis aux légumes et au bouillon de champignons sauvages

Ce plat est en fait une version allégée des classiques pâtes primavera. Nous avons remplacé la sauce à la crème et les fettucines par des rigatonis que l'on aura fait mijoter dans un bouillon de légumes enrichi de champignons sauvages et d'une goutte de xérès. Les légumes frais de la recette originale – carottes miniatures, échalotes et petits pois sucrés croquants – sont toujours au rendez-vous.

1 **Pour préparer les tomates,** amener une grande casserole d'eau à ébullition. Remplir un grand bol d'eau glacée. Tailler un X peu profond dans la partie inférieure des tomates. Plonger ensuite une tomate dans l'eau bouillante pendant 10 à 15 secondes, puis la plonger rapidement dans l'eau glacée. La retirer immédiatement de l'eau, puis la peler avec un petit couteau en commençant là où l'on a fait un X. Si la tomate ne se pèle pas facilement, la replonger rapidement dans l'eau bouillante, puis dans l'eau glacée. Faire les mêmes opérations avec les autres tomates. Couper les tomates en deux à l'horizontale, enlever les graines et les hacher. Réserver.

2 **Ramener l'eau à ébullition.** Ajouter les carottes et laisser bouillir environ 5 minutes, jusqu'à ce qu'elles soient tendres. À l'aide d'une écumoire, mettre les carottes dans une passoire et réserver l'eau de la casserole. Rincer les carottes à l'eau froide pour arrêter la cuisson. Égoutter et transvider dans un bol moyen. Cuire les pois de la même façon, jusqu'à ce qu'ils soient tendres. Rincer, égoutter et transvider dans le même bol.

3 **Cuire les pâtes** dans la même eau bouillante selon les indications inscrites sur l'emballage. Égoutter et réserver au chaud.

4 **Pendant ce temps,** amener 30 ml (2 c. à soupe) de bouillon à mijoter dans une grande casserole à revêtement antiadhésif. Ajouter les oignons verts, les échalotes et l'ail. Laisser mijoter doucement environ 2 minutes, jusqu'à ce que les échalotes soient transparentes. Incorporer le bouillon restant, les champignons, le xérès et le poivre. Réduire la chaleur et laisser mijoter 15 minutes. Ajouter les pâtes, les carottes, les pois et les tomates. Laisser mijoter pour bien réchauffer. Servir avec du parmesan, du basilic et du persil.

4 portions

3 tomates prunes

500 ml (2 tasses) de carottes miniatures

250 ml (1 tasse) de petits pois sucrés, parés

240 g (8 oz) de rigatonis

500 ml (2 tasses) de bouillon de légumes hyposodique

2 oignons verts, en fines tranches

15 ml (1 c. à soupe) d'échalote, émincée

5 ml (1 c. à thé) d'ail, émincé

180 g (6 oz) de champignons sauvages variés, hachés

45 ml (3 c. à soupe) de xérès sec

Poivre noir fraîchement moulu

50 ml (¼ tasse) de parmesan, râpé

30 ml (2 c. à soupe) de basilic frais, haché

15 ml (1 c. à soupe) de persil frais, haché

Par portion

336 Calories | 4 g Gras total | 1 g Gras saturé | 5 mg Cholestérol | 681 mg Sodium | 60 g Glucide total | 7 g Fibres alimentaires | 13 g Protéines | 151 mg Calcium

6 POINTS par portion

Farfalles aux asperges grillées, aux morilles et aux petits pois

Avec leur goût intense de fumée, de terre et de noix, les morilles fraîches sont un réel délice printanier. Bien sûr, elles sont dispendieuses, mais une petite quantité suffit à rehausser la saveur d'un plat. Si vous ne pouvez trouver de morilles, utilisez un champignon portobello dont vous aurez enlevé les lamelles à l'aide d'une cuillère, puis que vous aurez coupé en gros morceaux.

4 portions

360 g (12 oz) d'asperges, parées

10 ml (2 c. à thé) d'huile d'olive

50 ml (¼ tasse) de pois mange-tout

50 ml (¼ tasse) de petits pois sucrés

500 ml (2 tasses) de farfalles

5 ml (1 c. à thé) de beurre sans sel

125 ml (½ tasse) de morilles fraîches, coupées en deux, bien rincées et bien essuyées

10 ml (2 c. à thé) d'échalote, émincée

75 ml (⅓ tasse) de pois, décongelés

30 ml (2 c. à soupe) de bouillon de légumes

7 ml (1 ½ c. à thé) de marjolaine fraîche, émincée

1 ml (¼ c. à thé) de sel

Poivre fraîchement moulu

1 oignon vert, en fines tranches

30 ml (2 c. à soupe) de monterey jack affiné

1 Vaporiser le gril avec de l'enduit anticollant. Préparer le gril.

2 Mélanger les asperges avec l'huile dans un bol. Faire griller les asperges à 12,5 cm (5 po) de la source de chaleur, en les retournant souvent, jusqu'à ce qu'elles soient tendres. Les retirer du gril et les couper en morceaux de 2,5 cm (1 po). Les mettre dans le bol.

3 Pendant ce temps, amener une grande casserole d'eau à ébullition. Ajouter les pois mange-tout et laisser bouillir environ 3 minutes, jusqu'à ce qu'ils soient presque tendres. À l'aide d'une écumoire, transvider les pois mange-tout dans une passoire et réserver l'eau de la casserole. Rincer les pois mange-tout à l'eau froide pour arrêter la cuisson. Égoutter et transvider dans le bol contenant les asperges. Cuire les petits pois sucrés de la même façon, jusqu'à ce qu'ils soient presque tendres. Rincer, égoutter et mettre dans le même bol.

4 Cuire les pâtes dans la même casserole d'eau bouillante selon les indications inscrites sur l'emballage. Égoutter et réserver au chaud.

5 Pendant ce temps, chauffer un grand poêlon à revêtement antiadhésif. Chauffer le beurre jusqu'à ce qu'il commence à brunir, puis ajouter les morilles et les échalotes. Faire sauter environ 2 minutes, jusqu'à ce que les échalotes soient transparentes. Ajouter les asperges, les pois mange-tout, les petits pois sucrés, les petits pois, le bouillon, la marjolaine, le sel et le poivre. Cuire environ 5 minutes, en remuant, jusqu'à ce que les légumes soient tendres et que le liquide soit presque complètement évaporé. Ajouter les pâtes et bien remuer. Servir avec des oignons verts et du fromage.

6 POINTS par portion   **Par portion**
299 Calories | 5 g Gras total | 2 g Gras saturé | 5 mg Cholestérol | 241 mg Sodium | 51 g Glucide total | 5 g Fibres alimentaires | 13 g Protéines | 87 mg Calcium

Farfalles aux asperges grillées, aux morilles et aux petits pois

Fettucines au saumon fumé, aux câpres et aux petits pois

Paglia e Fieno *veut dire « paille et foin » en italien. On désigne ainsi les longues languettes de pâtes plates, de couleur jaune et verte. Notre interprétation de ce plat combine des fettuccines ordinaires et d'autres aux épinards avec de minces tranches de saumon fumé et un peu de crème fraîche.*

4 portions

120 g (4 oz) de fettucines aux épinards

120 g (4 oz) de fettucines nature

500 ml (2 tasses) de bouillon de poulet hyposodique

10 ml (2 c. à thé) de beurre sans sel

125 ml (½ tasse) de petits pois, décongelés

1 ml (¼ c. à thé) de sel

Poivre fraîchement moulu

30 ml (2 c. à soupe) de crème fraîche

5 à 10 ml (1 à 2 c. à thé) de jus de citron fraîchement pressé

120 g (4 oz) de saumon fumé, en fines lamelles

2 oignons verts, en fines tranches

15 ml (1 c. à soupe) de câpres, rincées et égouttées

Feuilles de cerfeuil frais (facultatif)

1 **Cuire les fettucines aux épinards** et les fettucines nature selon les indications inscrites sur l'emballage. Égoutter et réserver au chaud.

2 **Pendant ce temps,** amener le bouillon à ébullition dans un grand poêlon à revêtement antiadhésif. Laisser bouillir jusqu'à ce qu'il soit réduit de moitié. Réduire la chaleur et laisser mijoter ; ajouter le beurre, les petits pois, le sel et le poivre. Incorporer la crème fraîche et le jus de citron. Laisser mijoter jusqu'à ce que les pois soient bien chauds. Ajouter les pâtes. Retirer du feu et mélanger avec le saumon fumé, les oignons verts et les câpres. Servir avec du cerfeuil au goût.

6 POINTS par portion

Par portion

300 Calories | 6 g Gras total | 3 g Gras saturé | 15 mg Cholestérol | 790 mg Sodium | 46 g Glucide total | 4 g Fibres alimentaires | 15 g Protéines | 40 mg Calcium

Linguines à la sauce blanche aux palourdes

Pour une sauce rosée, ajoutez une tasse de tomates en conserve que vous aurez égouttées et hachées. Quoi qu'en penseront les puristes, vous pouvez servir cette sauce avec des farfalles ou encore avec des coquilles de grosseur moyenne si vous le désirez.

1. **Cuire les pâtes** selon les indications inscrites sur l'emballage, mais sans sel. Égoutter et réserver au chaud.

2. **Chauffer une casserole** à revêtement antiadhésif. Verser l'huile, puis ajouter l'ail. Faire sauter 1 ou 2 minutes pour le faire dorer. Incorporer les palourdes, le jus de palourdes, le persil, le jus de citron, le piment de Cayenne broyé, le sel et le poivre. Réchauffer 3 ou 4 minutes. Mélanger avec les pâtes et servir.

4 portions

360 g (12 oz) de linguines

45 ml (3 c. à soupe) d'huile d'olive

4 gousses d'ail, émincées

1 boîte de 284 g (10 oz) de palourdes émincées, égouttées

1 bouteille de 240 ml (8 oz) de jus de palourdes

75 ml ($\frac{1}{3}$ tasse) de persil plat frais, émincé

30 ml (2 c. à soupe) de jus de citron fraîchement pressé

2 ml ($\frac{1}{2}$ c. à thé) de piment de Cayenne broyé

2 ml ($\frac{1}{2}$ c. à thé) de sel

Poivre fraîchement moulu, au goût

Par portion   **10 POINTS par portion**

490 Calories | 13 g Gras total | 2 g Gras saturé | 35 mg Cholestérol | 485 mg Sodium | 68 g Glucide total | 2 g Fibres alimentaires | 24 g Protéines | 82 mg Calcium

Rigatonis à l'aubergine et aux tomates séchées

La forme du rigatoni se prête magnifiquement à cette sauce piquante et robuste qui allie aubergine, tomates séchées, épinards, pignons et ail. Si vous voulez tenter l'expérience avec un autre type de pâtes, essayez les pennes rigate ou les fusillis : ils sauront eux aussi capter toute l'essence de cette sauce.

6 portions

125 ml (½ tasse) d'eau bouillante

14 moitiés de tomates séchées (non conservées dans l'huile)

20 ml (4 c. à thé) d'huile d'olive

1 aubergine de 720 g (1 ½ lb), pelée et coupée en cubes de 1,25 cm (½ po)

4 gousses d'ail, émincées

1 paquet de 300 g (10 oz) d'épinards, décongelés et bien épongés

2 tomates moyennes, hachées

250 ml (1 tasse) de bouillon de légumes hyposodique

45 ml (3 c. à soupe) de pignons

30 ml (2 c. à soupe) de basilic frais, émincé, ou 10 ml (2 c. à thé) de basilic séché

Poivre fraîchement moulu

1,12 litre (4 ½ tasses) de rigatonis, cuits et chauds

50 ml (¼ tasse) de parmesan, râpé

1 **Verser l'eau bouillante** sur les tomates séchées dans un bol résistant à la chaleur. Laisser reposer environ 20 minutes pour les attendrir.

2 **Pendant ce temps,** chauffer une grande casserole ou un grand fait-tout à revêtement antiadhésif. Verser l'huile, puis ajouter les aubergines. Faire sauter environ 5 minutes, jusqu'à ce qu'elles deviennent tendres et laissent échapper un peu de leur eau. Ajouter l'ail et cuire environ 1 minute, sans cesser de remuer, jusqu'à ce qu'il brunisse légèrement.

3 **Ajouter les épinards,** les tomates hachées, le bouillon, les pignons, le basilic, le poivre, les tomates séchées et leur eau de trempage. Amener à ébullition. Réduire la chaleur, couvrir et laisser mijoter environ 5 minutes, en remuant au besoin, jusqu'à ce que les légumes soient tendres. Mettre les pâtes dans un bol. Napper avec la préparation aux aubergines et bien remuer. Servir avec du parmesan râpé.

---

5 POINTS par portion   **Par portion**
267 Calories | 7 g Gras total | 2 g Gras saturé | 3 mg Cholestérol | 272 mg Sodium | 42 g Glucide total | 6 g Fibres alimentaires | 11 g Protéines | 144 mg Calcium

Pennes au rapini et à la saucisse de dinde épicée

Le rapini est un légume extrêmement nutritif. Il est disponible toute l'année dans la plupart des supermarchés. Son goût particulier, légèrement amer, ne plaira pas à tous les palais ; à sa place, vous pourrez utiliser des bettes à carde ou du chou frisé. Lorsque vous achèterez votre rapini, choisissez celui dont les tiges sont minces et fermes, avec des têtes compactes d'un vert foncé – évitez les jaunes.

1 **Cuire les pâtes** selon les indications inscrites sur l'emballage.

2 **Pendant ce temps,** vaporiser une grande casserole à revêtement antiadhésif avec de l'enduit anticollant. Mettre sur feu moyen-élevé. Ajouter les poivrons et les saucisses. Faire sauter environ 5 minutes en défaisant les saucisses avec une cuillère. Quand les poivrons sont tendres et que les saucisses sont brunes, égoutter toute trace de gras. Transvider sur une assiette et réserver au chaud.

3 **Remettre la casserole** sur le feu. Verser l'huile, puis ajouter l'ail. Faire sauter environ 30 secondes. Ajouter le rapini et cuire en remuant jusqu'à ce qu'il ramollisse. Ajouter de l'eau au besoin pour l'empêcher de coller au fond. Réduire la chaleur, couvrir légèrement et laisser mijoter environ 3 minutes, jusqu'à ce qu'il soit tendre. Transvider sur une assiette. Mélanger les poivrons, les saucisses, les pâtes, les tomates et le piment de Cayenne broyé dans la casserole. Cuire environ 2 minutes pour bien réchauffer. Incorporer le rapini et servir.

4 portions

750 ml (3 tasses) de pennes

1 poivron rouge, haché

2 saucisses de dindes italiennes épicées (sans leur enveloppe)

15 ml (1 c. à soupe) d'huile d'olive

2 gousses d'ail, émincées

1 rapini, nettoyé et haché

75 ml (1/3 tasse) d'eau

1 boîte de 427 ml (14 1/2 oz) de tomates en dés

1 à 2 ml (1/4 à 1/2 c. à thé) de piment de Cayenne broyé

Par portion

9 POINTS par portion

453 Calories | 13 g Gras total | 3 g Gras saturé | 15 mg Cholestérol | 585 mg Sodium | 69 g Glucide total | 5 g Fibres alimentaires | 17 g Protéines | 62 mg Calcium

Pad thaï

Le pad thaï est le plat de nouilles par excellence de la Thaïlande. Vous trouverez sans peine tous les ingrédients de base (champignons, sauce soja, ail, jus de lime et pâte de piment fort) compris dans notre interprétation de cette recette exotique. Les échalotes, les germes de haricots et les arachides, pour leur part, rendront votre pad thaï délicieusement croustillant. Si vous avez envie de rajouter des légumes, allez-y avec carottes ou concombres râpés. Vous trouverez tous les ingrédients nécessaires au comptoir des aliments orientaux de votre supermarché, ainsi que dans les épiceries fines ou orientales.

4 portions

- 120 g (4 oz) de vermicelles de riz, de larges rubans de riz ou de spaghettis
- 250 ml (1 tasse) d'eau
- 10 champignons chinois noirs séchés (chapeaux seulement) (environ 30 g/1 oz)
- 10 ml (2 c. à thé) d'huile végétale
- 8 oignons verts, émincés
- 1 gousse d'ail, émincée
- 5 ml (1 c. à thé) de pâte de piment fort
- 50 ml (¼ tasse) de jus de lime fraîchement pressé
- 30 ml (2 c. à soupe) de sauce soja hyposodique
- 15 ml (1 c. à soupe) de sucre
- 3 blancs d'œufs
- 250 ml (1 tasse) de germes de haricots
- 50 ml (¼ tasse) d'arachides rôties à sec, hachées
- Feuilles de coriandre fraîche (facultatif)

1 **Cuire les pâtes** 1 ou 2 minutes dans une grande casserole d'eau bouillante, jusqu'à ce qu'elles soient tendres. Avec une passoire ou une pince, transvider les pâtes dans un grand bol d'eau froide, puis les égoutter. (Si on utilise des spaghettis, les faire cuire selon les indications inscrites sur l'emballage, rincer à l'eau froide et réserver.)

2 **Pendant ce temps,** amener l'eau à ébullition dans une petite casserole. Ajouter les champignons, couvrir et retirer du feu. Laisser reposer 20 minutes pour les attendrir. Égoutter les champignons, les débarrasser de tout surplus d'eau et jeter le liquide. Couper les champignons en fines tranches et réserver.

3 **Chauffer un wok** ou un grand poêlon à revêtement antiadhésif. Verser l'huile, puis ajouter les oignons verts et l'ail. Faire sauter environ 10 secondes. Ajouter la pâte de piment fort. Cuire environ 10 secondes, sans cesser de remuer. Ajouter le jus de lime, la sauce soja et le sucre. Cuire environ 30 secondes, jusqu'à dissolution du sucre.

4 **Ajouter les champignons** et cuire environ 1 minute pour qu'ils absorbent un peu de sauce. Incorporer les blancs d'œufs. Cuire environ 30 secondes, en remuant doucement, jusqu'à ce qu'ils commencent à prendre. Ajouter les pâtes et les germes de haricots. Cuire 2 ou 3 minutes pour bien réchauffer. Servir avec des arachides et de la coriandre fraîche.

---

5 POINTS par portion

Par portion

258 Calories | 8 g Gras total | 1 g Gras saturé | 0 mg Cholestérol | 428 mg Sodium | 39 g Glucide total | 4 g Fibres alimentaires | 11 g Protéines | 47 mg Calcium

Pad thaï

Gnocchis

En italien, gnocchi signifie « boulette de pâte ». En fait, il s'agit de petites bouchées de pâte légères et tendres, à base de pommes de terre et de farine. Les gnocchis peuvent être servis de diverses façons : dans une humble sauce aux tomates, avec du fromage bleu, dans une sauce pesto, ou simplement avec un peu de beurre. Un plat de gnocchis constitue un solide repas en soi, mais il peut tout aussi bien accompagner la viande ou la volaille.

4 portions

480 g (1 lb) de pommes de terre pour cuisson au four, brossées

125 ml (½ tasse) de farine tout usage

1 ml (¼ c. à thé) de sel

1. **Préchauffer le four** à 200 ºC (400 ºF). Faire quelques trous dans les pommes de terre avec une fourchette. Cuire au four environ 1 heure, jusqu'à ce qu'elles soient tendres. Laisser refroidir un peu, puis éplucher. Presser la pulpe à travers un presse-riz ou un moulin, ce qui donnera environ 375 ml (1 ½ tasse). Pendant que la pulpe est encore chaude, incorporer la farine et le sel.

2. **Mettre une feuille** de papier ciré sur une plaque. Renverser la pâte sur une surface légèrement farinée et la pétrir jusqu'à ce qu'elle soit onctueuse mais encore collante. Prendre un morceau de pâte de la grosseur d'un citron. Couvrir le reste de la pâte pour l'empêcher de sécher. Rouler le morceau pour en faire un cordon de 2,5 cm (1 po) d'épaisseur. Couper ensuite le cordon en morceaux de 2,5 cm (1 po), puis rouler chaque morceau contre les dents d'une fourchette pour faire des marques décoratives. Mettre les gnocchis sur la plaque à pâtisserie au fur et à mesure en prenant soin qu'ils ne se touchent pas. Répéter les mêmes étapes avec le reste de la pâte. Couvrir légèrement et mettre au réfrigérateur jusqu'à 2 jours ou congeler jusqu'à 1 mois (congeler d'abord les gnocchis sur une plaque à pâtisserie tapissée de papier ciré, puis quand ils ne risquent plus de coller ensemble, les mettre dans des sacs de plastique à fermeture hermétique). Les gnocchis peuvent être cuits sans être décongelés.

3. **Cuire les gnocchis** de 30 à 45 secondes dans une grande casserole d'eau bouillante, jusqu'à ce qu'ils remontent à la surface. Ne pas en mettre trop à la fois pour les empêcher de coller ensemble. Avec une écumoire, mettre les gnocchis dans un bol de service. Répéter les mêmes étapes jusqu'à ce qu'ils soient tous cuits. Mélanger doucement avec la sauce de votre choix. (Voir recette suivante.)

---

3 POINTS par portion   **Par portion**

162 Calories | 0 g Gras total | 0 g Gras saturé | 0 mg Cholestérol | 139 mg Sodium | 36 g Glucide total | 2 g Fibres alimentaires | 4 g Protéines | 8 mg Calcium

Gnocchis aux shiitake, aux courgettes et au pesto

Vous pouvez acheter de la sauce pesto toute prête au supermarché, mais vous pouvez aussi la faire vous-même. Elle se conservera très bien au congélateur: versez-la dans un bac à glaçons, faites congeler, puis transférez les cubes de pesto dans un sac de plastique hermétique que vous placerez de nouveau au congélateur.

1. **Verser l'eau bouillante** sur les tomates séchées dans un petit bol. Laisser reposer environ 20 minutes pour les attendrir. Les hacher grossièrement et réserver leur eau de trempage.

2. **Pendant ce temps,** chauffer un grand poêlon à revêtement antiadhésif. Verser l'huile, puis ajouter les courgettes et les champignons. Faire sauter 5 ou 6 minutes, jusqu'à ce qu'ils soient tendres.

3. **Ajouter les tomates** et leur eau de trempage dans le poêlon, de même que les gnocchis et le pesto. Cuire, en remuant souvent, pour bien réchauffer. Servir avec du parmesan râpé.

4 portions

50 ml (¼ tasse) d'eau bouillante

7 moitiés de tomates séchées (non conservées dans l'huile)

5 ml (1 c. à thé) d'huile d'olive

1 courgette moyenne, en tranches

240 g (8 oz) de champignons shiitake, coupés en deux

Environ 500 ml (2 tasses) de Gnocchis (p. 128), cuits et chauds, ou de gnocchis congelés, cuits

50 ml (¼ tasse) de pesto

15 ml (1 c. à soupe) de parmesan, râpé

Conseil du chef

Pour faire du pesto maison, mélanger 625 ml (2 ½ tasses) de feuilles de basilic frais bien rincées, 50 ml (¼ tasse) de pignons grillés (voir Conseil du chef, p. 42), 45 ml (3 c. à soupe) d'huile d'olive et 5 ml (1 c. à thé) d'ail émincé dans le mélangeur ou le robot de cuisine. Réduire en purée épaisse. Pendant que le moteur tourne toujours, verser graduellement 30 ml (2 c. à soupe) d'eau pour obtenir un pesto plus velouté. Ajouter ensuite à la main 50 ml (¼ tasse) de parmesan fraîchement râpé.

Par portion — **6 POINTS par portion**

315 Calories | 11 g Gras total | 2 g Gras saturé | 4 mg Cholestérol | 253 mg Sodium | 48 g Glucide total | 4 g Fibres alimentaires | 9 g Protéines | 100 mg Calcium

Spätzles

Typiquement allemandes, les Spätzles sont des nouilles fines et délicates, d'un jaune clair, fabriquées avec de la farine, des œufs, du lait et de la muscade. Traditionnellement servies avec du beurre, elles se retrouvent ici dans une version allégée où la ciboulette hachée remplace le beurre.

4 portions

400 ml (1 2/3 tasse) de farine tout usage

4 blancs d'œufs

125 ml (1/2 tasse) de lait écrémé

Pincée de muscade

15 ml (1 c. à soupe) de ciboulette fraîche, hachée

1 ml (1/4 c. à thé) de sel

Poivre fraîchement moulu

1 Amener une grande casserole d'eau à ébullition.

2 Pendant ce temps, à l'aide d'un fouet métallique, battre ensemble dans un bol la farine, les blancs d'œufs, le lait et la muscade. Ajouter un peu plus de farine ou de lait au besoin pour que la pâte soit facile à verser. Battre 1 ou 2 minutes de plus, jusqu'à ce qu'elle soit onctueuse et un peu élastique.

3 Passer la moitié de la pâte dans une passoire, un tamis à grands trous ou un presse-riz et la faire tomber dans l'eau bouillante. Utiliser une spatule pour la faire passer à travers. Laisser mijoter environ 1 minute, jusqu'à ce que les Spätzles soient cuits et remontent à la surface. Retirer les Spätzles de l'eau à l'aide d'une écumoire et les mettre dans une passoire propre. Bien égoutter. Répéter les mêmes opérations avec le reste de la pâte. Dans un grand bol, mélanger les Spätzles avec la ciboulette, le sel et le poivre.

---

3 POINTS par portion **Par portion**

144 Calories | 0 g Gras total | 0 g Gras saturé | 0 mg Cholestérol | 137 mg Sodium | 28 g Glucide total | 1 g Fibres alimentaires | 7 g Protéines | 32 mg Calcium

Lasagne aux légumes grillés

Si vous croyez que la lasagne est un plat compliqué à préparer, détrompez-vous. La recette de lasagne que nous vous proposons ici est truffée de légumes savoureux (aubergines rôties, poivrons, courgettes, tomates fraîches et ail) et elle se prépare en un rien de temps. Utilisez des pâtes ne nécessitant aucune précuisson, et l'opération s'en trouvera simplifiée d'autant.

1. **Préchauffer le four** à 190 ºC (375 ºC). Vaporiser 2 plaques à pâtisserie et un plat de cuisson de 22,5 x 22,5 cm (9 x 9 po) avec de l'enduit anticollant. Mettre les aubergines, les courgettes, les tomates, les poivrons et les oignons sur les plaques. Vaporiser légèrement les légumes avec de l'enduit anticollant. Couper 3,75 cm (1 ½ po) sur le dessus du bulbe d'ail. Envelopper le bulbe dans du papier d'aluminium. Faire griller les légumes au four environ 45 minutes, jusqu'à ce qu'ils soient bien bruns. Prendre soin de les remuer toutes les 15 minutes. Faire griller l'ail en même temps, environ 45 minutes, jusqu'à ce qu'il soit tendre.

2. **Quand les légumes** sont suffisamment chauds pour être manipulés, réduire la pulpe d'ail en purée dans le robot de cuisine. Peler les tomates et les ajouter dans le robot pour les réduire en purée. Verser la purée dans un grand bol.

3. **Peler et hacher** finement les poivrons et les ajouter à la purée. Hacher finement les aubergines, les courgettes et les oignons et les ajouter à la purée. Bien remuer.

4. **Mélanger la ricotta,** le parmesan, le basilic, le blanc d'œuf et le poivre dans un autre bol.

5. **Pour faire la lasagne,** étendre environ 50 ml (¼ tasse) des légumes au fond du plat de cuisson. Couvrir avec 2 lasagnes. Couvrir avec 375 ml (1 ½ tasse) de légumes, puis 2 autres lasagnes. Étendre tout le mélange de ricotta par-dessus. Couvrir avec 2 autres lasagnes. Étendre environ 250 ml (1 tasse) de légumes, couvrir avec 2 autres lasagnes, puis avec le restant des légumes. Couvrir de mozzarella. Couvrir de papier d'aluminium et cuire au four 30 minutes. Retirer le papier d'aluminium et cuire environ 5 minutes de plus, jusqu'à ce que le fromage soit fondu et qu'il commence à brunir.

6 portions

1 aubergine de 720 g (1 ½ lb), pelée et coupée en morceaux

2 courgettes moyennes, en morceaux

4 tomates prunes, coupées en deux

1 poivron jaune, épépiné et coupée en quartiers

1 oignon blanc moyen, en morceaux

1 bulbe d'ail

250 ml (1 tasse) de ricotta partiellement écrémée

30 ml (2 c. à soupe) de parmesan, râpé

30 ml (2 c. à soupe) de basilic frais, haché

1 blanc d'œuf

Poivre fraîchement moulu

8 lasagnes prêtes à mettre au four (sans précuisson requise)

250 ml (1 tasse) de mozzarella partiellement écrémée, en fines lamelles

Par portion

6 POINTS par portion

303 Calories | 8 g Gras total | 4 g Gras saturé | 25 mg Cholestérol | 191 mg Sodium | 42 g Glucide total | 5 g Fibres alimentaires | 18 g Protéines | 295 mg Calcium

Lasagne aux asperges

Voici une élégante variante de la recette traditionnelle qui met en vedette la saveur fraîche de l'asperge. Nous avons allégé la béchamel classique en utilisant de la fécule de maïs, ce qui permet d'épaissir la sauce sans rajouter de matières grasses. Ne faites pas bouillir vos asperges trop longtemps, car elles perdraient ainsi beaucoup de leur saveur.

4 portions

750 ml (3 tasses) d'eau

720 g (1 ½ lb) d'asperges, parées et coupées en morceaux de 6 mm (¼ po)

500 ml (2 tasses) de lait écrémé (1 %)

15 ml (1 c. à soupe) de fécule de maïs

15 ml (1 c. à soupe) de farine tout usage

7 ml (1 ½ c. à thé) de beurre sans sel

3 ml (¾ c. à thé) de sel

Poivre fraîchement moulu

1 botte d'oignons verts, en fines tranches

80 ml (¼ tasse + 2 c. à soupe) de parmesan, râpé

8 lasagnes prêtes à mettre au four (sans précuisson requise)

250 ml (1 tasse) de ricotta partiellement écrémée

1 **Préchauffer le four** à 200 ºC (400 ºF). Vaporiser un plat de cuisson de 22,5 x 22,5 cm (9 x 9 po) avec de l'enduit anti-collant. Amener l'eau à ébullition dans une casserole. Ajouter les asperges et cuire 2 minutes. Égoutter et laisser refroidir.

2 **Pendant ce temps,** avec un fouet métallique, mélanger le lait, la fécule de maïs, la farine, le beurre, le sel et le poivre dans une casserole. Cuire 3 ou 4 minutes, sans cesser de fouetter, jusqu'à ce que la sauce épaississe et commence à bouillir. Retirer du feu. Incorporer les oignons verts et 50 ml (¼ tasse) de parmesan.

3 **Étendre le quart de la sauce** au fond du plat de cuisson. Couvrir avec 2 lasagnes, le tiers de la ricotta, puis le tiers des asperges. Répéter les mêmes couches deux autres fois avec la sauce, les lasagnes, la ricotta et les asperges. Couvrir avec les 2 dernières lasagnes, puis la sauce restante. Couvrir de papier d'aluminium et cuire au four 45 minutes. Retirer le papier d'aluminium, saupoudrer avec le parmesan restant et cuire environ 15 minutes de plus, jusqu'à ce que le fromage soit brun doré et commence à bouillonner. Laisser reposer 10 minutes avant de servir.

---

12 POINTS par portion   **Par portion**

584 Calories | 12 g Gras total | 6 g Gras saturé | 34 mg Cholestérol | 747 mg Sodium | 90 g Glucide total | 4 g Fibres alimentaires | 29 g Protéines | 466 mg Calcium

Chapitre 7

Poissons

Saumon en croûte épicée à la marocaine	134
Saumon grillé aux fines herbes et aux haricots blancs	136
Feuilletés de saumon aux légumes	137
Bar et pétoncles en papillote	138
Bar au gingembre à la nage	140
Flétan aux poivrons grillés avec salade de pommes de terre	141
Morue dans un riche bouillon de légumes d'automne	142
Feuilles de vigne farcies à la morue	143
Baudroie à la thaï	144
Albacore à l'orzo et à la salsa	145
Albacore et salade d'agrumes	146
Espadon grillé et pâtes au poivre noir	149
Espadon grillé aux tomates, aux anchois et à l'ail	151
Requin mako à l'indienne	152
Poisson entier grillé à la marocaine	153

Saumon en croûte épicée à la marocaine

Voici un plat raffiné où se côtoient saumon, lentilles, chicorée et oignons perlés. Faites revenir les oignons à feu doux et tournez-les fréquemment : ils prendront ainsi un goût riche et sucré.

4 portions

12 à 16 oignons perlés blancs

7 ml (1 ½ c. à thé) de beurre sans sel

3 ml (¾ c. à thé) de sucre

1 ml (¼ c. à thé) de sel

1 ml (¼ c. à thé) de poivre fraîchement moulu

7 ml (1 ½ c. à thé) de cari en poudre

7 ml (1 ½ c. à thé) de graines de coriandre

7 ml (1 ½ c. à thé) de graines de cumin

7 ml (1 ½ c. à thé) de graines de carvi

7 ml (1 ½ c. à thé) de graines d'anis

7 ml (1 ½ c. à thé) de grains de poivre noir

480 g (1 lb) de filet de saumon, coupé en 4 morceaux

250 ml (1 tasse) de lentilles vertes françaises, cuites

1 petite chicorée frisée, rincée et déchiquetée

1 **Remplir une casserole moyenne** avec suffisamment d'eau pour couvrir les oignons et amener à ébullition. Ajouter les oignons, couvrir et laisser mijoter 3 ou 4 minutes. Égoutter. Quand les oignons sont assez refroidis pour être manipulés, couper les racines et enlever les pelures épaisses.

2 **Faire fondre le beurre** dans un poêlon à revêtement antiadhésif sur feu moyen-doux, puis ajouter les oignons. Cuire environ 15 minutes, en remuant souvent, jusqu'à ce qu'ils deviennent dorés. Ajouter le sucre et cuire environ 5 minutes, sans cesser de remuer, pour les glacer. Saler, poivrer et conserver au chaud.

3 **Dans un petit bol,** mélanger ensemble le cari, la coriandre, le cumin, le carvi, l'anis et les grains de poivre. Moudre grossièrement dans un moulin à épices ou à l'aide d'un mortier et d'un pilon. Frotter les deux côtés du filet de saumon avec une quantité généreuse d'épices moulues.

4 **Vaporiser un grand poêlon** à revêtement antiadhésif avec de l'enduit anticollant et mettre sur feu élevé. Ajouter le saumon et cuire environ 4 minutes de chaque côté, jusqu'à ce que le poisson soit brun à l'extérieur et opaque au centre.

5 **Verser les lentilles** sur les 4 assiettes. Mettre un morceau de saumon au centre et garnir avec les oignons glacés et la chicorée frisée.

Conseil du chef

Les oignons perlés sont sucrés et, idéalement, pas plus gros qu'une bouchée. Choisir les oignons dont la pelure est mince comme du papier et qui ne présentent aucune tache molle. L'humidité ne leur convient pas et il faut les conserver dans un lieu frais et sec. Les oignons perlés congelés peuvent remplacer les frais. Dans ce cas, il n'est pas nécessaire de couper les racines ni de les peler tel qu'indiqué à l'étape 1.

5 POINTS par portion

Par portion

263 Calories | 9 g Gras total | 2 g Gras saturé | 66 mg Cholestérol | 189 mg Sodium | 17 g Glucide total | 4 g Fibres alimentaires | 28 g Protéines | 62 mg Calcium

Saumon en croûte épicée à la marocaine

Saumon grillé aux fines herbes et aux haricots blancs

Grâce à la valeur nutritive combinée du saumon et des haricots, ce plat constitue un repas substantiel et délicieux. Les haricots peuvent être préparés une journée à l'avance puis réfrigérés. Pour gagner du temps, préparez le gril pendant que le saumon marine.

4 portions

- 50 ml (¼ tasse) de jus de lime fraîchement pressé
- 15 ml (1 c. à soupe) de persil frais, haché
- 15 ml (1 c. à soupe) de ciboulette fraîche, hachée
- 7 ml (1 ½ c. à thé) de thym frais, haché
- 5 ml (1 c. à thé) de grains de poivre noir concassé
- 480 g (1 lb) de filet de saumon, coupé en 4 morceaux
- 1 boîte de 443 ml (15 oz) de petits haricots blancs, rincés et égouttés
- 250 ml (1 tasse) de bouillon de poulet hyposodique ou d'eau
- 1 gousse d'ail, pelée
- 5 ml (1 c. à thé) d'huile d'olive
- 1 oignon rouge, haché
- 1 poivron vert, haché
- 1 petit piment jalapeño, épépiné et émincé (porter des gants pour prévenir l'irritation des mains)
- 3 gousses d'ail, émincées
- 7 ml (1 ½ c. à thé) de cumin moulu
- 30 ml (2 c. à soupe) de vinaigre de xérès
- ½ tomate, hachée
- 15 ml (1 c. à soupe) de coriandre fraîche, hachée

1 **Mélanger le jus de lime,** le persil, la ciboulette, le thym et le poivre dans un sac de plastique à fermeture hermétique. Ajouter le saumon. Presser le sac pour faire sortir l'air. Bien remuer pour enrober le poisson. Conserver 30 minutes au réfrigérateur.

2 **Mélanger les haricots,** le bouillon et l'ail dans une casserole. Laisser mijoter 2 ou 3 minutes pour bien réchauffer les haricots. Égoutter et réserver le liquide de cuisson. Jeter la gousse d'ail.

3 **Réduire en purée** environ la moitié des haricots avec 125 ml (½ tasse) de liquide de cuisson. Mélanger la purée avec les haricots entiers.

4 **Chauffer l'huile** dans un poêlon à revêtement antiadhésif, puis ajouter les oignons, les poivrons, le piment et l'ail émincé. Ajouter le cumin et faire sauter environ 30 secondes. Mélanger avec les haricots et suffisamment d'eau de cuisson réservée pour obtenir la consistance d'un ragoût. Ajouter le vinaigre et les tomates. Bien réchauffer.

5 **Vaporiser la grille** avec de l'enduit anticollant et préparer le gril, ou vaporiser une poêle à fond cannelé avec de l'enduit anticollant et la mettre sur feu élevé. Griller le saumon à 12,5 cm (5 po) de la source de chaleur environ 5 ou 6 minutes de chaque côté, jusqu'à ce qu'il soit opaque au centre.

6 **Incorporer la coriandre** aux haricots chauds et servir immédiatement avec le saumon.

6 POINTS par portion

Par portion
303 Calories | 9 g Gras total | 1 g Gras saturé | 62 mg Cholestérol | 574 mg Sodium | 26 g Glucide total | 2 g Fibres alimentaires | 30 g Protéines | 83 mg Calcium

Feuilletés de saumon aux légumes

Ce plat élégant est inspiré de la divine pâtisserie française du même nom. Le saumon, les légumes et la sauce au yogourt sont ici rassemblés entre de croustillants feuilletés de pâte phyllo. Vous trouverez la pâte phyllo au comptoir des aliments surgelés de votre supermarché ; laissez-la décongeler complètement avant de l'utiliser.

1. **Pour préparer** la sauce au yogourt, mélanger le fromage de yogourt, l'aneth, le jus de citron, le sel et le poivre dans un bol. Couvrir et conserver au réfrigérateur.

2. **Préchauffer le four** à 200 °C (400 °F). Vaporiser une plaque à pâtisserie avec de l'enduit anticollant et réserver. Fouetter ensemble le blanc d'œuf, 10 ml (2 c. à thé) d'eau et l'huile dans un bol.

3. **Couvrir les feuilles de pâte phyllo** avec de la pellicule plastique. Étendre une feuille de pâte sur une surface de travail sèche et propre. La brosser légèrement avec la préparation au blanc d'œuf et étendre une deuxième feuille par-dessus. Brosser de nouveau avec le blanc d'œuf et ajouter une troisième feuille. Couper la pâte en 8 rectangles égaux et les déposer délicatement sur la plaque à pâtisserie. Cuire au four environ 15 minutes, jusqu'à ce qu'ils brunissent légèrement. Répéter les mêmes opérations avec le reste de pâte phyllo.

4. **Amener l'eau restante** à ébullition dans un poêlon muni d'un couvercle. Ajouter les poireaux, couvrir et laisser mijoter 2 minutes. Ajouter les courgettes et laisser mijoter 2 minutes de plus. Retirer le couvercle et cuire environ 2 minutes, sans cesser de remuer, jusqu'à évaporation de l'eau. Assaisonner les légumes avec une pincée de poivre, mélanger avec la margarine et transvider dans un bol.

5. **Pour assembler les feuilletés,** mettre un rectangle de pâte phyllo sur chacune des 4 assiettes. Couvrir chacun avec le quart des légumes, un deuxième rectangle de pâte phyllo, puis 30 ml (2 c. à soupe) de sauce au yogourt. Étendre uniformément le quart du saumon sur chaque feuilleté, puis couvrir avec un troisième rectangle de pâte phyllo et le quart des poivrons grillés. Verser la sauce restante sur le dessus et servir avec des brins d'aneth et des quartiers de citron.

4 portions

250 ml (1 tasse) de fromage de yogourt (voir Conseil du chef, p. 63)

30 ml (2 c. à soupe) d'aneth frais, finement haché, ou 5 ml (1 c. à thé) d'aneth séché

30 ml (2 c. à soupe) de jus de citron fraîchement pressé

1 ml (¼ c. à thé) de sel

Poivre fraîchement moulu

1 blanc d'œuf

135 ml (½ tasse + 2 c. à thé) d'eau

10 ml (2 c. à thé) d'huile d'olive

6 feuilles de pâte phyllo de 30 x 42,5 cm (12 x 17 po), à la température ambiante

2 poireaux moyens, en morceaux de la taille d'une allumette

2 courgettes moyennes, en morceaux de la taille d'une allumette

10 ml (2 c. à thé) de margarine hypocalorique ou 5 ml (1 c. à thé) de beurre sans sel

500 ml (2 tasses) de saumon cuit, défait en flocons

1 poivron jaune, grillé et coupé en lamelles de 6 mm (¼ po)

Brins d'aneth frais (facultatif)

1 citron, en quartiers

Par portion   **7 POINTS par portion**

325 Calories | 8 g Gras total | 2 g Gras saturé | 42 mg Cholestérol | 463 mg Sodium | 38 g Glucide total | 2 g Fibres alimentaires | 27 g Protéines | 324 mg Calcium

Bar et pétoncles en papillote

Lorsqu'un mets est préparé « en papillote », les ingrédients sont enveloppés puis cuits à l'intérieur d'un papier sulfurisé. Au cours de la cuisson, la vapeur générée par les aliments fera gonfler la papillote qui sera ici farcie d'un filet de bar, de pétoncles, d'une julienne de légumes et de gremolata, une garniture odorante à base de persil, de citron, d'ail et d'anchois. N'ouvrez vos papillotes qu'une fois servies : vos convives apprécieront la bouffée d'arômes savoureux qui s'en libérera. Pour la préparation de la julienne de légumes, voir page 80.

4 portions

- 375 ml (1 ½ tasse) de bouillon de légumes hyposodique
- 125 ml (½ tasse) de vermouth sec
- 120 g (4 oz) de céleri-rave, en julienne (environ 250 ml/1 tasse)
- 1 grosse carotte, pelée et coupée en julienne
- 240 g (8 oz) de pommes de terre rouges, en fines tranches (environ 4)
- 1 petit concombre, pelée, épépiné et coupé en julienne
- 22 ml (1 ½ c. à soupe) de persil plat frais, haché
- 5 ml (1 c. à thé) de zeste de citron, râpé
- 2 filets d'anchois dans l'huile, hachés (facultatif)
- 1 gousse d'ail, émincée
- 240 g (8 oz) de bar commun, coupé en 4 morceaux
- 240 g (8 oz) de pétoncles de mer (enlever le muscle)
- 2 ml (½ c. à thé) de grains de poivre noir concassé (facultatif)

1. **Mélanger le bouillon** et le vermouth dans une casserole et faire mijoter. Ajouter le céleri-rave et les carottes et cuire environ 6 minutes, jusqu'à ce qu'ils soient tendres. Transvider sur une assiette avec une écumoire. Ramener le bouillon à ébullition, ajouter les pommes de terre et laisser mijoter environ 12 minutes, jusqu'à ce qu'elles soient presque cuites. Égoutter et jeter le bouillon. Mélanger avec le céleri-rave, les carottes et les concombres dans un bol.

2. **Préchauffer le four** à 220 °C (425 °F). Pour préparer le gremolata, mélanger le persil, le zeste de citron, les anchois et l'ail dans un bol.

3. **Plier en deux** 4 feuilles de papier parchemin de 30 x 40 cm (12 x 16 po). En commençant par le côté plié, couper chaque feuille en forme de demi-cœur. Déplier la feuille et la vaporiser avec de l'enduit anticollant.

4. **Mettre le quart des pommes de terre** sur la moitié de chaque feuille. Couvrir avec le poisson et les pétoncles. Saupoudrer de gremolata et poivrer. Replier le papier par-dessus le poisson et les légumes et bien sceller. Mettre les papillotes sur une plaque à pâtisserie et cuire au four environ 8 minutes, jusqu'à ce qu'elles soient gonflées et dorées. Arroser avec le jus de cuisson et servir.

Conseil du chef

Le céleri-rave a le goût du céleri et du persil. On le consomme cuit ou cru. Il doit être ferme au moment de l'achat. Avant de l'utiliser, préparer un bol d'eau acidulée (eau froide + un peu de vinaigre ou de jus de citron). Peler le céleri-rave et le tremper dans l'eau pour l'empêcher de brunir. On peut remplacer le céleri-rave par 250 ml (1 tasse) de céleri en julienne dans cette recette.

4 POINTS par portion

Par portion

242 Calories | 3 g Gras total | 1 g Gras saturé | 59 mg Cholestérol | 624 mg Sodium | 23 g Glucide total | 3 g Fibres alimentaires | 23 g Protéines | 91 mg Calcium

Assemblage des papillotes

Couper le papier parchemin plié en deux en forme de demi-cœur.

Mettre la préparation sur la moitié du papier et replier l'autre moitié de la feuille par-dessus pour que les deux extrémités se touchent.

Friser les côtés en suivant la forme du papier pour bien sceller.

Bar au gingembre à la nage

On appelle « à la nage » la méthode française de pocher et de servir le poisson dans un court-bouillon qui sera ici constitué de fines herbes, de légumes aromatiques, de vin et de vinaigre ou de jus de citron; on rajoutera juste assez d'eau pour couvrir le poisson. Le gingembre et les tiges de champignons shiitake conféreront profondeur et complexité à ce bouillon.

4 portions

- 625 ml (2 ½ tasses) d'eau
- 2 oignons jaunes moyens, hachés
- 1 carotte, pelée et hachée
- 1 branche de céleri, hachée
- 30 ml (2 c. à soupe) de gingembre frais, pelé et coupé en fines tranches
- 5 chapeaux de champignons shiitake, en tranches (réserver les pieds entiers)
- 15 ml (1 c. à soupe) de vinaigre de cidre
- 15 ml (1 c. à soupe) de vin blanc sec
- 1 ml (¼ c. à thé) de sel
- 6 ml (1 ¼ c. à thé) de grains de poivre noir
- 4 filets de bar de 120 g (4 oz) chacun
- 1 petit poivron rouge, en fines tranches
- 4 oignons verts moyens, en fines tranches
- 2 feuilles de chou pak-choï, en fines lamelles
- 125 ml (½ tasse) de châtaignes d'eau, égouttées et coupées en fines tranches
- Brins de coriandre ou de cerfeuil frais

1 **Pour préparer** le court-bouillon, mélanger l'eau, les oignons, les carottes, le céleri, le gingembre, les pieds de champignons, le vinaigre, le vin et le sel dans une grande casserole. Amener à ébullition, réduire la chaleur, couvrir et laisser mijoter 20 minutes. Ajouter les grains de poivre et laisser mijoter 10 minutes de plus. Égoutter et jeter les légumes. Verser le court-bouillon dans un poêlon convenant à la chaleur muni d'un couvercle suffisamment grand pour contenir le poisson sur une seule couche.

2 **Préchauffer le four** à 160 ºC (325 ºF).

3 **Laisser le court-bouillon** sur le feu jusqu'à ce qu'il mijote, puis ajouter le poisson. Ajouter les chapeaux de champignons, les poivrons, les oignons verts et le pak-choï. Couvrir et cuire au four 5 minutes. Ajouter les châtaignes d'eau. Cuire au four environ 3 minutes de plus, jusqu'à ce que le poisson soit opaque au centre.

4 **Servir le poisson** et les légumes dans le bouillon et garnir avec des brins de cerfeuil ou de coriandre.

3 POINTS par portion

Par portion

150 Calories | 5 g Gras total | 1 g Gras saturé | 77 mg Cholestérol | 227 mg Sodium | 4 g Glucide total | 1 g Fibres alimentaires | 22 g Protéines | 116 mg Calcium

Flétan aux poivrons grillés avec salade de pommes de terre

Cette recette allie le goût léger du flétan, un poisson faible en gras, à celui d'une salade de pommes de terre délicieuse et colorée. Pour gagner du temps, préparez votre gril tandis que les pommes de terre sont sur le feu. Le vinaigre de xérès, riche et savoureux, est un produit provenant d'Espagne fait à base de xérès vieilli en fût. Vous le trouverez au supermarché ou dans les épiceries fines.

1 **Amener l'eau** à ébullition dans une casserole moyenne, puis ajouter les pommes de terre. Couvrir et cuire de 20 à 30 minutes, jusqu'à ce qu'elles soient tendres. Égoutter. Quand les pommes de terre sont suffisamment refroidies pour être manipulées, les couper en tranches de 6 mm (¼ po). Dans un bol, fouetter ensemble 45 ml (3 c. à soupe) d'huile, le vinaigre de cidre, le persil, les échalotes, le sucre, l'estragon, la moutarde, 2 ml (½ c. à thé) de sel et 1 ml (¼ c. à thé) de poivre. Ajouter les pommes de terre, remuer délicatement et réserver au chaud.

2 **Chauffer l'huile** restante dans un grand poêlon à revêtement antiadhésif, puis ajouter les oignons. Faire sauter 2 ou 3 minutes, jusqu'à ce que les oignons soient légèrement dorés. Ajouter l'ail et faire sauter 1 minute de plus. Ajouter les poivrons, le vinaigre de xérès, les câpres, le cumin, le piment de Cayenne, une pincée de sel et la coriandre. Bien réchauffer et réserver au chaud.

3 **Vaporiser la grille** avec de l'enduit anticollant et préparer le gril, ou vaporiser une poêle à fond cannelé avec de l'enduit anticollant et mettre sur feu moyen-élevé.

4 **Assaisonner le flétan** avec le poivre et le sel restant. Faire griller à 12 cm (5 po) de la source de chaleur environ 2 ou 3 minutes de chaque côté, jusqu'à ce que le poisson soit opaque au centre. Servir la salade de pommes de terre sur les 4 assiettes, étendre un morceau de poisson par-dessus et un peu de poivrons.

4 portions

2 litres (8 tasses) d'eau
720 g (1 ½ lb) de pommes de terre rouges
52 ml (3 ½ c. à soupe) d'huile d'olive extravierge
30 ml (2 c. à soupe) de vinaigre de cidre
30 ml (2 c. à soupe) de persil frais, haché
15 ml (1 c. à soupe) d'échalote, émincée
10 ml (2 c. à thé) de sucre
10 ml (2 c. à thé) d'estragon frais, haché
10 ml (2 c. à thé) de moutarde de Dijon
3 ml (¾ c. à thé) de sel
2 ml (½ c. à thé) de poivre grossièrement moulu
1 oignon, en tranches
3 gousses d'ail, en fines tranches
2 poivrons rouges, grillés, pelés et coupés en fines tranches
2 poivrons jaunes, grillés, pelés et coupés en fines tranches
22 ml (1 ½ c. à soupe) de vinaigre de xérès
15 ml (1 c. à soupe) de câpres, égouttées et hachées
1 ml (¼ c. à thé) de cumin moulu
Pincée (⅛ c. à thé) de piment de Cayenne broyé
Pincée de coriandre moulue
480 g (1 lb) de filet de flétan, coupé en 4 morceaux

Par portion

422 Calories | 15 g Gras total | 2 g Gras saturé | 36 mg Cholestérol | 592 mg Sodium | 45 g Glucide total | 8 g Fibres alimentaires | 28 g Protéines | 153 mg Calcium

9 POINTS par portion

Morue dans un riche bouillon de légumes d'automne

Ce plat puise sa saveur riche et intense des champignons shiitake séchés ; ceux-ci seront broyés dans un moulin à épices ou à café, puis saupoudrés sur le poisson. Vous pouvez préparer cette poudre de champignons à l'avance et la conserver dans un contenant hermétique. Les légumes peuvent eux aussi être préparés à l'avance, puis réfrigérés. Pour la préparation des légumes en julienne, voir page 80.

4 portions

- 240 g (8 oz) de haricots verts, en morceaux de 2,5 cm (1 po)
- 1 carotte moyenne, pelée et coupée en julienne
- 125 ml (½ tasse) de rutabaga, en julienne
- 1 navet blanc moyen, en julienne
- 240 g (8 oz) de fettucines nature ou aux fines herbes
- 90 g (3 oz) de champignons shiitake déshydratés
- 360 g (12 oz) de filet de morue, coupé en 4 morceaux
- 1 ml (¼ c. à thé) de sel
- 1 ml (¼ c. à thé) de poivre blanc moulu
- 625 ml (2 ½ tasses) de bouillon de légumes hyposodique
- 7 ml (1 ½ c. à thé) de gingembre frais, pelé et émincé
- 22 ml (1 ½ c. à soupe) de ciboulette fraîche, coupée aux ciseaux
- 45 ml (3 c. à soupe) d'oignons verts, en fines tranches
- 45 g (1 ½ oz) de champignons collybies à pied velouté, en morceaux de 3,75 cm (1 ½ po) (facultatif)

1. **Remplir une grande casserole** avec 7,5 cm (3 po) d'eau et amener à ébullition. Ajouter les haricots verts, les carottes, les rutabagas et les navets. Couvrir et laisser mijoter de 3 à 5 minutes, jusqu'à ce que les légumes soient tendres mais encore croquants. Égoutter dans une passoire et rincer à l'eau froide pour arrêter la cuisson.

2. **Cuire les pâtes** selon les indications inscrites sur l'emballage. Égoutter et rincer à l'eau froide pour arrêter la cuisson.

3. **Moudre 60 g (2 oz)** de champignons shiitake déshydratés dans un moulin à café ou à épices. Étendre la poudre ainsi obtenue sur une feuille de papier ciré. Assaisonner la morue avec un peu de sel et de poivre, puis passer chaque morceau dans la poudre de champignons.

4. **Préchauffer le four** à 230 ºC (450 ºF). Vaporiser un grand poêlon à revêtement antiadhésif avec de l'enduit anticollant et mettre sur feu moyen-élevé 3 minutes. Ajouter la morue et cuire environ 2 minutes de chaque côté, jusqu'à ce que le poisson brunisse. Mettre la morue sur une plaque à pâtisserie et cuire au four environ 10 minutes, jusqu'à ce qu'elle soit opaque au centre.

5. **Pendant ce temps,** faire mijoter le bouillon dans une casserole, puis ajouter la poudre de champignons restante. Laisser mijoter 15 minutes, jusqu'à ce que le bouillon prenne le goût des champignons. Passer le bouillon et jeter les champignons. Ajouter les pâtes, le mélange de haricots et de carottes et le gingembre. Laisser mijoter pour réchauffer. Transvider les pâtes, les légumes et le bouillon dans de grandes assiettes à soupe. Faire un lit avec les pâtes afin de pouvoir y déposer le poisson au centre. Garnir de ciboulette, d'oignons verts et de collybies à pied velouté.

---

5 POINTS par portion

Par portion
292 Calories | 2 g Gras total | 0 g Gras saturé | 37 mg Cholestérol | 790 mg Sodium | 48 g Glucide total | 11 g Fibres alimentaires | 23 g Protéines | 82 mg Calcium

Feuilles de vigne farcies à la morue

Ingrédient traditionnel de la cuisine de la Grèce et du Moyen-Orient, la feuille de vigne est utilisée pour envelopper les aliments lors de la cuisson; elle s'achète en conserve, au supermarché ou dans les épiceries ethniques. Ce plat est savoureux cuit au four, mais vous pouvez tout aussi bien le faire griller – les feuilles de vigne empêcheront alors le poisson de coller au gril. Préparez les paquets à l'avance, puis réfrigérez-les jusqu'à ce que vos invités arrivent. Mettez à cuire lorsque le gril est bien chaud. Ces petits paquets de morue sont tout aussi délicieux servis froids.

1. **Vaporiser la grille** avec de l'enduit anticollant et préparer le gril ou préchauffer le four à 200 °C (400 °F). Laisser tremper 1,2 à 1,5 m (4 à 5 pi) de ficelle de cuisine dans l'eau. Elle servira à attacher les paquets de morue.

2. **Bien rincer** les feuilles de vigne à l'eau froide et égoutter.

3. **Étaler les feuilles de vigne** par groupe de 3 sur une surface de travail en les superposant à moitié les unes sur les autres. Mettre les filets de morue sur les feuilles de vigne et couvrir chacun avec les tranches de citron, l'huile, l'origan et le poivre. Envelopper minutieusement le poisson dans les feuilles de vigne. Utiliser des feuilles en plus au besoin. Ficeler chaque paquet en diagonale et sur la longueur.

4. **Griller ou cuire** au four environ 15 minutes, jusqu'à ce que le poisson soit opaque au centre. Si on le fait griller, le retourner souvent pour empêcher les feuilles de noircir. Retirer la ficelle avant de servir.

4 portions

16 feuilles de vigne marinées, égouttées

600 g (1 ¼ lb) de filets de morue sans arêtes

8 tranches de citron, minces comme du papier

20 ml (4 c. à thé) d'huile d'olive

2 ml (½ c. à thé) d'origan séché, émietté

Poivre fraîchement moulu

Par portion   **4 POINTS par portion**

179 Calories | 5 g Gras total | 1 g Gras saturé | 61 mg Cholestérol | 557 mg Sodium | 6 g Glucide total | 2 g Fibres alimentaires | 25 g Protéines | 34 mg Calcium

Baudroie à la thaï

La chair de la baudroie rappelle, par sa consistance ferme et son goût sucré, la chair de homard. Elle est ici apprêtée à la thaïlandaise avec arachides, gingembre et noix de coco. On la servira accompagnée d'un riz basmati ou au jasmin.

4 portions

50 ml (¼ tasse) de lait écrémé (1 %)

2 ml (½ c. à thé) d'extrait de noix de coco

480 g (1 lb) de filets de baudroie, coupés en 12 morceaux

30 ml (2 c. à soupe) de coriandre fraîche, hachée

30 ml (2 c. à soupe) de jus de lime fraîchement pressé

20 ml (4 c. à thé) de beurre d'arachide croquant

15 ml (1 c. à soupe) de galanga (gingembre thaï) ou de gingembre ordinaire, pelé et émincé

1 piment jalapeño, épépiné et émincé (porter des gants pour prévenir l'irritation des mains)

2 gousses d'ail, émincées

3 ml (¾ c. à thé) de sel

Poivre fraîchement moulu

4 tranches de lime

500 ml (2 tasses) de riz basmati, blanc ou au jasmin, cuit

1 **Vaporiser la grille** avec de l'enduit anticollant et préchauffer le gril, ou préchauffer le four à 200 ºC (400 ºF).

2 **Pour faire la sauce** à la noix de coco, mélanger le lait et l'extrait de noix de coco dans un petit bol.

3 **Couper 4 feuilles** de 30 x 60 cm (12 x 24 po) de papier d'aluminium résistant à double épaisseur. Mettre 3 morceaux de poisson sur chaque feuille. Couvrir chaque morceau de poisson avec de la sauce à la noix de coco, de la coriandre, du jus de lime, du beurre d'arachide, du gingembre, du piment jalapeño, de l'ail, du sel, du poivre et des tranches de lime. Faire des paquets bien scellés.

4 **Griller à 12,5 cm (5 po)** de la source de chaleur ou cuire au four de 25 à 30 minutes, jusqu'à ce que le poisson soit opaque au centre. Ouvrir délicatement les paquets pour vérifier la cuisson puisque de la vapeur s'en échappera. Servir avec le riz et arroser avec le jus de cuisson.

Conseil du chef

Le galanga est surnommé le « gingembre thaï » et on l'utilise abondamment en Asie. Il s'agit d'un rhizome à la pulpe blanchâtre dont le goût ressemble à celui du poivre et du gingembre. On le trouve facilement dans les épiceries orientales.

---

5 POINTS par portion

Par portion
254 Calories | 5 g Gras total | 1 g Gras saturé | 29 mg Cholestérol | 492 mg Sodium | 30 g Glucide total | 1 g Fibres alimentaires | 21 g Protéines | 39 mg Calcium

Albacore à l'orzo et à la salsa

Ici, le poisson, saisi à la poêle, ne sera que légèrement cuit. Si vous préférez votre poisson bien cuit, augmentez tout simplement le temps de cuisson. Ce plat spectaculaire est en fait extrêmement simple à préparer. Attaquez-vous d'abord à la salsa aux tomates qui ne nécessite aucune cuisson afin que les essences de tomate et d'olive puissent se mélanger, mais n'ajoutez l'ail et le basilic qu'avant de servir afin que ce dernier conserve sa belle couleur vive et que l'ail garde toute sa saveur.

1. **Pour faire la salsa,** mélanger dans un petit bol les tomates, les olives, 15 ml (1 c. à soupe) d'huile, le vinaigre, 1 ml (¼ c. à thé) de sel et le poivre grossièrement moulu. Laisser reposer à la température ambiante pour que les saveurs se mélangent bien.

2. **Cuire l'orzo** selon les indications inscrites sur l'emballage. Rincer rapidement à l'eau froide. Égoutter et mélanger avec 10 ml (2 c. à thé) d'huile, le jus de citron, l'origan, le zeste de citron et 1 ml (¼ c. à thé) de sel.

3. **Assaisonner** les darnes de poisson avec le sel restant et le poivre moulu. Chauffer l'huile restante dans un poêlon à revêtement antiadhésif et ajouter le poisson. Cuire environ 2 minutes de chaque côté, jusqu'à ce qu'il soit brun à l'extérieur mais encore rouge à l'intérieur.

4. **Ajouter le basilic** et l'ail à la salsa. Servir l'orzo sur 4 assiettes et couvrir avec le poisson. Napper de salsa et servir.

4 portions

4 tomates prunes, en cubes de 6 mm (¼ po)

10 olives de Calamata, dénoyautées

30 ml (2 c. à soupe) d'huile d'olive

30 ml (2 c. à soupe) de vinaigre balsamique

5 ml (1 c. à thé) de sel

Poivre grossièrement moulu

240 g (8 oz) d'orzo

10 ml (2 c. à thé) de jus de citron fraîchement pressé

5 ml (1 c. à thé) d'origan frais, haché ou 1 ml (¼ c. à thé) d'origan séché

2 ml (½ c. à thé) de zeste de citron, râpé

Poivre fraîchement moulu

4 darnes d'albacore de 180 g (6 oz) et de 2 cm (¾ po) d'épaisseur chacun

6 grandes feuilles de basilic frais, en fines lamelles

1 gousse d'ail, émincée

Par portion **10 POINTS par portion**

482 Calories | 11 g Gras total | 2 g Gras saturé | 74 mg Cholestérol | 737 mg Sodium | 48 g Glucide total | 3 g Fibres alimentaires | 46 g Protéines | 53 mg Calcium

Albacore et salade d'agrumes

Excellent grillé ou cuit au four, l'albacore, que l'on accompagnera ici d'une salade aux agrumes, constitue un repas rafraîchissant et simple à préparer. Employez de l'huile d'arachide grillée plutôt que de l'huile d'arachide ordinaire : elle donnera un goût très particulier à votre salade d'agrumes. Vous la trouverez au supermarché ou dans les magasins d'aliments naturels.

4 portions

- 2 ml (½ c. à thé) d'arrow-root
- 75 ml (⅓ tasse) de bouillon de légumes hyposodique
- 1 pamplemousse rose moyen
- 1 orange moyenne
- 15 ml (1 c. à soupe) de piment jalapeño, émincé (porter des gants pour prévenir l'irritation des mains)
- 15 ml (1 c. à soupe) d'huile d'arachide grillée
- Poivre fraîchement moulu
- 1 ml (¼ c. à thé) de sel
- 480 g (1 lb) de filet d'albacore, paré et coupé en 4 morceaux
- 2 ml (½ c. à thé) de zeste de citron, finement râpé
- 2 ml (½ c. à thé) de zeste de lime, finement râpé
- 250 ml (1 tasse) de bulbe de fenouil, en très fines tranches
- 1 oignon rouge, en très fines tranches
- 10 ml (2 c. à thé) de feuilles de fenouil, hachées

1 **Délayer l'arrow-root** dans 10 ml (2 c. à thé) de bouillon dans un petit bol. Amener le bouillon restant à ébullition dans une petite casserole. Incorporer l'arrow-root et cuire environ 30 secondes, en remuant, jusqu'à épaississement. Retirer du feu et laisser refroidir un peu.

2 **Avec un couteau à parer** bien affûté, enlever l'extrémité du dessus et du dessous du pamplemousse. Sur une planche à découper, retirer l'écorce et enlever tous les pépins. Au-dessus d'un grand bol, couper le pamplemousse en quartiers entre les membranes et les laisser tomber au fur et à mesure dans le bol. Jeter tous les pépins. Faire la même chose avec l'orange.

3 **Ajouter les piments jalapeño** et le jus qui a été recueilli dans le bol des agrumes au bouillon épaissi. Incorporer l'huile en fouettant et poivrer.

4 **Vaporiser la grille** avec de l'enduit anticollant et préparer le gril, ou vaporiser une poêle à fond cannelé avec de l'enduit anticollant et la mettre sur feu moyen-élevé.

5 **Saler et poivrer** le poisson. Faire griller le poisson à 12,5 cm (5 po) de la source de chaleur 2 ou 3 minutes de chaque côté, jusqu'à ce qu'il soit opaque au centre.

6 **Pendant ce temps**, réchauffer la vinaigrette. Ajouter les quartiers d'orange et de pamplemousse ainsi que les zeste de lime et de citron. Bien réchauffer (ne pas remuer pour ne pas briser les quartiers de pamplemousse). Diviser le fenouil entre les 4 assiettes et couvrir avec les oignons. Servir la salade d'agrumes à côté du fenouil. Couper chaque morceau de poisson en éventail et entourer la moitié du fenouil avec celui-ci. Arroser de vinaigrette et garnir de feuilles de fenouil hachées.

Conseil du chef

Il est très important de couper très finement le fenouil et l'oignon rouge, si possible à l'aide d'une mandoline. Ce coupe-légumes composé de deux lames tranchantes et réglables sert à ajuster l'épaisseur des tranches. Les mandolines en acier inoxydable font de l'excellent travail, mais celles en plastique munies de lame de métal peuvent faire l'affaire même si elles sont beaucoup moins coûteuses.

5 POINTS par portion **Par portion**
244 Calories | 9 g Gras total | 2 g Gras saturé | 43 mg Cholestérol | 273 mg Sodium | 12 g Glucide total | 3 g Fibres alimentaires | 28 g Protéines | 34 mg Calcium

Albacore et salade d'agrumes

Préparation des suprêmes d'agrume

Les quartiers d'agrumes débarrassés de leurs membranes sont appelés « suprêmes ». Couper l'extrémité du dessus et du dessous de l'orange. Sur une planche à découper, couper l'écorce et enlever les pépins. Le couteau doit suivre la courbe naturelle du fruit. Une petite quantité de chair peut adhérer à l'écorce, mais cela est sans importance.

En tenant le fruit d'une main, trancher le long des membranes qui relient les quartiers. (Travailler au-dessus d'un bol si on souhaite recueillir le jus.)

Tourner le couteau pour changer la direction de la coupe et détacher un suprême. Recommencer à partir de l'étape 2 pour chaque quartier d'orange.

Espadon grillé et pâtes au poivre noir

Dans ce plat sain et nourrissant, les saveurs de la tomate, de l'olive et du poivre noir se marient magnifiquement au goût des pâtes et de l'espadon. Si vous ne pouvez trouver des darnes d'espadon de 120 g (4 oz), achetez des darnes de 240 g (8 oz) et coupez-les en deux. Pour gagner du temps, préparez votre gril tandis que cuisent les légumes. Si vous ne trouvez pas de pâtes au poivre noir, utilisez des pâtes fraîches ordinaires.

1 **Dans un petit bol,** mélanger le persil, la ciboulette et le thym.

2 **Cuire les pâtes** selon les indications inscrites sur l'emballage. Égoutter.

3 **Chauffer l'huile** dans un grand poêlon à revêtement antiadhésif. Ajouter l'ail et les échalotes et faire sauter environ 3 minutes, jusqu'à ce que les échalotes soient transparentes. Ajouter les tomates et les olives et bien réchauffer. Incorporer le vinaigre, le basilic et le sel. Ajouter les pâtes et remuer. Réserver au chaud.

4 **Vaporiser la grille** avec de l'enduit anticollant et préparer le gril, ou vaporiser une poêle à fond cannelé avec de l'enduit anticollant et mettre sur feu moyen-élevé.

5 **Frotter le poisson** avec une généreuse quantité d'herbes séchées. Faire griller à 12,5 cm (5 po) de la source de chaleur 3 ou 4 minutes de chaque côté, jusqu'à ce que le poisson soit opaque au centre. Servir le poisson sur les pâtes.

4 portions

30 ml (2 c. à soupe) de persil séché

30 ml (2 c. à soupe) de ciboulette séchée

30 ml (2 c. à soupe) de thym séché

240 g (8 oz) de pâtes fraîches nature ou au poivre noir

22 ml (1 1/2 c. à soupe) d'huile d'olive

4 gousses d'ail, émincées

22 ml (1 1/2 c. à soupe) d'échalote, émincée

2 1/2 tomates moyennes, hachées (environ 300 ml/1 1/4 tasse)

6 olives de Calamata, dénoyautées et coupées en deux

65 ml (1/4 tasse + 1 c. à soupe) de vinaigre balsamique

15 ml (1 c. à soupe) de basilic frais, en fines lamelles

2 ml (1/2 c. à thé) de sel

4 darnes d'espadon de 120 g (4 oz) chacune

Par portion

305 Calories | 12 g Gras total | 2 g Gras saturé | 44 mg Cholestérol | 675 mg Sodium | 23 g Glucide total | 3 g Fibres alimentaires | 26 g Protéines | 70 mg Calcium

7 POINTS par portion

Espadon grillé et pâtes au poivre noir

Espadon grillé aux tomates, aux anchois et à l'ail

Aussi bon cuit au four que sur le gril, l'espadon est un poisson qui nage au large des côtes du Pacifique et de l'Atlantique. Ce plat tout simple regorge de saveurs provençales qui rehausseront délicieusement le goût délicat et la texture ferme de l'espadon.

1. **Vaporiser la grille** avec de l'enduit anticollant et préchauffer le gril.

2. **Mélanger le vin,** les échalotes et l'ail dans un poêlon à revêtement antiadhésif. Cuire environ 3 minutes, jusqu'à ce que les échalotes soient transparentes. Incorporer les tomates et les anchois et cuire environ 3 minutes, jusqu'à ce que le tout mijote. Réserver au chaud.

3. **Brosser le poisson** avec l'huile et poivrer. Faire griller à 12,5 cm (5 po) de la source de chaleur environ 6 minutes, en tournant une seule fois, jusqu'à ce que le poisson soit brun à l'extérieur et opaque au centre.

4. **Ajouter le basilic** aux tomates. Servir le poisson sur un lit de tomates et d'anchois.

4 portions

50 ml (¼ tasse) de vin blanc sec

15 ml (1 c. à soupe) d'échalote, hachée

2 gousses d'ail, émincées

8 tomates prunes, pelées, épépinées et hachées (environ 750 ml/3 tasses)

4 filets d'anchois, émincés

4 darnes d'espadon de 120 g (4 oz) chacune

7 ml (1 ½ c. à thé) d'huile d'olive

Poivre fraîchement moulu

10 ml (2 c. à thé) de basilic frais, en fines lamelles

Conseil du chef

Pour préparer et épépiner les tomates, amener une grande casserole d'eau à ébullition. Remplir un grand bol d'eau glacée. Tailler un X peu profond dans la partie inférieure de chaque tomate. Plonger ensuite une tomate à la fois dans l'eau bouillante pendant 10 à 15 secondes, puis la plonger rapidement dans l'eau glacée. La retirer immédiatement de l'eau, puis la peler avec un petit couteau en commençant là où l'on a fait un X. Si la tomate ne se pèle pas facilement, la replonger rapidement dans l'eau bouillante, puis dans l'eau glacée. Faire les mêmes opérations avec les autres tomates. Couper les tomates en deux à l'horizontale, enlever les graines, puis les hacher.

Par portion

203 Calories | 7 g Gras total | 2 g Gras saturé | 48 mg Cholestérol | 262 mg Sodium | 7 g Glucide total | 2 g Fibres alimentaires | 25 g Protéines | 26 mg Calcium

4 POINTS par portion

Requin mako à l'indienne

Le requin mako est un petit poisson dont la chair est ferme, juteuse et savoureuse. Choisissez des darnes de même épaisseur de façon qu'ils cuisent uniformément. Pour un effet maximum, n'utilisez que de la poudre de cari fraîche. Si vous ne trouvez pas de requin, utilisez de l'espadon.

4 portions

10 ml (2 c. à thé) de gingembre frais, pelé et émincé

2 gousses d'ail, émincées

5 ml (1 c. à thé) de cari doux ou fort

2 ml (½ c. à thé) de cumin moulu

2 ml (½ c. à thé) d'eau

Pincée (⅛ c. à thé) de curcuma

Pincée de sel

4 darnes de requin mako de 180 g (6 oz) chacune

50 ml (¼ tasse) de yogourt nature sans matières grasses

30 ml (2 c. à soupe) de coriandre fraîche, finement hachée

1 **Préchauffer le four** à 190 °C (375 °F). Mélanger le gingembre, l'ail, le cari, le cumin, l'eau, le curcuma et le sel dans un petit bol et mélanger pour obtenir une pâte. Frotter le poisson avec ce mélange.

2 **Étendre les darnes** dans un grand plat allant au four. Couvrir de papier d'aluminium et cuire au four environ 12 minutes, jusqu'à ce que le poisson soit opaque au centre.

3 **Transvider le poisson** sur une assiette de service à l'aide d'une écumoire. Réserver au chaud. Passer les jus de cuisson dans un petit bol. Incorporer le yogourt et la coriandre. Napper le poisson avec le yogourt.

---

5 POINTS par portion   **Par portion**
236 Calories | 8 g Gras total | 2 g Gras saturé | 87 mg Cholestérol | 184 mg Sodium | 2 g Glucide total | 0 g Fibres alimentaires | 37 g Protéines | 98 mg Calcium

Poisson entier grillé à la marocaine

Au Maroc, on nomme chermoula le mélange d'épices utilisé pour cette recette. Ses saveurs vives ne masqueront pas le goût du poisson. En cuisant un poisson entier, on rehausse son goût naturel sans compter que la présentation sera spectaculaire. Optez pour un poisson au goût modéré et à la chair de consistance moyenne. Vivaneau, loup de mer, mérou ou tilapia feront tous très bien l'affaire.

1 **Pour préparer** la chermoula, mélanger les oignons, le persil, la coriandre, le jus de citron, l'huile, l'ail, le cumin, le paprika, le curcuma et le sel dans un grand sac de plastique à fermeture hermétique. Ajouter les poissons en remplissant leur cavité avec un peu de chermoula. Faire sortir l'air du sac et bien sceller. Conserver au réfrigérateur au moins 6 heures ou toute la nuit.

2 **Vaporiser la grille** avec de l'enduit anticollant et préchauffer le gril.

3 **Brosser l'extérieur des poissons** avec de la chermoula et en laisser un peu à l'intérieur. Faire griller à 12,5 cm (5 po) de la source de chaleur, environ 10 minutes de chaque côté, jusqu'à ce que les poissons soient opaques au centre. Présenter les poissons sur une assiette de service et garnir avec des quartiers de citron.

4 portions

1 oignon, finement haché

125 ml ($1/2$ tasse) de persil plat frais, finement haché

125 ml ($1/2$ tasse) de coriandre fraîche, finement hachée

50 ml ($1/4$ tasse) de jus de citron fraîchement pressé

20 ml (1 c. à soupe + 1 c. à thé) d'huile d'olive

2 gousses d'ail, émincées

5 ml (1 c. à thé) de cumin moulu

5 ml (1 c. à thé) de paprika

1 ml ($1/4$ c. à thé) de curcuma

Pincée de sel

2 petits poissons entiers à chair blanche de 960 g (2 lb) chacun, écaillés et vidés

Quartiers de citron

Par portion   **6 POINTS par portion**

279 Calories | 5 g Gras total | 1 g Gras saturé | 96 mg Cholestérol | 137 mg Sodium
| 2 g Glucide total | 0 g Fibres alimentaires | 54 g Protéines | 90 mg Calcium

Chapitre 8
Fruits de mer

Crevettes épicées à la mode du sud 156

Crevettes épicées grillées à l'orientale 157

Pétoncles à la salsa aux fruits épicée 158

Pétoncles frits 160

Ceviche de vivaneau et de pétoncles 162

Palourdes à la bière 163

Moules au safran dans un bouillon au vin blanc 164

Homard bouilli à la mode traditionnelle 165

Strudel au crabe, aux poires et au fromage 166

Crabes mous grillés 168

Crevettes épicées à la mode du sud

Dans le sud des États-Unis, où la crevette est abondante, on dit qu'il y a autant de recettes de crevettes que de cuisiniers. Vos crevettes seront encore plus savoureuses si vous ne les décortiquez pas quoique le repas s'avérera un peu plus salissant ; gardez une bonne quantité de serviettes de table à portée de la main !... À servir avec des tranches de pain croûté, pour tremper dans la sauce.

12 hors-d'œuvre ou 6 plats principaux

720 g (1 ½ lb) de grosses crevettes

5 ml (1 c. à thé) de paprika

Poivre fraîchement moulu

1 ml (¼ c. à thé) de poivre de Cayenne

1 ml (¼ c. à thé) d'origan séché

1 ml (¼ c. à thé) de basilic séché

1 ml (¼ c. à thé) de sel

30 ml (2 c. à soupe) d'huile d'olive

250 ml (1 tasse) de bouillon de poulet hyposodique

10 ml (2 c. à thé) de sauce Worcestershire

10 ml (2 c. à thé) de sauce piquante aux piments

2 grosses gousses d'ail, émincées

50 ml (¼ tasse) de vin blanc sec ou d'eau

30 ml (2 c. à soupe) de pâte de tomate

2 oignons verts, en tranches

1 **Avec un petit couteau** bien affûté ou de petits ciseaux, faire une incision suffisamment profonde sur le dos des crevettes pour exposer la veine. Retirer la veine et laisser les carapaces intactes. Mélanger le paprika, le poivre, le poivre de Cayenne, l'origan, le basilic et le sel dans un grand bol. Ajouter les crevettes et bien les enrober d'assaisonnements. Laisser reposer 15 minutes.

2 **Chauffer un grand poêlon** à revêtement antiadhésif. Verser l'huile, puis ajouter les crevettes, 50 ml (¼ tasse) de bouillon, la sauce Worcestershire, la sauce aux piments et l'ail. Cuire environ 2 minutes, jusqu'à ce que les crevettes deviennent roses. Ajouter le bouillon restant, le vin et la pâte de tomate. Cuire sur feu élevé 1 ou 2 minutes de plus, jusqu'à ce que les crevettes soient opaques au centre. Avec une écumoire, déposer les crevettes dans une grande assiette creuse. Laisser mijoter la sauce environ 1 minute, jusqu'à léger épaississement. Incorporer les oignons verts et verser la sauce sur les crevettes.

2 POINTS par portion **Par portion de hors-d'œuvre**
79 Calories I 3 g Gras total I 1 g Gras saturé I 70 mg Cholestérol I 146 mg Sodium I 2 g Glucide total I 0 g Fibres alimentaires I 10 g Protéines I 32 mg Calcium

Crevettes épicées grillées à l'orientale

La sauce au poisson est un liquide à base de poisson fermenté au goût salé très prononcé. Vous la trouverez dans les épiceries spécialisées. Idéalement, vous utiliserez ici une sauce au poisson vietnamienne appelée nuoc-mâm ; cependant, toute autre sauce au poisson de bonne qualité fera l'affaire.

1. **Mélanger le vinaigre,** l'ail, le cinq-épices, le gingembre, la sauce aux piments, la sauce au poisson et l'huile dans un grand sac à fermeture hermétique. Ajouter les crevettes. Faire sortir l'air du sac et sceller. Bien remuer pour enrober les crevettes. Conserver au réfrigérateur 1 heure.

2. **Vaporiser la grille** avec de l'enduit anticollant et préparer le gril, ou vaporiser une poêle à fond cannelé avec de l'enduit anticollant et mettre sur feu moyen-élevé.

3. **Égoutter les crevettes** et jeter la marinade. Faire griller les crevettes à 12,5 cm (5 po) de la source de chaleur, ou dans la poêle à fond cannelé, environ 2 minutes de chaque côté, jusqu'à ce qu'elles soient opaques au centre.

Conseils du chef

Le cinq-épices en poudre est un mélange de cannelle, de clou de girofle, de graines de fenouil, d'anis étoilé et de poivre du Schézuan. On le trouve dans la plupart des supermarchés. On peut en faire soi-même une petite quantité si l'on a toutes les épices sous la main. Il suffit de moudre une quantité égale de chacune des épices en une fine poudre dans un moulin à café ou à épices. Conserver dans un contenant hermétique.

Pour déveiner une crevette et l'ouvrir en papillon, il faut enlever la carapace, la queue et les pattes. Mettre la crevette sur une planche à découper, côté courbe du même côté que la main qui tient le couteau. Avec un petit couteau, faire une incision sur le dos, de la tête à la queue en la coupant presque entièrement en deux, mais sans détacher les deux côtés. Retirer la veine avec la pointe d'un couteau, puis ouvrir la crevette comme un livre.

4 portions

10 ml (2 c. à thé) de vinaigre de riz

1 gousse d'ail, émincée

3 ml (¾ c. à thé) de cinq-épices en poudre

3 ml (¾ c. à thé) de gingembre frais, pelé et émincé

2 ml (½ c. à thé) de sauce piquante aux piments

2 ml (½ c. à thé) de sauce vietnamienne au poisson (nuoc-mâm)

2 ml (½ c. à thé) d'huile de sésame

480 g (1 lb) de grosses crevettes, décortiquées, déveinées et ouvertes en papillon

---

Par portion

123 Calories | 2 g Gras total | 0 g Gras saturé | 222 mg Cholestérol | 334 mg Sodium | 1 g Glucide total | 0 g Fibres alimentaires | 24 g Protéines | 51 mg Calcium

3 POINTS par portion

Pétoncles à la salsa aux fruits épicée

Les pétoncles cuits à la poêle deviendront dorés et croquants à l'extérieur tout en restant tendres et juteux à l'intérieur. Sentez les pétoncles avant de les acheter : ils doivent dégager une agréable odeur de saumure. Gardez-les au réfrigérateur ou sur de la glace jusqu'à ce qu'il soit temps de les faire cuire.

4 portions

1 petite papaye, pelée, épépinée et hachée

½ poivron rouge, épépiné et haché

1 oignon rouge moyen, haché

30 ml (2 c. à soupe) de jus de lime fraîchement pressé

15 ml (1 c. à soupe) de coriandre fraîche, hachée

5 ml (1 c. à thé) de piment jalapeño, émincé (porter des gants pour prévenir l'irritation des mains)

2 ml (½ c. à thé) de sel

30 ml (2 c. à soupe) de farine tout usage

Poivre fraîchement moulu

480 g (1 lb) de pétoncles de mer (enlever le muscle)

15 ml (1 c. à soupe) d'huile d'olive

1 **Pour préparer la salsa,** mélanger dans un bol la papaye, les poivrons, les oignons, le jus de lime, la coriandre, le piment jalapeño et 1 ml (¼ c. à thé) de sel.

2 **Mélanger la farine,** le poivre et le sel restant dans un grand sac à fermeture hermétique. Ajouter les pétoncles et bien sceller le sac. Secouer pour bien les enrober.

3 **Chauffer un grand poêlon** à revêtement antiadhésif. Verser l'huile. Secouer les pétoncles pour enlever le surplus de farine et les mettre dans le poêlon. Cuire environ 1 minute de chaque côté, jusqu'à ce que les pétoncles soient dorés à l'extérieur et opaque à l'intérieur. Servir les pétoncles sur la salsa.

Conseil du chef

Les pétoncles ont souvent un petit muscle coriace qui reste attaché à la noix. Ce muscle est dur et doit être retiré avant la cuisson. Il suffit de le couper et de le jeter.

4 POINTS par portion

Par portion

185 Calories | 4 g Gras total | 1 g Gras saturé | 37 mg Cholestérol | 477 mg Sodium | 16 g Glucide total | 2 g Fibres alimentaires | 20 g Protéines | 51 mg Calcium

Pétoncles à la salsa aux fruits épicée

Pétoncles frits

Les pétoncles de baie mesurent un peu plus de 1,25 cm (½ po) de diamètre et coûtent plus cher que les pétoncles ordinaires, mais ils sont sucrés et succulents. Les graines de sésame noires, plus odorantes et plus savoureuses que les blanches, dégageront un arôme magnifique lorsque vous les ferez rôtir. On utilise souvent la pâte de haricots rouges, qui est sucrée, dans la confection de desserts ; en la mélangeant à de la pâte de haricots piquante et à de la sauce aux huîtres, vous obtiendrez la base de saveur complexe qui donne à ce plat son caractère. Tous les ingrédients sont offerts dans les épiceries orientales.

4 portions

175 ml (¾ tasse) de fumet de poisson, de bouillon de légumes ou de jus de palourdes hyposodique

15 ml (1 c. à soupe) de fécule de maïs

15 ml (1 c. à soupe) de sauce aux huîtres

7 ml (1 ½ c. à thé) de pâte de haricots rouges

7 ml (1 ½ c. à thé) de pâte de haricots piquante

20 ml (4 c. à thé) d'huile d'arachide

480 g (1 lb) de pétoncles de baie (enlever le muscle)

7 ml (1 ½ c. à thé) de gingembre frais, pelé et émincé

1 gousse d'ail, émincée

1 petite courgette, en fines lamelles

160 g (⅓ lb) de pois mange-tout

1 poivron moyen, épépiné et coupé en fines lamelles

½ branche de céleri, en fines lamelles

8 petits champignons blancs, en quartiers

4 oignons verts, en fines tranches

15 ml (1 c. à soupe) de graines de sésame noires, grillées (facultatif)

500 ml (2 tasses) de riz brun, cuit

1. **Dans un petit bol,** mélanger le fumet de poisson, la fécule de maïs, la sauce aux huîtres, la pâte de haricots rouge et la pâte de haricots piquante.

2. **Chauffer un wok** ou un grand poêlon à revêtement antiadhésif sur feu élevé (jusqu'à ce qu'une goutte d'eau crépite). Verser 10 ml (2 c. à thé) d'huile, puis ajouter les pétoncles. Cuire environ 1 minute de chaque côté, jusqu'à ce qu'ils soient bruns à l'extérieur et opaques au centre. Mettre les pétoncles sur une assiette et réserver au chaud.

3. **Remettre le poêlon** sur le feu. Verser l'huile restante, puis ajouter le gingembre et l'ail. Frire moins de 1 minute. Ajouter les courgettes, les pois mange-tout, les poivrons, le céleri et les champignons. Frire 1 ou 2 minutes, jusqu'à ce que les courgettes soient tendres mais encore croquantes. Verser le bouillon et amener à ébullition. Cuire environ 1 minute, sans cesser de remuer, jusqu'à épaississement. Remettre les pétoncles dans le poêlon et bien remuer. Garnir d'oignons verts et de graines de sésame et servir avec le riz.

Conseil du chef

Pour griller les graines de sésame, les mettre dans un petit poêlon sur feu moyen-doux. Secouer le poêlon et remuer les graines sans cesse 1 ou 2 minutes, jusqu'à ce qu'une bonne odeur commence à se répandre. Il faut bien les surveiller puisqu'elles peuvent brûler rapidement. Les transvider ensuite sur une assiette pour les laisser refroidir.

6 POINTS par portion

Par portion

318 Calories | 8 g Gras total | 1 g Gras saturé | 48 mg Cholestérol | 638 mg Sodium | 37 g Glucide total | 5 g Fibres alimentaires | 26 g Protéines | 174 mg Calcium

Préparation pour la friture

La clé est d'avoir tous les ingrédients sous la main avant de commencer la friture.

On peut procéder par étapes. Dans cette recette, on fait d'abord cuire les pétoncles que l'on réserve ensuite au chaud pendant la cuisson des légumes.

Ajouter la sauce aux légumes sans cesser de remuer. La sauce commencera à épaissir presque immédiatement.

Ceviche de vivaneau et de pétoncles

Le ceviche est un plat d'Amérique latine qui se mange froid. Il est préparé dans une marinade composée d'épices et de jus d'agrumes, et on le sert dans une coquille de maïs faisant office de bol comestible. N'utilisez que du poisson de toute première fraîcheur.

4 portions

- 240 g (8 oz) de filets de vivaneau, en cubes de 3 cm (¼ po)
- 240 g (8 oz) de pétoncles de mer, coupés en deux (enlever le muscle)
- 50 ml (¼ tasse) de jus de citron ou de lime fraîchement pressé
- 2 ml (½ c. à thé) de sel
- 2 tomates, épépinées et hachées
- ½ oignon rouge moyen, haché
- 30 ml (2 c. à soupe) de coriandre fraîche, émincée
- 20 ml (4 c. à thé) d'huile d'olive extravierge
- 10 ml (2 c. à thé) de piment jalapeño, émincé (porter des gants pour prévenir l'irritation des mains)
- 7 ml (1 ½ c. à thé) de marjolaine fraîche, émincée
- 4 coquilles à tostadas de maïs bleu
- 500 ml (2 tasses) de laitue romaine, en fines lamelles

1. **Pour préparer le ceviche,** mélanger le poisson, les pétoncles, le jus de lime et le sel dans un grand sac à fermeture hermétique. Faire sortir l'air et bien sceller le sac. Secouer pour bien enrober le poisson. Conserver au réfrigérateur 3 ou 4 heures en retournant le sac de temps à autre.

2. **Dans un grand bol,** mélanger les tomates, les oignons, la coriandre, l'huile, le piment jalapeño et la marjolaine. Couvrir et conserver au réfrigérateur pour bien refroidir.

3. **Égoutter le poisson** et les pétoncles et jeter la marinade. Mélanger avec les tomates.

4. **Mettre de la laitue** dans chaque coquille à tostadas. Remplir avec le ceviche et servir.

---

7 POINTS par portion

Par portion
298 Calories | 13 g Gras total | 1 g Gras saturé | 40 mg Cholestérol | 210 mg Sodium | 23 g Glucide total | 1 g Fibres alimentaires | 25 g Protéines | 70 mg Calcium

Palourdes à la bière

N'achetez que des palourdes qui sont fermées. Tapotez celles qui sont ouvertes : si elles ne se referment pas, c'est qu'elles sont mortes, et donc non comestibles. Les palourdes vivantes peuvent être conservées jusqu'à deux jours au réfrigérateur, mais devraient idéalement être cuites le jour même où vous les achetez.

1. **Amener l'eau** et la bière à grande ébullition dans une grande marmite. Ajouter les palourdes, couvrir et cuire de 5 à 7 minutes, jusqu'à ce qu'elles s'ouvrent (remuer après 3 minutes). Jeter toutes celles qui sont restées fermées.

2. **Pendant ce temps,** étendre 5 ml (1 c. à thé) d'olivada sur chaque tranche de pain.

3. **Servir une quantité égale** de palourdes et de bouillon dans 4 grands bols à soupe chauds. Couvrir avec la salsa, la lime hachée et la coriandre. Servir avec les tranches de pain.

4 portions

250 ml (1 tasse) d'eau

300 ml (1 ¼ tasse) de bière (blonde ou ale pâle)

3 douzaines de palourdes du Pacifique, brossées

20 ml (4 c. à thé) d'olivada ou de pesto de tomates séchées

250 ml (1 tasse) de salsa préparée

½ lime, pelé et haché

30 ml (2 c. à soupe) de feuilles de coriandre fraîche

4 tranches de pains français de 1,25 cm (½ po) d'épaisseur, grillées

Conseil du chef

L'olivada est une purée italienne faite d'olives noires, d'huile d'olive et de piment. On en trouve dans les bons supermarchés et les épiceries fines.

Par portion

190 Calories | 4 g Gras total | 1 g Gras saturé | 29 mg Cholestérol | 760 mg Sodium | 20 g Glucide total | 2 g Fibres alimentaires | 17 g Protéines | 76 mg Calcium

4 POINTS par portion

Moules au safran dans un bouillon au vin blanc

L'arôme du safran fait de ce plat un mets absolument sublime. Provenant d'une fleur appelée crocus et récolté à la main, le safran est utilisé dans les bouillabaisses, les paellas et les risottos. Conservez votre safran dans un contenant hermétique, à l'abri de la lumière et de la chaleur.

4 portions

7 ml (1 ½ c. à thé) de beurre sans sel

1 gousse d'ail, hachée

125 ml (½ tasse) de vin blanc sec

22 ml (1 ½ c. à soupe) de crème moitié moitié

3 ml (¾ c. à thé) de filaments de safran

250 ml (1 tasse) de fumet de poisson, de bouillon de légumes ou de jus de palourdes hyposodique

2 oignons verts, en fines tranches

1 petite tomate, pelée, épépinée et hachée

22 ml (1 ½ c. à soupe) de jus de citron fraîchement pressé

40 moules, brossées et ébarbées

15 ml (1 c. à soupe) de ciboulette fraîche, hachée

1 Faire fondre le beurre dans une grande casserole, puis ajouter l'ail. Faire sauter environ 1 minute. Ajouter le vin, la crème moitié moitié et le safran. Laisser mijoter 5 minutes. Ajouter le bouillon, les oignons verts, les tomates et le jus de citron. Laisser mijoter 5 minutes.

2 Ajouter les moules, couvrir et cuire environ 5 minutes, jusqu'à ce qu'elles s'ouvrent. Secouer la casserole, en retenant bien le couvercle avec un linge propre, pour redistribuer les moules. Remettre la casserole sur le feu 2 minutes de plus. Jeter toutes les moules qui sont restées fermées. Servir les moules dans 4 bols chauds. Incorporer la ciboulette dans le bouillon et verser sur les moules.

Conseils du chef

Pour préparer et épépiner les tomates, amener une grande casserole d'eau à ébullition. Remplir un grand bol d'eau glacée. Tailler un X peu profond dans la partie inférieure de chaque tomate. Plonger ensuite une tomate à la fois dans l'eau bouillante pendant 10 à 15 secondes, puis la plonger rapidement dans l'eau glacée. La retirer immédiatement de l'eau, puis la peler avec un petit couteau en commençant là où l'on a fait un X. Si la tomate ne se pèle pas facilement, la replonger rapidement dans l'eau bouillante, puis dans l'eau glacée. Faire les mêmes opérations avec les autres tomates. Couper les tomates en deux à l'horizontale, enlever les graines, puis les hacher.

Pour enlever les filaments des moules, les pincer entre le pouce et l'index et tirer fermement. Attendre juste avant la cuisson pour procéder. Brosser les moules minutieusement à l'eau froide avant de les faire cuire.

3 POINTS par portion

Par portion

154 Calories | 5 g Gras total | 1 g Gras saturé | 62 mg Cholestérol | 500 mg Sodium | 6 g Glucide total | 0 g Fibres alimentaires | 16 g Protéines | 121 mg Calcium

Homard bouilli à la mode traditionnelle

On trouve du homard vivant toute l'année. Il doit être cuit quelques heures après l'achat. Ou bien on le dépose vivant dans l'eau bouillante, ou bien on le tue juste avant la cuisson. Ici, la chair crémeuse et blanche du homard est délicatement rehaussée par une trempette odorante aux fines herbes et au citron.

1. **Pour préparer la sauce,** faire fondre la margarine dans un poêlon. Ajouter le jus de citron, le persil, l'estragon, le cresson, le sel et le poivre. Verser la sauce dans un bol.

2. **Remplir une casserole** de 12 litres (12 pintes) avec de l'eau aux deux tiers. Amener à forte ébullition. Ajouter les homards, en procédant par étapes au besoin. Laisser bouillir 10 ou 11 minutes, jusqu'à ce qu'ils soient bien rouges. Servir avec la sauce et des quartiers de citron.

4 portions

50 ml (¼ tasse) de margarine hypocalorique

15 ml (1 c. à soupe) de jus de citron fraîchement pressé

10 ml (2 c. à thé) de persil frais, émincé

10 ml (2 c. à thé) d'estragon frais, émincé ou 2 ml (½ c. à thé) d'estragon séché

10 ml (2 c. à thé) de cresson, finement haché

1 ml (¼ c. à thé) de sel

Poivre fraîchement moulu

4 homards de 720 g (1 ½ lb) chacun

1 citron, en quartiers

Conseil du chef

Pour tuer les homards avant la cuisson, les mettre sur une planche à découper et insérer la pointe d'un grand couteau au milieu de la base de leur tête en pointant la lame vers les yeux. Couper la carapace sur le sens de la longueur en coupant la tête en deux.

Par portion
224 Calories | 7 g Gras total | 1 g Gras saturé | 127 mg Cholestérol | 949 mg Sodium | 3 g Glucide total | 0 g Fibres alimentaires | 36 g Protéines | 109 mg Calcium

5 POINTS par portion

Strudel au crabe, aux poires et au fromage

Une légère pâte phyllo abritera ici une farce riche, délectable, composée d'ingrédients sucrés et savoureux. Ce plat allie la texture crémeuse du fromage mozzarella fondu à celle, croustillante, des châtaignes d'eau.

4 portions

2 petites poires, pelées, évidées et hachées

1 gros morceau de chair de crabe de 240 g (8 oz), piqué à l'aide d'une fourchette

175 ml (¾ tasse) de mozzarella partiellement écrémée, grossièrement râpée

125 ml (½ tasse) de jambon de Virginie maigre, haché

175 ml (¾ tasse) de châtaignes d'eau, égouttées et émincées

6 oignons verts, en fines tranches

15 ml (1 c. à soupe) de jus de citron fraîchement pressé

1 ml (¼ c. à thé) de piment de Cayenne broyé

6 feuilles de pâte phyllo de 30 x 42,5 cm (12 x 17 po), à la température ambiante

20 ml (4 c. à thé) d'huile végétale

5 ml (1 c. à thé) de chapelure nature

1. **Préchauffer le four** à 190 °C (375 °F). Vaporiser un moule à gâteau roulé de 25 x 37,5 cm (10 x 15 po) avec de l'enduit anticollant.

2. **Pour préparer la garniture,** mélanger dans un bol les poires, la chair de crabe, le fromage, le jambon, les châtaignes d'eau, les oignons verts, le jus de citron et le piment de Cayenne.

3. **Couvrir les feuilles** de pâte phyllo de pellicule plastique pour les empêcher de sécher. Mettre 1 feuille de pâte phyllo sur une feuille de papier ciré de 40 cm (16 po) et la brosser uniformément avec 2 ml (½ c. à thé) d'huile. Couvrir avec les autres feuilles de pâte en prenant soin de brosser chacune avec 2 ml (½ c. à thé) d'huile. Saupoudrer le dessus avec la chapelure.

4. **Verser la garniture** sur la longueur à environ 2,5 cm (1 po) de la bordure de la pâte. Replier la pâte sur la garniture, puis replier 2,5 cm (1 po) de pâte à chaque extrémité. Rouler le strudel en utilisant le papier ciré pour soulever la pâte. Mettre le strudel dans le moule et le brosser avec l'huile restante. Avec un petit couteau, faire de petites incisions sur le dessus pour marquer les 4 portions. Ne pas couper trop profondément. Cuire au four de 15 à 20 minutes, jusqu'à ce qu'il soit légèrement doré et bien chaud. Laisser reposer 10 minutes, puis couper en 4 portions.

Conseil du chef

On peut trouver la pâte phyllo dans la section des produits congelés. Il est important de la faire décongeler avant de l'utiliser. On peut la conserver jusqu'à un mois au réfrigérateur quand elle est gardée dans son emballage original. Quand le paquet a été ouvert, il faut l'utiliser dans les quelques jours qui suivent.

6 POINTS par portion

Par portion

306 Calories | 9 g Gras total | 2 g Gras saturé | 66 mg Cholestérol | 604 mg Sodium | 32 g Glucide total | 4 g Fibres alimentaires | 23 g Protéines | 162 mg Calcium

Strudel au crabe, aux poires et au fromage

Crabes mous grillés

En Amérique, on mange souvent le crabe bleu entre avril et septembre, alors que sa carapace est molle. Demandez à votre poissonnier de nettoyer vos crabes et faites-les cuire le jour même où vous les achetez. Servez-les avec de la salsa à la papaye verte (page 288), ou encore accompagnés de la préparation aux haricots noirs que vous trouverez dans la recette de tortillas aux légumes cuites au four (page 252).

4 portions

175 ml (¾ tasse) de vinaigre de vin rouge

175 ml (¾ tasse) de vin blanc sec

50 ml (¼ tasse) de jus de citron fraîchement pressé

½ poivron rouge moyen, émincé

45 ml (3 c. à soupe) d'huile d'olive extravierge

2 oignons verts, émincés

1 piment jalapeño, grillé, pelé, épépiné, déveiné et émincé (porter des gants pour prévenir l'irritation des mains)

3 gousses d'ail, émincées

7 ml (1 ½ c. à thé) de basilic frais, haché

7 ml (1 ½ c. à thé) d'estragon frais, haché

22 ml (1 ½ c. à soupe) de thym frais, haché

4 crabes mous géants

1 **Mélanger le vinaigre,** le vin, le jus de citron, les poivrons, l'huile, les oignons verts, les piments jalapeño, l'ail, le basilic, l'estragon et le thym dans un grand sac à fermeture hermétique. Ajouter les crabes. Faire sortir l'air et bien sceller le sac. Remuer pour bien enrober les crabes de marinade. Conserver 2 heures au réfrigérateur en retournant le sac de temps à autre.

2 **Vaporiser la grille** avec de l'enduit anticollant et préparer le gril, ou vaporiser une poêle à fond cannelé avec de l'enduit anticollant et mettre sur feu moyen-élevé.

3 **Bien égoutter** les crabes et jeter la marinade. Faire griller à 12,5 cm (5 po) de la source de chaleur, ou dans la poêle à fond cannelé, environ 2 minutes de chaque côté, jusqu'à ce qu'ils soient d'un beau brun rougeâtre.

Conseil du chef

Pour griller les piments jalapeños, vaporiser la grille avec de l'enduit anticollant et préchauffer le gril. Griller les piments de 5 à 10 minutes à 12,5 cm (5 po) de la source de chaleur, en les retournant souvent avec une longue pince, jusqu'à ce qu'ils soient noircis et ratatinés. Mettre les piments dans un petit bol, couvrir de pellicule plastique et laisser reposer 10 minutes. Quand ils sont assez refroidis pour être manipulés, les peler et les épépiner.

10 POINTS par portion

Par portion

403 Calories | 23 g Gras total | 5 g Gras saturé | 45 mg Cholestérol | 1150 mg Sodium | 34 g Glucide total | 0 g Fibres alimentaires | 12 g Protéines | 84 mg Calcium

Chapitre 9
Volaille

Poulet à la jerk	170
Poitrines de poulet pochées dans un bouillon épicé	172
Poulet pané aux fines herbes, sauce crémeuse à la moutarde	173
Poitrines de poulet aux pêches, sauce au zinfandel	174
Poitrines de poulet aux artichauts et à la sauce moutarde	175
Poulet et riz au safran à la marocaine	176
Burritos au poulet grillé	177
Poitrines de poulet farcies au gremolata avec relish aux tomates	178
Poulet épicé à la séchouanaise	180
Poulet aux noix	181
Poulet grillé au citron et au gingembre	182
Cuisses de poulet au vinaigre balsamique	183
Pot-au-feu au poulet et aux crevettes	184
Paella à la valencienne	185
Poulet rôti à la mexicaine	186
Poulets de Cornouailles glacés aux prunes	187
Poitrine de dinde fumée glacée au whisky avec confiture à l'orange et aux fines herbes	188
Poitrines de canard à la vinaigrette d'oignons grillés	189
Pot-au-feu au canard et à la saucisse	191

Poulet à la jerk

Provenant de la Jamaïque, l'assaisonnement jerk est utilisé partout dans les Caraïbes. Sa composition varie d'un chef à l'autre, mais il comprend toujours des piments chilis, des oignons et du piment de la Jamaïque (pimento). Servez le poulet jerk avec des haricots noirs et de la Salsa à la papaye verte (page 288) ou encore avec de la Salsa aux fruits à la mode tropicale (page 284).

4 portions

30 ml (2 c. à soupe) de piment de la Jamaïque en grains

125 ml (½ tasse) d'oignons, hachés

2 oignons verts, hachés

½ piment chili fort (jamaïcain, scotch bonnet ou habanero), épépiné et émincé (porter des gants pour prévenir l'irritation des mains)

7 ml (1 ½ c. à thé) de rhum brun

2 ml (½ c. à thé) de cannelle

2 ml (½ c. à thé) de sel

2 ml (½ c. à thé) de poivre grossièrement moulu

1 ml (¼ c. à thé) de muscade moulue

4 poitrines de poulet de 120 g (4 oz) chacune, sans peau et sans os

1. **Préchauffer le four** à 180 °C (350 °F). Étendre le piment de la Jamaïque dans un petit plat de cuisson ou un poêlon allant au four et faire griller 5 minutes. Laisser refroidir, puis moudre dans un moulin à épices ou un robot de cuisine miniature.

2. **Mélanger le piment de la Jamaïque** avec les oignons, les oignons verts, les piments, le rhum, la cannelle, le sel, le poivre et la muscade dans le robot de cuisine. Laisser tourner le moteur jusqu'à la formation d'une pâte épaisse.

3. **Avec une cuillère** ou des gants en caoutchouc, frotter la pâte sur les poitrines de poulet, puis les mettre dans un sac de plastique à fermeture hermétique. Faire sortir l'air et bien sceller le sac. Conserver 30 minutes au réfrigérateur.

4. **Vaporiser la grille** avec de l'enduit anticollant et préparer le gril. Faire griller le poulet de 10 à 12 minutes à 12,5 cm (5 po) de la source de chaleur, en le retournant une fois pendant la cuisson.

---

4 POINTS par portion

Par portion
208 Calories | 4 g Gras total | 1 g Gras saturé | 96 mg Cholestérol | 420 mg Sodium | 4 g Glucide total | 1 g Fibres alimentaires | 36 g Protéines | 43 mg Calcium

Poulet à la jerk

Poitrines de poulet pochées dans un bouillon épicé

Ce plat débordant de saveurs méditerranéennes n'est pas sans rappeler la bouillabaisse classique. Le bouillon peut être préparé à l'avance et se conservera dans un contenant hermétique jusqu'à deux jours au réfrigérateur, ou jusqu'à deux semaines au congélateur. Le mélange de poireau, de fenouil, de gombos et de crevettes doit être confectionné le jour même. Accompagnez ce plat de riz à la vapeur.

4 portions

5 ml (1 c. à thé) d'huile d'olive
1 gousse d'ail, émincée
15 ml (1 c. à soupe) de pâte de tomate
30 ml (2 c. à soupe) de vin blanc sec
750 ml (3 tasses) de bouillon de poulet hyposodique
5 ml (1 c. à thé) d'estragon frais, haché
2 ml (½ c. à thé) de filaments de safran
1 zeste d'orange de 5 cm (2 po)
1 ml (¼ c. à thé) de sel
1 feuille de laurier
1 gros poireau, partie blanche seulement, nettoyé et coupé sur la longueur en fines tranches
425 ml (1 ¾ tasse) de fenouil, en fines tranches
75 ml (⅓ tasse) de gombos, hachés
4 poitrines de poulet de 120 g (4 oz) chacune, sans peau et sans os
250 ml (1 tasse) de tomates, pelées, épépinées et hachées
8 crevettes, décortiquées et déveinées
7 ml (1 ½ c. à thé) de jus de citron fraîchement pressé
Pincée (⅛ c. à thé) de poivre blanc fraîchement moulu

1 Chauffer l'huile dans une marmite, puis ajouter l'ail. Faire sauter environ 30 secondes. Ajouter la pâte de tomate et cuire environ 1 ½ minute, sans cesser de remuer, jusqu'à ce qu'elle prenne une belle couleur rouille. Ajouter le vin blanc et cuire en raclant le fond de la marmite de temps à autre. Ajouter le bouillon, l'estragon, le safran, le zeste d'orange, le sel et la feuille de laurier. Laisser mijoter 15 minutes. Retirer et jeter le zeste et la feuille de laurier.

2 Ajouter les poireaux, le fenouil et les gombos. Laisser mijoter environ 10 minutes, jusqu'à ce que les légumes soient tendres. Ajouter les poitrines de poulet et les tomates. Laisser mijoter doucement environ 10 minutes, jusqu'à ce que le poulet soit bien cuit. Ajouter les crevettes au cours des 3 dernières minutes de cuisson. Assaisonner avec le jus de citron et le poivre juste avant de servir.

Conseils du chef

Le zeste de l'orange est la partie superficielle de l'écorce débarrassée de toute membrane blanche. Pour enlever le zeste de l'orange, utiliser un zesteur ou la lame fine d'un éplucheur.

Du sable s'accumule souvent entre les feuilles du poireau. Pour bien le nettoyer, enlever la partie supérieure des feuilles (réserver pour parfumer les soupes ou les plats mijotés) ainsi que la partie filamenteuse de la racine. Couper le poireau sur la longueur, écarter ses feuilles et bien les rincer à l'eau froide.

6 POINTS par portion

Par portion
302 Calories | 8 g Gras total | 2 g Gras saturé | 139 mg Cholestérol | 402 mg Sodium | 12 g Glucide total | 3 g Fibres alimentaires | 45 g Protéines | 95 mg Calcium

Poulet pané aux fines herbes, sauce crémeuse à la moutarde

Dans cette recette, le poulet est d'abord trempé dans du babeurre, puis recouvert d'une chapelure aromatisée aux fines herbes. La cuisson au four rendra ce poulet aussi croustillant que du poulet frit... le gras en moins ! La sauce à la moutarde, aigre-douce et crémeuse, créera un contraste délicat autant par sa texture que par sa saveur. Accompagnez ce mets de petits pois sucrés cuits à l'étuvée, de morilles et de pain de maïs (page 306).

1 **Préchauffer le four** à 190 °C (375 °F). Vaporiser la grille d'une plaque à pâtisserie à rôtir avec de l'enduit anticollant et la mettre sur la plaque à pâtisserie. Dans un petit bol, mélanger le persil, l'estragon, le basilic et la ciboulette.

2 **Mélanger la semoule de maïs** et les corn-flakes dans un plat peu profond. Ajouter la moitié du mélange de fines herbes. Mélanger les herbes restantes avec le babeurre dans un autre bol peu profond. Tremper chaque poitrine dans le babeurre. Enrober le poulet des deux côtés avec la semoule de maïs en secouant le surplus. Jeter ce qui reste de semoule de maïs. Mettre les poitrines sur la grille et cuire au four de 30 à 35 minutes.

3 **Pendant ce temps,** délayer l'arrow-root dans 30 ml (2 c. à soupe) de bouillon dans un petit bol. Amener le bouillon restant à ébullition dans une petite casserole. Incorporer l'arrow-root délayé. Laisser mijoter 1 ou 2 minutes, sans cesser de remuer, jusqu'à épaississement. Retirer du feu. Incorporer le lait évaporé, la moutarde, le miel et le poivre.

4 **Servir la sauce** sous le poulet ou sur le côté.

4 portions

30 ml (2 c. à soupe) de persil frais, haché

30 ml (2 c. à soupe) d'estragon frais, haché

30 ml (2 c. à soupe) de basilic frais, haché

30 ml (2 c. à soupe) de ciboulette fraîche, hachée

75 ml (1/3 tasse) de semoule de maïs

75 ml (1/3 tasse) de miettes de corn-flakes

125 ml (1/2 tasse) de babeurre écrémé

4 poitrines de poulet de 120 g (4 oz) chacune, sans peau et sans os

11 ml (2 1/4 c. à thé) d'arrow-root

250 ml (1 tasse) de bouillon de poulet hyposodique

50 ml (1/4 tasse) de lait évaporé écrémé

30 ml (2 c. à soupe) de moutarde de Dijon

7 ml (1 1/2 c. à thé) de miel

Pincée (1/8 c. à thé) de poivre fraîchement moulu

Par portion

296 Calories | 6 g Gras total | 2 g Gras saturé | 96 mg Cholestérol | 287 mg Sodium | 19 g Glucide total | 2 g Fibres alimentaires | 40 g Protéines | 130 mg Calcium

6 POINTS par portion

Poitrines de poulet aux pêches, sauce au zinfandel

On connaît bien le zinfandel blanc, mais une grande variété de vins rouges tantôt légers et fruités, tantôt épicés et robustes sont aussi élaborés à partir de ce cépage. Ne doublez la recette que si vous comptez servir huit personnes, car ce plat doit être mangé le jour même où il est préparé. Servez-le accompagné d'une salade d'endives, de haricots verts ou de bettes à carde.

4 portions

125 ml (½ tasse) de cidre de pomme

11 ml (2 ¼ c. à thé) de vinaigre de cidre

7 ml (1 ½ c. à thé) d'échalotes, émincées

2 ml (½ c. à thé) d'ail, émincé

4 poitrines de poulet de 120 g (4 oz) chacune, sans peau et sans os

7 ml (1 ½ c. à thé) de fécule de maïs

250 ml (1 tasse) de bouillon de poulet hyposodique

175 ml (¾ tasse) de pêches (1 grosse ou 2 petites), pelées et coupées en tranches

50 ml (¼ tasse) de vin zinfandel rouge

1 **Mélanger le cidre,** le vinaigre, les échalotes et l'ail dans un sac de plastique à fermeture hermétique et ajouter le poulet. Faire sortir l'air et bien sceller le sac. Secouer pour bien enrober le poulet. Conserver au moins 30 minutes au réfrigérateur en retournant le sac de temps à autre.

2 **Préchauffer le four** à 190 °C (375 °F). Vaporiser la grille d'une plaque à pâtisserie à rôtir avec de l'enduit anticollant et la mettre sur la plaque à pâtisserie. Mettre le poulet sur la grille en le débarrassant du surplus de marinade. Cuire au four de 30 à 35 minutes.

3 **Pendant ce temps,** délayer la fécule de maïs dans 30 ml (2 c. à table) de bouillon dans un petit bol. Mélanger le bouillon restant, les pêches et le vin dans une petite casserole. Amener à ébullition et incorporer la fécule de maïs délayée. Laisser mijoter environ 2 minutes, sans cesser de remuer, jusqu'à léger épaississement.

4 **Quand le poulet** est cuit, couper chaque poitrine en tranches en travers du grain. Napper de sauce chaude et servir.

Conseil du chef

Choisir des pêches sans meurtrissures ni taches si possible. Pour les peler, les plonger entières dans l'eau bouillante de 15 à 30 secondes, puis dans l'eau glacée pour arrêter la cuisson. Commencer à les peler par la queue avec un couteau à parer qui aidera à détacher la chair de la peau.

5 POINTS par portion | **Par portion**
247 Calories | 4 g Gras total | 1 g Gras saturé | 96 mg Cholestérol | 180 mg Sodium | 9 g Glucide total | 2 g Fibres alimentaires | 36 g Protéines | 28 mg Calcium

Poitrines de poulet aux artichauts et à la sauce moutarde

On combinera ici la saveur de deux types de moutarde, soit la moutarde de Meaux et la moutarde de Dijon. Qu'elle soit douce ou piquante, la moutarde de Dijon est fabriquée à partir de graines de moutarde brunes ou noires et de vin blanc. La moutarde de Meaux se décline elle aussi selon différentes versions : elle peut être douce, piquante ou sucrée.

1 **Mettre les poitrines de poulet,** peau vers le bas, entre 2 feuilles de papier ciré et les aplatir pour obtenir une épaisseur uniforme à l'aide d'un maillet à viande ou du fond d'une casserole lourde. Saler et poivrer.

2 **Préchauffer le four** à 100 °C (200 °F). Chauffer 5 ml (1 c. à thé) d'huile dans un grand poêlon à revêtement antiadhésif, puis ajouter le poulet. Faire sauter 3 ou 4 minutes de chaque côté (en procédant par étapes si le poêlon n'est pas assez grand), jusqu'à ce que le poulet soit brun et bien cuit. Mettre les poitrines sur une assiette, couvrir de papier aluminium et réserver au chaud dans le four pendant la préparation de la sauce.

3 **Dans le même poêlon,** verser l'huile restante, puis les échalotes. Faire sauter jusqu'à ce qu'elles soient transparentes. Délayer la fécule de maïs dans 10 ml (2 c. à thé) d'eau et amener à ébullition. Incorporer la fécule délayée et remuer environ 1 minute, jusqu'à épaississement. Incorporer le vinaigre et les deux moutardes. Ajouter les cœurs d'artichauts, les olives et l'estragon. Laisser mijoter environ 3 minutes pour bien réchauffer. Verser la sauce sur le poulet et servir.

4 portions

4 poitrines de poulet de 120 g (4 oz) chacune, sans peau et sans os

Sel (facultatif)

Poivre fraîchement moulu (facultatif)

10 ml (2 c. à thé) d'huile végétale

15 ml (1 c. à soupe) d'échalotes, émincées

5 ml (1 c. à thé) de fécule de maïs

250 ml (1 tasse) de bouillon de poulet hyposodique

22 ml (1 ½ c. à soupe) de vinaigre balsamique

15 ml (3 c. à thé) de moutarde de Meaux

7 ml (1 ½ c. à thé) de moutarde de Dijon

4 cœurs d'artichauts, coupés en quartiers et cuits (ou 4 décongelés et coupés en quartiers)

6 olives de Calamata, dénoyautées et coupées en deux

15 ml (1 c. à soupe) d'estragon frais, haché

Par portion

260 Calories | 8 g Gras total | 2 g Gras saturé | 98 mg Cholestérol | 279 mg Sodium | 7 g Glucide total | 2 g Fibres alimentaires | 38 g Protéines | 54 mg Calcium

5 POINTS par portion

Poulet et riz au safran à la marocaine

La saveur marocaine de ce plat provient de la conjugaison des oranges fraîches, des abricots secs et des épices. Si vous le désirez, vous pouvez remplacer le riz safrané par du couscous. Préparez ce plat une journée à l'avance ; sa saveur n'en sera que plus riche.

4 portions

500 ml (2 tasses) d'eau

250 ml (1 tasse) de riz à grains longs

Pincée de filaments de safran

10 ml (2 c. à thé) d'huile d'olive

4 poitrines de poulet de 120 g (4 oz) chacune, sans peau et sans os

1 poireau, rincé et coupé en fines tranches

75 ml (1/3 tasse) d'abricots secs, en fines tranches

5 ml (1 c. à thé) de cumin moulu

1 ml (1/4 c. à thé) de cannelle

1 ml (1/4 c. à thé) de piment de Cayenne broyé

500 ml (2 tasses) de tomates, grossièrement hachées

250 ml (1 tasse) de bouillon de poulet hyposodique

1 orange, pelée et coupée en quartiers

1 **Amener l'eau** à ébullition dans une casserole. Incorporer le riz et le safran. Couvrir et cuire sur feu doux 20 minutes, jusqu'à ce que le riz soit cuit et que l'eau soit absorbée. Retirer du feu et réserver au chaud.

2 **Pendant ce temps,** chauffer un grand poêlon à revêtement antiadhésif. Verser l'huile, puis ajouter le poulet. Cuire environ 4 minutes de chaque côté, en le retournant de temps à autre, jusqu'à ce qu'il soit brun et bien cuit. Mettre le poulet sur une assiette.

3 **Dans le même poêlon,** mélanger les poireaux, les abricots, le cumin, la cannelle et le piment de Cayenne. Faire sauter environ 5 minutes, jusqu'à ce que les poireaux soient tendres. Ajouter les tomates et le bouillon. Amener à ébullition. Réduire la chaleur, couvrir et laisser mijoter environ 3 minutes pour bien réchauffer.

4 **Remettre le poulet** dans la casserole. Incorporer les quartiers d'orange. Cuire 3 minutes, en retournant souvent le poulet, pour bien le réchauffer. Servir le poulet et les légumes sur le riz chaud.

Conseil du chef

Nous aimons utiliser des abricots turcs dans cette recette. Ils sont vendus entiers et sont plus petits que ceux des autres variétés. Il faut en compter 12 environ pour cette recette.

---

8 POINTS par portion

Par portion

395 Calories | 5 g Gras total | 1 g Gras saturé | 67 mg Cholestérol | 123 mg Sodium | 54 g Glucide total | 4 g Fibres alimentaires | 32 g Protéines | 71 mg Calcium

Burritos au poulet grillé

Simple et délicieux : poulet mariné dans du jus de lime et de la coriandre, grillé, puis enroulé dans une tortilla de blé. Servez ce burrito avec de la Salsa aux tomatilles (page 22), du riz et des haricots. Le poulet peut être préparé une journée à l'avance et réfrigéré ; l'heure du repas venue, vous n'aurez qu'à le faire réchauffer. Vous pouvez doubler la recette, mais ne composez vos burritos qu'au moment de servir.

1 **Mélanger la coriandre,** le jus de lime, l'ail, les échalotes et le poivre dans un sac de plastique à fermeture hermétique. Ajouter le poulet. Faire sortir l'air et bien sceller le sac. Secouer pour bien enrober le poulet. Conserver au réfrigérateur au moins 30 minutes en retournant le sac de temps à autre.

2 **Vaporiser la grille** avec de l'enduit anticollant et préparer le gril. Débarrasser le poulet de tout surplus de marinade. Faire griller environ 12 minutes à 12,5 cm (5 po) de la source de chaleur, en retournant souvent le poulet, jusqu'à ce qu'il soit bien cuit.

3 **Pendant ce temps,** envelopper légèrement les tortillas dans du papier d'aluminium et mettre au four à 120 ºC (250 ºF) de 8 à 10 minutes pour bien les réchauffer. On peut aussi empiler les tortillas entre deux feuilles de papier essuie-tout humides et les réchauffer à chaleur élevée de 30 à 45 secondes dans le four à micro-ondes.

4 **Couper le poulet** en fines tranches en travers du grain. Tartiner les tortillas chaudes avec de la guacamole et les remplir avec une tranche de poulet. Rouler les tortillas en forme de cônes et les servir avec la salsa.

4 portions

10 ml (2 c. à thé) de coriandre fraîche, hachée

7 ml (1 ½ c. à thé) de jus de lime fraîchement pressé

1 gousse d'ail, émincée

5 ml (1 c. à thé) d'échalotes, émincées

Poivre fraîchement moulu

4 poitrines de poulet de 120 g (4 oz), sans peau et sans os

4 tortillas de blé de 30 cm (12 po)

125 ml (½ tasse) de guacamole préparée

250 ml (1 tasse) de Salsa aux tomatilles (p. 22) ou de salsa aux tomates croquante vendue dans le commerce

---

Par portion   **8 POINTS par portion**

362 Calories | 10 g Gras total | 5 g Gras saturé | 96 mg Cholestérol | 616 mg Sodium | 24 g Glucide total | 2 g Fibres alimentaires | 39 g Protéines | 69 mg Calcium

Poitrines de poulet farcies au gremolata avec relish aux tomates

Garniture typiquement italienne, la gremolata est un mélange de persil, d'ail et de zeste de citron. On la sert avec des mets riches tel l'osso-buco. Ici, elle rehaussera magnifiquement la saveur du poulet. Ce plat se prépare aisément une journée à l'avance et vous pouvez doubler la recette pour servir jusqu'à huit personnes. À servir avec riz ou pâtes orzo.

4 portions

- 4 grosses tomates prunes, épépinées et hachées
- 10 ml (2 c. à thé) d'huile d'olive
- 10 ml (2 c. à thé) de vinaigre balsamique
- 1 ml (¼ c. à thé) de sel
- Poivre fraîchement moulu
- 250 ml (1 tasse) de persil plat frais bien tassé, finement haché
- 1 gousse d'ail, émincée
- 2 ml (½ c. à thé) de zeste de citron, râpé
- 1 ml (¼ c. à thé) de sel
- 1 ml (¼ c. à thé) de poivre
- 4 poitrines de poulet de 120 g (4 oz) chacune, sans peau et sans os

1 **Pour préparer** le relish, mélanger dans un bol les tomates, l'huile, le vinaigre, le sel et le poivre. Couvrir et laisser reposer à la température ambiante.

2 **Préchauffer le four** à 230 °C (450 °F). Vaporiser une plaque à pâtisserie avec de l'enduit anticollant. Dans un petit bol, mélanger le persil, l'ail, le zeste de citron, le sel et le poivre.

3 **Mettre les poitrines de poulet,** peau vers le bas, entre 2 feuilles de papier ciré et les aplatir pour obtenir une épaisseur uniforme de 6 mm (¼ po) à l'aide d'un maillet à viande ou du fond d'une casserole lourde. Enlever et jeter la feuille du dessus et napper le poulet avec la préparation au persil. En commençant par le côté le plus étroit, rouler les poitrines en enfermant bien la garniture. Jeter la deuxième feuille de papier ciré.

4 **Mettre le poulet,** ouverture vers le fond, sur la plaque à pâtisserie. Cuire au four de 10 à 12 minutes, jusqu'à ce qu'il soit bien cuit. Laisser reposer 5 minutes. Couper chaque poitrine en diagonale en 4 morceaux. Servir avec le relish.

Conseil du chef

Le zeste de citron est la partie superficielle de l'écorce débarrassée de toute membrane blanche. Pour enlever le zeste de citron, utiliser un zesteur ou la lame fine d'un éplucheur. Envelopper le citron dans de la pellicule plastique et le conserver au réfrigérateur pour un usage ultérieur.

4 POINTS par portion

Par portion
182 Calories | 6 g Gras total | 1 g Gras saturé | 72 mg Cholestérol | 368 mg Sodium | 5 g Glucide total | 1 g Fibres alimentaires | 27 g Protéines | 39 mg Calcium

Poitrines de poulet farcies au gremolata avec relish aux tomates

Poulet épicé à la séchouanaise

Ce plat piquant, au goût complexe, sera idéalement servi avec des nouilles chinoises ou du riz brun. Combinez la volaille et les épices, puis laissez reposer deux heures afin que la saveur de l'assaisonnement imprègne bien le poulet.

4 portions

- 2 ml (½ c. à thé) de grains de poivre du Séchouan
- 5 ml (1 c. à thé) de cannelle
- 2 ml (½ c. à thé) de graines d'anis
- 5 ml (1 c. à thé) de sucre
- 4 poitrines de poulet de 120 g (4 oz) chacune, coupées en fines lamelles
- 10 ml (2 c. à thé) d'huile d'arachide
- 4 oignons verts, en fines tranches
- 1 morceau de gingembre frais de 1,25 cm (½ po)
- 500 ml (2 tasses) de champignons, en fines tranches
- 1 litre (4 tasses) de chou pak-choï, en fines tranches
- 175 ml (¾ tasse) de châtaignes d'eau, grossièrement hachées
- 15 ml (1 c. à soupe) de sauce soja hyposodique

1 **Faire rôtir** les grains de poivre dans un grand poêlon à revêtement antiadhésif environ 1 minute, jusqu'à ce qu'ils commencent à fumer, sans cesser de secouer le poêlon. Broyer les grains de poivre à l'aide d'un pilon et d'un mortier ou les moudre dans un moulin à épices ou à café. Passer le poivre moulu dans un tamis fin.

2 **Remettre le poêlon** sur le feu. Mélanger la cannelle et les graines d'anis et les jeter dans le poêlon. Remuer sans cesse de 45 à 60 secondes, jusqu'à ce qu'elles brunissent légèrement. Transvider sur une assiette et laisser refroidir.

3 **Mélanger le poivre moulu,** la cannelle, les graines d'anis et le sucre dans un sac de plastique à fermeture hermétique. Ajouter le poulet. Faire sortir l'air et bien sceller le sac. Secouer pour bien enrober le poulet. Conserver au moins 2 heures au réfrigérateur en retournant le sac de temps à autre.

4 **Chauffer un wok** ou un poêlon à revêtement antiadhésif sur feu élevé jusqu'à ce qu'une goutte d'eau crépite. Verser 5 ml (1 c. à thé) d'huile et remuer le poêlon pour bien huiler le fond et les parois. Ajouter le poulet. Faire frire de 1 à 5 minutes, jusqu'à ce qu'il soit bien cuit. Transvider sur une assiette.

5 **Remettre le poêlon** sur le feu. Verser l'huile restante et bien enduire le fond et les parois. Ajouter les oignons verts et le gingembre. Faire frire environ 2 minutes pour attendrir les oignons verts. Ajouter les champignons et frire 3 ou 4 minutes, jusqu'à ce que leur liquide soit évaporé. Ajouter le pak-choï et cuire 3 ou 4 minutes pour le ramollir. Ajouter le poulet, les châtaignes d'eau et la sauce soja. Cuire 3 ou 4 minutes, en remuant doucement, pour bien réchauffer.

Conseils du chef

On peut se procurer le poivre du Séchouan dans les épiceries orientales et les boutiques spécialisées. Il s'agit d'une épice moyennement forte de couleur brun-rouge. Les baies proviennent d'un arbre épineux et sont habituellement rôties pour faire ressortir leur arôme et leur goût caractéristiques.

Les graines d'anis, de couleur brun-vert, donnent un léger goût de réglisse à ce plat. On peut s'en procurer dans certains supermarchés et épiceries d'aliments naturels.

On peut remplacer le poulet par une même quantité de longe de porc dans cette recette.

---

5 POINTS par portion **Par portion**
194 Calories | 29 g Gras total | 1 g Gras saturé | 66 mg Cholestérol | 263 mg Sodium | 10 g Glucide total | 4 g Fibres alimentaires | 29 g Protéines | 109 mg Calcium

Poulet aux noix

Ici, le poulet est cuit dans une mixture de bulghur et de noix. Le bulghur est un grain de blé d'abord cuit à la vapeur, puis décortiqué, séché et concassé. En Amérique, on le connaît surtout comme un des ingrédients du Taboulé (page 229), mais il peut aussi être apprêté en un pilaf nourrissant et original. On le trouve dans la plupart des supermarchés.

1 **Chauffer l'huile** dans un grand poêlon à revêtement antiadhésif, puis ajouter le poulet, les oignons, les carottes, les noix, le carvi et le cumin. Faire sauter 4 ou 5 minutes, jusqu'à ce que les oignons soient dorés. Ajouter le bulghur et faire sauter 1 ou 2 minutes.

2 **Ajouter le bouillon,** les raisins secs, la cannelle et le sel. Amener à ébullition. Réduire la chaleur au minimum, couvrir et laisser mijoter environ 15 minutes, jusqu'à ce que le poulet soit cuit et que le bulghur soit tendre.

4 portions

5 ml (1 c. à thé) d'huile végétale

360 g (12 oz) de poitrines de poulet, sans peau et sans os, coupées en morceaux

1 oignon moyen, haché

2 carottes moyennes, pelées et hachées

30 ml (2 c. à soupe) de noix, hachées

2 ml (½ c. à thé) de graines de carvi

2 ml (½ c. à thé) de graines de cumin

375 ml (1 ½ tasse) de bulghur

500 ml (2 tasses) de bouillon de poulet hyposodique

30 ml (2 c. à soupe) de raisins secs dorés

Pincée (⅛ c. à thé) de cannelle

Pincée de sel

Par portion

402 Calories | 7 g Gras total | 1 g Gras saturé | 68 mg Cholestérol | 200 mg Sodium | 52 g Glucide total | 12 g Fibres alimentaires | 37 g Protéines | 63 mg Calcium

8 POINTS par portion

Poulet grillé au citron et au gingembre

Inspiré du classique poulet au citron, ce mets divin, légèrement acidulé, peut être servi chaud ou froid.

4 portions

Zeste de 1 citron, râpé (environ 30 ml/2 c. à soupe)

75 ml (⅓ tasse) de jus de citron fraîchement pressé

10 ml (2 c. à thé) de gingembre frais, pelé et émincé

10 ml (2 c. à thé) de cassonade foncée, bien tassée

5 ml (1 c. à thé) d'huile d'arachide

2 petits piments chilis forts rouges secs (piments oiseaux ou thaï), épépinés

4 cuisses de poulet de 120 g (4 oz) chacune, sans peau et sans os

1 **Mélanger le zeste de citron,** le jus de citron, le gingembre, la cassonade, l'huile et les piments dans un sac de plastique à fermeture hermétique. Ajouter le poulet. Faire sortir l'air et bien sceller le sac. Secouer pour bien enrober le poulet. Conserver au moins 1 heure au réfrigérateur en retournant le sac de temps à autre.

2 **Vaporiser la grille** avec de l'enduit anticollant et préchauffer le gril.

3 **Verser la marinade** dans une petite casserole et amener à ébullition. Laisser bouillir 3 minutes, sans cesser de remuer, en ajoutant une cuillère à soupe d'eau au besoin.

4 **Faire griller** le poulet de 10 à 12 minutes à 12,5 cm (5 po) de la source de chaleur en le retournant et en le brossant avec de la marinade de temps à autre.

Conseils du chef

Pour épépiner les piments, enlever la queue et le secouer pour faire sortir les graines. On peut se procurer les piments forts séchés dans les épiceries orientales et les conserver jusqu'à un an dans un contenant hermétique gardé dans un lieu frais et sec.

Choisir un citron juteux dont la pelure est jaune et douce. S'il est verdâtre, il n'est probablement pas mûr. Le zeste de citron est la partie superficielle de l'écorce débarrassée de toute membrane blanche. Pour enlever le zeste de citron, utiliser un zesteur ou la lame fine d'un éplucheur. Quand on utilise à la fois le zeste et le jus, rouler le citron avec la paume de la main, puis enlever le zeste. Percer le citron avec un petit couteau et presser le jus.

5 POINTS par portion

Par portion
203 Calories | 10 g Gras total | 3 g Gras saturé | 81 mg Cholestérol | 76 mg Sodium | 4 g Glucide total | 0 g Fibres alimentaires | 22 g Protéines | 15 mg Calcium

Cuisses de poulet au vinaigre balsamique

La chair riche des cuisses de poulet s'harmonise ici merveilleusement au goût puissant du fenouil, de l'orange et du vinaigre balsamique. Doublez la recette et vous pourrez conserver les restes au congélateur jusqu'à deux semaines. Décongelez au réfrigérateur ou au four micro-ondes.

1 **Mélanger la farine** et le fromage dans un sac de plastique à fermeture hermétique, puis ajouter le poulet. Secouer pour bien enrober le poulet de farine, puis le secouer de nouveau pour enlever le surplus de farine (réserver la farine restante).

2 **Chauffer un poêlon** à revêtement antiadhésif. Verser l'huile, puis ajouter le poulet. Cuire 4 ou 5 minutes de chaque côté, en le retournant de temps à autre, jusqu'à ce qu'il soit brun. Transvider sur une assiette.

3 **Réduire la chaleur.** Ajouter le fenouil, les poivrons, les oignons et la farine réservée. Faire sauter environ 10 minutes, jusqu'à ce que les légumes soient très tendres. Augmenter la chaleur au maximum, ajouter le jus d'orange et le vinaigre et cuire environ 2 minutes, jusqu'à léger épaississement. Ajouter le poulet et bien l'enrober. Réduire la chaleur, couvrir et laisser mijoter environ 15 minutes, jusqu'à ce que le poulet soit bien cuit.

4 portions

45 ml (3 c. à soupe) de farine tout usage

45 ml (3 c. à soupe) de parmesan, râpé

4 cuisses de poulet de 120 g (4 oz) chacune, sans peau

15 ml (1 c. à soupe) d'huile d'olive

1 bulbe de fenouil, en fines tranches

1 poivron rouge, en tranches

1 oignon moyen, en fines tranches

125 ml (½ tasse) de jus d'orange

75 ml (⅓ tasse) de vinaigre balsamique

Par portion   **6 POINTS par portion**

270 Calories | 9 g Gras total | 2 g Gras saturé | 97 mg Cholestérol | 200 mg Sodium | 20 g Glucide total | 3 g Fibres alimentaires | 26 g Protéines | 105 mg Calcium

Pot-au-feu au poulet et aux crevettes

Un nourrissant ragoût de poulet et de crevettes se retrouve ici niché dans une croustillante pâte à base de craquelins et de fines herbes. Ne préparez pas ce plat à l'avance : il est meilleur le jour même.

4 portions

1 recette de Croûte aux fines herbes (p. 309), chaude ou à la température ambiante
750 ml (3 tasses) de bouillon de poulet hyposodique
240 g (8 oz) de poitrines de poulet, sans peau et sans os, coupées en cubes de 2,5 cm (1 po)
8 crevettes géantes, décortiquées, déveinées et coupées en morceaux de 2,5 cm (1 po)
30 ml (2 c. à soupe) d'eau
15 ml (1 c. à soupe) d'arrow-root
1 grosse pomme de terre de consommation courante, pelée et coupée en cubes de 2,5 cm (1 po)
250 ml (1 tasse) de lait évaporé écrémé
15 ml (1 c. à soupe) de moutarde de Dijon
15 ml (1 c. à soupe) de beurre sans sel
½ oignon moyen, finement haché
1 branche de céleri, finement hachée
1 carotte moyenne, pelée et finement hachée
½ poivron vert, finement haché
175 ml (¾ tasse) de petits pois, décongelés
15 ml (1 c. à soupe) de sauce Worcestershire
22 ml (1 ½ c. à soupe) de thym frais, haché
11 ml (2 ¼ c. à thé) de romarin frais, haché
Poivre fraîchement moulu
1 ml (¼ c. à thé) de sauce piquante aux piments

1 Préparer la croûte. Amener ensuite le bouillon à ébullition dans une marmite, réduire la chaleur et laisser mijoter. Ajouter le poulet, couvrir et laisser mijoter 4 minutes. Ajouter les crevettes et laisser mijoter 1 minute de plus. Écumer la surface du bouillon avec une louche pour enlever toute trace de gras ou d'écume. Retirer le poulet et les crevettes à l'aide d'une écumoire et transvider sur une assiette. Laisser mijoter le bouillon.

2 Délayer l'arrow-root dans l'eau dans un petit bol. Verser dans le bouillon et laisser mijoter environ 2 minutes, sans cesser de remuer, jusqu'à épaississement. Ajouter les pommes de terre et cuire environ 15 minutes, jusqu'à ce qu'elles soient tendres.

3 Mélanger le lait condensé et la moutarde dans un petit bol, puis verser dans le bouillon. Laisser mijoter.

4 Pendant ce temps, chauffer le beurre dans un poêlon, puis ajouter les oignons, le céleri, les carottes et les poivrons. Faire sauter environ 8 minutes, jusqu'à ce que les légumes soient tendres. Verser dans les pommes de terre en même temps que le poulet, les crevettes et les petits pois. Ajouter la sauce Worcestershire, le thym, le romarin, le poivre et la sauce aux piments. Cuire environ 5 minutes, en remuant au besoin, jusqu'à ce que le liquide commence à mijoter.

5 Servir dans des bols avec la croûte aux fines herbes.

10 POINTS par portion

Par portion
509 Calories | 12 g Gras total | 6 g Gras saturé | 147 mg Cholestérol | 632 mg Sodium | 57 g Glucide total | 5 g Fibres alimentaires | 43 g Protéines | 322 mg Calcium

Paella à la valencienne

Grand classique de la cuisine espagnole, la paella tire son nom du poêlon dans lequel elle est préparée et servie. La recette varie d'un chef à l'autre, mais à la base, la paella contient du riz, du safran, des petits pois, du poulet et des fruits de mer. Ne préparez pas la paella à l'avance : elle doit être servie fraîche !

1 **Préchauffer le four** à 180 °C (350 °F). Vaporiser la grille d'une plaque à rôtir avec de l'enduit anticollant et la mettre sur la plaque. Mettre les cuisses de poulet sur la grille et faire rôtir environ 50 minutes, jusqu'à ce qu'elles soient brunes et qu'un thermomètre inséré au centre indique 71 °C (160 °F). Mettre le poulet sur une assiette et garder le four allumé.

2 **Chauffer l'huile** dans une poêle à paella ou une grande casserole allant au four munie d'un couvercle. Ajouter les oignons et faire sauter environ 7 minutes, jusqu'à ce qu'ils soient bruns. Ajouter les poivrons, les piments et l'ail. Faire sauter 2 ou 3 minutes pour les attendrir un peu. Ajouter les champignons et faire sauter jusqu'à ce que leur eau commence à s'évaporer. Ajouter le safran et le riz. Faire sauter rapidement, ajouter le bouillon, couvrir et laisser mijoter brièvement. Couvrir et cuire au four 12 minutes.

3 **Ajouter délicatement** les cuisses de poulet et leur jus, les palourdes, les moules, les crevettes et les petits pois. Couvrir et remettre au four environ 8 minutes, jusqu'à ce que les palourdes et les moules soient ouvertes et que les crevettes et le riz soient cuits. Jeter toutes les palourdes et les moules qui sont restées fermées. Servir immédiatement.

Conseil du chef

Pour enlever les filaments des moules, les pincer entre le pouce et l'index et tirer fermement. Attendre juste avant la cuisson pour procéder. Brosser les moules minutieusement à l'eau froide avant de les faire cuire.

4 portions

4 pilons de poulet, sans peau

5 ml (1 c. à thé) d'huile d'olive

1/3 d'oignon moyen, haché

1 poivron rouge ou vert, haché

7 ml (1 1/2 c. à thé) de piment jalapeño, émincé (porter des gants pour prévenir l'irritation des mains)

1 gousse d'ail, émincée

125 ml (1/2 tasse) de champignons, en tranches

Pincée (1/8 c. à thé) de filaments de safran

300 ml (1 1/4 tasse) de riz blanc à grains longs

550 ml (2 1/4 tasses) de bouillon de poulet hyposodique

8 palourdes, brossées

8 moules, brossées et ébarbées

8 crevettes géantes, décortiquées et déveinées

150 ml (2/3 tasse) de petits pois, frais ou décongelés

Par portion

558 Calories | 13 g Gras total | 3 g Gras saturé | 191 mg Cholestérol | 451 mg Sodium | 57 g Glucide total | 3 g Fibres alimentaires | 50 g Protéines | 91 mg Calcium

12 POINTS par portion

Poulet rôti à la mexicaine

Ce plat vous fera découvrir le goût très particulier du piment poblano, un piment typique de la cuisine mexicaine que vous trouverez au supermarché ou dans les épiceries spécialisées. D'un goût parfois piquant et parfois doux, le poblano est à son meilleur lorsqu'il prend une belle teinte vert foncé, presque noire. Ce piment est assez doux pour être utilisé dans les salades ou pour accompagner les légumes.

8 portions

3 piments poblanos, épépinés, déveinés et coupés en morceaux

2 oignons, coupés en deux

125 ml ($\frac{1}{2}$ tasse) de coriandre fraîche, bien tassée

50 ml ($\frac{1}{4}$ tasse) de jus de lime fraîchement pressé

2 ml ($\frac{1}{2}$ c. à thé) de sel

Poivre fraîchement moulu

1 poulet à rôtir de 2,15 kg (4 $\frac{1}{2}$ lb)

1 **Préchauffer le four** à 180 °C (350 °F). Vaporiser la grille d'une plaque à rôtir avec de l'enduit anticollant et la mettre sur la plaque.

2 **Mélanger les piments** et 3 moitiés d'oignon dans le robot de cuisine. Ajouter la coriandre, le jus de lime, 1 ml ($\frac{1}{4}$ c. à thé) de sel et un soupçon de poivre. Faire tourner le moteur jusqu'à ce que le tout soit haché finement.

3 **Soulever délicatement** la peau du poulet (cuisses et poitrine). Badigeonner la préparation aux piments sous la peau.

4 **Saupoudrer** l'intérieur du poulet avec le sel restant et un peu de poivre. Ajouter les oignons restants et trousser le poulet. Placer le poulet sur la grille, poitrine vers le haut. Faire rôtir de 2 h à 2 $\frac{1}{2}$ h, jusqu'à ce qu'un thermomètre inséré au centre de la cuisse indique 82 °C (180 °F). Laisser reposer 10 minutes avant de découper le poulet. Enlever et jeter les oignons et la peau du poulet. Si désiré, racler et jeter la préparation aux piments avant de déguster la chair. Servir chaud.

6 POINTS par portion   **Par portion**

248 Calories | 10 g Gras total | 3 g Gras saturé | 116 mg Cholestérol | 257 mg Sodium | 0 g Glucide total | 0 g Fibres alimentaires | 38 g Protéines | 20 mg Calcium

Poulets de Cornouailles glacés aux prunes

Savoureuse option alternative au poulet ordinaire, le poulet de Cornouailles est offert au supermarché. Faites-le décongeler au réfrigérateur une journée à l'avance. Un poulet de Cornouailles servira deux personnes.

1 **Préchauffer le four** à 200 °C (400 °F). Tapisser une plaque à rôtir avec du papier d'aluminium. Vaporiser la grille avec de l'enduit anticollant et la mettre sur la plaque. Mettre les poulets sur la grille, peau vers le bas.

2 **Dans un bol,** mélanger la sauce soja, le miel, la sauce aux prunes et le cinq-épices. Brosser les poulets avec le quart de la sauce. Faire rôtir environ 10 minutes. Retourner les poulets et les brosser de nouveau avec le quart de la sauce. Faire rôtir les poulets de 15 à 20 minutes, en les badigeonnant toutes les 5 minutes, jusqu'à ce qu'il ne reste plus de sauce et qu'un thermomètre inséré au centre de la cuisse indique 82 °C (180 °F). Servir chaud ou à la température ambiante.

4 portions

2 poulets de Cornouailles de 480 g (1 lb) chacun, sans peau, coupés en deux

45 ml (3 c. à soupe) de sauce soja hyposodique

45 ml (3 c. à soupe) de miel

22 ml (1 ½ c. à soupe) de sauce aux prunes

5 ml (1 c. à thé) de cinq-épices en poudre

Conseils du chef

On peut se procurer la sauce aux prunes au supermarché avec les autres produits orientaux.

Le cinq-épices est poudre est un mélange de cannelle, de clou de girofle, les graines de fenouil, d'anis étoilé et de poivre du Schézuan très populaire dans la cuisine chinoise. On peut en trouver facilement dans les épiceries orientales et dans certains supermarchés.

Par portion   **3 POINTS par portion**

161 Calories | 3 g Gras total | 1 g Gras saturé | 75 mg Cholestérol | 524 mg Sodium | 16 g Glucide total | 0 g Fibres alimentaires | 17 g Protéines | 16 mg Calcium

Poitrine de dinde fumée glacée au whisky avec confiture à l'orange et aux fines herbes

La dinde fumée est ici badigeonnée d'une mixture au miel et au whisky. Ce plat est accompagné d'une confiture composée d'agrumes, de sucre et d'épices. Il servira plus de quatre personnes, vous pouvez donc doubler ou tripler la recette de confiture, ou encore conserver les restes de dinde pour faire de délicieux sandwiches.

4 portions

50 ml (¼ tasse) de whisky à la mode du sud (genre Jack Daniel's)

50 ml (¼ tasse) de cassonade foncée, bien tassée

30 ml (2 c. à soupe) de miel

1 demi-poitrine de dinde fumée, sans peau (environ 1,4 kg/3 lb)

175 ml (¾ tasse) d'eau

1 orange non pelée, en fines tranches

½ citron non pelé, en fines tranches

125 ml (½ tasse) de sucre

22 ml (1 ½ c. à soupe) de xérès sec

11 ml (2 ¼ c. à thé) de vinaigre de champagne ou de vinaigre de vin blanc

2 ml (½ c. à thé) d'estragon frais, haché

2 ml (½ c. à thé) de sauge fraîche, hachée

2 ml (½ c. à thé) de persil frais, haché

1 ml (¼ c. à thé) de thym frais, haché

6 POINTS par portion

1 **Mélanger le whisky,** la cassonade et le miel dans une casserole. Cuire, en remuant, jusqu'à ce que le mélange commence à mijoter et que le sucre soit dissout. Retirer du feu et réserver.

2 **Préchauffer le four** à 180 °C (350 °F). Mettre la dinde sur une plaque à rôtir et la badigeonner avec la moitié de la glace au whisky. Verser 125 ml (½ tasse) d'eau au fond de la plaque. Faire rôtir environ 35 minutes, en badigeonnant la dinde de nouveau après 15 minutes de cuisson. La volaille doit être bien chaude et l'extérieur doit être caramélisé.

3 **Pendant ce temps,** dans une casserole, mélanger l'eau restante avec l'orange, le citron, le sucre et le xérès. Laisser mijoter environ 20 minutes, en ajoutant de l'eau au besoin, jusqu'à ce que l'écorce des agrumes soit très tendre. Transvider le mélange dans un bol en verre ou en acier inoxydable. Ajouter le vinaigre, l'estragon, la sauge, le persil et le thym. Laisser refroidir à la température ambiante.

4 **Découper la dinde** en fines tranches et servir avec la confiture.

Conseil du chef

Ce plat est délicieux chaud ou froid. On peut préparer la confiture jusqu'à 2 jours à l'avance et la conserver au réfrigérateur.

Par portion (4 tranches de dinde de 30 g (1 oz) chacune + le quart de la confiture)
317 Calories | 4 g Gras total | 2 g Gras saturé | 61 mg Cholestérol | 976 mg Sodium | 48 g Glucide total | 2 g Fibres alimentaires | 21 g Protéines | 41 mg Calcium

Poitrines de canard à la vinaigrette d'oignons grillés

Le magret est une poitrine de canard désossée avec la peau intacte. Nous retirons ici la peau afin de réduire le contenu en gras du plat. Le canard frais se trouve habituellement de la fin du printemps jusqu'à l'hiver. Si vous achetez du canard congelé, choisissez celui de catégorie A.

1 **Préchauffer le four** à 200 °C (400 °F). Mélanger 22 ml (1 ½ c. à soupe) de vinaigre, 325 ml (1 ⅓ tasse) de demi-glace et les échalotes dans un petit plat de cuisson. Faire griller les échalotes environ 1 heure, en les remuant de temps à autre, jusqu'à ce qu'elles soient tendres. Laisser refroidir à la température ambiante.

2 **Pendant ce temps,** préparer la vinaigrette. Mettre les oignons, les poireaux et l'ail dans un plat de cuisson moyen et mélanger avec 15 ml (1 c. à soupe) d'huile. Faire rôtir 35 minutes, jusqu'à ce qu'ils soient dorés. Ajouter la demi-glace restante et racler le fond du plat pour empêcher de coller. Ajouter le vinaigre restant. Transvider dans un petit bol et laisser refroidir complètement. Incorporer l'huile restante.

3 **Réduire la température** du four à 190 °C (375 °F). Vaporiser un poêlon antiadhésif allant au four avec de l'enduit anticollant et mettre sur feu moyen-élevé. Ajouter les poitrines de canard et cuire environ 3 minutes de chaque côté, jusqu'à ce qu'elles soient dorées. Mettre au four et cuire environ 10 minutes, jusqu'à ce qu'un thermomètre inséré au centre indique 74 °C (165 °F). Laisser reposer de 12 à 15 minutes, puis découper en fines tranches.

4 **Mettre la chicorée** sur les assiettes et servir les tranches de canard sur le dessus. Arroser de vinaigrette, garnir de ciboulette et servir avec les échalotes grillées.

4 portions

52 ml (3 ½ c. à soupe) de vinaigre de cidre

500 ml (2 tasses) de sauce demi-glace préparée

12 échalotes, pelées

1 oignon moyen, haché

250 ml (1 tasse) de poireaux, hachés

30 ml (2 c. à soupe) d'ail, haché

30 ml (2 c. à soupe) d'huile d'olive

480 g (1 lb) de poitrines de canard, sans peau et sans os

60 g (2 oz) de chicorée frisée ou ordinaire

30 ml (2 c. à soupe) de ciboulette fraîche, hachée

Conseil du chef

La demi-glace est une sauce brune classique de la cuisine française. Sa préparation exige plusieurs heures de préparation, mais nous pouvons nous faciliter la tâche en l'achetant dans les épiceries fines ou dans certains supermarchés. On peut l'acheter congelée ou concentrée.

Par portion **5 POINTS par portion**

275 Calories | 7 g Gras total | 2 g Gras saturé | 90 mg Cholestérol | 169 mg Sodium | 26 g Glucide total | 3 g Fibres alimentaires | 30 g Protéines | 111 mg Calcium

Poitrines de canard à la vinaigrette d'oignons grillés

Pot-au-feu au canard et à la saucisse

Le pot-au-feu que nous vous proposons ici est épaissi avec des gombos et servi sur un lit de riz. Si possible, préparez ce plat un ou deux jours à l'avance afin que les saveurs s'entremêlent. Les poitrines de canard sont offertes au supermarché, mais vous pouvez les remplacer par des poitrines de poulet si vous le désirez.

1. **Chauffer une marmite.** Verser l'huile, puis ajouter les poitrines de canard. Cuire environ 4 minutes de chaque côté, en les retournant de temps à autre, jusqu'à ce qu'elles soient brunes. Mettre les poitrines sur une assiette. Ajouter les saucisses dans la marmite et faire sauter environ 8 minutes, jusqu'à ce qu'elles soient brunes. Transvider sur une assiette.

2. **Ajouter le céleri,** les oignons, les poivrons et l'ail dans la marmite. Faire sauter environ 5 minutes, jusqu'à ce qu'ils soient tendres. Incorporer la farine, le thym, le sel, le poivre de Cayenne et le poivre. Faire sauter 2 minutes. Incorporer les tomates, le bouillon et les feuilles de laurier. Amener à ébullition. Réduire la chaleur, couvrir et laisser mijoter 20 minutes. Incorporer les saucisses et les gombos. Laisser mijoter environ 15 minutes, jusqu'à ce que les gombos soient tendres. Jeter les feuilles de laurier.

3. **Découper le canard** en fines tranches, puis mettre celles-ci dans la marmite avec les oignons verts et le persil. Laisser mijoter 1 minute. Servir sur le riz chaud.

6 portions

2 ml ($\frac{1}{2}$ c. à thé) d'huile végétale

2 poitrines de canard de 125 g (8 oz) chacune, sans peau

240 g (8 oz) de saucisses kielbasas à la dinde, en tranches

3 branches de céleri, hachées

1 gros oignon, haché

1 poivron vert, haché

4 grosses gousses d'ail, émincées

30 ml (2 c. à soupe) de farine tout usage

5 ml (1 c. à thé) de thym séché

2 ml ($\frac{1}{2}$ c. à thé) de sel

1 ml ($\frac{1}{4}$ c. à thé) de poivre de Cayenne

Poivre fraîchement moulu

1 boîte de 796 ml (28 oz) de tomates en dés dans leur jus

750 ml (3 tasses) de bouillon de poulet hyposodique

2 feuilles de laurier

1 boîte de 300 g (10 oz) de gombos congelés, en tranches

2 oignons verts, en tranches

30 ml (2 c. à soupe) de persil frais, haché

750 ml (3 tasses) de riz blanc et sauvage mélangés, cuit et chaud

Par portion | **7 POINTS par portion**

346 Calories | 9 g Gras total | 3 g Gras saturé | 84 mg Cholestérol | 879 mg Sodium | 38 g Glucide total | 5 g Fibres alimentaires | 28 g Protéines | 132 mg Calcium

Chapitre 10
Viande et gibier

Médaillons de bœuf au fromage bleu, avec croûte aux fines herbes	194
Médaillons de bœuf aux champignons sauvages	196
Longe de bœuf à la provençale	197
Tournedos chasseur	198
Bifteck de flanc à l'ananas et aux échalotes grillées	199
Pot-au-feu bœuf à la bolivienne	200
« Carpaccio » à la sauce aux câpres	201
Escalopes de veau au citron et aux câpres	202
Veau aux champignons sauvages et aux poireaux	203
Rôti de longe de porc à la compote de pommes	205
Rôti de longe de porc, sauce à la moutarde et au miel	206
Rôti de longe de porc aux fruits secs et à l'armagnac	208
Médaillons de porc au cidre	210
Chiche-kebab d'agneau	211
Côtelettes d'agneau au romarin et aux haricots blancs	212
Jarrets d'agneau braisés	214
Cari d'agneau aux fruits secs	215
Venaison à la sauce aux oignons grillés	216
Biftecks de venaison, sauce cumberland	218
Kebabs de bison à l'indienne	219
Chili de bison	220

Médaillons de bœuf au fromage bleu, avec croûte aux fines herbes

Un savoureux mélange de croûtons, de fromage bleu et de fines herbes vient ici garnir vos médaillons de bœuf. Ce plat spectaculaire est en fait très facile à préparer. On le servira avec des légumes cuits à l'étuvée, des pommes de terre et une bonne bouteille de vin rouge.

4 portions

2 tranches de pain blanc, sans croûtes, grillées

45 ml (3 c. à soupe) de fromage bleu, émietté

30 ml (2 c. à soupe) de persil frais, haché

30 ml (2 c. à soupe) de ciboulette fraîche, hachée

Poivre fraîchement moulu

125 ml (½ tasse) de sauce demi-glace préparée

30 ml (2 c. à soupe) de madère

5 ml (1 c. à thé) d'huile végétale

4 médaillons de longe de bœuf de 90 g (3 oz) chacun

1 **Préchauffer le four** à 200 °C (400 °F). Émietter le pain dans un bol et mélanger avec le fromage bleu, le persil, la ciboulette et le poivre pour former une pâte grossière.

2 **Pour préparer la sauce,** mélanger la sauce demi-glace et le madère dans une petite casserole. Amener à ébullition, réduire la chaleur et réserver au chaud.

3 **Vaporiser la grille** d'une plaque à rôtir avec de l'enduit anticollant et mettre la grille sur la plaque. Chauffer un grand poêlon à revêtement antiadhésif sur feu élevé, verser l'huile, puis essuyer le fond avec du papier essuie-tout pour absorber le surplus. Saisir les médaillons environ 1 minute de chaque côté pour les faire brunir.

4 **Mettre les médaillons** sur la grille. Couvrir le dessus avec la préparation au fromage bleu. Griller au four 3 ou 4 minutes pour cuisson « à point-saignant ». Servir la viande sur la sauce chaude.

Conseil du chef

Saisir et sauter sont des techniques semblables où l'aliment est cuit dans un plat à sauter ou un autre plat de cuisson badigeonné avec une très fine couche d'huile qui facilite la distribution de la chaleur et empêche l'aliment de brûler avant qu'il ne commence à libérer le gras qu'il contient. Verser 5 ml (1 c. à thé) d'huile dans le poêlon, puis essuyer celui-ci avec du papier essuie-tout épais qui absorbera le surplus (prendre soin de ne pas se brûler). Ajouter les aliments dans le poêlon selon les indications de la recette. La principale différence entre les deux techniques est la suivante : les aliments que l'on saisit sont d'abord brunis sur le poêle, puis leur cuisson est complétée au four. Les aliments que l'on fait sauter sont entièrement cuits sur le poêle. L'enduit anticollant n'est pas recommandé ici puisque la chaleur élevée pourrait le faire éclabousser et devenir collant.

6 POINTS par portion **Par portion (1 médaillon + 1/4 de la sauce)**
254 Calories | 13 g Gras total | 5 g Gras saturé | 77 mg Cholestérol | 291 mg Sodium | 7 g Glucide total | 0 g Fibres alimentaires | 26 g Protéines | 60 mg Calcium

Médaillons de bœuf au fromage bleu, avec croûte aux fines herbes

Médaillons de bœuf aux champignons sauvages

Sélectionnez un assortiment de champignons sauvages à votre goût. Les pleurotes, les chanterelles, les morilles et les shiitake feront parfaitement l'affaire. Bien qu'ils soient moins appropriés pour cette recette, vous pouvez tout de même utiliser des creminis, des portobellos ou des champignons blancs.

4 portions

50 ml (¼ tasse) de bouillon de poulet hyposodique

¼ de poireau moyen, rincé et coupé en fines tranches

125 ml (½ tasse) de sauce demi-glace préparée

1 litre (4 tasses) de champignons sauvages, en tranches

50 ml (¼ tasse) de madère

5 ml (1 c. à thé) de thym frais, haché

2 ml (½ c. à thé) de sauge fraîche, hachée

Poivre fraîchement moulu

5 ml (1 c. à thé) d'huile végétale

4 médaillons de longe de bœuf de 90 g (3 oz) chacun

1. **Chauffer le bouillon** dans une casserole, puis ajouter les poireaux. Chauffer sans faire bouillir, réduire la chaleur, couvrir et laisser mijoter environ 3 minutes, jusqu'à ce qu'ils soient tendres. Égoutter et réserver.

2. **Mélanger la sauce demi-glace** et les champignons dans une casserole et amener à ébullition. Réduire la chaleur, ajouter le madère, le thym, la sauge et le poivre. Laisser mijoter environ 5 minutes, jusqu'à réduction au tiers. Ajouter les poireaux et réserver au chaud.

3. **Chauffer un grand poêlon** à revêtement antiadhésif sur feu élevé. Ajouter l'huile, puis essuyer le fond avec du papier essuie-tout pour absorber le surplus. Faire sauter les médaillons environ 2 minutes de chaque côté pour cuisson « à point-saignant ». Réserver au chaud sur une assiette.

4. **Verser la préparation** aux champignons dans le poêlon. Cuire jusqu'à ébullition en raclant le fond pour empêcher de coller. Napper la viande avec la sauce et servir.

Conseils du chef

Voir le Conseil du chef de la page 194 pour la cuisson.

Du sable s'accumule souvent entre les feuilles du poireau. Pour bien le nettoyer, enlever la partie supérieure des feuilles (réserver pour parfumer les soupes ou les plats mijotés) ainsi que la partie filamenteuse de la racine. Couper le poireau sur la longueur, écarter ses feuilles et bien les rincer à l'eau froide.

---

5 POINTS par portion

Par portion

202 Calories | 8 g Gras total | 3 g Gras saturé | 71 mg Cholestérol | 162 mg Sodium | 2 g Glucide total | 0 g Fibres alimentaires | 25 g Protéines | 16 mg Calcium

Longe de bœuf à la provençale

Parfumé aux herbes de Provence, ce médaillon de bœuf est excellent servi chaud ou froid.

1 **Mettre la viande** sur une feuille de pellicule plastique. Dans un petit bol, mélanger le persil, le romarin, la moutarde, l'ail, l'origan, le thym, l'huile et le poivre pour faire une pâte. Frotter la viande avec ce mélange. Envelopper de pellicule plastique et conserver 1 heure au réfrigérateur.

2 **Préchauffer le four** à 220 °C (425 °F). Vaporiser un plat de cuisson de 22,5 x 32,5 cm (9 x 13 po) ou une plaque à rôtir peu profonde avec de l'enduit anticollant. Débarrasser la viande de la pellicule plastique et la mettre dans le plat. Faire rôtir au four de 30 à 40 minutes pour atteindre une température interne de 55 °C (130 °F). Laisser reposer 10 minutes avant de découper la viande.

12 portions

1 longe de bœuf
de 1,4 kg (3 lb), parée

175 ml (¾ tasse)
de persil frais, émincé

45 ml (3 c. à soupe)
de romarin frais, émincé

45 ml (3 c. à soupe)
de moutarde de Dijon

6 à 8 gousses d'ail, émincées

15 ml (1 c. à soupe)
d'origan frais, émincé

15 ml (1 c. à soupe)
de thym frais, émincé

15 ml (1 c. à soupe)
d'huile d'olive

Poivre fraîchement moulu

Conseils du chef

La longe de bœuf est meilleure servie « à point-saignant ». Si une viande maigre est trop cuite, elle devient coriace et sèche. Utiliser un thermomètre en l'insérant au milieu de la pièce de viande. Attendre que l'indicateur de température soit complètement arrêté avant de lire la température.

La viande continuera de cuire une fois sortie du four. Il est donc préférable de la sortir à une température un peu plus basse que celle que l'on désire. Par exemple, si on aime une cuisson « à point-saignant » mais que l'on continue la cuisson jusqu'à 63 °C (145 °F), on aura une viande bien cuite au moment de la découper. Pour cuisson « à point-saignant », la viande doit être sortie du four entre 55 et 57 °C (130 et 135 °F).

Par portion **5 POINTS par portion**

209 Calories | 11 g Gras total | 4 g Gras saturé | 71 mg Cholestérol | 76 mg Sodium | 2 g Glucide total | 0 g Fibres alimentaires | 24 g Protéines | 24 mg Calcium

Tournedos chasseur

La sauce « chasseur » est ici composée du type d'ingrédients qu'un chasseur pourrait récolter dans la nature ainsi que de quelques autres ingrédients qu'il aurait apportés avec lui. Si vous utilisez du thym frais, vous aurez besoin d'environ huit branches pour la recette, en plus de quelques autres que vous utiliserez comme garniture.

4 portions

- 30 g (1 oz) de jambon maigre bouilli, coupé en 4 lamelles de 15 x 1,3 cm (6 x ¾ po)
- 4 tournedos de bœuf de 90 g (3 oz) chacun
- 1 gousse d'ail
- 4 tranches de pain français de 30 g (1 oz) chacune, sans croûtes, grillées
- 20 ml (4 c. à thé) de beurre sans sel
- 750 ml (3 tasses) de champignons, en tranches
- 4 échalotes moyennes, hachées
- 5 ml (1 c. à thé) de thym frais, haché ou 2 ml (½ c. à thé) de thym séché
- 125 ml (½ tasse) de vin rouge sec
- 125 ml (½ tasse) de bouillon de bœuf ou de légumes hyposodique
- Poivre fraîchement moulu
- Brins de thym frais (facultatif)

1. **Envelopper chaque tournedos** avec une lamelle de jambon et attacher avec un cure-dent. Couper la gousse d'ail en deux et frotter le pain grillé des deux côtés avec la face coupée de la gousse. Réserver.

2. **Chauffer 10 ml (2 c. à thé)** de beurre dans un poêlon, puis ajouter les champignons, les échalotes et le thym. Faire sauter de 5 à 8 minutes, jusqu'à ce que les légumes soient tendres. Transvider sur une assiette.

3. **Remettre le poêlon** sur le feu, ajouter la viande et cuire de 2 à 4 minutes de chaque côté pour faire brunir. Transvider sur la même assiette.

4. **Dans le même poêlon,** mélanger le vin et le bouillon. Cuire jusqu'à ce que le liquide soit réduit à 125 ml (½ tasse), en raclant le fond du poêlon pour empêcher de coller. Verser le beurre restant pour épaissir la sauce.

5. **Remettre la viande** et les champignons dans le poêlon. Cuire de 5 à 9 minutes, au goût, en retournant la viande de temps à autre. Retirer les cure-dents. Servir chaque tournedos sur une tranche de pain, couvrir de champignons, poivrer et décorer avec un brin de thym.

Conseil du chef

Les tournedos sont des petits biftecks coupés dans la partie la plus étroite de la longe. Ils doivent avoir de 2,5 à 3,75 cm (1 à 1 ½ po) d'épaisseur.

---

7 POINTS par portion

Par portion

320 Calories | 12 g Gras total | 5 g Gras saturé | 67 mg Cholestérol | 394 mg Sodium | 26 g Glucide total | 2 g Fibres alimentaires | 25 g Protéines | 51 mg Calcium

Bifteck de flanc à l'ananas et aux échalotes grillées

Lorsque vous grillez de la viande ou tout autre aliment, assurez-vous que le gril soit d'abord bien chaud. Nettoyez-le au préalable afin de retirer les débris qui pourraient faire coller votre bifteck. Les asperges cuites à l'étuvée, les haricots verts et les patates douces grillées constituent d'excellents accompagnements à ce plat. Vous pouvez remplacer le flanc par d'autres types de bifteck, ou encore par du poulet ou des côtelettes de porc.

1. **Mélanger les ananas,** le jus d'ananas, les oignons, la lime, la coriandre, la poudre de chili, la sauce soja, le vinaigre, l'ail, l'huile, les piments et la sauce piquante dans un sac de plastique à fermeture hermétique. Ajouter la viande. Faire sortir l'air et bien sceller le sac. Remuer pour bien enrober la viande. Conserver au réfrigérateur au moins 2 heures, ou toute la nuit, en retournant le sac de temps à autre.

2. **Vaporiser la grille** avec de l'enduit antiadhésif et préparer le gril.

3. **Retirer la viande** de la marinade et essuyer le surplus. Faire griller à 12,5 cm (5 po) de la source de chaleur environ 5 minutes de chaque côté ou jusqu'à cuisson au goût. Laisser reposer 10 minutes.

4. **Pendant ce temps,** transvider la marinade dans une casserole et amener à ébullition. Ajouter le bouillon et laisser mijoter 5 minutes de plus. Goûter la sauce et ajouter plus de jus de lime, de sauce piquante ou de coriandre au goût.

5. **Découper en fines** tranches et servir avec la sauce et quelques échalotes grillées.

Conseil du chef

Pour faire griller les échalotes, préchauffer le four à 220 °C (425 °F). Les peler et les mettre sur une petite plaque à rôtir ou un poêlon allant au four. Vaporiser avec de l'enduit anticollant et faire griller environ 30 minutes, jusqu'à ce qu'elles soient dorées. Quand elles sont suffisamment refroidies pour être manipulées, les déchiqueter en petits morceaux avec les mains.

6 portions

375 ml (1 ½ tasse) d'ananas frais, finement haché, ou d'ananas broyé en conserve, égoutté

250 ml (1 tasse) de jus d'ananas non sucré

½ oignon rouge moyen, en tranches

1 lime, en fines tranches

45 ml (3 c. à soupe) de coriandre fraîche, hachée

15 ml (1 c. à soupe) de poudre de chili

15 ml (1 c. à soupe) de sauce soja hyposodique

15 ml (1 c. à soupe) de vinaigre de vin rouge

2 gousses d'ail, émincées

10 ml (2 c. à thé) d'huile d'olive

10 ml (2 c. à thé) de piment jalapeño, émincé (facultatif) (porter des gants pour prévenir l'irritation des mains)

Quelques gouttes de sauce piquante au piment

1 bifteck de flanc de 720 g (1 ½ lb), paré

125 ml (½ tasse) de bouillon de bœuf hyposodique

6 à 8 échalotes, grillées et déchiquetées en petits morceaux

Par portion

270 Calories | 10 g Gras total | 4 g Gras saturé | 46 mg Cholestérol | 292 mg Sodium | 18 g Glucide total | 2 g Fibres alimentaires | 27 g Protéines | 47 mg Calcium

6 POINTS par portion

Pot-au-feu à la bolivienne

Il existe plusieurs variantes de ce pot-au-feu épicé. Servez-le avec du pain de maïs chaud (page 306) et une salade parfumée au jus de citron. Ajustez la quantité de piment jalapeño selon les goûts de votre famille et de vos invités. Vous pouvez aisément doubler cette recette qui se conservera très bien au congélateur : laissez d'abord le pot-au-feu reposer à la température de la pièce, puis transférez-le dans un contenant hermétique ; vous pourrez ainsi le conserver au congélateur jusqu'à deux semaines. Décongelez au réfrigérateur ou au four micro-ondes.

4 portions

5 ml (1 c. à thé) d'huile végétale

1 oignon moyen, haché

1/2 poivron rouge ou vert, haché

1 piment jalapeño, épépiné et haché (facultatif) (porter des gants pour prévenir l'irritation des mains)

480 g (1 lb) de ronde de bœuf maigre, désossée, coupée en cubes de 5 cm (2 po)

500 ml (2 tasses) de tomates étuvées en conserve, hachées

250 ml (1 tasse) de bouillon de bœuf hyposodique

1 ml (1/4 c. à thé) de sel

500 ml (2 tasses) de pâtisson ou de courge d'hiver, pelée, en cubes

2 pommes de terre rouges moyennes, en cubes

2 petits épis de maïs, coupés en rondelles de 2,5 cm (1 po)

30 ml (2 c. à soupe) de coriandre fraîche, émincée

1 **Chauffer l'huile** dans un grand poêlon à revêtement antiadhésif, puis ajouter les oignons, les poivrons et les piments. Faire sauter 6 ou 7 minutes, jusqu'à ce que les oignons brunissent légèrement. Transvider sur une assiette.

2 **Remettre le poêlon** sur le feu et ajouter la viande. Faire sauter de 8 à 10 minutes, pour faire brunir et réchauffer. Ajouter les tomates, le bouillon et le sel. Remettre les oignons et les piments dans le poêlon, amener à ébullition et réduire la chaleur au minimum. Couvrir et laisser mijoter de 1 h à 1 1/2 h, en remuant de temps à autre, jusqu'à ce que le bœuf soit tendre.

3 **Ajouter les courges,** les pommes de terre et le maïs. Couvrir et laisser mijoter environ 20 minutes, jusqu'à ce que les légumes soient tendres. Servir avec de la coriandre émincée.

8 POINTS par portion

Par portion

390 Calories | 9 g Gras total | 3 g Gras saturé | 67 mg Cholestérol | 602 mg Sodium | 48 g Glucide total | 8 g Fibres alimentaires | 32 g Protéines | 93 mg Calcium

« Carpaccio » à la sauce aux câpres

Le carpaccio est un mets italien composé de minces tranches de filet de bœuf cru que l'on sert en entrée. À son meilleur, le carpaccio sera tranché très mince par une main experte. Pour varier, demandez à votre charcutier des tranches de rosbif saignant qu'il coupera le plus mince possible. Apprêtez et garnissez le rosbif de la même façon que le carpaccio traditionnel.

1. **Pour préparer** la sauce aux câpres, mélanger le persil, le jus de citron et l'huile dans le robot de cuisine. Ajouter 5 ml (1 c. à thé) de câpres, le poivre, le piment de Cayenne et le sel. Bien mélanger jusqu'à consistance épaisse. Incorporer les câpres restantes à la main.

2. **Servir la viande** sur 4 assiettes refroidies. Napper chaque portion avec une même quantité de sauce. Assaisonner avec du poivre fraîchement moulu.

4 portions

250 ml (1 tasse) de persil plat frais, bien tassé, rincé et épongé

15 ml (1 c. à soupe) de jus de citron fraîchement pressé

15 ml (1 c. à soupe) d'huile d'olive extravierge

10 ml (2 c. à thé) de câpres, rincées et égouttées

Poivre fraîchement moulu

Pincée ($1/8$ c. à thé) de piment de Cayenne broyé (facultatif)

Pincée de sel

180 g (6 oz) de rôti de bœuf (saignant), en fines tranches

Conseil du chef

Il existe plusieurs variétés de câpres. Les plus petites viennent de France, mais l'Italie, l'Espagne et la Californie produisent aussi d'excellentes câpres, un peu plus grosses. Bien les égoutter avant de les utiliser.

Par portion

138 Calories | 9 g Gras total | 3 g Gras saturé | 34 mg Cholestérol | 117 mg Sodium |
1 g Glucide total | 1 g Fibres alimentaires | 12 g Protéines | 25 mg Calcium

3 POINTS par portion

Escalopes de veau au citron et aux câpres

Si possible, demandez à votre boucher de couper vos escalopes dans le haut de ronde. Vous obtiendrez ainsi une viande maigre qui se prêtera très bien à la cuisson rapide. Servez ce mets élégant avec du rapini cuit à l'étuvée accompagné d'un bon vin italien.

4 portions

50 ml (¼ tasse) de chapelure assaisonnée

480 g (1 lb) d'escalopes de veau, en fines tranches, aplaties

50 ml (¼ tasse) d'eau

10 ml (2 c. à thé) de fécule de maïs

125 ml (½ tasse) de bouillon de poulet hyposodique

15 ml (1 c. à soupe) de jus de citron fraîchement pressé

15 ml (1 c. à soupe) de câpres, égouttées et hachées

1 citron, en fines tranches

1. **Étendre la chapelure** sur une feuille de papier ciré. Vaporiser un grand poêlon à revêtement antiadhésif avec de l'enduit anticollant et mettre sur feu moyen-élevé. Enrober la viande des deux côtés et secouer tout surplus de chapelure. Cuire environ 1 minute de chaque côté pour faire dorer. Procéder par étape au besoin si le poêlon n'est pas assez grand. Garder les escalopes sur une assiette chaude.

2. **Fouetter ensemble** l'eau et la fécule de maïs dans un bol. Ajouter le bouillon et le jus de citron sans cesser de fouetter. Verser dans le poêlon et cuire 1 ou 2 minutes, jusqu'à épaississement, en raclant le fond pour empêcher de coller. Incorporer les câpres et verser sur la viande. Couvrir avec des tranches de citron et servir.

---

3 POINTS par portion   **Par portion**

162 Calories I 3 g Gras total I 1 g Gras saturé I 89 mg Cholestérol I 224 mg Sodium I 8 g Glucide total I 0 g Fibres alimentaires I 25 g Protéines I 28 mg Calcium

Veau aux champignons sauvages et aux poireaux

Pour cette recette, vous pouvez tout aussi bien utiliser des chanterelles, des pleurotes ou des morilles que des champignons shiitake ; mais n'utilisez que des champignons très frais. Accompagnez ce plat d'orge et d'épinards sautés.

1. **Dans un bol,** mélanger le poivre, 5 ml (1 c. à thé) de thym et l'ail. Placer le veau sur une assiette et le couvrir des deux côtés avec ce mélange. Couvrir et conserver au moins 30 minutes au réfrigérateur.

2. **Chauffer le bouillon** dans une casserole, puis ajouter les poireaux. Cuire environ 3 minutes, jusqu'à ce que les poireaux soient tendres. Ajouter les champignons et cuire environ 5 minutes pour les attendrir. Ajouter la sauce demi-glace et laisser mijoter un peu. Réduire la chaleur et réserver au chaud.

3. **Chauffer un grand poêlon** à revêtement antiadhésif sur feu élevé. Verser l'huile, puis essuyer le fond avec du papier essuie-tout pour absorber le surplus. Faire sauter la viande environ 1 ½ minute sur un côté, puis 1 minute de l'autre pour cuisson « à point-saignant ». Transvider sur une assiette.

4. **Verser les champignons** et les poireaux dans le poêlon. Cuire jusqu'à ce que le liquide commence à mijoter, en raclant le fond pour empêcher de coller. Remettre le veau dans le poêlon et réchauffer rapidement. Servir la viande nappée de légumes et garnir avec le thym restant.

4 portions

15 ml (1 c. à soupe) de poivre grossièrement moulu

10 ml (2 c. à thé) de thym frais, haché

2 ml (½ c. à thé) d'ail, émincé

480 g (1 lb) d'escalopes de veau

50 ml (¼ tasse) de bouillon de légumes hyposodique ou d'eau

1 petit poireau, rincé et haché

750 ml (3 tasses) de champignons sauvages, en tranches

250 ml (1 tasse) de sauce demi-glace préparée

5 ml (1 c. à thé) d'huile végétale

Conseils du chef

Choisir des poireaux d'un beau vert brillant. Les petits ont tendance à être plus tendres que les plus gros. On peut les conserver dans un sac de plastique jusqu'à 5 jours au réfrigérateur.

Voir le Conseil du chef de la page 194 pour la cuisson et celui de la page 309 pour la croûte aux fines herbes.

Conserver les champignons 3 ou 4 jours dans un sac de papier ou dans leur emballage original débarrassé de la pellicule plastique qu'on remplacera par du papier essuie-tout humide. Éviter de les garder dans du plastique afin que l'humidité ne les rende pas visqueux.

Par portion   **6 POINTS par portion**

281 Calories | 8 g Gras total | 3 g Gras saturé | 155 mg Cholestérol | 118 mg Sodium |
7 g Glucide total | 1 g Fibres alimentaires | 46 g Protéines | 37 mg Calcium

Pour faire sauter la viande

Pour faire sauter n'importe quelle viande, s'assurer que l'épaisseur de celle-ci est la même partout. Sur la photo, on peut voir une poitrine de volaille qu'on aplatit légèrement entre deux feuilles de pellicule plastique.

Pour ne pas cuire la viande dans une trop grande quantité d'huile, éponger tout surplus avec du papier essuie-tout.

Bien faire brunir la viande d'un côté avant de la faire cuire de l'autre côté. La viande est cuite lorsque le tour commence à devenir opaque.

Rôti de longe de porc à la compote de pommes

Le porc d'aujourd'hui, plus maigre que celui de jadis, est bien meilleur pour la santé que sa réputation le laisse entendre. Il sera ici assorti à son compagnon de toujours : la compote de pomme. La compote que nous vous proposons ici se prépare au four micro-ondes en quelques minutes.

1 **Préchauffer le four** à 180 °C (350 °F). Vaporiser la grille d'une plaque à rôtir avec de l'enduit anticollant et la mettre sur la plaque. Saler et poivrer le porc. Faire rôtir au four 45 minutes. Assaisonner avec le romarin et remettre au four environ 15 minutes de plus, jusqu'à ce que la température interne atteigne 71°C (160 °F).

2 **Pendant ce temps,** mettre les pommes dans un bol allant au micro-ondes. Couvrir avec de la pellicule plastique ou une assiette et cuire 12 minutes à puissance élevée. Réduire les pommes en purée dans le robot de cuisine. Incorporer le sucre et la cannelle.

3 **Retirer la viande** du four et laisser reposer 10 minutes. Couper en tranches, mettre sur une assiette et napper de sauce.

8 portions

1 rôti de longe de porc de 960 g (2 lb), désossé et paré

1 ml (¼ c. à thé) de sel

Poivre fraîchement moulu

5 ml (1 c. à thé) de romarin séché, émietté

6 pommes granny smith, évidées, pelées et coupées en quartiers

50 ml (¼ tasse) de sucre

5 ml (1 c. à thé) de cannelle

Par portion   **7 POINTS par portion**

309 Calories | 11 g Gras total | 4 g Gras saturé | 91 mg Cholestérol | 149 mg Sodium | 21 g Glucide total | 2 g Fibres alimentaires | 32 g Protéines | 38 mg Calcium

Rôti de longe de porc, sauce à la moutarde et au miel

Un rôti de porc convenablement apprêté sera délicieux et juteux, même réchauffé. Doublez la recette si vous voulez des restes que vous dégusterez en sandwich ou en salade. Le temps de cuisson restera le même.

4 portions

5 ml (1 c. à thé) d'huile végétale

1 rôti de longe de porc de 480 g (1 lb), désossé et paré

75 ml (⅓ tasse) d'eau

30 ml (2 c. à soupe) d'échalotes, émincées

1 gousse d'ail, émincée

75 ml (⅓ tasse) de bouillon de poulet hyposodique

30 ml (2 c. à soupe) de moutarde de Meaux

15 ml (1 c. à soupe) de pâte de tomate

7 ml (1 ½ c. à thé) de thym frais, haché

5 ml (1 c. à thé) de grains de poivre noir concassé

250 ml (1 tasse) de sauce demi-glace préparée

30 ml (2 c. à soupe) de miel

37 ml (2 ½ c. à soupe) de vinaigre de vin rouge

2 ml (½ c. à thé) de sel

1 **Préchauffer le four** à 160 °C (325 °F). Vaporiser la grille d'une plaque à rôtir avec de l'enduit anticollant et la mettre sur la plaque. Chauffer un grand poêlon à revêtement antiadhésif sur feu élevé. Verser l'huile, puis essuyer le fond avec du papier essuie-tout pour absorber le surplus. Saisir le porc environ 8 minutes, jusqu'à ce qu'il soit doré sur toutes les faces. Placer le porc sur la grille. Verser l'eau dans la plaque et faire rôtir au four environ 25 minutes. Badigeonner avec le jus de cuisson et continuer la cuisson environ 25 minutes de plus, jusqu'à ce que la température interne atteigne 71 °C (160 °F).

2 **Pendant ce temps,** mettre les échalotes et l'ail dans le poêlon. Cuire environ 30 secondes. Ajouter le bouillon et cuire environ 5 minutes pour faire réduire légèrement en raclant le fond pour empêcher de coller. Ajouter la moutarde, la pâte de tomate, le thym et le poivre. Cuire en remuant jusqu'à ce que la pâte de tomate brunisse. Incorporer la sauce demi-glace, le miel, le vinaigre et le sel. Laisser mijoter environ 10 minutes, en remuant de temps à autre, jusqu'à épaississement de la sauce. Réserver au chaud.

3 **Placer le porc** sur une planche à découper. Laisser reposer 10 minutes. Enlever délicatement puis jeter le gras du jus de cuisson, puis verser le jus dégraissé dans la sauce.

4 **Couper le rôti** en fines tranches et servir avec la sauce chaude.

Variante

Rôti de longe de porc, sauce à la mode du sud-ouest : Remplacer la moutarde de Meaux par de la moutarde épicée à la créole, le miel par du sirop d'érable ou de la mélasse, le vinaigre de vin rouge par du vinaigre aux piments. Remplacer le thym par une même quantité de coriandre fraîche hachée ajoutée juste avant de servir. Rehausser la sauce avec des piments jalapeño en petits dés.

Conseils du chef

Voir le Conseil du chef de la page 194 pour la cuisson et celui de la page 309 pour la croûte aux fines herbes.

La sauce à la moutarde et au miel est un classique de la cuisine et sert au déglaçage. On verse un peu de liquide dans le poêlon pour saisir la viande. Pendant la cuisson, le liquide fait dissoudre les sucs contenus au fond, ce qui rehausse merveilleusement le goût de la viande.

Par portion (avec 45 ml (3 c. à soupe) de sauce)   **5 POINTS par portion**

235 Calories | 8 g Gras total | 3 g Gras saturé | 63 mg Cholestérol | 479 mg Sodium | 12 g Glucide total | 0 g Fibres alimentaires | 27 g Protéines | 22 mg Calcium

Rôti de longe de porc aux fruits secs et à l'armagnac

Produit trouvant son origine dans la Gascogne, l'armagnac est une liqueur qui donnera à ce plat toute sa finesse et sa saveur. Vous pouvez également utiliser du cognac ou du brandy, si vous le désirez. Lorsque vous découperez cette longe de porc, vous découvrirez, tel un joyau prêt à être dégusté, sa merveilleuse farce de fruits à la liqueur. À servir avec des choux de Bruxelles et des châtaignes.

4 portions

- 125 ml (½ tasse) de fruits secs mélangés, émincés
- 125 ml (½ tasse) d'armagnac, de cognac ou de brandy
- 5 ml (1 c. à thé) d'huile végétale
- ½ oignon moyen, émincé
- 2 ml (½ c. à thé) de feuilles de sauge séchées, émiettées
- Poivre fraîchement moulu
- 1 longe de porc de 480 g (1 lb), désossée et parée
- 3 ml (¾ c. à thé) de sel
- 300 ml (1 ¼ tasse) de bouillon de poulet hyposodique
- 5 ml (1 c. à thé) de sauce Worcestershire
- 5 ml (1 c. à thé) de fécule de maïs, délayée dans 15 ml (1 c. à soupe) d'eau froide

1 **Préchauffer le four** à 190 °C (375 °F). Vaporiser une plaque à rôtir peu profonde avec de l'enduit anticollant. Mélanger les fruits secs et 50 ml (¼ tasse) d'armagnac dans un petit bol.

2 **Chauffer 2 ml (½ c. à thé)** d'huile dans un poêlon à revêtement antiadhésif, puis ajouter les oignons. Faire sauter 6 ou 7 minutes pour brunir légèrement. Transvider dans un bol. Incorporer les fruits macérés, la sauge et le poivre.

3 **Couper le rôti** sur la longueur, mais pas complètement, puis l'ouvrir comme un papillon. Aplatir la viande avec les mains. Assaisonner des deux côtés avec 2 ml (½ c. à thé) de sel. Étendre les fruits secs sur le porc dans le sens de la longueur. Rouler et attacher avec de la ficelle de cuisine.

4 **Remettre le poêlon** sur le feu. Ajouter l'huile restante, puis ajouter le rôti farci. Cuire de 6 à 8 minutes pour faire dorer sur toutes les faces. Mettre le rôti sur la plaque. Faire rôtir au four environ 30 minutes, jusqu'à ce que la température interne atteigne 71 °C (160 °F). Laisser reposer 10 minutes avant de découper en tranches.

5 **Pendant ce temps,** préparer la sauce en mélangeant dans une casserole le bouillon, l'armagnac restant, la sauce Worcestershire et le sel restant. Amener à ébullition et cuire, sans cesser de remuer, jusqu'à ce que le liquide soit réduit à 250 ml (1 tasse). Réduire la chaleur au minimum. Incorporer la fécule de maïs délayée. Laisser mijoter environ 1 minute, sans cesser de remuer, jusqu'à léger épaississement.

6 **Découper le rôti** en 12 tranches et servir avec la sauce chaude.

5 POINTS par portion

Par portion
254 Calories | 6 g Gras total | 2 g Gras saturé | 68 mg Cholestérol | 90 mg Sodium | 16 g Glucide total | 2 g Fibres alimentaires | 25 g Protéines | 23 mg Calcium

Rôti de longe de porc aux fruits secs et à l'armagnac

Médaillons de porc au cidre

Le médaillon est une petite pièce de viande ronde que l'on a coupée dans la longe. Le goût du cidre frais varie selon son degré de fermentation : goûtez-le avant d'en acheter une grande quantité.

4 portions

85 ml (⅓ tasse + 2 c. à thé) de farine tout usage

1 ml (¼ c. à thé) de sel

Poivre fraîchement moulu

1 rôti de longe de porc de 480 g (1 lb), désossé, paré et coupé en 12 médaillons

30 ml (2 c. à soupe) d'huile végétale

125 ml (½ tasse) de cidre de pomme doux

15 ml (1 c. à soupe) de vinaigre de cidre

5 ml (1 c. à thé) de zeste de citron, râpé

1 **Mélanger la farine** avec le sel et un peu de poivre moulu dans un sac de plastique à fermeture hermétique. Ajouter les médaillons de porc, quelques-uns à la fois. Sceller le sac et bien remuer pour enrober la viande. Secouer tout surplus de farine.

2 **Chauffer l'huile** dans un poêlon à revêtement antiadhésif, puis ajouter les médaillons. Cuire 1 ou 2 minutes de chaque côté pour faire brunir légèrement. Réduire la chaleur et ajouter le cidre. Couvrir et laisser mijoter 1 ou 2 minutes, jusqu'à ce que la viande soit bien cuite. Placer les médaillons sur une assiette chaude et réserver.

3 **Ajouter le vinaigre** et le zeste au jus de cuisson. Amener à ébullition et cuire environ 5 minutes, en remuant de temps à autre, jusqu'à léger épaississement. Poivrer. Servir le porc avec la sauce chaude.

---

6 POINTS par portion

Par portion
240 Calories | 11 g Gras total | 2 g Gras saturé | 74 mg Cholestérol | 208 mg Sodium | 9 g Glucide total | 0 g Fibres alimentaires | 25 g Protéines | 9 mg Calcium

Chiche-kebab d'agneau

Ces brochettes sont excellentes sur le barbecue, mais tout aussi délicieuses cuites au four. Servez-les avec du couscous et du Pain aux pois chiches (page 310).

1 **Mélanger le jus de citron,** le vin, l'ail, le persil, la menthe, le poivre et la coriandre dans un plat de cuisson et verre de 22,5 x 32,5 cm (9 x 13 po).

2 **Faire alterner** les cubes de viande et les légumes sur 8 brochettes métalliques de 20 cm (8 po). Mettre les brochettes dans le plat de cuisson et les faire tourner pour bien les enrober de marinade. Couvrir de pellicule plastique et conserver au réfrigérateur de 30 minutes à 2 heures.

3 **Vaporiser** la grille et préparer le gril.

4 **Retirer** les brochettes de la marinade et jeter celle-ci. Faire griller les brochettes à 12,5 cm (5 po) de la source de chaleur environ 2 minutes de chaque côté (pour cuisson « à point-saignant »), jusqu'à ce que les légumes soient tendres et que l'agneau soit cuit. Placer les brochettes sur des assiettes à l'aide de pinces ou de mitaines (la poignée des brochettes sera extrêmement chaude).

4 portions

125 ml (½ tasse) de jus de citron fraîchement pressé

125 ml (½ tasse) de vin blanc sec

22 ml (1 ½ c. à soupe) d'ail, émincé

15 ml (1 c. à soupe) de persil frais, haché

10 ml (2 c. à thé) de menthe fraîche, hachée

7 ml (1 ½ c. à thé) de poivre broyé

3 ml (¾ c. à thé) de graines de coriandre

480 g (1 lb) de viande de jarret d'agneau, parée et coupée en cubes de 2,5 cm (1 po)

1 petit poivron rouge, en morceaux de 2,5 cm (1 po)

1 petit poivron vert, en morceaux de 2,5 cm (1 po)

1 petit poivron jaune, en morceaux de 2,5 cm (1 po)

1 oignon moyen, en morceaux de 2,5 cm (1 po)

Par portion **5 POINTS par portion**

252 Calories | 9 g Gras total | 3 g Gras saturé | 102 mg Cholestérol | 90 mg Sodium | 7 g Glucide total | 2 g Fibres alimentaires | 33 g Protéines | 37 mg Calcium

Côtelettes d'agneau au romarin et aux haricots blancs

Demandez à votre boucher de retirer le gras autour des os de vos côtelettes. Servez ce mets élégant accompagné de divers légumes-racines grillés.

4 portions

- 45 ml (3 c. à soupe) de sauce soja hyposodique
- 15 ml (1 c. à soupe) de sauce Worcestershire
- 15 ml (1 c. à soupe) de moutarde de Dijon
- 15 ml (1 c. à soupe) d'huile végétale
- 20 ml (4 c. à thé) de romarin frais, haché
- 10 ml (2 c. à thé) de thym frais, haché
- 10 ml (2 c. à thé) de sauge fraîche, hachée
- Poivre fraîchement moulu
- 8 côtelettes de côte d'agneau de 90 g (3 oz) chacune
- 500 ml (2 tasses) de sauce demi-glace préparée
- 300 ml (1 1/4 tasse) de haricots cannellinis
- 2 ml (1/2 c. à thé) de sel

1. **Mélanger la sauce soja,** la sauce Worcestershire, la moutarde, l'huile, 10 ml (2 c. à thé) de romarin, le thym, la sauge et du poivre moulu dans un sac de plastique à fermeture hermétique. Ajouter l'agneau, faire sortir l'air et bien sceller le sac. Secouer pour bien enrober la viande. Conserver 30 minutes au réfrigérateur.

2. **Dans une casserole moyenne,** mélanger la sauce demi-glace, les haricots, 1 ml (1/4 c. à thé) de sel et du poivre moulu. Cuire sans laisser bouillir. Réduire la chaleur, couvrir et cuire 15 minutes. Réserver au chaud.

3. **Vaporiser la grille** avec de l'enduit anticollant et préchauffer le gril.

4. **Retirer les côtelettes** de la marinade. Assaisonner la viande avec le sel restant et du poivre moulu. Jeter la marinade. Faire griller à 12,5 cm (5 po) de la source de chaleur environ 2 minutes de chaque côté (pour cuisson « à point-saignant »), au goût.

5. **Verser la sauce** et les haricots dans 4 assiettes creuses ou à soupe. Placer les côtelettes sur la sauce et les haricots. Garnir avec le romarin restant et servir.

Conseil du chef

La demi-glace est une sauce brune classique de la cuisine française. Sa préparation exige plusieurs heures de préparation, mais nous pouvons nous faciliter la tâche en l'achetant dans les épiceries fines ou dans certains supermarchés. On peut l'acheter congelée ou concentrée. Suivre les indications inscrites sur l'emballage si on l'achète sous forme concentrée.

---

11 POINTS par portion

Par portion (avec 175 ml (3/4 tasse) de sauce et des haricots)
525 Calories | 21 g Gras total | 7 g Gras saturé | 162 mg Cholestérol | 841 mg Sodium | 20 g Glucide total | 4 g Fibres alimentaires | 61 g Protéines | 110 mg Calcium

Côtelettes d'agneau au romarin et aux haricots blancs

Jarrets d'agneau braisés

Un plat braisé se prépare idéalement dans une cocotte, mais un autre type de chaudron fera tout aussi bien l'affaire. Cette méthode de cuisson est utilisée dans la préparation de pièces de viande maigre et coriace tels les jarrets de veau. La cuisson lente permet aux tissus conjonctifs de se dissoudre ; la viande deviendra alors très tendre et son jus formera une sauce riche et savoureuse qui devra être dégraissée au cours de la cuisson. Servez ce plat avec du couscous ou encore accompagné d'un riz pilaf qui absorbera toute la saveur de la sauce.

4 portions

10 ml (2 c. à thé) de cari en poudre
2 ml (½ c. à thé) de sel
2 ml (½ c. à thé) de graines de carvi, broyées
2 ml (½ c. à thé) de coriandre moulue
2 ml (½ c. à thé) de cannelle
1 ml (¼ c. à thé) de poivre de Cayenne
Pincée de piment de la Jamaïque
Poivre fraîchement moulu
4 jarrets d'agneau de 240 g (8 oz) chacun, parés
5 ml (1 c. à thé) d'huile végétale
4 oignons moyens, en fines tranches
1 poivron vert, haché
1 poivron rouge, haché
1 gousse d'ail, émincée
500 ml (2 tasses) de bouillon de poulet hyposodique
30 ml (2 c. à soupe) de raisins secs, hachés
6 moitiés d'abricots secs, en fines tranches
15 ml (1 c. à soupe) de pâte de tomate (sans sel ajouté), délayée dans 125 ml (½ tasse) d'eau chaude

1. **Préchauffer le four** à 150 ºC (300 ºF). Dans un petit bol, mélanger le cari, le sel, le carvi, la coriandre, la cannelle, le poivre de Cayenne, le piment de la Jamaïque et le poivre. Frotter la viande avec 15 ml (1 c. à soupe) de ce mélange.

2. **Chauffer une casserole** ou un fait-tout de 2 litres (2 pintes) sur feu élevé, ajouter l'huile, puis essuyer le fond avec du papier essuie-tout pour absorber le surplus. Saisir la viande environ 2 minutes de chaque côté pour la faire brunir. Placer sur une assiette et réserver au chaud.

3. **Réduire la chaleur** à température moyenne. Ajouter les oignons, les poivrons, l'ail et le mélange d'assaisonnements restant dans la casserole. Cuire environ 5 minutes, en remuant souvent, pour attendrir les légumes.

4. **Incorporer le bouillon,** les raisins secs, les abricots et la pâte de tomate délayée. Remettre l'agneau dans la casserole et le couvrir avec un peu des légumes cuits. Amener à faible ébullition, couvrir immédiatement et mettre au four environ 1 ½ h, jusqu'à ce que la viande soit tendre sous la fourchette. Servir avec la sauce.

Conseils du chef

Choisir les jarrets arrière plutôt que les jarrets avant. Ils sont plus coûteux mais ils ont plus de viande.

Voir le Conseil du chef de la page 194 pour la cuisson.

5 POINTS par portion

Par portion
243 Calories | 6 g Gras total | 2 g Gras saturé | 70 mg Cholestérol | 419 mg Sodium | 25 g Glucide total | 5 g Fibres alimentaires | 25 g Protéines | 71 mg Calcium

Cari d'agneau aux fruits secs

Le mariage du paprika, de la cannelle, du gingembre confit et de la coriandre donnera à l'agneau une délicate saveur de cari. Servez-le avec du couscous ou du riz pilaf. Vous pouvez doubler la recette et conserver les restes au congélateur : laissez d'abord votre cari reposer à la température de la pièce, puis mettez-le dans un contenant hermétique ; il se conservera ainsi jusqu'à deux semaines au congélateur. Décongeler au réfrigérateur ou au four micro-ondes.

1. **Cuire l'agneau** 4 ou 5 minutes, jusqu'à ce qu'il perde sa couleur rosée, dans un grand poêlon à revêtement antiadhésif tout en le défaisant avec une cuillère. Jeter le surplus de gras et transvider dans un bol moyen.

2. **Remettre le poêlon** sur le feu. Verser l'huile, puis ajouter les oignons. Faire sauter de 3 à 5 minutes, jusqu'à ce qu'ils soient tendres. Ajouter l'ail, les piments, le paprika et la cannelle. Cuire 1 ou 2 minutes en remuant souvent.

3. **Ajouter le bouillon,** les abricots, les figues, les raisins et le gingembre. Incorporer l'agneau. Amener à ébullition. Réduire la chaleur et laisser mijoter 15 minutes à découvert, jusqu'à ce que les fruits secs soient tendres. Incorporer la coriandre et le poivre.

4 portions

480 g (1 lb) d'agneau maigre, haché (10 % ou moins de gras)

10 ml (2 c. à thé) d'huile végétale

2 oignons moyens, hachés

4 gousses d'ail, émincées

7 ml (1 ½ c. à thé) de piment jalapeño, épépiné et émincé (facultatif) (porter des gants pour prévenir l'irritation des mains)

5 ml (1 c. à thé) de paprika doux

2 ml (½ c. à thé) de cannelle

375 ml (1 ½ tasse) de bouillon de bœuf hyposodique

6 moitiés d'abricots secs, grossièrement hachées

2 grosses figues sèches, coupées en deux

30 ml (2 c. à soupe) de raisins secs dorés

15 ml (1 c. à soupe) de gingembre cristallisé, haché

5 ml (1 c. à thé) de coriandre moulue

Poivre fraîchement moulu

Par portion

297 Calories | 9 g Gras total | 3 g Gras saturé | 74 mg Cholestérol | 109 mg Sodium | 28 g Glucide total | 3 g Fibres alimentaires | 27 g Protéines | 62 mg Calcium

6 POINTS par portion

Venaison à la sauce aux oignons grillés

Selon ce que vous trouverez, vous pouvez utiliser pour cette recette des légumes inusités tels des oignons grelots (cipollinis) ou de petites betteraves de différentes couleurs. Vous gagnerez du temps en faisant rôtir les légumes d'un seul coup, mais ne les mettez pas tous dans le même poêlon, car les betteraves viendraient alors colorer les autres légumes. Vous pouvez préparer les échalotes, les betteraves et les oignons grillés une journée à l'avance, puis les réfrigérer dans des contenants séparés.

4 portions

75 ml (⅓ tasse) d'oignons, hachés

¼ de poireau moyen, rincé et haché (environ 125 ml/½ tasse)

7 gousses d'ail, pelées

20 ml (1 c. à soupe + 1 c. à thé) d'huile d'olive

3 ml (¾ c. à thé) de sel

45 ml (3 c. à soupe) de vinaigre de malt

250 ml (1 tasse) de sauce demi-glace préparée

Poivre fraîchement moulu

12 échalotes ou oignons cipollinis, pelés

12 petites betteraves dorées

4 côtelettes de longe de gros gibier de 105 g (3 ½ oz) chacune

30 ml (2 c. à soupe) de ciboulette fraîche, en morceaux de 2,5 cm (1 po)

1 **Préchauffer le four** à 220 °C (425 °F).

2 **Pour préparer** la sauce, mélanger les oignons, les poireaux, l'ail, 7 ml (½ c. à soupe) d'huile et 1 ml (¼ c. à thé) de sel dans une petite plaque à rôtir ou un petit plat de cuisson. Faire rôtir au four environ 25 minutes, en remuant de temps à autre. Verser le vinaigre dans la plaque chaude en raclant le fond pour empêcher de coller. Verser le contenu de la plaque dans une grande casserole et ajouter la sauce demi-glace. Couvrir à moitié et laisser mijoter 30 minutes. Passer la sauce dans un tamis en pressant les matières solides avec une cuillère pour donner le plus de goût possible à la sauce. Jeter les solides retenus dans le tamis. Poivrer, couvrir et réserver au chaud.

3 **Mélanger les échalotes** avec 3 ml (¾ c. à thé) d'huile dans une petite plaque à rôtir. Assaisonner avec 1 ml (¼ c. à thé) de sel et un peu de poivre moulu. Mélanger les betteraves avec 3 ml (¾ c. à thé) d'huile dans une autre petite plaque à rôtir. Assaisonner avec 1 ml (¼ c. à thé) de sel et un peu de poivre moulu. Faire rôtir les échalotes environ 30 minutes, jusqu'à ce qu'elles soient dorées, et les betteraves environ 40 minutes, jusqu'à ce qu'elles soient tendres. Quand celles-ci sont suffisamment refroidies pour être manipulées, les peler. Réserver les betteraves et les échalotes au chaud.

4 **Assaisonner la viande** avec le sel restant et du poivre moulu. Chauffer un grand poêlon allant au four sur feu élevé. Ajouter l'huile restante, puis essuyer le fond avec du papier essuie-tout pour absorber le surplus. Faire sauter la viande environ 2 minutes de chaque côté (pour cuisson « à point-saignant »), au goût. Placer sur une assiette et laisser reposer 5 minutes.

5 **Pour servir,** placer chaque côtelette sur un peu de sauce, puis entourer avec 3 échalotes et 3 betteraves. Garnir de ciboulette.

Conseils du chef

Voir les Conseils du chef de la page 194 pour la cuisson.

La venaison est disponible dans les boucheries spécialisées et certains supermarchés. On peut la commander à l'avance. La qualité de la viande dépend de la manière dont on l'a traitée depuis l'abattage. La viande de gibier a tendance à être plus maigre et moins tendre que celle des animaux de ferme.

Par portion **5 POINTS par portion**

235 Calories | 7 g Gras total | 2 g Gras saturé | 84 mg Cholestérol | 556 mg Sodium | 18 g Glucide total | 2 g Fibres alimentaires | 27 g Protéines | 52 mg Calcium

Biftecks de venaison, sauce cumberland

Excellente pour accompagner le gibier, la sauce cumberland allie les saveurs de la gelée de groseilles, du zeste d'orange et de citron, du porto, de la moutarde et de plusieurs épices. Préparez cette sauce quelques jours à l'avance afin que son goût puisse pleinement se développer. Conservez-la au réfrigérateur, et vous n'aurez qu'à l'éclaircir avec un peu d'eau lorsque vous la ferez réchauffer.

4 portions

5 ml (1 c. à thé) d'huile d'olive
1 bulbe de fenouil, en fines tranches (environ 500 ml/2 tasses)
1 petit radicchio, en fines lamelles (environ 500 ml/2 tasses)
45 ml (3 c. à soupe) de gelée de groseilles rouges
15 ml (1 c. à soupe) de zeste d'orange
10 ml (2 c. à thé) de zeste de citron
75 ml (1/3 tasse) de jus d'orange fraîchement pressé
45 ml (3 c. à soupe) de jus de citron fraîchement pressé
75 ml (1/3 tasse) de porto ruby
5 ml (1 c. à thé) de fécule de maïs délayée dans 15 ml (1 c. à soupe) d'eau
5 ml (1 c. à thé) d'échalote, émincée
2 ml (1/2 c. à thé) de moutarde sèche
Pincée de gingembre moulu
Pincée de poivre de Cayenne
2 biftecks de gros gibier de 180 g (6 oz) chacun
2 ml (1/2 c. à thé) de sel
2 ml (1/2 c. à thé) de poivre fraîchement moulu

1. **Chauffer l'huile** dans un grand poêlon à revêtement antiadhésif, puis ajouter le fenouil et le radicchio. Cuire 30 minutes, en remuant de temps à autre, jusqu'à ce qu'ils soient très tendres.

2. **Pour préparer** la sauce, faire fondre la gelée de groseilles dans une casserole. Ajouter les zestes, les jus d'orange et de citron, le porto, la fécule délayée, les échalotes, la moutarde, le gingembre et le poivre de Cayenne. Amener à ébullition, réduire la chaleur et laisser mijoter 3 minutes. Réserver au chaud.

3. **Vaporiser la grille** avec de l'enduit anticollant et préchauffer le gril.

4. **Saler et poivrer** la viande des deux côtés. Faire griller à 12,5 cm (5 po) de la source de chaleur environ 1 1/2 minute de chaque côté (pour cuisson « à point-saignant ») ou au goût.

5. **Découper en fines tranches** et placer celles-ci sur les légumes. Napper de sauce et servir.

Conseil du chef

Choisir des agrumes juteux dont la pelure est colorée, brillante et douce. S'ils sont verdâtres, ils ne sont probablement pas mûrs. Le zeste est la partie superficielle de l'écorce débarrassée de toute membrane blanche. Pour enlever le zeste, utiliser un zesteur ou la lame fine d'un éplucheur. Quand on utilise à la fois le zeste et le jus, rouler le fruit avec la paume de la main, puis enlever le zeste. Percer le fruit avec un petit couteau et presser le jus.

5 POINTS par portion

Par portion
224 Calories | 7 g Gras total | 2 g Gras saturé | 68 mg Cholestérol | 338 mg Sodium | 19 g Glucide total | 2 g Fibres alimentaires | 20 g Protéines | 47 mg Calcium

Kebabs de bison à l'indienne

La viande de bison d'élevage est tendre et juteuse. Elle a un petit goût de bœuf, mais c'est une viande beaucoup plus maigre. Si vous ne pouvez trouver de bison, utilisez du bœuf ou du porc. Laissez mariner la viande pendant 24 heures, si possible.

1. **Mélanger les oignons,** le yogourt, l'ail, le gingembre, le cumin, le poivre et la muscade dans un plat en verre de 22,5 x 32,5 cm (9 x 13 po).

2. **Enfiler la viande** sur 8 brochettes métalliques de 20 cm (8 po). Mettre les brochettes dans la marinade et les faire tourner pour bien les enrober. Couvrir de pellicule plastique et conserver 24 heures au réfrigérateur.

3. **Vaporiser la grille** avec de l'enduit anticollant et préchauffer le gril.

4. **Retirer les brochettes** de la marinade et jeter celle-ci. Faire griller à 12,5 cm (5 po) de la source de chaleur environ 3 minutes de chaque côté (pour cuisson « à point-saignant ») ou au goût. Placer les brochettes sur des assiettes à l'aide de pinces ou de mitaines (la poignée des brochettes sera extrêmement chaude).

4 portions

75 ml (⅓ tasse) d'oignons, hachés

50 ml (¼ tasse) de yogourt nature léger

22 ml (1 ½ c. à soupe) d'ail, émincé

10 ml (2 c. à thé) de gingembre frais, pelé et émincé

1 ml (¼ c. à thé) de cumin moulu

2 ml (½ c. à thé) de grains de poivre noir concassé

1 ml (¼ c. à thé) de muscade moulue

480 g (1 lb) de haut de ronde de bison, paré et coupé en cubes de 2,5 cm (1 po)

Par portion

135 Calories | 2 g Gras total | 1 g Gras saturé | 53 mg Cholestérol | 72 mg Sodium | 4 g Glucide total | 0 g Fibres alimentaires | 24 g Protéines | 54 mg Calcium

3 POINTS par portion

Chili de bison

En utilisant du bison, une viande beaucoup plus maigre que le bœuf, vous obtiendrez un chili riche et savoureux, mais faible en gras. Faites d'abord rissoler la viande à la poêle, puis incorporez-la au chili que vous laisserez lentement mijoter au four jusqu'à ce que les morceaux de bison soient tendres. Doublez la recette, puis laissez les restes reposer à la température de la pièce avant de les mettre au congélateur dans un contenant hermétique. Votre chili se conservera ainsi jusqu'à deux semaines. Décongelez au réfrigérateur ou au four micro-ondes.

4 portions

- 5 ml (1 c. à thé) d'huile végétale
- 720 g (1 ½ lb) de haut de ronde de bison, paré et coupé en cubes de 2,5 cm (1 po)
- 1 oignon moyen, haché
- 37 ml (2 ½ c. à soupe) d'ail, émincé
- 45 ml (3 c. à soupe) de poudre de chili
- 30 ml (2 c. à soupe) de pâte de tomate
- 250 ml (1 tasse) de bouillon de bœuf hyposodique
- 4 grosses tomates, épépinées et hachées (environ 875 ml/3 ½ tasses)
- 2 ml (½ c. à thé) de poivre de Cayenne
- 1 ml (¼ c. à thé) de sel
- 1 ml (¼ c. à thé) de grains de poivre noir concassé

1 **Préchauffer le four** à 180 °C (350 °F).

2 **Chauffer une grande marmite** allant au four sur feu élevé. Verser l'huile, puis essuyer le fond avec du papier essuie-tout pour absorber le surplus. Saisir la viande 5 minutes pour la faire brunir. Ajouter les oignons et l'ail. Faire sauter de 3 à 5 minutes, jusqu'à ce que les oignons soient transparents. Incorporer la poudre de chili et la pâte de tomate. Cuire en remuant jusqu'à ce que la pâte de tomate brunisse.

3 **Ajouter le bouillon.** Cuire en raclant le fond pour empêcher de coller. Incorporer les tomates, le poivre de Cayenne, le sel et le poivre. Amener à ébullition, couvrir et mettre au four. Cuire environ 1 heure, jusqu'à ce que la viande soit tendre.

Conseil du chef

Voir le Conseil du chef de la page 194 pour la cuisson.

5 POINTS par portion

Par portion

245 Calories | 4 g Gras total | 1 g Gras saturé | 78 mg Cholestérol | 291 mg Sodium | 15 g Glucide total | 3 g Fibres alimentaires | 38 g Protéines | 56 mg Calcium

Chapitre 11

Céréales

Riz basmati aux fines herbes	222
Riz au citron et à l'aneth	223
Riz sauvage aux noisettes	224
Pilaf de riz brun et de riz sauvage aux canneberges	226
Pilaf de millet à l'orange	227
Kasha aux pommes et aux noix	228
Taboulé	229
Grains de blé à la menthe et à l'orange	230
Pilaf de quinoa aux poivrons rouges	231
Couscous aux champignons sauvages et aux noix	232
Polenta au fromage de chèvre	233
Farro au persil et salsa aux amandes grillées	234
Croquettes de maïs, de quinoa et de riz sauvage	236
Risotto aux pétoncles et aux asperges	237
Risotto aux petits pois et aux oignons verts	239

Riz basmati aux fines herbes

Vous trouverez différentes variétés de riz aromatisé (basmati, au jasmin, etc.) au supermarché ou dans les épiceries spécialisées. Le riz aromatisé est délicieux seul ou combiné à divers ingrédients. Ici, le céleri, l'ail et les fines herbes viennent rehausser le naturel goût de noix du riz basmati pour composer un plat léger et appétissant.

4 portions

250 ml (1 tasse) de riz basmati

5 ml (1 c. à thé) d'huile végétale

½ branche de céleri, émincée

1 gousse d'ail, émincée

125 ml (1/2 tasse) de persil plat frais, émincé

2 ml (½ c. à thé) de thym séché

1 Cuire le riz selon les indications inscrites sur l'emballage.

2 Pendant ce temps, chauffer l'huile dans un poêlon à revêtement antiadhésif. Ajouter le céleri et l'ail et faire sauter 1 ou 2 minutes, jusqu'à ce que le céleri commence à devenir tendre. Incorporer le persil et le thym. Cuire environ 2 minutes, en remuant constamment, jusqu'à ce que le céleri soit cuit. Transvider dans un grand bol, ajouter le riz et bien remuer.

3 POINTS par portion **Par portion**
165 Calories | 2 g Gras total | 0 g Gras saturé | 0 mg Cholestérol | 9 mg Sodium | 34 g Glucide total | 2 g Fibres alimentaires | 3 g Protéines | 37 mg Calcium

Riz au citron et à l'aneth

Ce plat accompagnera magnifiquement le poisson et les fruits de mer. Versez 5 ml (1 c. à thé) d'huile d'olive extravierge sur des pétoncles pochés, puis saupoudrez-les d'un mélange d'aneth émincé, d'ail et de zeste de citron. Servez-les ensuite avec ce riz au citron et à l'aneth. Délicieux.

1 **Préchauffer le four** à 180 °C (350 °F). Faire chauffer 30 ml (2 c. à soupe) de bouillon dans une grande casserole allant au four ou un poêlon ayant un couvercle. Ajouter les oignons et cuire environ 5 minutes pour les attendrir. Ajouter le bouillon restant, le riz, le vin, le jus de citron, la feuille de laurier et le zeste. Amener à ébullition. Couvrir hermétiquement et mettre au four. Cuire environ 18 minutes, jusqu'à ce que le riz soit cuit et que le liquide soit absorbé.

2 **Retirer du four,** jeter la feuille de laurier et incorporer délicatement l'aneth haché.

4 portions

425 ml (1 ¾ tasse) de bouillon de poulet hyposodique

1 petit oignon, finement haché

250 ml (1 tasse) de riz blanc à grains longs

30 ml (2 c. à soupe) de vin blanc sec

30 ml (2 c. à soupe) de jus de citron fraîchement pressé

1 feuille de laurier

2 ml (½ c. à thé) de zeste de citron, râpé

7 ml (1 ½ c. à thé) d'aneth frais, haché

Par portion   **4 POINTS par portion**

201 Calories | 1 g Gras total | 1 g Gras saturé | 2 mg Cholestérol | 65 mg Sodium | 40 g Glucide total | 1 g Fibres alimentaires | 5 g Protéines | 27 mg Calcium

Riz sauvage aux noisettes

Les noisettes grillées donneront une saveur riche et une texture croustillante au mélange de riz sauvage et de riz brun. La cuisson au four permettra à ce plat de cuire de façon uniforme.

4 portions

50 ml (¼ tasse) de noisettes, décortiquées

125 ml (½ tasse) de riz sauvage, rincé

625 ml (2 ½ tasses) de bouillon de poulet hyposodique

1 petit oignon, finement haché

125 ml (½ tasse) de riz brun

2 oignons verts, hachés

1. **Préchauffer le four** à 180 °C (350 °F). Mettre les noisettes dans un poêlon allant au four ou un moule à gâteau roulé. Mettre au four environ 5 minutes, en remuant souvent, jusqu'à ce qu'elles commencent à dégager une odeur de noisettes grillées. Hacher grossièrement et réserver.

2. **Mélanger le riz sauvage** avec 375 ml (1 ½ tasse) du bouillon dans une casserole allant au four. Amener le bouillon à ébullition. Couvrir hermétiquement et cuire au four environ 45 minutes, jusqu'à ce que le riz soit cuit. Retirer du four et laisser reposer à couvert pendant 5 minutes.

3. **Pendant ce temps,** chauffer 30 ml (2 c. à soupe) du bouillon restant dans une autre casserole allant au four. Ajouter les oignons et cuire environ 5 minutes pour les attendrir. Ajouter le bouillon restant et le riz brun. Amener à ébullition. Couvrir hermétiquement et cuire au four environ 40 minutes, jusqu'à ce que le riz soit cuit et que le liquide soit absorbé. Retirer du four.

4. **Dans un grand bol,** mélanger délicatement les deux riz avec les noisettes et les oignons verts.

Conseil du chef

La pellicule brune qui enveloppe les noisettes est amère et doit être enlevée. On peut acheter des noisettes déjà débarrassées de leur pellicule ou faire cette opération soi-même en les mettant d'abord au four de 10 à 15 minutes à 180 °C (350 °F), jusqu'à ce que la pellicule se défasse en flocons. En procédant par étapes, mettre ensuite une poignée de noisettes dans un linge de cuisine propre et les frotter pour enlever la pellicule.

5 POINTS par portion

Par portion

239 Calories | 7 g Gras total | 1 g Gras saturé | 3 mg Cholestérol | 92 mg Sodium | 37 g Glucide total | 4 g Fibres alimentaires | 9 g Protéines | 40 mg Calcium

Couper un oignon en dés

Enlever le bourgeon de l'oignon ainsi que les filaments de la racine en prenant soin de garder celle-ci intacte. Couper l'oignon sur la longueur en traversant la racine et peler chaque moitié. Coucher l'oignon face coupée vers le bas et faire plusieurs incisions parallèles sur la longueur en gardant une même distance entre elles. Couper avec la pointe d'un couteau bien affûté.

Pratiquer 2 ou 3 incisions horizontales parallèles à la planche à découper, du bourgeon jusqu'à la racine, mais sans couper complètement.

Pour terminer, faire des incisions diagonales et de même grosseur, du bourgeon jusqu'à la racine. Plus les incisions seront rapprochées à l'étape 1 et à cette étape, plus les dés seront petits.

Pilaf de riz brun et de riz sauvage aux canneberges

Ce pilaf offre un contraste de saveurs éclatant : le goût sucré du cidre de pomme, l'amertume des canneberges, et le parfum de noix du riz brun et du riz sauvage. Si vous le désirez, plutôt que de faire tremper les canneberges dans du vin blanc, faites-les tremper dans du jus d'orange ou de pomme.

4 portions

50 ml (¼ tasse) de canneberges sèches

45 ml (3 c. à soupe) de vin blanc sec

500 ml (2 tasses) de bouillon de poulet hyposodique

125 ml (½ tasse) de cidre de pomme

2 ml (½ c. à thé) de sel

125 ml (½ tasse) de riz sauvage, rincé

1 petit oignon, finement haché

125 ml (½ tasse) de riz brun

1 **Préchauffer le four** à 180 °C (350 °F). Mélanger les canneberges avec le vin dans un bol en verre ou en acier inoxydable. Laisser reposer 20 minutes. Égoutter les canneberges et réserver le liquide.

2 **Dans une casserole** allant au four, mélanger 250 ml (1 tasse) de bouillon, le cidre, 1 ml (¼ c. à thé de sel) et le riz sauvage. Amener à ébullition. Couvrir hermétiquement et cuire au four environ 45 minutes, jusqu'à ce que le riz soit cuit. Retirer du four et laisser reposer à couvert pendant 5 minutes.

3 **Pendant ce temps,** chauffer le liquide de trempage des canneberges dans une autre casserole allant au four. Ajouter les oignons. Cuire environ 5 minutes, en remuant souvent, jusqu'à ce qu'ils soient tendres. Ajouter le bouillon et le sel restants, puis le riz brun. Amener le liquide à ébullition. Couvrir hermétiquement et cuire au four environ 40 minutes, jusqu'à ce que le riz soit cuit et que le liquide soit absorbé.

4 **Dans un grand bol,** mélanger délicatement les deux riz avec les canneberges.

Conseil du chef

Le pilaf est un plat traditionnel du Moyen-Orient qui exige que l'on fasse sauter les céréales et les légumes dans une matière grasse avant d'ajouter le liquide de cuisson. Pour alléger ce plat, nous avons remplacé le gras par le liquide de trempage des canneberges pour faire cuire les oignons.

4 POINTS par portion

Par portion

215 Calories | 2 g Gras total | 1 g Gras saturé | 3 mg Cholestérol | 365 mg Sodium | 37 g Glucide total | 3 g Fibres alimentaires | 7 g Protéines | 26 mg Calcium

Pilaf de millet à l'orange

Décortiqué pour son utilisation en cuisine, le millet est cette céréale à petits grains jaunes que l'on retrouve dans la nourriture pour oiseaux. Savoureux, léger et polyvalent, le millet a l'apparence du couscous une fois cuit. Mettez sa saveur de noix à l'avant-plan en le faisant d'abord griller, puis faites-le cuire dans du jus d'orange afin de lui donner un goût fruité et rafraîchissant.

1 **Râper le zeste** d'une orange et extraire le jus de deux oranges. Ajouter suffisamment d'eau au jus pour obtenir 300 ml (1 ¼ tasse) de liquide.

2 **Faire griller** le millet dans une casserole de 6 à 8 minutes, jusqu'à ce qu'il devienne doré et commence à dégager une bonne odeur de millet grillé. Ajouter le jus d'orange et le sel. Amener à ébullition. Réduire la chaleur, couvrir et laisser mijoter de 25 à 30 minutes, jusqu'à ce que le millet soit éclaté et que le liquide soit absorbé.

3 **Chauffer l'huile** dans un petit poêlon à revêtement antiadhésif. Ajouter l'ail. Faire sauter environ 1 minute. Incorporer le zeste et cuire 10 secondes. Verser la préparation à l'ail sur le millet, ajouter le persil et mélanger délicatement avec une fourchette.

4 portions

2 oranges moyennes

175 ml (¾ tasse) de millet

1 ml (¼ c. à thé) de sel

10 ml (2 c. à thé) d'huile végétale

1 gousse d'ail, émincée

30 ml (2 c. à soupe) de persil plat frais, haché

Conseil du chef

Le millet est parfois enrobé d'une substance blanche et amère qui doit être lavée avant la cuisson. Rincer le millet dans plusieurs eaux et frotter les grains avec les mains. Égoutter le millet et l'étendre sur une mince couche sur une plaque à pâtisserie afin qu'il puisse sécher à l'air avant qu'on le fasse griller.

Par portion

194 Calories | 4 g Gras total | 0 g Gras saturé | 0 mg Cholestérol | 148 mg Sodium | 35 g Glucide total | 5 g Fibres alimentaires | 5 g Protéines | 33 mg Calcium

3 POINTS par portion

Kasha aux pommes et aux noix

Le kasha est un gruau à base de graines de sarrasin rôties. Il a un goût de noix grillées. Afin d'éviter les grumeaux et d'obtenir une consistance plus ferme, combinez le kasha avec un blanc d'œuf battu avant la cuisson. Dans ce plat, le kasha rehausse admirablement le goût aigre-doux de la pomme granny smith.

4 portions

1 blanc d'œuf

250 ml (1 tasse) de kasha

10 ml (2 c. à thé) d'huile végétale

1 pomme granny smith, évidée et hachée

2 branches de céleri, hachées

1 oignon, haché

250 ml (1 tasse) de jus de pomme

175 ml (¾ tasse) d'eau

1 ml (¼ c. à thé) de sel

Poivre fraîchement moulu

50 ml (¼ tasse) de noix grillées, hachées

1 **Dans un bol moyen,** battre légèrement le blanc d'œuf. Incorporer le kasha. Transvider dans un petit poêlon et cuire de 4 à 5 minutes en remuant pour bien séparer les grains.

2 **Chauffer l'huile** dans une casserole. Ajouter les pommes, le céleri et les oignons. Cuire de 8 à 10 minutes, en remuant au besoin, jusqu'à ce que les pommes soient tendres. Ajouter le kasha et cuire environ 1 minute en remuant.

3 **Incorporer le jus de pomme,** l'eau, le sel et le poivre. Amener à ébullition. Réduire la chaleur, couvrir et laisser mijoter environ 15 minutes, jusqu'à ce que le kasha soit cuit. Mélanger délicatement avec une fourchette, couvrir de noix hachées et servir.

Conseil du chef

Pour griller les noix, les mettre dans un petit poêlon sur feu moyen-doux. Secouer le poêlon et remuer les noix sans cesse de 3 à 5 minutes, jusqu'à ce qu'elles brunissent légèrement et qu'une bonne odeur commence à se répandre. Il faut bien les surveiller puisqu'elles peuvent brûler rapidement. Les transvider ensuite sur une assiette pour les laisser refroidir.

3 POINTS par portion

Par portion

173 Calories | 7 g Gras total | 1 g Gras saturé | 0 mg Cholestérol | 181 mg Sodium | 25 g Glucide total | 3 g Fibres alimentaires | 5 g Protéines | 28 mg Calcium

Taboulé

Cette salade froide issue du Moyen-Orient est principalement composée de bulghur. Le bulghur est fait de grains de blé d'abord cuits à la vapeur, puis décortiqués, séchés, et enfin concassés. Cette salade traditionnelle accompagnera merveilleusement les pointes de pain pita grillé tartinées de hoummos ou de baba kanouy.

1 **Amener l'eau** à ébullition dans une casserole. Incorporer le bulghur. Retirer du feu, couvrir et laisser reposer de 20 à 25 minutes, jusqu'à ce que l'eau soit absorbée.

2 **Dans un grand bol,** mélanger les tomates, le persil, le jus de citron, les oignons, les oignons verts, l'ail, l'huile, le sel et le poivre. Ajouter le bulghur et bien remuer. Couvrir et garder au réfrigérateur au moins 3 heures pour bien refroidir. Servir avec des tranches de citron.

4 portions

250 ml (1 tasse) d'eau

150 ml ($2/3$ tasse) de bulghur

2 tomates moyennes, hachées

150 ml ($2/3$ tasse) de persil plat frais, haché

75 ml ($1/3$ tasse) de jus de citron fraîchement pressé

1 petit oignon rouge, haché

2 oignons verts, en tranches (partie verte seulement)

1 gousse d'ail, émincée

10 ml (2 c. à thé) d'huile d'olive

1 ml ($1/4$ c. à thé) de sel

Poivre fraîchement moulu

Tranches de citron

Conseil du chef

Ajouter une touche de saveur en remplaçant la moitié du persil par de la menthe fraîche hachée.

Par portion

132 Calories | 3 g Gras total | 0 g Gras saturé | 0 mg Cholestérol | 163 mg Sodium | 25 g Glucide total | 6 g Fibres alimentaires | 4 g Protéines | 39 mg Calcium

2 POINTS par portion

Grains de blé à la menthe et à l'orange

Vous trouverez des grains de blé entiers dans les épiceries d'aliments naturels ou dans les épiceries du Moyen-Orient. Les grains de blé entiers, riches en protéines, se conserveront jusqu'à un an à l'intérieur d'un contenant hermétique, à l'abri de la lumière et de la chaleur. Si vous ne pouvez trouver de grains de blé entiers, remplacez-les par du bulghur ou du riz brun. Suivez les directives de cuisson de la céréale que vous utiliserez.

4 portions

- 550 ml (2 ¼ tasses) d'eau
- 250 ml (1 tasse) de grains de blé tendre entiers, rincés
- 2 oranges navels, pelées et coupées en quartiers
- ½ carotte, pelée et finement hachée
- ½ oignon rouge, émincé
- 125 ml (½ tasse) de menthe fraîche, hachée
- 45 ml (3 c. à soupe) de jus de citron fraîchement pressé
- 10 ml (2 c. à thé) d'huile d'olive
- 1 ml (¼ c. à thé) de sel
- Poivre fraîchement moulu

1 **Amener l'eau** à ébullition dans une casserole. Ajouter les grains de blé, réduire la chaleur, couvrir et laisser mijoter de 1 ½ à 2 h, jusqu'à ce qu'ils soient cuits et que l'eau soit absorbée. Mélanger avec une fourchette et laisser reposer 5 minutes.

2 **Dans un grand bol,** mélanger les grains de blé avec tous les autres ingrédients. Bien remuer. Couvrir et laisser au réfrigérateur pendant au moins 1 heure avant de servir.

---

4 POINTS par portion   **Par portion**
227 Calories | 3 g Gras total | 0 g Gras saturé | 0 mg Cholestérol | 154 mg Sodium | 45 g Glucide total | 9 g Fibres alimentaires | 9 g Protéines | 69 mg Calcium

Pilaf de quinoa aux poivrons rouges

Le quinoa est la plus nutritive de toutes les céréales. Elle cuit rapidement et son goût s'agence bien à celui de l'agneau, de la volaille et du poisson. Le germe enveloppe complètement la graine et se détache de celle-ci au cours de la cuisson. Il demeure légèrement croquant tandis que la graine, elle, devient molle et onctueuse. Rincez le quinoa avant de le faire cuire afin de lui enlever son enduit naturel, qui est amer.

1 **Verser le quinoa** dans un bol d'eau froide et bien le laver en le frottant entre les mains. Égoutter et répéter l'opération une ou deux fois, jusqu'à ce que l'eau devienne claire.

2 **Chauffer 30 ml (2 c. à soupe)** de bouillon dans une casserole moyenne. Ajouter les échalotes et l'ail. Cuire environ 1 minute, en remuant souvent, jusqu'à ce que les échalotes soient tendres. Ajouter le bouillon restant, le quinoa, la feuille de laurier, le thym, le sel et le poivre. Amener à ébullition. Réduire la chaleur et laisser mijoter à couvert environ 15 minutes, jusqu'à ce que le quinoa soit transparent et que le liquide soit absorbé.

3 **Retirer la casserole** du feu. Laisser reposer 5 minutes et défaire les grains avec une fourchette. Jeter la feuille de laurier et le brin de thym. Incorporer les poivrons.

4 portions

250 ml (1 tasse) de quinoa

500 ml (2 tasses) de bouillon de poulet hyposodique

15 ml (1 c. à soupe) d'échalotes, émincées

3 gousses d'ail, émincées

1 feuille de laurier

1 brin de thym frais

1 ml (¼ c. à thé) de sel

Pincée (⅛ c. à thé) de poivre blanc fraîchement moulu

45 ml (3 c. à soupe) de poivrons rouges, grillés et hachés

Conseil du chef

On peut utiliser du poivron grillé en pot ou le faire griller soi-même. Pour griller le poivron, vaporiser le gril avec de l'enduit anticollant. Préchauffer le gril. Cuire le poivron de 10 à 20 minutes à 12,5 cm (5 po) de la source de chaleur, en le retournant souvent avec une pince, jusqu'à ce qu'il soit noirci et ratatiné. Mettre le poivron dans un petit bol, couvrir de pellicule plastique et laisser étuver 10 minutes. Quand il est suffisamment refroidi pour être manipulé, le peler et l'égrener.

Par portion   **3 POINTS par portion**

186 Calories | 4 g Gras total | 1 g Gras saturé | 3 mg Cholestérol | 225 mg Sodium | 32 g Glucide total | 3 g Fibres alimentaires | 8 g Protéines | 40 mg Calcium

Couscous aux champignons sauvages et aux noix

Le couscous n'est pas réellement une céréale : produit à base de blé, il fait plutôt partie de la famille des pâtes alimentaires. Nous l'avons inclus dans ce chapitre parce que, en cuisine, on le traite davantage comme une céréale. Le couscous cuit rapidement et constitue une base savoureuse dans les plats mijotés et recettes de cari ; servez-le aussi avec l'agneau et le poisson grillés.

4 portions

500 ml (2 tasses) de bouillon de poulet hyposodique ou d'eau

250 ml (1 tasse) d'eau

125 ml (½ tasse) de champignons sauvages (shiitake ou porcinis, par exemple) en tranches

5 ml (1 c. à thé) de zeste d'orange, râpé

1 ml (¼ c. à thé) de sel

30 ml (2 c. à soupe) de noix grillées, grossièrement hachées

1 **Amener le bouillon** à ébullition dans une casserole. Ajouter le couscous en remuant pour défaire les grumeaux. Amener à ébullition sans cesser de remuer, puis retirer du feu. Incorporer délicatement les champignons, le zeste et le sel. Couvrir et laisser reposer 5 minutes.

2 **Touiller délicatement** le couscous avec deux fourchettes en prenant soin de défaire les grumeaux. Garnir de noix hachées et servir.

Conseil du chef

On peut remplacer les champignons frais par des champignons déshydratés. Verser suffisamment d'eau bouillante sur 50 ml (¼ tasse) de champignons déshydratés pour les recouvrir complètement. Laisser tremper 15 minutes et égoutter. Pour donner une saveur plus corsée au couscous, filtrer l'eau de trempage des champignons à travers un filtre à café et l'utiliser pour remplacer une partie de l'eau ou du bouillon. Si on ne peut trouver de champignons sauvages frais ou déshydratés, on peut les remplacer par des champignons blancs coupés en tranches.

Pour griller les noix, les mettre dans un petit poêlon sur feu moyen-doux. Secouer le poêlon et remuer les noix sans cesse de 3 à 5 minutes, jusqu'à ce qu'elles brunissent légèrement et qu'une bonne odeur commence à se répandre. Il faut bien les surveiller puisqu'elles peuvent brûler rapidement. Les transvider ensuite sur une assiette pour les laisser refroidir.

4 POINTS par portion

Par portion

220 Calories | 4 g Gras total | 1 g Gras saturé | 3 mg Cholestérol | 221 mg Sodium | 38 g Glucide total | 3 g Fibres alimentaires | 9 g Protéines | 23 mg Calcium

Polenta au fromage de chèvre

Une fois refroidie, la polenta cuite adopte une consistance dense et peut être coupée en tranches. Faites rissoler ces tranches à la poêle : elles deviendront dorées et croustillantes à l'extérieur, et crémeuses à l'intérieur. Réchauffez les restes au four ou sur le gril et faites-en de délicieux sandwiches aux poivrons rouges grillés et aux champignons sautés.

1. **Dans un bol,** mélanger la polenta, le poivre et le sel.

2. **Chauffer 30 ml (2 c. à soupe)** de bouillon dans une casserole moyenne, puis ajouter l'ail. Cuire environ 1 minute, en remuant souvent, jusqu'à ce que l'ail soit tendre. Ajouter le bouillon restant et amener à ébullition. Sans cesser de fouetter, verser doucement la polenta en un mince filet continu. Réduire la chaleur et cuire 5 minutes sans cesser de fouetter. Retirer la casserole du feu, puis incorporer le fromage, la ciboulette et le thym.

3. **Brosser un plat de cuisson carré** de 1 litre (4 tasses) avec de l'eau. Étendre la polenta uniformément au fond du plat. Couvrir et garder environ 1 heure au réfrigérateur, jusqu'à ce que la polenta soit ferme et froide. Démouler la polenta et la couper en 8 rectangles.

4. **Vaporiser un poêlon** à revêtement antiadhésif avec de l'enduit anticollant. Mettre sur feu moyen-élevé, puis ajouter la polenta. Cuire de 2 à 3 minutes de chaque côté, jusqu'à de qu'elle soit chaude et légèrement dorée.

4 portions

250 ml (1 tasse) de polenta minute

Poivre fraîchement moulu

1 ml ($\frac{1}{4}$ c. à thé) de sel

750 ml (3 tasses) de bouillon de poulet hyposodique

3 gousses d'ail, émincées

75 ml ($\frac{1}{3}$ tasse) de fromage de chèvre, émietté

2 ml ($\frac{1}{2}$ c. à thé) de ciboulette fraîche, hachée

2 ml ($\frac{1}{2}$ c. à thé) de thym frais, haché

Conseil du chef

La polenta est une semoule de maïs grossièrement moulue très populaire en Italie. Cette recette utilise la polenta minute qui a subi un traitement spécial pour cuire plus rapidement. On peut la remplacer par la polenta régulière qui exigera toutefois 30 minutes de cuisson environ. La polenta est cuite à la perfection lorsqu'elle se détache facilement des parois de la casserole pendant qu'on la remue.

Par portion

206 Calories | 6 g Gras total | 3 g Gras saturé | 14 mg Cholestérol | 316 mg Sodium | 30 g Glucide total | 3 g Fibres alimentaires | 9 g Protéines | 59 mg Calcium

4 POINTS par portion

Farro au persil et salsa aux amandes grillées

Le farro est une céréale italienne provenant de la Toscane ; vous la trouverez dans les épiceries d'aliments naturels. Achetez-la en grains entiers ou concassés, et ajustez le temps de cuisson en conséquence. La riche saveur de noix du farro accompagnera merveilleusement un plat de légumes cuits à l'étuvée.

6 portions

- 500 ml (2 tasses) d'eau
- ½ carotte, pelée
- ½ oignon moyen, pelé
- Pincée de thym séché
- Pincée d'origan séché
- ¼ feuille de laurier
- 120 g (4 oz) de farro, rincé et égoutté (environ 175 ml/¾ tasse)
- 1 ml (¼ c. à thé) de sel
- 15 ml (1 c. à soupe) d'échalotes, émincées
- 15 ml (1 c. à soupe) de vinaigre de vin rouge
- 50 ml (¼ tasse) d'amandes grillées, hachées
- 125 ml (½ tasse) de persil frais, haché
- 15 ml (1 c. à soupe) de basilic frais, haché
- 15 ml (1 c. à soupe) d'huile d'olive extravierge
- 10 ml (2 c. à thé) d'estragon frais, haché
- 7 ml (1 ½ c. à thé) de câpres, égouttées et hachées

1 **Dans une casserole,** mélanger l'eau, la carotte, l'oignon, le thym, l'origan et la feuille de laurier. Amener à ébullition. Incorporer le farro et le sel. Réduire la chaleur, couvrir et laisser mijoter jusqu'à ce qu'il soit cuit et facile à mastiquer (de 45 à 50 minutes pour des grains de farro entiers ou de 20 à 25 minutes pour des grains concassés). Égoutter le liquide restant au besoin. Jeter la carotte, l'oignon et la feuille de laurier.

2 **Pendant ce temps,** mélanger les échalotes et le vinaigre dans un bol en verre ou en acier inoxydable. Laisser reposer 20 minutes. Ajouter les amandes, le persil, le basilic, l'huile, l'estragon et les câpres. Verser à la cuillère sur le farro et servir.

Conseil du chef

Pour griller les amandes, les mettre dans un petit poêlon sur feu moyen-doux. Secouer le poêlon et remuer les noix sans cesse de 3 à 5 minutes.

2 POINTS par portion

Par portion

130 Calories | 7 g Gras total | 0,5 g Gras saturé | 0 mg Cholestérol | 140 mg Sodium | 16 g Glucide total | 4 g Fibres alimentaires | 4 g Protéines | 25 mg Calcium

Farro au persil et salsa aux amandes grillées

Croquettes de maïs, de quinoa et de riz sauvage

Ces galettes allient la douce saveur de noix du riz sauvage au goût de la farine de maïs et du quinoa, une céréale très riche en protéines. Ces galettes sont délicieuses avec une sauce tomate et des légumes cuits à l'étuvée. Préparez-les une journée à l'avance et faites-les cuire juste avant le repas.

4 portions

50 ml (¼ tasse) de riz sauvage

875 ml (3 ½ tasses) de bouillon de légumes hyposodique

Pincée (⅛ c. à thé) de sel

Poivre fraîchement moulu

75 ml (⅓ tasse) de quinoa

175 ml (¾ tasse) de semoule de maïs jaune

1 ml (¼ c. à thé) de cumin moulu

Pincée de poivre de Cayenne

50 ml (¼ tasse) de miettes de corn-flakes

Conseil du chef

On peut se procurer le quinoa dans les épiceries d'aliments naturels et certains supermarchés. Le germe, qui entoure entièrement le reste du grain, restera légèrement croquant après la cuisson tandis que le grain sera plus tendre. Avant la cuisson, bien laver les grains pour enlever la saponine, une substance qui laisse un goût amer dans la bouche.

1 **Rincer le riz sauvage** à l'eau froide et égoutter. Amener le riz et 175 ml (¾ tasse) de bouillon dans une casserole. Réduire la chaleur, couvrir et laisser mijoter environ 40 minutes, jusqu'à ce qu'il soit cuit. Ajouter une pincée de sel et poivrer. Défaire les grains avec une fourchette et étendre dans un bol peu profond pour laisser refroidir.

2 **Pendant ce temps,** rincer plusieurs fois le quinoa à l'eau froide et égoutter. Dans une casserole, amener à ébullition le quinoa et 175 ml (¾ tasse) de bouillon. Réduire la chaleur, couvrir et laisser mijoter environ 15 minutes, jusqu'à ce que le quinoa soit cuit. Ajouter une pincée de sel et poivrer. Défaire les grains avec une fourchette et étendre dans un bol peu profond pour laisser refroidir.

3 **Amener à ébullition** le bouillon restant. Incorporer en fouettant 85 ml (⅓ tasse + 2 c. à thé) de semoule de maïs. Réduire la chaleur et laisser mijoter environ 10 minutes, sans cesser de remuer, jusqu'à ce qu'elle devienne épaisse et ait la consistance d'un porridge. Retirer du feu, incorporer le riz sauvage, le quinoa, le cumin et le poivre de Cayenne. Transvider dans un plat peu profond et laisser refroidir légèrement.

4 **Préchauffer le four** à 190 °C (375 °F).

5 **Façonner 8 croquettes** de 7,5 cm (3 po) avec la préparation. Mélanger la semoule restante avec les miettes de corn-flakes. Fariner les croquettes avec ce mélange en prenant soin de bien les enrober des deux côtés. Mettre les croquettes sur une plaque à pâtisserie et les vaporiser légèrement des deux côtés avec de l'enduit anticollant. Cuire au four de 15 à 20 minutes, jusqu'à ce qu'elles commencent à brunir et qu'elles soient bien cuites.

---

4 POINTS par portion **Par portion**

220 Calories | 3 g Gras total | 1 g Gras saturé | 0 mg Cholestérol | 151 mg Sodium | 40 g Glucide total | 4 g Fibres alimentaires | 9 g Protéines | 21 mg Calcium

Risotto aux pétoncles et aux asperges

Les différentes variétés de riz à grains courts tel le riz arborio sont généralement plus nourrissantes que les riz à grains plus longs. Mais le réel attrait de ce risotto est sa saveur. Si vous ne pouvez trouver de pétoncles de baie, utilisez des pétoncles de mer et coupez-les en quatre.

1 **Dans une casserole,** amener l'eau et le bouillon à ébullition. Réduire la chaleur et laisser mijoter.

2 **Chauffer l'huile** dans une casserole à revêtement antiadhésif, puis ajouter les oignons. Réduire la chaleur et faire sauter 1 minute. Ajouter le riz et cuire environ 2 minutes en remuant pour bien l'enrober. Verser 250 ml (1 tasse) de bouillon, cuire jusqu'à ce que le liquide soit absorbé en remuant de temps à autre.

3 **Ajouter 125 ml (½ tasse)** de bouillon et les asperges. Cuire, en remuant, jusqu'à ce que le liquide soit absorbé. Continuer à verser le bouillon, 125 ml (½ tasse) à la fois, en prenant soin de remuer avant chaque addition. Le temps de cuisson après la première addition de bouillon devrait être de 25 à 30 minutes. Incorporer les pétoncles, le jus et le zeste de citron, le sel et le poivre. Cuire environ 2 minutes, jusqu'à ce que les pétoncles soient opaques, que le riz soit cuit et que le liquide soit absorbé. Incorporer le fromage et servir.

4 portions

750 ml (3 tasses) d'eau

300 ml (1 ¼ tasse) de bouillon de poulet hyposodique

10 ml (2 c. à thé) d'huile d'olive

½ oignon rouge moyen, finement haché

325 ml (1 ⅓ tasse) de riz arborio ou de riz à grains courts

12 fines pointes d'asperge, coupées diagonalement en morceaux de 2,5 cm (1 po)

600 g (1 ¼ lb) de pétoncles de baie (retirer le muscle)

15 ml (1 c. à soupe) de jus de citron fraîchement pressé

2 ml (½ c. à thé) de zeste de citron, râpé

3 ml (¾ c. à thé) de sel

Poivre fraîchement moulu

50 ml (¼ tasse) de fromage asiago, râpé

Conseil du chef

Les pétoncles ont souvent un petit muscle coriace qui reste attaché à la noix. Ce muscle est dur et doit être retiré avant la cuisson. Il suffit de le couper et de le jeter.

Par portion

440 Calories | 6 g Gras total | 2 g Gras saturé | 54 mg Cholestérol | 717 mg Sodium | 61 g Glucide total | 3 g Fibres alimentaires | 32 g Protéines | 121 mg Calcium

9 POINTS par portion

Risotto aux pétoncles et aux asperges

Risotto aux petits pois et aux oignons verts

Servez ce classique mets italien avec des tranches de rôti de porc. Remplacez le bouillon de poulet par du bouillon de légumes faible en sodium, et vous obtiendrez un sain délice végétarien que vous pourrez servir comme plat principal ou comme mets d'accompagnement.

1 **Amener le bouillon** à ébullition dans une casserole. Réduire la chaleur et laisser mijoter.

2 **Chauffer l'huile** dans une casserole à revêtement antiadhésif, puis ajouter les oignons. Réduire la chaleur et faire sauter 1 minute. Ajouter le riz et cuire environ 2 minutes en remuant bien. Verser le vin et 250 ml (1 tasse) de bouillon. Cuire en remuant jusqu'à ce que le liquide soit absorbé.

3 **Ajouter 250 ml (1 tasse)** de liquide, les petits pois et 125 ml (½ tasse) d'oignons verts. Cuire en remuant jusqu'à ce que le liquide soit absorbé. Continuer d'ajouter du bouillon, 125 ml (½ tasse) à la fois, en remuant jusqu'à ce que le liquide soit absorbé avant d'en ajouter davantage. Le temps de cuisson après la première addition de bouillon devrait être de 25 à 30 minutes. Poivrer et ajouter les oignons verts restants avant de servir.

4 portions

875 ml (3 ½ tasses) de bouillon de poulet hyposodique

20 ml (1 c. à soupe + 1 c. à thé) d'huile végétale

1 oignon moyen, finement haché

325 ml (1 ⅓ tasse) de riz arborio

250 ml (1 tasse) de vin blanc sec

250 ml (1 tasse) de petits pois verts, décongelés

4 oignons verts, en tranches (environ 175 ml/¾ tasse)

Poivre fraîchement moulu

Conseil du chef

On peut remplacer le vin par une quantité égale de bouillon si on le souhaite.

Par portion
416 Calories | 6 g Gras total | 1 g Gras saturé | 4 mg Cholestérol | 165 mg Sodium | 72 g Glucide total | 4 g Fibres alimentaires | 12 g Protéines | 65 mg Calcium

8 POINTS par portion

Chapitre 12

Œufs, haricots, fromage et tofu

Soufflé au fromage	242
Haricots frits à la mode végétarienne	244
Maïs grillé et haricots de Lima	245
Tajine aux légumes et aux pois chiches	246
Doliques à œil noir aux tomates séchées	247
Doliques à œil noir et riz aux légumes	248
Haricots noirs et maïs grillé	249
Croquettes de haricots noirs	250
Pain de maïs et de haricots noirs	251
Tortillas aux légumes cuites au four	252
Tofu mariné et légumes frits	253
Tofu à la provençale	254

Soufflé au fromage

Ce mets classique est composé d'une sauce béchamel à laquelle on ajoute du fromage, des jaunes d'œufs et des assaisonnements. Des blancs d'œufs battus sont ensuite incorporés au mélange, rendant celui-ci léger et moelleux. Préparez ce soufflé tandis que vos invités sont à table, afin qu'ils puissent le savourer dès qu'il sort du four, alors qu'il est à son meilleur.

4 portions

45 ml (3 c. à soupe) de farine tout usage

250 ml (1 tasse) de lait écrémé (1 %)

375 ml (1 ½ tasse) de cheddar à faible teneur en matières grasses, en fines lamelles

2 ml (½ c. à thé) de sel

Pincée (⅛ c. à thé) de poivre de Cayenne

2 œufs, séparés

2 blancs d'œufs

1. **Dans un petit bol,** délayer la farine dans 45 ml (3 c. à soupe) de lait jusqu'à consistance onctueuse. Fouetter ce mélange avec le lait restant dans une casserole à fond épais et mettre sur feu doux. Cuire environ 5 minutes, sans cesser de remuer, jusqu'à épaississement. Retirer du feu. Incorporer le fromage, 1 ml (¼ c. à thé) de sel et le poivre de Cayenne. Transvider dans un bol et laisser refroidir un peu.

2. **Préchauffer le four** à 180 °C (350 °F). Incorporer une petite quantité du mélange précédent aux jaunes d'œufs. Vider ensuite les jaunes d'œufs dans le premier mélange et fouetter.

3. **Battre les 4 blancs d'œufs** jusqu'à consistance mousseuse. Ajouter le sel restant et battre jusqu'à ce que les blancs soient fermes sans être grenus. Incorporer le quart des blancs d'œufs à la préparation au fromage. Plier les blancs restants à l'aide d'une spatule en caoutchouc. Verser dans un plat à soufflé de 3 litres (3 pintes) non graissé. Cuire au four 35 minutes, jusqu'à ce que le soufflé soit bien gonflé et bien cuit. Servir immédiatement.

Conseils du chef

Laisser les blancs d'œufs à la température ambiante. S'assurer que le bol et le fouet sont propres et secs et que les blancs ne contiennent aucune trace de jaune d'œuf. Ajouter une petite pincée de crème de tartre ou de sel aux blancs pour les maintenir stables. Commencer à les battre lentement et augmenter la vitesse quand ils commencent à devenir mousseux de manière à obtenir des pics fermes.

Pour plier les blancs d'œufs, utiliser une spatule de caoutchouc. Aller jusqu'au fond du bol, soulever les blancs et les retourner. Tourner le bol et recommencer.

5 POINTS par portion

Par portion
198 Calories | 9 g Gras total | 6 g Gras saturé | 131 mg Cholestérol | 636 mg Sodium | 9 g Glucide total | 0 g Fibres alimentaires | 20 g Protéines | 464 mg Calcium

Soufflé au fromage

Haricots frits à la mode végétarienne

Les frijoles refritos, *ou haricots frits, sont traditionnellement faits avec des haricots pinto bruns et roses. On les prépare d'ordinaire avec du saindoux, mais cette version végétarienne fera plutôt appel à l'huile de maïs et aux épices pour lui donner sa saveur. Durant la cuisson, certains haricots seront réduits en une purée crémeuse tandis que d'autres resteront fermes et entiers : c'est cette combinaison de textures qui donne à ce plat son caractère particulier. Ces haricots accompagnent magnifiquement les mets mexicains. Servez-les avec de la laitue coupée en lanières et des tranches de radis en garniture.*

4 portions

2 ml (½ c. à thé) d'huile de maïs

75 ml (⅓ tasse) d'oignons, hachés

2 gousses d'ail, émincées

2 ml (½ c. à thé) de cumin moulu

2 ml (½ c. à thé) de poudre de chili

1 boîte de 443 ml (15 oz) de haricots pinto, rincés et égouttés

250 ml (1 tasse) de bouillon de légumes

1 moitié de tomate séchée (non conservée dans l'huile), émincée

1 ml (¼ c. à thé) de sel

Sauce piquante au piment (facultatif)

Chauffer l'huile dans un poêlon à revêtement antiadhésif. Verser l'huile, puis ajouter les oignons, l'ail, le cumin et la poudre de chili. Faire sauter 3 ou 4 minutes, jusqu'à ce que les oignons soient transparents. Ajouter les haricots, le bouillon, les tomates et le sel. Laisser mijoter sur feu doux de 15 à 20 minutes, sans cesser de remuer, jusqu'à ce que les haricots commencent à se détacher des parois du poêlon. Assaisonner avec la sauce selon le goût.

---

2 POINTS par portion

Par portion

111 Calories | 2 g Gras total | 0 g Gras saturé | 0 mg Cholestérol | 450 mg Sodium | 19 g Glucide total | 5 g Fibres alimentaires | 6 g Protéines | 52 mg Calcium

Maïs grillé et haricots de Lima

Ce plat peut être préparé avec des haricots de Lima congelés, mais les haricots frais donneront à ce plat une texture crémeuse et une saveur incomparable. Les haricots de Lima frais sont habituellement disponibles au début de l'été.

1. **Amener les haricots de Lima** et 2,5 cm (1 po) d'eau à ébullition dans une casserole. Réduire la chaleur, couvrir et laisser mijoter jusqu'à ce qu'ils soient tendres (environ 15 minutes pour les haricots frais et 5 minutes pour les haricots décongelés). Égoutter et réserver.

2. **Dans une poêle** en fonte bien sèche, cuire le maïs environ 6 minutes, en remuant de temps à autre, jusqu'à ce qu'il soit brun doré. Incorporer les haricots de Lima, la ciboulette, l'estragon, le beurre, le sel et le poivre. Cuire environ 5 minutes, en remuant de temps à autre, jusqu'à ce que les saveurs soient bien mélangées. Servir immédiatement.

4 portions

960 g (2 lb) de haricots de Lima frais, écossés (environ 500 ml/2 tasses) ou 1 boîte de 300 g (10 oz) de haricots de Lima, décongelés

500 ml (2 tasses) de maïs frais (environ 4 épis) ou 1 boîte de 256 ml (9 oz) de maïs, décongelé

50 ml (¼ tasse) de ciboulette fraîche, émincée

7 ml (1 ½ c. à thé) d'estragon frais, haché

7 ml (1 ½ c. à thé) de beurre sans sel

Pincée (⅛ c. à thé) de sel

Poivre fraîchement moulu

Conseil du chef

Parce qu'elle retient merveilleusement bien la chaleur, la poêle en fonte est essentielle pour faire griller le maïs. Elle permet ainsi aux sucres du maïs de caraméliser, ce qui lui donne un goût grillé extraordinaire en quelques minutes seulement.

Par portion

208 Calories | 3 g Gras total | 1 g Gras saturé | 4 mg Cholestérol | 117 mg Sodium | 41 g Glucide total | 7 g Fibres alimentaires | 9 g Protéines | 33 mg Calcium

4 POINTS par portion

Tajine aux légumes et aux pois chiches

Le tajine est un pot-au-feu marocain que l'on doit longuement laisser mijoter dans un chaudron de terre cuite et que l'on sert avec du couscous. Dans ce tajine végétarien, les arômes du cumin, du poivre et de la cannelle se mélangent pour composer un plat magnifiquement exotique.

4 portions

15 ml (1 c. à soupe) d'huile d'olive

2 oignons moyens, hachés

3 gousses d'ail, émincées

7 ml (1 ½ c. à thé) de cumin moulu

Poivre fraîchement moulu

1 ml (¼ c. à thé) de cannelle

250 ml (1 tasse) d'eau

1 courge butternut de 960 g (2 lb), pelée, épépinée et coupée en morceaux

3 carottes, pelées et coupées en morceaux

1 boîte de 443 ml (15 oz) de pois chiches, rincés et égouttés

1 boîte de 412 ml (14 oz) de tomates en dés dans leur jus (sans sel ajouté)

1 patate douce, pelée et coupée en morceaux (environ 250 ml/1 tasse)

3 panais, pelés et coupés en morceaux

1 feuille de laurier

50 ml (¼ tasse) de persil plat frais, haché

1 **Chauffer** une grande casserole. Ajouter l'huile, puis les oignons. Faire sauter environ 5 minutes, jusqu'à ce qu'ils soient tendres. Ajouter l'ail et faire sauter environ 1 minute, jusqu'à ce qu'il soit doré. Ajouter le cumin, le poivre et la cannelle. Cuire 1 minute en remuant.

2 **Incorporer l'eau,** les courges, les carottes, les pois chiches, les tomates, les patates douces, les panais et la feuille de laurier. Amener à ébullition. Réduire la chaleur, couvrir à moitié et laisser mijoter de 45 à 55 minutes, jusqu'à ce que les légumes soient tendres. Jeter la feuille de laurier et parsemer de persil.

Conseil du chef

Pour peler la courge, couper le dessus et le dessous, puis la couper en deux en travers en séparant la partie supérieure de la partie inférieure. Cela facilitera la tâche. Égrener la courge. Avec un éplucheur ou un couteau bien affûté et résistant, enlever la pelure.

7 POINTS par portion

Par portion

380 Calories | 6 g Gras total | 1 g Gras saturé | 0 mg Cholestérol | 307 mg Sodium | 73 g Glucide total | 19 g Fibres alimentaires | 12 g Protéines | 187 mg Calcium

Doliques à œil noir aux tomates séchées

C'est parallèlement au trafic des esclaves africains que ces haricots asiatiques furent introduits en Amérique du Nord. L'œil noir de ces légumineuses par ailleurs blanches se situe dans la « courbe » du haricot. Servez ce plat avec du porc ou du jambon.

1 **Préchauffer le four** à 180 °C (350 °F).

2 **Cuire le bacon** dans une casserole avec couvercle allant au four. Remuer souvent jusqu'à ce que le bacon devienne croustillant. Ajouter les oignons et faire sauter environ 4 minutes, jusqu'à ce qu'ils commencent à brunir. Ajouter les doliques à œil noir, le bouillon, les tomates, la feuille de laurier et le thym.

3 **Amener à mijoter,** couvrir et cuire au four environ 25 minutes, jusqu'à ce que les doliques aient absorbé le bouillon. Jeter la feuille de laurier et le brin de thym avant de servir.

4 portions

1 tranche de bacon, hachée

30 ml (2 c. à soupe) d'oignons, hachés

500 ml (2 tasses) de doliques à œil noir, congelés

300 ml (1 ¼ tasse) de bouillon de poulet hyposodique

30 ml (2 c. à soupe) de tomates séchées (non conservées dans l'huile), finement hachées

1 petite feuille de laurier

1 petit brin de thym frais

Conseil du chef

Les doliques à œil noir sont disponibles en conserve, congelés, séchés ou frais selon la période de l'année. Dans cette recette, on peut remplacer les doliques congelés par des doliques frais. Si on préfère les doliques séchés, il faut d'abord les faire cuire selon les indications inscrites sur l'emballage jusqu'à ce qu'ils soient presque tendres, mais pas complètement. Ne pas utiliser de doliques en conserve dans cette recette parce qu'ils sont déjà trop cuits.

Par portion   **3 POINTS par portion**

154 Calories | 3 g Gras total | 1 g Gras saturé | 1 mg Cholestérol | 47 mg Sodium | 24 g Glucide total | 4 g Fibres alimentaires | 9 g Protéines | 31 mg Calcium

Doliques à œil noir et riz aux légumes

Ce plat typique du Sud-Est américain est traditionnellement servi au jour de l'an, la légende voulant qu'il vous portera chance tout au long de l'année. Pour un festin authentique, servez ce plat avec du jambon grillé ou de la barbue cuite au four accompagnés de légumes verts tel le Chou frisé à la mode du sud (page 263) et du Pain de maïs (page 306). Ajoutez une touche de vinaigre aux légumes verts avant de servir.

4 portions

125 ml (½ tasse) de doliques à œil noir frais ou secs

1 tranche de bacon, hachée

125 ml (½ tasse) d'oignons, hachés

2 gousses d'ail, finement émincées

¼ de piment de Cayenne broyé (ou selon le goût)

175 ml (¾ tasse) de riz blanc à grains longs

1 poivron vert ou rouge, épépiné et haché

300 ml (1 ¼ tasse) de bouillon de poulet hyposodique

1 feuille de laurier

1 brin de thym frais ou 2 ml (½ c. à thé) de thym séché

1 ml (¼ c. à thé) de sel

Poivre fraîchement moulu

Sauce piquante aux piments

1 **Mettre les doliques à œil noir** dans une casserole et les couvrir avec 5 cm (2 po) d'eau froide. Laisser mijoter jusqu'à ce qu'ils soient tendres, environ 12 minutes si on utilise des doliques frais et 1 heure si on utilise des doliques séchés. Ajouter de l'eau au besoin pendant la cuisson. Égoutter et réserver.

2 **Cuire le bacon** dans une autre casserole, en remuant souvent, jusqu'à ce qu'il soit croustillant. Retirer le bacon avec une écumoire et le mettre sur une assiette tapissée de papier essuie-tout.

3 **Garder un peu** de gras de bacon dans la casserole et jeter le reste. Ajouter les oignons, l'ail et le piment de Cayenne. Faire sauter environ 5 minutes, jusqu'à ce que les oignons soient dorés. Ajouter le riz et les poivrons et faire sauter 2 minutes de plus. Ajouter le bouillon et amener à ébullition. Ajouter les doliques à œil noir, la feuille de laurier et le thym. Couvrir hermétiquement et cuire sur feu doux de 18 à 20 minutes, jusqu'à ce que le riz soit tendre et que tout le liquide soit absorbé.

4 **Jeter la feuille de laurier** et le thym. Défaire les grains à la fourchette et incorporer délicatement le bacon. Saler et poivrer au besoin. Servir avec la sauce au piment.

Conseils du chef

On peut utiliser des doliques en conserve dans cette recette, mais il n'est pas nécessaire de les faire cuire séparément tel qu'indiqué à l'étape 1. Il suffit de les rincer et de les égoutter, puis de les ajouter au riz au cours des 10 dernières minutes de cuisson.

Pour faire un plat végétarien, remplacer le bacon par 5 à 10 ml (1 à 2 c. à thé) d'huile d'olive ou d'arachide, mettre 3 gousses d'ail plutôt que 2 et utiliser du bouillon de légumes ou de l'eau au lieu du bouillon de poulet.

4 POINTS par portion

Par portion

238 Calories | 2 g Gras total | 1 g Gras saturé | 3 mg Cholestérol | 221 mg Sodium | 45 g Glucide total | 4 g Fibres alimentaires | 10 g Protéines | 51 mg Calcium

Haricots noirs et maïs grillé

En faisant rôtir le maïs sur l'épi, vous lui conférerez une saveur riche, très particulière. Le maïs rôti et les haricots noirs forment une combinaison de saveurs fraîche et pétillante.

1 **Préchauffer le four** à 200 °C (400 °F). Détacher, sans les enlever, les feuilles de maïs. Enlever la barbe des épis. Ficeler les feuilles autour des épis à l'aide d'une lanière de feuille trempée dans l'eau. Mettre le maïs sur une plaque à pâtisserie et griller environ 30 minutes, jusqu'à ce qu'il soit tendre. Laisser refroidir un peu, éplucher les épis et détacher les grains.

2 **Chauffer** un grand poêlon. Verser l'huile, puis ajouter les oignons, l'ail et les piments. Faire sauter environ 3 minutes, jusqu'à ce que les oignons soient transparents. Ajouter les grains de maïs, les haricots, les tomates, le jus de lime et le sel. Cuire environ 5 minutes, en remuant, pour bien réchauffer. Incorporer la coriandre.

4 portions

2 épis de maïs moyens

2 ml ($\frac{1}{2}$ c. à thé) d'huile d'olive

50 ml ($\frac{1}{4}$ tasse) d'oignons rouges, hachés

1 gousse d'ail, émincée

2 ml ($\frac{1}{2}$ c. à thé) de piment jalapeño, émincé (porter des gants pour prévenir l'irritation des mains)

125 ml ($\frac{1}{2}$ tasse) de haricots noirs en conserve, rincés

1 petite tomate prune, hachée

10 ml (2 c. à thé) de jus de lime fraîchement pressé

Pincée ($\frac{1}{8}$ c. à thé) de sel

10 ml (2 c. à thé) de coriandre fraîche, hachée

Par portion   **1 POINT par portion**

80 Calories | 1 g Gras total | 0 g Gras saturé | 0 mg Cholestérol | 209 mg Sodium | 18 g Glucide total | 3 g Fibres alimentaires | 3 g Protéines | 17 mg Calcium

Croquettes de haricots noirs

Ces galettes traditionnelles dans le Sud-Ouest américain réunissent l'arôme du cumin, du chili en poudre, de la limette et de la coriandre. Faites-en un repas léger que vous servirez avec une salade verte. Le chorizo donnera du mordant à ce plat. Faites congeler vos restes de chorizo : ils vous seront utiles dans d'autres recettes.

4 portions

1 boîte de 443 ml (15 oz) de haricots noirs, rincés et égouttés

30 ml (2 c. à soupe) de bouillon de poulet ou de légumes hyposodique ou d'eau

15 ml (1 c. à soupe) de saucisse chorizo, hachée

75 ml (⅓ tasse) d'oignons, hachés

2 gousses d'ail, émincées

2 ml (½ c. à thé) de piment jalapeño, émincé (porter des gants pour prévenir l'irritation des mains)

1 ml (¼ c. à thé) de cumin moulu

1 ml (¼ c. à thé) de poudre de chili

1 blanc d'œuf, légèrement battu

80 ml (¼ tasse + 2 c. à soupe) de semoule de maïs

7 ml (1 ½ c. à thé) de jus de lime fraîchement pressé

10 ml (2 c. à thé) de coriandre fraîche, hachée

1 ml (¼ c. à thé) de sel

22 ml (1 ½ c. à soupe) de yogourt nature écrémé

22 ml (1 ½ c. à soupe) de crème sure légère

125 ml (½ tasse) de salsa aux tomates

1 **Verser la moitié** des haricots et le bouillon dans le robot de cuisine et réduire en purée en ajoutant du bouillon ou de l'eau au besoin. Mélanger la purée avec les haricots restants.

2 **Faire sauter** le chorizo environ 3 minutes dans un poêlon à revêtement antiadhésif pour le faire brunir. Ajouter les oignons, l'ail et les piments. Faire sauter environ 4 minutes, jusqu'à ce que les oignons soient transparents. Ajouter le cumin et la poudre de chili et faire sauter environ 1 minute. Transvider dans un bol et laisser refroidir.

3 **Mélanger le chorizo** avec les haricots. Incorporer le blanc d'œuf, 30 ml (2 c. à soupe) de semoule de maïs, le jus de lime, la coriandre et le sel. Laisser reposer 5 minutes. Former 8 petites croquettes de 5 cm (2 po). Fariner les croquettes des deux côtés avec la semoule de maïs restante et les débarrasser de tout surplus.

4 **Vaporiser** un grand poêlon à revêtement antiadhésif avec de l'enduit anticollant et mettre sur feu moyen-élevé. Ajouter les croquettes et cuire environ 1 minute de chaque côté, jusqu'à ce qu'elles soient brunes sur les deux faces et chaudes au centre. Procéder en plusieurs fois si le poêlon n'est pas assez grand.

5 **Mélanger le yogourt** et la crème sure dans un petit bol. Servir les croquettes avec un peu de yogourt à la crème et la salsa.

Conseils du chef

Le chorizo est une saucisse de porc épicée populaire dans la cuisine mexicaine et espagnole. On en trouve facilement dans les épiceries fines et certains supermarchés.

Pour faire un plat végétarien, utiliser du bouillon de légumes ou de l'eau pour réduire les haricots en purée. Ne pas mettre de chorizo et utiliser 2 ml (½ c. à thé) d'huile végétale pour faire sauter les oignons, l'ail et les piments à l'étape 2.

3 POINTS par portion — Par portion (2 croquettes + 10 ml (2 c. à thé) de sauce au yogourt)

165 Calories | 3 g Gras total | 2 g Gras saturé | 7 mg Cholestérol | 651 mg Sodium | 25 g Glucide total | 7 g Fibres alimentaires | 10 g Protéines | 65 mg Calcium

Pain de maïs et de haricots noirs

Ce nourrissant pain végétarien sera coupé en pointes, sauté, puis servi tiède. Préparez-le un jour à l'avance et faites-le sauter juste avant de servir. Ces pointes dorées et croustillantes sont délicieuses avec un bon bol de soupe aux tomates.

1. **Chauffer** un grand poêlon à revêtement antiadhésif. Verser l'huile, puis ajouter les oignons, les poivrons et l'ail. Faire sauter environ 3 minutes, jusqu'à ce que les oignons soient transparents. Retirer du feu et incorporer les haricots, les tomates, la coriandre et la sauce aux piments.

2. **Amener le bouillon** à ébullition dans une casserole. Saler et poivrer. Incorporer lentement la semoule de maïs à l'aide d'un fouet. Réduire la chaleur et laisser mijoter environ 10 minutes, sans cesser de remuer, jusqu'à ce que la préparation se détache facilement des parois de la casserole. Retirer du feu et incorporer la préparation aux haricots.

3. **Vaporiser** un moule à pain de 10 x 21 cm (4 x 8 ½ po) avec de l'enduit anticollant. Transvider la préparation dans le moule et uniformiser le dessus avec une spatule de caoutchouc. Couvrir et conserver au réfrigérateur de 8 à 10 heures, jusqu'à ce que le pain soit ferme.

4. **Démouler le pain** et le couper en 6 morceaux de même grosseur. Couper chaque morceau diagonalement en deux pour obtenir 12 triangles.

5. **Vaporiser un poêlon** à revêtement antiadhésif avec de l'enduit anticollant et mettre sur feu moyen-élevé. Fariner légèrement les triangles et secouer tout surplus de farine. Cuire de 1 ½ à 2 minutes de chaque côté, en les retournant à quelques reprises, jusqu'à ce qu'ils brunissent légèrement. Mettre 2 triangles sur chaque assiette et napper de salsa avant de servir.

6 portions

15 ml (1 c. à soupe) d'huile végétale

125 ml (½ tasse) d'oignons rouges, hachés

125 ml (½ tasse) de poivron rouge, finement haché

125 ml (½ tasse) de poivron vert, finement haché

3 gousses d'ail, émincées

1 boîte de 443 ml (15 oz) de haricots noirs, rincés et égouttés

45 ml (3 c. à soupe) de tomates séchées, finement hachées (non conservées dans l'huile)

15 ml (1 c. à soupe) de coriandre fraîche, hachée

Trait de sauce piquante aux piments

500 ml (2 tasses) de bouillon de légumes hyposodique

2 ml (½ c. à thé) de sel

1 ml (¼ c. à thé) de grains de poivre noir concassé

150 ml (⅔ tasse) de semoule de maïs

30 ml (2 c. à soupe) de farine tout usage

125 ml (½ tasse) de salsa préparée (facultatif)

2 POINTS par portion

Par portion

149 Calories | 3 g Gras total | 1 g Gras saturé | 2 mg Cholestérol | 475 mg Sodium | 25 g Glucide total | 5 g Fibres alimentaires | 6 g Protéines | 34 mg Calcium

Tortillas aux légumes cuites au four

Vos invités raffoleront de ce plat savoureux qui contient deux sortes de haricots, des poivrons, des piments jalapeño, des oignons, des tortillas, du fromage et de la salsa. Si vous préparez ce plat à l'avance, assemblez les ingrédients mais ne les mettez pas immédiatement au four. Couvrez le plat et mettez-le au réfrigérateur. Avant le repas, laissez-le à la température de la pièce environ une heure, puis mettez-le au four. À servir avec de la salsa et de la crème sure légère.

6 portions

- 1 boîte de 443 ml (15 oz) de haricots noirs, rincés et égouttés
- 280 ml (1 tasse + 2 c. à soupe) de bouillon de légumes hyposodique
- 15 ml (1 c. à soupe) de rhum brun
- 15 ml (1 c. à soupe) de vinaigre de vin rouge
- 1 grosse gousse d'ail, émincée
- 7 ml (1 ½ c. à thé) de piment jalapeño, émincé (porter des gants pour prévenir l'irritation des mains)
- 2 ml (½ c. à thé) de poivre fraîchement moulu
- 1 ml (¼ c. à thé) de sel
- 1 ml (¼ c. à thé) de sauce piquante aux piments
- 1 poivron rouge, épépiné et coupé en fines tranches
- 2 oignons, en fines tranches
- 8 tortillas de maïs de 15 cm (6 po), coupées en deux
- 1 boîte de 455 ml (16 oz) de haricots sautés sans matières grasses (épicés ou nature), chauds
- 125 ml (½ tasse) de cheddar extrafort, râpé
- 125 ml (½ tasse) de monterey jack au piment jalapeño, râpé

1 **Dans une casserole,** amener à ébullition 250 ml (1 tasse) de bouillon, le rhum, le vinaigre, l'ail, les piments, le poivre, le sel et la sauce aux piments. Réduire la chaleur et laisser mijoter 15 minutes. Égoutter et réserver.

2 **Amener le bouillon restant** à ébullition dans un poêlon à revêtement antiadhésif. Ajouter les poivrons et les oignons. Réduire la chaleur, couvrir et laisser mijoter environ 10 minutes, en remuant de temps à autre, jusqu'à ce que les légumes soient tendres. Réserver.

3 **Préchauffer le four** à 180 °C (350 °F). Vaporiser un plat de cuisson de 17,5 x 27,5 cm (7 x 11 po) avec de l'enduit anticollant. Superposer 5 tortillas au fond du plat et napper avec les haricots sautés. Couvrir de cheddar. Mettre les 5 autres tortillas par-dessus. Couvrir avec la préparation aux oignons, puis les haricots noirs. Mettre les 6 dernières moitiés de tortillas sur le dessus et terminer par une couche de monterey jack.

4 **Couvrir légèrement** de papier d'aluminium et cuire au four 20 minutes. Retirer le papier d'aluminium et cuire 10 minutes de plus pour faire brunir légèrement.

---

6 POINTS par portion **Par portion**
315 Calories | 8 g Gras total | 4 g Gras saturé | 20 mg Cholestérol | 1 023 mg Sodium | 45 g Glucide total | 11 g Fibres alimentaires | 16 g Protéines | 247 mg Calcium

Tofu mariné et légumes frits

Le tofu mariné remplace avantageusement la viande dans ce plat de légumes piquant et coloré. Utilisez des légumes frais tels les petits pois sucrés, les courges, le brocoli, le chou-fleur et les germes de soja. Si vous manquez de temps, achetez des paquets de légumes déjà coupés au supermarché.

1. **Pour faire mariner** le tofu, mélanger le tofu, la sauce soja, le gingembre et l'ail dans un sac de plastique à fermeture hermétique. Faire sortir l'air et bien sceller le sac. Secouer pour bien enrober le tofu. Conserver environ 20 minutes au réfrigérateur en retournant le sac de temps à autre.

2. **Égoutter le tofu** et jeter la marinade. Éponger le tofu avec du papier essuie-tout et le fariner en secouant tout surplus de farine.

3. **Chauffer un wok** ou un poêlon à revêtement antiadhésif sur feu élevé jusqu'à ce qu'une goutte d'eau crépite. Verser l'huile et remuer le poêlon en tous sens. Ajouter le tofu et frire environ 2 minutes pour le faire brunir légèrement. Transvider sur une assiette.

4. **Ajouter les oignons verts,** le gingembre et l'ail dans le poêlon et remuer rapidement. Ajouter les légumes mélangés et frire environ 4 minutes, jusqu'à ce qu'ils soient tendres mais encore croquants. (La cuisson peut varier selon les légumes choisis.) Ajouter le tofu, la sauce soja et la pâte de haricots. Bien remuer. Incorporer le cinq-épices et l'huile de sésame. Servir sur du riz brun et saupoudrer de graines de sésame.

4 portions
Tofu mariné
240 g (8 oz) de tofu ferme, égoutté et coupé en cubes
11 ml (2 ¼ c. à thé) de sauce soja hyposodique
7 ml (1 ½ c. à thé) de gingembre frais, pelé et émincé
1 gousse d'ail, émincée
30 ml (2 c. à soupe) de farine tout usage
12 ml (2 ½ c. à thé) d'huile d'arachide

Légumes frits
1 oignon vert, en fines tranches
7 ml (1 ½ c. à thé) de gingembre frais, pelé et émincé
1 gousse d'ail, émincée
600 g (1 ¼ lb) de légumes mélangés, coupés en petites bouchées
45 ml (3 c. à soupe) de sauce soja hyposodique
7 ml (1 ½ c. à thé) de pâte de haricots piquante
2 ml (½ c. à thé) de cinq-épices en poudre
1 ml (¼ c. à thé) d'huile de sésame orientale (foncée)
375 ml (1 ½ tasse) de riz brun, cuit
15 ml (1 c. à soupe) de graines de sésame, grillées

Conseils du chef

Le brocoli, le chou-fleur et les carottes doivent être ajoutés en premier puisqu'ils nécessitent une plus longue cuisson. Ajouter ensuite les légumes à cuisson plus rapide tels que les courges ou les haricots.

On peut se procurer la pâte de haricots piquante, aussi appelée pâte de haricots aux piments, dans les épiceries orientales et certains supermarchés.

Par portion

308 Calories | 13 g Gras total | 2 g Gras saturé | 0 mg Cholestérol | 718 mg Sodium | 35 g Glucide total | 7 g Fibres alimentaires | 11 g Protéines | 185 mg Calcium

6 POINTS par portion

Tofu à la provençale

Fait à base de lait de soja caillé, le tofu est un aliment riche en protéines et faible en calories. Gardez-le dans l'eau, changez l'eau chaque jour, et votre tofu se conservera jusqu'à une semaine au réfrigérateur. Ce délicieux ragoût se sert avec des pâtes, du riz ou des pommes de terre nouvelles bouillies.

4 portions

15 ml (1 c. à soupe) d'huile d'olive

2 oignons moyens, en fines tranches

1 poivron rouge, en fines tranches

2 gousses d'ail, émincées

1 courgette moyenne, en fines tranches

10 ml (2 c. à thé) de thym frais, haché ou 5 ml (1 c. à thé) de thym séché

1 boîte de 427 ml (14 ½ oz) de tomates en dés

720 g (1 ½ lb) de tofu ferme, en cubes de 2,5 cm (1 po)

Pincée de sel

Poivre fraîchement moulu

50 ml (¼ tasse) de basilic frais, haché

1. **Chauffer l'huile** dans un poêlon à revêtement antiadhésif, puis ajouter les oignons. Faire sauter environ 5 minutes, jusqu'à ce qu'ils commencent à brunir. Ajouter les poivrons et faire sauter de 2 à 3 minutes, jusqu'à ce qu'ils commencent à ramollir. Ajouter l'ail et faire sauter environ 30 secondes, jusqu'à ce qu'il commence à dégager son odeur. Incorporer les courgettes et le thym et faire sauter de 4 à 5 minutes, jusqu'à ce que les courgettes commencent à brunir.

2. **Incorporer les tomates,** réduire la chaleur, couvrir à moitié et laisser mijoter 10 minutes en remuant de temps à autre. Incorporer le tofu, le sel et le poivre. Laisser mijoter à découvert environ 5 minutes de plus pour bien réchauffer. Incorporer le basilic juste avant de servir.

5 POINTS par portion

Par portion

222 Calories | 11 g Gras total | 2 g Gras saturé | 0 mg Cholestérol | 458 mg Sodium | 18 g Glucide total | 4 g Fibres alimentaires | 16 g Protéines | 308 mg Calcium

Chapitre 13

Légumes

Asperges grillées au parmesan	256
Haricots verts aux noix	257
Épinards à la vinaigrette balsamique	258
Choux de Bruxelles glacés à la moutarde	259
Haricots verts à l'aigre-doux	260
Brocoli à la sauce à l'orange et au sésame	261
Tomates et cresson à la poêle	262
Chou frisé à la mode du sud	263
Artichauts et champignons à la sauce au vin blanc	264
Oignons et chou-fleur au safran	265
Chou rouge aux raisins secs	266
Riz sauvage aux champignons	267
Riz au safran et aux légumes épicés	268
Pouding au maïs	269
Cigares au chou	270
Pommes de terre au safran	272
Croquettes de patates douces	273
Rösti de pommes de terre et de céleri-rave	274
Croquettes de pommes de terre et relish épicé aux tomates	275
Gratin de pommes de terre	276
Purée de brocoli et de pommes de terre	277
Purée de pommes de terre à l'aubergine et à l'ail	278
Crêpes aux légumes à l'orientale	279
Pot-au-feu aux légumes et aux dumplings aux fines herbes	280
Pot-au-feu aux légumes	282

Asperges grillées au parmesan

Voici un mets élégant et facile à préparer. L'asperge grillée a un tout autre goût que lorsqu'elle est cuite à l'étuvée ; vous serez agréablement surpris de sa saveur.

4 portions

2 bottes d'asperges, parées

15 ml (1 c. à soupe) d'huile d'olive

15 ml (1 c. à soupe) de parmesan, râpé

2 ml (½ c. à thé) de thym frais, haché

1 ml (¼ c. à thé) de sel

Poivre fraîchement moulu

Jus de citron fraîchement pressé

1 **Préchauffer le four** à 220 °C (425 °F).

2 **Mélanger les asperges,** l'huile, le parmesan, le thym, le sel et le poivre sur une plaque à pâtisserie. Ranger les asperges sur une seule couche sur la plaque.

3 **Faire griller** de 10 à 15 minutes, jusqu'à ce qu'elles soient tendres. Arroser de jus de citron avant de servir. Déguster les asperges chaudes ou à la température ambiante.

Conseil du chef

Les légumes grillés ont un goût irremplaçable. Dans cette recette, on peut remplacer les asperges par des choux de Bruxelles, du brocoli ou du chou-fleur, mais il faudra attendre 5 minutes avant la fin de la cuisson pour ajouter le parmesan. Le temps de cuisson peut varier selon la grosseur des légumes. Il suffit de les faire griller jusqu'à ce qu'il soit facile de les transpercer avec une fourchette.

---

1 POINT par portion **Par portion**

57 Calories | 4 g Gras total | 1 g Gras saturé | 1 mg Cholestérol | 181 mg Sodium | 2 g Glucide total | 1 g Fibres alimentaires | 3 g Protéines | 29 mg Calcium

Haricots verts aux noix

En salade avec des noix rôties, des échalotes et de l'ail, ces haricots formeront un mets d'accompagnement parfait pour le rosbif et le poulet. Si vous ne pouvez trouver de haricots verts longs, utilisez des haricots verts ordinaires.

1 **Cuire les haricots** de 5 à 6 minutes dans une grande casserole d'eau bouillante, jusqu'à ce qu'ils soient tendres. Transvider dans un bol de service et réserver 45 ml (3 c. à soupe) d'eau de cuisson dans un autre bol.

2 **Chauffer** un petit poêlon à revêtement antiadhésif. Ajouter l'huile, puis ajouter les échalotes et l'ail. Faire sauter environ 3 minutes, jusqu'à ce que les échalotes soient transparentes. Verser sur les haricots verts de même que le liquide réservé, les noix, le sel et le poivre. Bien remuer et servir immédiatement.

4 portions

480 g (1 lb) de haricots verts, parés

5 ml (1 c. à thé) d'huile d'olive

1 petite échalote, émincée

1 gousse d'ail, émincée

15 ml (1 c. à soupe) de noix grillées, hachées

Pincée ($1/8$ c. à thé) de sel

Pincée de grains de poivre noir concassé

Conseil du chef

Pour griller les noix, les mettre dans un petit poêlon sur feu moyen-doux. Secouer le poêlon et remuer les noix sans cesse de 3 à 5 minutes, jusqu'à ce qu'elles brunissent légèrement et qu'une bonne odeur commence à se répandre. Il faut bien les surveiller puisqu'elles peuvent brûler rapidement. Les transvider ensuite sur une assiette pour les laisser refroidir.

Par portion

64 Calories | 2 g Gras total | 0 g Gras saturé | 0 mg Cholestérol | 81 mg Sodium | 10 g Glucide total | 4 g Fibres alimentaires | 3 g Protéines | 48 mg Calcium

1 POINT par portion

Épinards à la vinaigrette balsamique

Fait à base de raisins trebbiano bien mûrs, le vinaigre balsamique est d'une couleur brun foncé et son goût est légèrement sucré. Puisqu'il est élaboré en fût, sa saveur dépend à la fois du type de bois dans lequel il a fermenté et de sa période de fermentation. Un bon vinaigre balsamique coûte cher, mais il sera sans égal avec légumes et salades, ou même avec du yogourt ou du lait glacé à la vanille.

4 portions

1 sac de 300 g (10 oz) d'épinards frais, bien lavés et hachés

10 ml (2 c. à thé) d'huile d'olive

6 échalotes, finement hachées

50 ml (¼ tasse) d'eau

15 ml (1 c. à soupe) de vinaigre balsamique

2 ml (½ c. à thé) de moutarde de Dijon

Pincée (⅛ c. à thé) de sel

Poivre fraîchement moulu

1 **Mettre les épinards** dans une marguerite placée dans une casserole contenant 2,5 cm (1 po) d'eau bouillante. Couvrir et cuire à la vapeur environ 5 minutes pour les ramollir. Égoutter.

2 **Chauffer** un grand poêlon à revêtement antiadhésif. Verser l'huile, puis ajouter les échalotes. Faire sauter environ 5 minutes, jusqu'à ce qu'elles soient transparentes. Ajouter l'eau, le vinaigre et la moutarde. Amener à ébullition. Cuire 1 minute, sans cesser de remuer, jusqu'à épaississement. Incorporer les épinards et bien remuer. Saler, poivrer et servir immédiatement.

1 POINT par portion **Par portion**
59 Calories | 2 g Gras total | 0 g Gras saturé | 0 mg Cholestérol | 105 mg Sodium | 8 g Glucide total | 1 g Fibres alimentaires | 2 g Protéines | 45 mg Calcium

Choux de Bruxelles glacés à la moutarde

Ce plat accompagnera magnifiquement la dinde et le porc. La sauce piquante à la moutarde est suffisamment relevée : vous n'aurez pas à rajouter de sel.

1 **Cuire les choux de Bruxelles** de 6 à 8 minutes dans une grande casserole d'eau bouillante, jusqu'à ce qu'ils soient tendres. Égoutter.

2 **Dans un petit bol,** délayer la fécule de maïs dans 5 ml (1 c. à thé) de bouillon. Mélanger le bouillon restant avec la moutarde dans un grand poêlon et laisser mijoter environ 1 minute, jusqu'à épaississement. Ajouter les choux de Bruxelles et bien remuer. Servir immédiatement.

4 portions

480 g (1 lb) de choux de Bruxelles, parés (environ 750 ml/3 tasses)

2 ml ($\frac{1}{2}$ c. à thé) de fécule de maïs

175 ml ($\frac{3}{4}$ tasse) de bouillon de légumes hyposodique

10 ml (2 c. à thé) de moutarde de Meaux

Conseil du chef

Les choux de Bruxelles sont vendus frais presque toute l'année. Choisir les choux qui sont petits, fermes et compacts d'un beau vert brillant. Ils sont plus tendres que les gros. Couper les trognons et les feuilles défraîchies et faire une incision en forme de croix à la base pour accélérer la cuisson.

Par portion

60 Calories | 1 g Gras total | 0 g Gras saturé | 0 mg Cholestérol | 86 mg Sodium | 11 g Glucide total | 5 g Fibres alimentaires | 4 g Protéines | 52 mg Calcium

0 POINT par portion

Haricots verts à l'aigre-doux

Ne faites pas trop cuire vos haricots verts, car ils perdraient leur couleur. N'achetez que des haricots fermes, d'un beau vert vif. Afin de déterminer si un haricot vert est frais, cassez-le en deux : des gouttelettes d'humidité devraient apparaître à l'extrémité brisée.

4 portions

480 g (1 lb) de haricots verts, parés et coupés en morceaux de 5 cm (2 po)

30 ml (2 c. à soupe) de sauce soja hyposodique

30 ml (2 c. à soupe) de ketchup

5 ml (1 c. à thé) de vinaigre de vin rouge

5 ml (1 c. à thé) de fécule de maïs délayée dans 45 ml (3 c. à soupe) d'eau

2 ml (½ c. à thé) de sauce piquante aux piments

1 gousse d'ail, émincée

1 boîte de 227 ml (8 oz) de pousses de bambou ou de châtaignes d'eau, égouttées

5 ml (1 c. à thé) d'huile de sésame orientale (foncée)

1 **Mettre les haricots** dans une marguerite placée dans une casserole contenant 2,5 cm (1 po) d'eau bouillante. Couvrir et cuire à la vapeur environ 5 minutes, jusqu'à ce qu'ils soient tendres mais encore croquants. Égoutter.

2 **Mélanger la sauce soja,** le ketchup, le vinaigre, l'eau contenant la fécule de maïs et la sauce piquante dans un petit bol.

3 **Vaporiser un wok** ou un poêlon à revêtement antiadhésif avec de l'enduit anticollant. Mettre sur feu élevé. Ajouter les haricots et l'ail. Frire les haricots 2 minutes. Ajouter la préparation contenant la sauce soja et cuire environ 2 minutes sans cesser de remuer, jusqu'à épaississement. Incorporer les pousses de bambou et arroser avec l'huile de sésame. Servir immédiatement.

---

1 POINT par portion   **Par portion**
68 Calories | 1 g Gras total | 0 g Gras saturé | 0 mg Cholestérol | 383 mg Sodium | 12 g Glucide total | 4 g Fibres alimentaires | 3 g Protéines | 44 mg Calcium

Brocoli à la sauce à l'orange et au sésame

Cette sauce allie un piquant goût d'agrumes à une touche de sésame et de gingembre. Elle rehaussera la saveur de tous vos légumes étuvés. Essayez-la avec du chou-fleur, du chou-rave ou des carottes.

1. Mettre le brocoli dans une marguerite placée dans une casserole contenant 2,5 cm (1 po) d'eau bouillante. Couvrir et cuire à la vapeur de 8 à 10 minutes, jusqu'à ce qu'il soit tendre. Égoutter.

2. Pour préparer la sauce, mélanger le jus d'orange, le miel et le gingembre dans une petite casserole à revêtement antiadhésif. Amener à ébullition. Ajouter l'eau contenant la fécule de maïs et ramener à ébullition sans cesser de remuer. Cuire environ 1 minute, jusqu'à épaississement. Retirer du feu et incorporer le jus de citron et l'huile de sésame.

3. Dresser le brocoli dans un bol de service. Napper avec la sauce et parsemer de graines de sésame.

4 portions

480 g (1 lb) de bouquets de brocoli (environ 625 ml/2 ½ tasses)

175 ml (¾ tasse) de jus d'orange

15 ml (1 c. à soupe) de miel

7 ml (1 ½ c. à thé) de gingembre frais, pelé et émincé

10 ml (2 c. à thé) de fécule de maïs délayée dans 20 ml (4 c. à thé) d'eau

10 ml (2 c. à thé) de jus de citron fraîchement pressé

5 ml (1 c. à thé) d'huile de sésame orientale (foncée)

10 ml (2 c. à thé) de graines de sésame, grillées

Conseil du chef

Pour griller les graines de sésame, les mettre dans un petit poêlon sur feu moyen-doux. Secouer le poêlon et remuer les noix sans cesse 1 ou 2 minutes, jusqu'à ce qu'elles brunissent légèrement. Il faut bien les surveiller puisqu'elles peuvent brûler rapidement. Les transvider ensuite sur une assiette pour les laisser refroidir.

Par portion

77 Calories | 2 g Gras total | 0 g Gras saturé | 0 mg Cholestérol | 16 mg Sodium | 14 g Glucide total | 2 g Fibres alimentaires | 2 g Protéines | 47 mg Calcium

1 POINT par portion

Tomates et cresson à la poêle

Pour cette recette, utilisez des tomates italiennes : elles contiennent moins d'eau que les autres types de tomates, ce qui leur permettra de dorer dans la poêle et de rester fermes au lieu d'adopter la consistance détrempée d'une tomate étuvée. Cette caractéristique fait également de la tomate italienne la tomate idéale pour les sauces tomate.

4 portions

15 ml (1 c. à soupe) d'huile d'olive

3 grosses tomates prunes, en tranches de 1,25 cm (½ po)

1 grosse gousse d'ail, émincée

30 ml (2 c. à soupe) de vinaigre balsamique

Pincée de sel

Poivre fraîchement moulu

750 ml (3 tasses) de feuilles de cresson, rincées

1 **Chauffer l'huile** dans un poêlon moyen à revêtement antiadhésif. Ajouter les tomates et faire brunir des deux côtés. Transvider dans un grand bol à salade.

2 **Remettre le poêlon** sur le feu. Ajouter l'ail et faire sauter de 20 à 30 secondes, jusqu'à ce qu'il soit doré. Retirer du feu et incorporer le vinaigre. Verser sur les tomates. Saler, poivrer et bien remuer. Ajouter le cresson et remuer doucement. Servir immédiatement.

---

1 POINT par portion   **Par portion**
56 Calories | 4 g Gras total | 0 g Gras saturé | 0 mg Cholestérol | 53 mg Sodium | 5 g Glucide total | 1 g Fibres alimentaires | 1 g Protéines | 36 mg Calcium

Chou frisé à la mode du sud

Laissez-le mijoter avec du bacon, des oignons et de l'ail, et le chou frisé deviendra un délicieux accompagnement pour vos plats de poulet et de porc.

1 **Cuire le chou frisé** dans une grande casserole d'eau bouillante de 15 à 30 secondes, jusqu'à ce qu'il change de couleur. Égoutter dans une passoire.

2 **Chauffer** un grand poêlon à revêtement antiadhésif, puis ajouter le bacon. Cuire environ 3 minutes, en remuant, jusqu'à ce qu'il brunisse. Ajouter les oignons et l'ail et faire sauter de 3 à 5 minutes, jusqu'à ce qu'ils deviennent transparents. Ajouter le chou frisé, le bouillon, le sel et le poivre. Cuire à découvert environ 15 minutes, en remuant de temps à autre, jusqu'à ce que le chou frisé soit tendre et que le liquide soit presque complètement absorbé. Servir immédiatement.

4 portions

1,5 litre (6 tasses) de chou frisé, paré et haché (environ 720 g/1 ½ lb)

2 tranches de bacon, hachées

125 ml (½ tasse) d'oignons, hachés

1 gousse d'ail, émincée

125 ml (½ tasse) de bouillon de poulet hyposodique

1 ml (¼ c. à thé) de sel

Pincée (⅛ c. à thé) de poivre fraîchement moulu

Conseil du chef

Choisir des petites feuilles de chou frisé bien vert sans taches jaunâtres. Si le centre des tiges est dur, éliminer celles-ci avant de hacher les feuilles.

Par portion

82 Calories | 3 g Gras total | 1 g Gras saturé | 3 mg Cholestérol | 257 mg Sodium | 12 g Glucide total | 2 g Fibres alimentaires | 5 g Protéines | 144 mg Calcium

1 POINT par portion

Artichauts et champignons à la sauce au vin blanc

Ce plat aigre-doux tire sa saveur du sachet d'épices. Servez-le avec le poulet rôti, sauté ou cuit au four.

4 portions

4 artichauts moyens

½ citron

3 ou 4 brins de persil frais

2 ml (½ c. à thé) de thym séché

2 ml (½ c. à thé) de grains de poivre noir concassé

2 feuilles de laurier

2 ml (½ c. à thé) de graines de coriandre

15 ml (1 c. à soupe) d'huile d'olive

240 g (8 oz) de champignons, coupés en deux

1 gousse d'ail, émincée

175 ml (¾ tasse) d'eau

125 ml (½ tasse) de vin blanc sec

15 ml (1 c. à soupe) de jus de citron fraîchement pressé

7 ml (1 ½ c. à thé) de pâte de tomate

1 ml (¼ c. à thé) de sel

15 ml (1 c. à soupe) de persil frais, haché

1 **Pour parer les artichauts,** arracher les feuilles extérieures jusqu'à ce qu'on atteigne les feuilles intérieures, plus tendres et de couleur vert pâle à la base et vert foncé à l'extrémité. Couper les feuilles aux deux tiers de la hauteur. Rompre la tige en gardant seulement 2,5 cm (1 po) de longueur. Peler les restes de feuilles de la base avec un éplucheur. Couper les artichauts en quartiers et, à l'aide d'un petit couteau ou d'une cuillère, enlever les fibres dures du fond et les feuilles mauves. Plonger les artichauts dans un bol contenant de l'eau et le jus d'un demi-citron et les y laisser jusqu'au moment de la cuisson.

2 **Pour faire le sachet d'épices,** attacher les brins de persil, le thym, le poivre, les feuilles de laurier et les graines de coriandre dans un sachet ou un morceau de mousseline. On peut aussi les mettre dans une boule à thé.

3 **Égoutter les artichauts.** Chauffer un grand poêlon à revêtement antiadhésif. Verser l'huile, puis ajouter les champignons. Faire sauter environ 5 minutes, jusqu'à ce qu'ils soient tendres. Ajouter l'ail et faire sauter environ 30 secondes. Incorporer les fonds d'artichauts, l'eau, le vin, le jus de citron, la pâte de tomate, le sel et le sachet d'épices. Réduire la chaleur, couvrir et laisser mijoter de 15 à 20 minutes, jusqu'à ce que les artichauts soient tendres.

4 **Jeter le sachet d'épices** et transvider les artichauts et les champignons sur une assiette de service. Garnir de persil et servir immédiatement.

---

3 POINTS par portion   **Par portion**

131 Calories | 5 g Gras total | 1 g Gras saturé | 0 mg Cholestérol | 271 mg Sodium | 16 g Glucide total | 2 g Fibres alimentaires | 6 g Protéines | 63 mg Calcium

Oignons et chou-fleur au safran

Ces choux-fleurs et oignons perlés aromatisés au safran agrémenteront superbement un plat d'antipasto. Ou encore, servez-les avec du poulet ou du poisson. Assaisonnez ce mets avec un sachet d'épices que vous retirerez avant de servir.

1. **Pour faire le sachet d'épices,** mettre les brins de persil, le thym, le poivre, les feuilles de laurier et les graines de coriandre dans une boule à thé ou un petit sachet en mousseline. (Voir le Conseil du chef à la page précédente.)

2. **Chauffer un poêlon moyen** à revêtement antiadhésif. Verser l'huile, puis ajouter les oignons. Faire sauter 6 ou 7 minutes, jusqu'à ce qu'ils brunissent légèrement. Ajouter l'ail et faire sauter environ 30 secondes. Ajouter le chou-fleur, l'eau, le vin, le jus de citron, le safran, le sel, le poivre et le sachet d'épices. Réduire la chaleur, couvrir et laisser mijoter de 12 à 15 minutes, jusqu'à ce que les légumes soient tendres. Jeter le sachet. Servir immédiatement ou laisser refroidir à la température ambiante et servir dans une assiette d'antipasti.

Conseils du chef

Pour peler les oignons perlés, les plonger 1 minute dans l'eau bouillante. Égoutter et rincer à l'eau froide. La pelure s'enlèvera facilement. Couper les racines.

Le safran est le stigmate d'un crocus très recherché. Cette épice est la plus coûteuse au monde puisqu'il faut plus de 14 000 fleurs pour obtenir 30 g (1 oz) de safran. Chaque fleur ne donne que 3 stigmates que l'on cueille à la main et que l'on fait sécher. Choisir des filaments de safran plutôt que de la poudre. Celle-ci perd vite son goût et elle est souvent falsifiée. Conserver le safran dans un contenant hermétique dans un endroit frais, sec et à l'abri de la lumière.

4 portions

3 ou 4 brins de persil frais

2 ml (½ c. à thé) de thym séché

2 ml (½ c. à thé) de grains de poivre noir concassé

2 feuilles de laurier

2 ml (½ c. à thé) de graines de coriandre

15 ml (1 c. à soupe) d'huile d'olive

240 g (8 oz) de petits oignons perlés, pelés

1 gousse d'ail, émincée

375 ml (1 ½ tasse) de bouquets de chou-fleur

250 ml (1 tasse) d'eau

50 ml (¼ tasse) de vin blanc sec

30 ml (2 c. à soupe) de jus de citron fraîchement pressé

2 ml (½ c. à thé) de filaments de safran

2 ml (½ c. à thé) de sel

Poivre fraîchement moulu

Par portion

77 Calories | 4 g Gras total | 0,5 g Gras saturé | 0 mg Cholestérol | 306 mg Sodium | 9 g Glucide total | 2 g Fibres alimentaires | 3 g Protéines | 48 mg Calcium

1 POINT par portion

Chou rouge aux raisins secs

La douceur naturelle du chou rouge cuit au four est ici rehaussée par la saveur aigre-douce des autres ingrédients. La cuisson au four est la façon la plus simple d'apprêter le chou. Préparez le reste des ingrédients tandis que votre chou est au four, puis servez avec poulet rôti, dinde ou côtelettes de porc.

4 portions

50 ml (¼ tasse) de vinaigre de cidre

45 ml (3 c. à soupe) de cassonade pâle, bien tassée

750 ml (3 tasses) de chou rouge, en fines lamelles

½ oignon rouge moyen, en fines tranches

50 ml (¼ tasse) de raisins secs

1 **Préchauffer le four** à 230 °C (450 °F). Mélanger le vinaigre et la cassonade dans un plat de cuisson peu profond de 2 litres (2 pintes) et remuer jusqu'à dissolution de la cassonade. Ajouter le chou, les oignons et les raisins secs. Remuer doucement. Couvrir et cuire au four de 30 à 40 minutes, jusqu'à ce que le chou soit ramolli. Remuer après 10 minutes de cuisson. Servir chaud.

1 POINT par portion   **Par portion**
88 Calories | 0 g Gras total | 0 g Gras saturé | 0 mg Cholestérol | 11 mg Sodium | 23 g Glucide total | 2 g Fibres alimentaires | 1 g Protéines | 44 mg Calcium

Riz sauvage aux champignons

Le riz sauvage et les champignons donneront une riche saveur à ce plat de maïs et de haricots de Lima. Pour gagner du temps, préparez vos ingrédients à l'avance ; la cuisson ne prendra ensuite que quelques minutes.

1. **Mélanger l'eau** et le riz sauvage dans une casserole et amener à ébullition. Réduire la chaleur, couvrir et laisser mijoter de 35 à 45 minutes, jusqu'à ce que le riz soit cuit et que les grains commencent à s'ouvrir. Égoutter tout le liquide qui reste dans la casserole.

2. **Chauffer l'huile** dans un grand poêlon à revêtement antiadhésif, puis ajouter le maïs et les champignons. Faire sauter environ 5 minutes, jusqu'à ce que les champignons soient tendres. Incorporer le riz sauvage, les haricots de Lima, les tomates, les oignons verts et le sel. Bien réchauffer. Retirer du feu et incorporer l'estragon et le poivre. Servir immédiatement.

4 portions

250 ml (1 tasse) d'eau

75 ml (⅓ tasse) de riz sauvage, rincé

10 ml (2 c. à thé) d'huile d'olive extravierge

125 ml (½ tasse) de maïs en grains

250 ml (1 tasse) de champignons sauvages variés, hachés (pleurotes, créminis et shiitake)

75 ml (⅓ tasse) de haricots de Lima miniatures, décongelés

2 tomates prunes, hachées

2 oignons verts, en fines tranches

1 ml (¼ c. à thé) de sel

10 ml (2 c. à thé) d'estragon frais, haché

1 ml (¼ c. à thé) de grains de poivre noir concassé

Par portion

127 Calories | 3 g Gras total | 1 g Gras saturé | 0 mg Cholestérol | 163 mg Sodium | 20 g Glucide total | 3 g Fibres alimentaires | 4 g Protéines | 16 mg Calcium

2 POINTS par portion

Riz au safran et aux légumes épicés

Ce merveilleux mélange de légumes étalera avantageusement ses couleurs sur le fond jaune vif du riz basmati au safran. Les graines d'oignon noires donneront à ce plat une saveur très particulière ; vous les trouverez dans les épiceries d'aliments naturels. Vous pouvez faire cuire les légumes à l'avance et les conserver au réfrigérateur.

4 portions

- 250 ml (1 tasse) de riz basmati, rincé
- 300 ml (1 ¼ tasse) de bouillon de légumes hyposodique ou d'eau
- 5 ml (1 c. à thé) de filaments de safran
- 1 navet, pelé et coupé en cubes
- ½ chou-fleur, en bouquets
- 1 carotte, pelée et coupée en rondelles de 6 mm (¼ po)
- 1 gros brocoli, en bouquets
- 2 ml (½ c. à thé) de sel
- 10 ml (2 c. à thé) d'huile végétale
- 15 ml (1 c. à soupe) de graines de moutarde
- 7 ml (1 ½ c. à thé) de graines d'oignon noires
- 2 ml (½ c. à thé) de graines de cumin
- ½ oignon, haché
- 15 ml (1 c. à soupe) de gingembre frais, pelé et émincé
- 1 piment jalapeño, épépiné et émincé (porter des gants pour prévenir l'irritation des mains)
- 3 gousses d'ail, émincées
- 4 petits piments forts rouges secs

1 **Mettre le riz** dans un grand bol avec suffisamment d'eau froide pour le couvrir. Laisser tremper 30 minutes. Amener le bouillon à ébullition dans une casserole. Retirer du feu et émietter les filaments de safran dans le bouillon. Réserver.

2 **Pendant ce temps,** mettre les navets dans une marguerite placée dans une casserole contenant 2,5 cm (1 po) d'eau bouillante. Couvrir et cuire à la vapeur 2 minutes. Ajouter le chou-fleur et les carottes. Cuire 3 minutes de plus. Ajouter le brocoli et cuire environ 5 minutes de plus, jusqu'à ce que les légumes soient tendres mais encore croquants. Égoutter.

3 **Égoutter le riz** et l'ajouter au bouillon. Saler. Laisser mijoter doucement environ 8 minutes, partiellement couvert, jusqu'à ce que le liquide soit presque complètement absorbé. Couvrir la casserole hermétiquement, réduire la chaleur au minimum ou mettre la casserole au four à 120 °C (250 °F). Laisser cuire à la vapeur 10 minutes. Retirer la casserole du feu, couvrir et laisser reposer 5 minutes. Défaire les grains avec une fourchette.

4 **Pendant ce temps,** chauffer l'huile dans un grand poêlon à revêtement antiadhésif. Ajouter les graines de moutarde, les graines d'oignon et les graines de cumin. Quand elles commencent à éclater, ajouter les légumes cuits et les oignons. Faire sauter 2 minutes. Réduire la chaleur et ajouter le gingembre, les piments et l'ail. Faire sauter environ 5 minutes. Jeter les petits piments forts. Servir les légumes sur le riz chaud.

Conseil du chef

Si l'on fait tremper le riz basmati avant la cuisson, ses grains ont tendance à allonger, ce qui donne un riz exceptionnellement fin.

5 POINTS par portion

Par portion

283 Calories | 4 g Gras total | 1 g Gras saturé | 5 mg Cholestérol | 400 mg Sodium | 49 g Glucide total | 8 g Fibres alimentaires | 12 g Protéines | 117 mg Calcium

Pouding au maïs

Ces petits poudings dont la consistance s'apparente à celle d'un gâteau moelleux constituent un mets d'accompagnement original qui se sert en portions individuelles. Préparez le pain au maïs une ou deux journées à l'avance et mettez de côté la quantité nécessaire à la confection de vos poudings. Si vous manquez de temps, vous pouvez utiliser des muffins au maïs.

1 **Préchauffer le four** à 190 °C (375 °F). Vaporiser 4 ramequins ou tasses à pouding avec de l'enduit anticollant et les mettre dans une plaque à rôtir.

2 **Chauffer 50 ml (¼ tasse)** de bouillon dans une casserole. Ajouter les oignons, les poivrons, les piments et l'ail. Cuire environ 7 minutes, en remuant souvent, jusqu'à ce que les légumes commencent à devenir tendres. Ajouter le bouillon restant et laisser mijoter à découvert de 5 à 10 minutes pour faire réduire de moitié. Ajouter le maïs et amener à ébullition.

3 **Transvider la préparation** dans un bol moyen. Ajouter le thym, l'origan, le romarin, le sel et le poivre. Laisser refroidir un peu à la température ambiante, puis incorporer les miettes de pain de maïs et les blancs d'œufs.

4 **Verser la préparation** dans les ramequins. Remplir délicatement la plaque à rôtir d'eau bouillante jusqu'aux deux tiers de la hauteur des ramequins. Cuire au four environ 25 minutes, jusqu'à ce qu'un cure-dent inséré au centre ressorte propre.

4 portions

125 ml (½ tasse) de bouillon de poulet hyposodique

1 petit oignon, haché

½ petit poivron rouge, haché

1 piment jalapeño, épépiné et émincé (porter des gants pour prévenir l'irritation des mains)

1 gousse d'ail, émincée

75 ml (⅓ tasse) de maïs en grains, frais ou décongelé

1 ml (¼ c. à thé) de thym frais, haché

1 ml (¼ c. à thé) d'origan frais, haché

1 ml (¼ c. à thé) de romarin frais, haché

1 ml (¼ c. à thé) de sel

1 ml (¼ c. à thé) de grains de poivre noir concassé

375 ml/150 g (1 ½ tasse/5 oz) de Pain de maïs traditionnel (p. 306)

2 blancs d'œufs

Par portion

119 Calories | 3 g Gras total | 1 g Gras saturé | 14 mg Cholestérol | 352 mg Sodium | 23 g Glucide total | 2 g Fibres alimentaires | 4 g Protéines | 48 mg Calcium

2 POINTS par portion

Cigares au chou

Farcis de riz brun parfumé au zeste d'orange, ces cigares au chou sont délicieux servis sur un lit de lentilles aux tomates et à l'échalote. Ou encore, servez-les tout simplement accompagnés d'une pomme de terre coupée en dés. Si vous le désirez, vous pouvez ajouter des fruits secs à la farce des groseilles, des abricots ou des canneberges, par exemple. Les cigares au chou peuvent être préparés une journée à l'avance et réfrigérés. Réchauffez-les à la vapeur avant de les servir.

4 portions

1 chou de Savoie moyen (environ 720 g/1 ½ lb)

15 ml (1 c. à soupe) d'huile végétale

50 ml (¼ tasse) d'oignons, émincés

300 ml (1 ¼ tasse) de riz brun à grains longs

625 ml (2 ½ tasses) de bouillon de légumes hyposodique

15 ml (1 c. à soupe) de zeste d'orange, râpé

15 ml (1 c. à soupe) de thym frais, haché

1 ml (¼ c. à thé) de sel

Poivre fraîchement moulu

1 **Remplir une grande casserole** d'eau aux deux tiers et amener à ébullition. Remplir un grand bol d'eau glacée aux deux tiers.

2 **Séparer délicatement** les feuilles de chou en jetant les plus rugueuses près du cœur. Avec des pinces, en procédant par étapes, immerger les feuilles dans l'eau bouillante de 15 à 30 secondes pour les ramollir. Les plonger immédiatement dans l'eau glacée pour arrêter la cuisson. Égoutter. Réserver 8 grandes feuilles et couper les autres en fines tranches.

3 **Préchauffer le four** à 160 °C (325 °F). Chauffer une grande casserole allant au four. Verser l'huile, puis ajouter les oignons. Faire sauter de 3 à 5 minutes, jusqu'à ce qu'ils soient transparents. Ajouter le riz et bien remuer. Ajouter le chou en tranches, le bouillon, le zeste, le thym, le sel et le poivre. Laisser mijoter un peu. Couvrir et cuire au four environ 40 minutes, jusqu'à ce que le riz soit cuit et que tout le liquide soit absorbé. Défaire les grains avec une fourchette.

4 **Répartir la préparation** entre les 8 feuilles de chou. Replier la feuille pour bien envelopper la garniture et rouler pour former des cigares. Cuire à la vapeur environ 5 minutes pour bien réchauffer.

---

6 POINTS par portion **Par portion (2 cigares)**

335 Calories | 6 g Gras total | 1 g Gras saturé | 0 mg Cholestérol | 434 mg Sodium | 63 g Glucide total | 8 g Fibres alimentaires | 10 g Protéines | 2 mg Calcium

Cigares au chou

Pommes de terre au safran

Persillées aux fines herbes, ces pommes de terre au safran agrémenteront superbement vos plats de poisson poché.

4 portions

500 ml (2 tasses) de bouillon de poulet hyposodique

Pincée (⅛ c. à thé) de filaments de safran

480 g (1 lb) de pommes de terre à bouillir

7 ml (1 ½ c. thé) de persil frais, haché

2 ml (½ c. à thé) de thym frais, haché

1 **Chauffer le bouillon** dans une casserole moyenne. Retirer du feu et émietter les filaments de safran dans le bouillon. Couvrir et réserver.

2 **Peler les pommes de terre** et les couper en cubes de 2,5 cm (1 po).

3 **Remettre le bouillon** sur le feu. Ajouter les pommes de terre et amener à ébullition. Réduire la chaleur, couvrir et laisser mijoter de 15 à 20 minutes, jusqu'à ce que les pommes de terre soient tendres. Égoutter et mélanger avec le persil et le thym.

Conseil du chef

Le safran est le stigmate d'un crocus très recherché. Cette épice est la plus coûteuse au monde puisqu'il faut plus de 14 000 fleurs pour obtenir 30 g (1 oz) de safran. Chaque fleur ne donne que 3 stigmates que l'on cueille à la main et que l'on fait sécher. Choisir des filaments de safran plutôt que de la poudre. Celle-ci perd vite son goût et elle est souvent falsifiée. Conserver le safran dans un contenant hermétique dans un endroit frais, sec et à l'abri de la lumière.

2 POINTS par portion   **Par portion**

92 Calories | 1 g Gras total | 0 g Gras saturé | 0 mg Cholestérol | 38 mg Sodium | 18 g Glucide total | 2 g Fibres alimentaires | 4 g Protéines | 14 mg Calcium

Croquettes de patates douces

Les saveurs de la pomme de terre russet, de l'échalote et de l'aneth s'agenceront ici parfaitement à la douceur des patates douces. Pour gagner du temps, vous pouvez faire cuire les deux sortes de tubercules dans le même chaudron, mais sachez que les patates douces auront tendance à cuire plus rapidement que les pommes de terre.

1. **Préchauffer le four** à 120 °C (250 °F). Mélanger les pommes de terre et les patates douces dans une grande casserole et les couvrir avec de l'eau. Amener à ébullition. Réduire la chaleur, couvrir et laisser mijoter environ 15 minutes, jusqu'à ce que les patates douces soient tendres. Avec des pinces, déposer les patates douces sur une plaque à pâtisserie à revêtement antiadhésif. Continuer la cuisson des pommes de terre de 5 à 10 minutes de plus. Égoutter les pommes de terre et les mettre sur la plaque à pâtisserie. Mettre au four environ 5 minutes pour les assécher. Retirer du four et monter la température du four à 250 °C (475 °F).

2. **Passer les pommes de terre** et les patates douces dans un moulin ou un presse-riz au-dessus d'un grand-bol. Laisser refroidir un peu. Incorporer la chapelure, le lait, la mayonnaise, la ciboulette, l'aneth et le poivre. Façonner 8 croquettes de 1,25 cm (½ po) d'épaisseur. Vaporiser une plaque à pâtisserie à revêtement antiadhésif avec de l'enduit anticollant et y déposer les croquettes.

3. **Cuire au four** 8 minutes. Retourner les croquettes et cuire 4 minutes de plus, jusqu'à ce qu'elles brunissent des deux côtés.

4 portions

1 pomme de terre russet moyenne de 240 g (8 oz), pelée et coupée en quartiers

1 patate douce moyenne de 240 g (8 oz), pelée et coupée en quartiers

150 ml (⅔ tasse) de chapelure fraîche

50 ml (¼ tasse) de lait écrémé

22 ml (1 ½ c. à soupe) de mayonnaise

15 ml (1 c. à soupe) de ciboulette fraîche, hachée

15 ml (1 c. à soupe) d'aneth frais, haché

2 ml (½ c. à thé) de grains de poivre noir concassé

Conseils du chef

Pour faire de la chapelure fraîche, enlever la croûte d'un pain blanc frais ou vieux d'une journée. Mettre la mie dans le robot de cuisine pour obtenir de fines miettes.

Pour que les croquettes aient la bonne consistance, réduire les pommes de terre et les patates douces en purée avec un presse-riz, un ustensile qui ressemble à un presse-ail géant surtout utilisé pour réduire en purée les légumes-racines. On peut aussi utilise un pilon à pommes de terre, mais la texture ne sera pas aussi crémeuse. Éviter le robot de cuisine dont la lame pourrait faire rompre les granules d'amidon contenus dans les pommes de terre, ce qui les rendrait gluantes.

Par portion (2 croquettes)   **3 POINTS par portion**

167 Calories | 3 g Gras total | 1 g Gras saturé | 2 mg Cholestérol | 110 mg Sodium | 32 g Glucide total | 2 g Fibres alimentaires | 4 g Protéines | 43 mg Calcium

Rösti de pommes de terre et de céleri-rave

Le röstis sont une spécialité suisse composée de pommes de terre râpées puis rissolées à la poêle. Pour une saveur originale, nous leur ajouterons ici du céleri-rave. Les röstis peuvent être préparés en galettes individuelles ou, comme c'est la tradition, cuits en une grande galette que l'on coupera en pointes avant de servir. Vos röstis accompagneront merveilleusement le rôti de porc.

4 portions

1 pomme de terre russet moyenne de 240 g (8 oz), pelée

1 petit céleri-rave de 240 g (8 oz), pelé

7 ml (1 ½ c. à thé) de moutarde de Dijon

30 ml (2 c. à soupe) de farine

1 ml (¼ c. à thé) de grains de poivre noir concassé

10 ml (2 c. à thé) d'huile d'olive

1 **Préchauffer le four** à 250 ºC (475 ºF). Râper la pomme de terre et le céleri-rave et les mélanger dans un bol avec la moutarde, la farine et poivre. Diviser en 8 portions de même grosseur.

2 **Chauffer 5 ml (1 c. à thé)** d'huile dans un poêlon à revêtement antiadhésif. Transvider 4 des 8 portions dans le poêlon et les presser avec une spatule pour former 4 croquettes de 1,25 cm (½ po) d'épaisseur environ. Cuire jusqu'à ce qu'elles soient dorées, environ 1 ½ minute de chaque côté. Répéter les mêmes opérations avec l'huile restante et les 4 autres portions.

3 **Mettre les rösti** sur une plaque à pâtisserie à revêtement antiadhésif et cuire au four environ 5 minutes pour bien réchauffer. Servir immédiatement.

Conseil du chef

Le goût du céleri-rave ressemble à un croisement entre le céleri et le persil. Il se marie particulièrement bien à celui des pommes de terre. Choisir un céleri-rave bien ferme et intact. Le peler en enlevant toutes les meurtrissures et la pelure rugueuse pour atteindre la chair blanche et tendre qui est dessous.

2 POINTS par portion

Par portion (2 croquettes)
100 Calories | 3 g Gras total | 0 g Gras saturé | 0 mg Cholestérol | 36 mg Sodium | 11 g Glucide total | 2 g Fibres alimentaires | 2 g Protéines | 18 mg Calcium

Croquettes de pommes de terre et relish épicé aux tomates

Composé de tomates en conserve et de raifort, l'accompagnement de relish se préparera en un rien de temps. Pour gagner du temps, vous pouvez utiliser vos restes de pommes de terre en purée dans la confection de ces galettes. Servez-les avec un plat de bœuf ou encore, pour un repas léger, avec une salade verte.

1 **Pour préparer le relish,** mélanger les tomates, le raifort et le thym dans un bol. Couvrir et conserver au réfrigérateur.

2 **Préchauffer le four** à 120 °C (250 °F). Dans une casserole, mélanger les pommes de terre et suffisamment d'eau pour les couvrir. Amener à ébullition. Réduire la chaleur, couvrir et laisser mijoter environ 20 minutes, jusqu'à ce qu'elles soient tendres. Égoutter et étendre sur une plaque à pâtisserie à revêtement antiadhésif. Mettre au four environ 5 minutes. Retirer les pommes de terre du four et monter la température du four à 250 °C (475 °F).

3 **Mettre les pommes de terre** dans un bol et les réduire grossièrement en purée avec une fourchette. Laisser refroidir un peu. Incorporer les oignons verts, le parmesan, le yogourt, le blanc d'œuf et le poivre. Former 8 croquettes de 1,25 cm (½ po) d'épaisseur environ. Mettre les croquettes sur la plaque à pâtisserie tapissée de papier d'aluminium.

4 **Cuire au four** 8 minutes. Retourner les croquettes et cuire environ 4 minutes de plus, jusqu'à ce qu'elles soient dorées des deux côtés. Napper chaque croquette avec le relish aux tomates.

4 portions

50 ml (¼ tasse) de tomates en dés en conserve, égouttées

2 ml (½ c. à thé) de raifort préparé

Pincée de thym frais haché

1 pomme de terre russet moyenne de 360 g (12 oz), pelée et coupée en quartiers

150 ml (⅔ tasse) d'oignons verts, émincés

75 ml (⅓ tasse) de parmesan, râpé

50 ml (¼ tasse) de yogourt nature écrémé

1 blanc d'œuf

Pincée de poivre fraîchement moulu

Par portion (2 croquettes + 15 ml (1 c. à soupe) de relish)   **3 POINTS par portion**
137 Calories | 2 g Gras total | 2 g Gras saturé | 5 mg Cholestérol | 163 mg Sodium | 23 g Glucide total | 2 g Fibres alimentaires | 7 g Protéines | 140 mg Calcium

Gratin de pommes de terre

Ingrédient traditionnel de cette recette, le gruyère est un fromage de lait de vache que l'on produit en France et en Suisse. Procurez-vous du gruyère authentique : son goût riche et sa texture inimitable lorsqu'il est fondu feront de ce plat un succès assuré.

4 portions

360 g (12 oz) de pommes de terre russet, pelées et coupées en tranches de 6 mm (¼ po)

375 ml (1 ½ tasse) de lait écrémé

1 gousse d'ail, émincée

1 ml (¼ c. à thé) de sel

Poivre fraîchement moulu

5 ml (1 c. à thé) de fécule de maïs délayée dans 10 ml (2 c. à thé) d'eau

50 ml (¼ tasse) de gruyère, râpé

45 ml (3 c. à soupe) de chapelure fraîche

50 ml (¼ tasse) de parmesan, râpé

1. **Préchauffer le four** à 180 °C (350 °F). Vaporiser un plat de cuisson de 20 x 20 cm (8 x 8 po) avec de l'enduit anticollant. Mélanger les pommes de terre, le lait, l'ail, le sel et le poivre dans une casserole. Amener à ébullition. Réduire la chaleur et laisser mijoter doucement 6 ou 7 minutes. Les pommes de terre seront encore un peu dures sous la fourchette.

2. **Incorporer la fécule de maïs** délayée et laisser mijoter environ 1 minute, jusqu'à épaississement. Retirer du feu et incorporer le gruyère. Transvider dans le plat de cuisson. Mélanger la chapelure et le parmesan dans un petit bol et saupoudrer le plat avec ce mélange. Cuire au four environ 45 minutes, jusqu'à ce que le gratin soit doré. Retirer du four et laisser reposer 10 minutes avant de servir.

Conseil du chef

Pour faire de la chapelure fraîche, enlever la croûte d'un pain blanc frais ou vieux d'une journée. Mettre la mie dans le robot de cuisine pour obtenir de fines miettes.

---

4 POINTS par portion **Par portion**

166 Calories | 5 g Gras total | 3 g Gras saturé | 16 mg Cholestérol | 350 mg Sodium | 20 g Glucide total | 1 g Fibres alimentaires | 2 g Protéines | 295 mg Calcium

Purée de brocoli et de pommes de terre

Un bon moyen de faire manger du brocoli à vos enfants. Saupoudrez ce nourrissant mets d'accompagnement de parmesan ou de cheddar râpé.

1 **Mélanger l'eau,** les pommes de terre et l'ail dans une grande casserole et amener à ébullition. Réduire la chaleur, couvrir et laisser mijoter environ 10 minutes, jusqu'à ce qu'elles soient presque tendres. Ajouter le brocoli et cuire environ 5 minutes de plus, jusqu'à ce qu'il soit tendre.

4 portions

250 ml (1 tasse) d'eau

4 petites pommes de terre de consommation courante, pelées et coupées en cubes

3 gousses d'ail, pelées

2 ml (½ c. à thé) de sel

500 ml (2 tasses) de bouquets de brocoli, parés et hachés

Conseil du chef

Pour obtenir une consistance parfaite, réduire les pommes de terre et le brocoli en purée avec un presse-riz, un ustensile qui ressemble à un presse-ail géant surtout utilisé pour réduire en purée les légumes-racines. On peut aussi utiliser un pilon à pommes de terre, mais la texture ne sera pas aussi crémeuse. Éviter le robot de cuisine dont la lame pourrait faire rompre les granules d'amidon contenus dans les pommes de terre, ce qui les rendrait gluantes.

Par portion   **1 POINT par portion**

103 Calories | 0 g Gras total | 0 g Gras saturé | 0 mg Cholestérol | 307 mg Sodium | 23 g Glucide total | 3 g Fibres alimentaires | 3 g Protéines | 32 mg Calcium

Purée de pommes de terre à l'aubergine et à l'ail

En faisant rôtir l'ail et les aubergines, vous leur donnerez un goût doux et légèrement sucré. La crème à fouetter combinée à l'huile d'olive ajoutera à votre purée saveur et texture. Vous pouvez utiliser du lait écrémé ou entier à la place de la crème.

4 portions

1 petite aubergine de 360 à 420 g (12 à 14 oz)

2 gousses d'ail, non pelées

2 grosses pommes de terre russet (environ 720 g/1 ½ lb), pelées et coupées en quartiers

22 ml (1 ½ c. à soupe) de lait écrémé

22 ml (1 ½ c. à soupe) de crème à 35 %

10 ml (2 c. à thé) d'huile d'olive extravierge

1 ml (¼ c. à thé) de sel

1. **Préchauffer le four** à 200 °C (400 °F). Vaporiser une plaque à pâtisserie avec de l'enduit anticollant. Couper l'aubergine en deux sur la longueur et faire quelques incisions dans la chair. Envelopper l'ail dans du papier d'aluminium. Mettre l'ail et l'aubergine sur la plaque et faire griller environ 30 minutes pour l'ail et 45 minutes pour l'aubergine. Celle-ci doit être très tendre. Peler l'ail et le réduire en purée dans un bol moyen. Mélanger avec la pulpe de l'aubergine. Réduire la température du four à 120 °C (250 °F).

2. **Dans une casserole,** mélanger les pommes de terre avec suffisamment d'eau pour les couvrir. Amener à ébullition. Réduire la chaleur, couvrir et laisser mijoter environ 20 minutes, jusqu'à ce que les pommes de terre soient tendres. Égoutter et étendre sur une plaque à pâtisserie à revêtement antiadhésif. Mettre au four environ 5 minutes. Passer les pommes de terre chaudes dans un moulin ou un presse-riz au-dessus d'un grand bol. Incorporer l'aubergine et l'ail.

3. **Dans une casserole,** laisser mijoter légèrement le lait, la crème et l'huile. Verser dans les pommes de terre en battant vigoureusement. Saler et servir immédiatement.

Conseil du chef

Pour obtenir une consistance parfaite, réduire les pommes de terre en purée avec un presse-riz, un ustensile qui ressemble à un presse-ail géant surtout utilisé pour réduire en purée les légumes-racines. On peut aussi utiliser un pilon à pommes de terre, mais la texture ne sera pas aussi crémeuse. Éviter le robot de cuisine dont la lame pourrait faire rompre les granules d'amidon contenus dans les pommes de terre, ce qui les rendrait gluantes.

3 POINTS par portion

Par portion

177 Calories | 3 g Gras total | 1 g Gras saturé | 2 mg Cholestérol | 159 mg Sodium | 32 g Glucide total | 6 g Fibres alimentaires | 5 g Protéines | 35 mg Calcium

Crêpes aux légumes à l'orientale

La prochaine fois que vous prendra l'envie de commander des mets chinois, préparez plutôt ces saines crêpes moo shu farcies de légumes croquants et épicés. Les crêpes moo shu sont offertes dans les épiceries orientales ou dans certains supermarchés; si vous ne pouvez en trouver, utilisez des tortillas à la place. Ce plat se prépare en un rien de temps. Tranchez vos légumes à l'avance et gardez-les au réfrigérateur. Pour plus d'information sur la façon de couper les légumes en julienne, voir page 80.

1. **Préchauffer le four** à 120 ºC (250 ºF).

2. **Chauffer un wok** ou un poêlon à revêtement antiadhésif sur feu élevé jusqu'à ce qu'une goutte d'eau crépite. Verser l'huile et remuer en tous sens pour bien enduire le fond et les côtés. Ajouter l'ail et le gingembre et faire frire environ 30 secondes. Ajouter les poivrons, le céleri, les carottes, le chou et le fenouil. Faire frire environ 5 minutes, jusqu'à ce qu'ils soient tendres. Ajouter la sauce hoisin et la sauce soja et retirer du feu.

3. **Mettre les crêpes** sur une plaque à pâtisserie. Couvrir avec un linge humide et réchauffer 4 minutes au four, jusqu'à ce qu'elles soient très molles.

4. **Pour servir,** mettre une quantité égale de légumes sur chaque crêpe, replier les extrémités et rouler pour bien envelopper la garniture.

Conseil du chef

La sauce hoisin est sucrée, épaisse et d'un beau brun rougeâtre. On l'utilise beaucoup en Chine, surtout comme condiment ou comme glace pour la volaille et les viandes grillées ou rôties. Parfois surnommée la « sauce barbecue chinoise », elle est faite de pâte de soja fermentée, de sucre, d'ail, de piments et d'épices (cinq-épices ou anis étoilé particulièrement). On peut s'en procurer dans les épiceries orientales et dans la plupart des supermarchés. Une fois ouvert, le contenant peut être conservé presque indéfiniment au réfrigérateur. Si on l'achète en conserve, le transvider dans un bocal en verre stérilisé avec couvercle.

4 portions

22 ml (1 ½ c. à soupe) d'huile de sésame orientale (foncée)

1 gousse d'ail, émincée

7 ml (1 ½ c. à thé) de gingembre frais, pelé et émincé

3 petits poivrons rouges, en julienne

1 branche de céleri moyenne, en julienne

1 carotte moyenne, pelée et en julienne

250 ml (1 tasse) de chou nappa, en fines lamelles

125 ml (½ tasse) de fenouil, en julienne

30 ml (2 c. à soupe) de sauce hoisin

22 ml (1 ½ c. à soupe) de sauce soja hyposodique

8 crêpes moo shu

Par portion   **3 POINTS par portion**

140 Calories | 6 g Gras total | 1 g Gras saturé | 0 mg Cholestérol | 460 mg Sodium | 20 g Glucide total | 3 g Fibres alimentaires | 3 g Protéines | 41 mg Calcium

Pot-au-feu aux légumes et aux dumplings aux fines herbes

Ceci est une variante végétarienne d'un grand classique. La pomme râpée et le nectar de poire unissent ici leurs saveurs pour créer une sauce légère et fruitée qui se mariera merveilleusement à l'arôme des légumes et de ces dumplings moelleux que vous aurez fait cuire à l'étuvée.

6 portions

Pot-au-feu
250 ml (1 tasse) de nectar de poire
250 ml (1 tasse) de bouillon de légumes hyposodique
15 ml (1 c. à soupe) de moutarde de Dijon
15 ml (3 c. à thé) de thym frais, haché
5 ml (1 c. à thé) de sel
Poivre fraîchement moulu
1 petite courge butternut de 480 g (1 lb), pelée et coupée en morceaux de 2,5 cm (1 po)
3 petits navets, pelés et coupés en quartiers
2 carottes, pelées et coupées en tranches
2 courgettes, en tranches
1 oignon moyen, haché
½ pomme acidulée, pelée, évidée et râpée
6 gousses d'ail, hachées

Dumplings
250 ml (1 tasse) de farine tout usage
10 ml (2 c. à thé) de levure chimique (poudre à pâte)
125 ml (½ tasse) de babeurre à faible teneur en matières grasses
30 ml (2 c. à soupe) de beurre sans sel, fondu
15 ml (1 c. à soupe) d'oignons verts, hachés

1 **Pour préparer le pot-au-feu,** fouetter ensemble dans une grande casserole le nectar de poire, le bouillon, la moutarde, 10 ml (2 c. à thé) de thym, 2 ml (½ c. à thé) de sel et le poivre. Ajouter les courges, les navets, les carottes, les courgettes, les oignons, les pommes et l'ail. Amener à ébullition. Couvrir, réduire la chaleur et laisser mijoter environ 15 minutes, jusqu'à ce qu'ils soient tendres.

2 **Pendant ce temps,** préparer les dumplings en mélangeant la farine, la levure chimique et le sel restant dans un grand bol. Mélanger le babeurre et le beurre dans un autre bol. Verser sur les ingrédients secs et remuer juste assez pour former une pâte légère. Incorporer les oignons verts et le thym restant.

3 **Verser 6 cuillerées à soupe** combles de pâte dans le pot-au-feu. Laisser mijoter 10 minutes à découvert. Couvrir et cuire environ 10 minutes de plus, jusqu'à ce que les dumplings soient fermes.

Conseil du chef

Pour peler la courge, couper le dessus et le dessous, puis la couper en deux en travers en séparant la partie supérieure de la partie inférieure. Cela facilitera la tâche. Égrener la courge. Avec un éplucheur ou un couteau bien affûté et résistant, enlever la pelure.

4 POINTS par portion

Par portion (environ 375 ml (1 ½ tasse) de pot-au-feu + 1 dumpling)
225 Calories | 5 g Gras total | 3 g Gras saturé | 12 mg Cholestérol | 762 mg Sodium | 42 g Glucide total | 5 g Fibres alimentaires | 6 g Protéines | 120 mg Calcium

Pot-au-feu aux légumes et aux dumplings aux fines herbes

Pot-au-feu aux légumes

Cette nourrissante ratatouille déborde d'arômes sucrés et épicés. Servez-la sur un lit de couscous ou de riz.

4 portions

- 15 ml (1 c. à soupe) d'huile d'olive
- 1 gros oignon, haché
- 1 poireau moyen, nettoyé et coupé en tranches
- 2 gousses d'ail, émincées
- 12 ml (2 ½ c. à thé) de cari en poudre
- 5 ml (1 c. à thé) de gingembre frais, pelé et émincé
- 250 ml (1 tasse) de courge butternut, pelée et coupée en cubes
- 125 ml (½ tasse) de courgettes, en tranches de 1,25 cm (½ po) d'épaisseur
- 750 ml (3 tasses) de bouillon de légumes hyposodique
- 375 ml (1 ½ tasse) d'aubergine, pelée et coupée en cubes
- 2 carottes, pelées et hachées
- 1 branche de céleri, hachée
- 75 ml (⅓ tasse) de raisins de Corinthe
- 45 ml (3 c. à soupe) de purée de tomate en conserve
- 75 ml (⅓ tasse) de pois chiches en conserve, rincés
- 75 ml (⅓ tasse) de gourganes ou de haricots de Lima, cuits
- 10 ml (2 c. à thé) de jus de citron fraîchement pressé
- 1 ml (¼ c. à thé) de sel
- 7 ml (1 ½ c. à thé) de zeste de citron, râpé

1 **Chauffer l'huile** dans une grande casserole, puis ajouter les oignons, les poireaux et l'ail. Faire sauter de 3 à 5 minutes, jusqu'à ce que les oignons soient transparents. Ajouter le cari et le gingembre. Faire sauter quelques secondes. Incorporer les courges et les courgettes. Ajouter suffisamment de bouillon pour couvrir les légumes et laisser mijoter 10 minutes. Ajouter le bouillon restant, les aubergines, les carottes, le céleri, les raisins de Corinthe et la purée de tomate. Laisser mijoter de 20 à 25 minutes, partiellement couvert, jusqu'à ce que les légumes soient tendres.

2 **Incorporer les pois chiches** et les gourganes dans les légumes qui mijotent, ajouter le jus de citron et le sel. Couvrir et cuire de 3 à 5 minutes pour bien réchauffer. Servir dans 4 bols et garnir de zeste de citron.

Conseils du chef

Du sable s'accumule souvent entre les feuilles du poireau. Pour bien le nettoyer, enlever la partie supérieure des feuilles (réserver pour parfumer les soupes ou les plats mijotés) ainsi que la partie filamenteuse de la racine. Couper le poireau sur la longueur, écarter ses feuilles et bien les rincer à l'eau froide.

Pour peler la courge, couper le dessus et le dessous, puis la couper en deux en travers en séparant la partie supérieure de la partie inférieure. Cela facilitera la tâche. Égrener la courge. Avec un éplucheur ou un couteau bien affûté et résistant, enlever la pelure.

4 POINTS par portion

Par portion
236 Calories | 6 g Gras total | 1 g Gras saturé | 4 mg Cholestérol | 384 mg Sodium | 38 g Glucide total | 8 g Fibres alimentaires | 9 g Protéines | 103 mg Calcium

Chapitre 14

Fruits

Salsa aux fruits à la mode tropicale	284
Chutney à la mangue	286
Salsa à la papaye verte	288
Mûres à la sauce aux agrumes	289
Poires au gingembre	290
Poires pochées dans la sauce au cidre chaud	291
Ananas grillé à la noix de coco	292
Figues au four	293
Compote de fruits secs	294
Coupe aux fruits tropicaux et au yogourt à la vanille et au miel	296
Mandarine frappée	297
Smoothie tropical	297
Cocktail de cantaloup	298

Salsa aux fruits à la mode tropicale

Cette salsa aux fruits savoureuse est excellente avec le poulet, le poisson et les fruits de mer. Vous pouvez utiliser des fruits en conserve, quoiqu'il soit préférable d'employer des fruits frais bien mûrs pour un maximum de qualité et de saveur.

4 portions

15 ml (1 c. à soupe) de coriandre fraîche, hachée

7 ml (½ c. à soupe) de jus de lime fraîchement pressé

7 ml (½ c. à soupe) de vinaigre de vin blanc

5 ml (1 c. à thé) de piment jalapeño, émincé (porter des gants pour prévenir l'irritation des mains)

2 ml (½ c. à thé) d'huile d'olive extravierge

Pincée (⅛ c. à thé) de sel

Poivre fraîchement moulu

1/2 mangue moyenne, en petits cubes (environ 175 ml/¾ tasse)

¼ de petite papaye, en petits cubes (environ 125 ml/½ tasse)

75 ml (⅓ tasse) d'oignons rouges, hachés

50 ml (¼ tasse) d'ananas frais, en cubes

½ petit poivron rouge, haché

Dans un bol, mélanger la coriandre, le jus de lime, le vinaigre, le piment jalapeño, l'huile, le sel et le poivre. Ajouter la mangue, la papaye, les oignons, les ananas et les poivrons. Bien remuer. Laisser reposer environ 1 heure à la température ambiante. Si on ne sert pas immédiatement, couvrir et garder au réfrigérateur jusqu'à une journée. Laisser reposer à la température ambiante avant de servir.

Conseil du chef

Si l'on préfère une salsa sucrée, il suffit de changer quelques ingrédients. Remplacer la coriandre par de la menthe, le poivron rouge par des fraises, l'huile d'olive par du miel et omettre le vinaigre, le sel et le poivre. Servir sur du yogourt glacé à la vanille comme dessert, comme garniture pour les crêpes ou encore pour accompagner les muffins ou le pain français à l'heure du brunch.

---

1 POINT par portion

Par portion

42 Calories | 1 g Gras total | 0 g Gras saturé | 0 mg Cholestérol | 110 mg Sodium | 9 g Glucide total | 2 g Fibres alimentaires | 1 g Protéines | 15 mg Calcium

Couper un ananas frais en cubes

Couper la tête et la base de l'ananas avec un grand couteau. Découper l'écorce par bandes de haut en bas. Tourner l'ananas jusqu'à ce que toute l'écorce soit enlevée. Il faut couper assez profondément pour aussi enlever les « yeux », mais pas trop afin de ne pas perdre trop de chair.

Pour faire de beaux cubes, couper l'ananas en tranches de même grosseur et de même épaisseur jusqu'à atteindre le cœur. Tourner alors l'ananas de l'autre côté et couper des tranches de la même manière jusqu'à ce qu'il ne reste plus que le cœur.

Empiler les tranches et les tailler en bandes parallèles. Couper dans l'autre sens à intervalles réguliers pour obtenir des cubes de même grosseur.

Chutney à la mangue

Le chutney à la mangue est délicieux avec le poisson grillé et la viande ; il peut également être incorporé à une salade de poulet ou tartiné dans un sandwich au poulet ou à la dinde. Préparez votre chutney à l'avance, puis laissez-le reposer à la température de la pièce avant de le réfrigérer dans un contenant hermétique. Il se conservera ainsi jusqu'à deux jours.

4 portions

1 mangue moyenne, en petits cubes (environ 375 ml/1 ½ tasse)

75 ml (⅓ tasse) d'oignons, hachés

50 ml (¼ tasse) de raisins secs

50 ml (¼ tasse) de jus d'orange (30 ml/2 c. à soupe si la mangue est très mûre)

30 ml (2 c. à soupe) de cassonade foncée, bien tassée

30 ml (2 c. à soupe) de noix, hachées

15 ml (1 c. à soupe) de vinaigre de cidre

10 ml (2 c. à thé) de piment jalapeño, émincé (porter des gants pour prévenir l'irritation des mains)

10 ml (2 c. à thé) de jus de citron fraîchement pressé

5 ml (1 c. à thé) de gingembre frais, pelé et émincé

2 ml (½ c. à thé) d'ail, émincé

2 ml (½ c. à thé) de zeste de citron, râpé

Pincée (⅛ c. à thé) de macis

Pincée de clous de girofle moulus

Mélanger tous les ingrédients dans une grande casserole. Amener à ébullition, réduire la chaleur et laisser mijoter environ 10 minutes, en remuant de temps à autre, jusqu'à ce que la mangue soit tendre. Laisser reposer avant de servir.

---

2 POINTS par portion

Par portion

123 Calories | 3 g Gras total | 0 g Gras saturé | 0 mg Cholestérol | 9 mg Sodium | 26 g Glucide total | 2 g Fibres alimentaires | 2 g Protéines | 24 mg Calcium

Préparation de la mangue

La mangue renferme un gros noyau plat au milieu. Couper le fruit en deux en passant la lame le plus près possible du noyau. Faire la même chose de l'autre côté du noyau en suivant sa forme naturelle.

Avec la pointe d'un couteau, faire des incisions en damier dans la chair jusqu'à la peau.

Retourner la peau de façon que les cubes se séparent. Détacher ensuite les cubes de la peau avec le couteau ou présenter le fruit tel quel sur une assiette de fruits.

Salsa à la papaye verte

La papaye verte est un fruit que l'on n'a pas laissé mûrir. Dans cette recette de salsa, elle fait office de légume. Offerte dans les épiceries orientales et dans certains supermarchés, la papaye verte ne doit être ni trop dure ni complètement verte lorsque vous l'achetez. Si vous ne pouvez trouver de papaye verte, optez pour une papaye ordinaire, mais qui n'est pas tout à fait mûre. Cette salsa piquante est délicieuse avec des fruits de mer grillés.

6 portions

500 ml (2 tasses) de papaye verte, pelée et finement hachée

1 tomate moyenne, pelée, épépinée et finement hachée

1 petit oignon doux, finement haché

½ piment jalapeño, épépiné et émincé (porte des gants pour prévenir l'irritation des mains)

30 ml (2 c. à soupe) de jus d'orange

10 ml (2 c. à thé) de jus de lime fraîchement pressé

22 ml (1 ½ c. à soupe) de coriandre fraîche, hachée

15 ml (1 c. à soupe) de menthe fraîche, hachée

2 ml (½ c. à thé) de sel

Dans un grand poêlon, mélanger les papayes, les tomates, les oignons, les piments et les jus d'orange et de lime. Chauffer juste assez pour que tous les ingrédients soient chauds. Retirer du feu et incorporer la coriandre, la menthe et le sel. Servir chaud ou à la température ambiante.

Conseil du chef

Pour préparer et épépiner les tomates, amener une grande casserole d'eau à ébullition. Remplir un grand bol d'eau glacée. Tailler un X peu profond dans la partie inférieure de chaque tomate. Plonger ensuite une tomate à la fois dans l'eau bouillante pendant 10 à 15 secondes, puis la plonger rapidement dans l'eau glacée. La retirer immédiatement de l'eau, puis la peler avec un petit couteau en commençant là où l'on a fait un X. Si la tomate ne se pèle pas facilement, la replonger rapidement dans l'eau bouillante, puis dans l'eau glacée. Faire les mêmes opérations avec les autres tomates. Couper les tomates en deux à l'horizontale et enlever les graines.

0 POINT par portion

Par portion (environ 75 ml (1/3 tasse)

37 Calories | 0 g Gras total | 0 g Gras saturé | 0 mg Cholestérol | 183 mg Sodium | 9 g Glucide total | 2 g Fibres alimentaires | 1 g Protéines | 21 mg Calcium

Mûres à la sauce aux agrumes

Les mûres se trouvent tout au long de la saison estivale. Les baies doivent être équeutées, charnues et d'un beau violet foncé. Si la queue est intacte, cela signifie que la baie n'est probablement pas mûre ; son goût sera alors amer. Les baies fraîches doivent de préférence être consommées immédiatement, sinon il est possible de les conserver au réfrigérateur un jour ou deux.

1 **Pour préparer la sauce,** dans une petite casserole, mélanger le jus d'orange, le sucre, les jus de citron et de lime, la fécule de maïs, les zestes et l'eau. Remuer jusqu'à ce que la fécule de maïs soit délayée. Cuire environ 3 minutes, en remuant souvent, jusqu'à épaississement. Retirer du feu.

2 **Diviser les mûres** dans 4 bols. Servir les mûres nappées de sauce chaude.

4 portions

45 ml (3 c. à soupe) de jus d'orange fraîchement pressé

30 ml (2 c. à soupe) de sucre granulé

30 ml (2 c. à soupe) de jus de citron fraîchement pressé

15 ml (1 c. à soupe) de jus de lime fraîchement pressé

7 ml (1 ½ c. à thé) de fécule de maïs

2 ml (½ c. à thé) de zeste d'orange, râpé

2 ml (½ c. à thé) de zeste de citron, râpé

2 ml (½ c. à thé) de zeste de lime, râpé

75 ml (⅓ tasse) d'eau froide

750 ml (3 tasses) de mûres, rincées

Par portion   **1 POINT par portion**

92 Calories | 0 g Gras total | 0 g Gras saturé | 0 mg Cholestérol | 0 mg Sodium | 23 g Glucide total | 6 g Fibres alimentaires | 1 g Protéines | 38 mg Calcium

Poires au gingembre

Très apprécié en cuisine orientale, le gingembre est une épice qui donnera ici un petit goût piquant aux poires. Pour cette recette, vous aurez besoin de marmelade de gingembre et de gingembre confit, deux ingrédients que vous trouverez dans les épiceries spécialisées.

4 portions

4 petites poires, pelées, coupées en deux et évidées

15 ml (1 c. à soupe) de gingembre cristallisé, émincé

15 ml (1 c. à soupe) de marmelade de gingembre

30 ml (2 c. à soupe) d'eau

1. **Couper un petit morceau** sur le côté arrondi de la poire afin qu'elle ne se retourne pas au moment de la farcir. Mettre les poires dans un plat à micro-ondes peu profond de 1 litre (1 pinte).

2. **Farcir le centre** de chaque poire avec une quantité égale de gingembre et de marmelade. Arroser les fruits avec l'eau et couvrir le plat avec du papier ciré. Cuire dans le four à micro-ondes 3 minutes à puissance élevée. Badigeonner les poires avec l'eau de cuisson. Cuire environ 1 minute de plus, jusqu'à ce qu'elles soient tendres. Arroser avec le jus de cuisson et servir immédiatement.

Conseil du chef

Choisir des poires plutôt fermes pour la cuisson. Les fruits trop mûrs auront tendance à se défaire. La bartlett et l'anjou conviennent très bien à la cuisson.

2 POINTS par portion

Par portion
121 Calories | 1 g Gras total | 0 g Gras saturé | 0 mg Cholestérol | 3 mg Sodium | 31 g Glucide total | 4 g Fibres alimentaires | 1 g Protéines | 20 mg Calcium

Poires pochées dans la sauce au cidre chaud

On retrouve la poire sous trois formes différentes dans ce plat : cuite au four en tranches minces et croustillantes, pochée dans une sauce au cidre épicé, ainsi qu'en sorbet. Ne vous découragez pas : cette recette est très simple à exécuter et tous les ingrédients peuvent être préparés à l'avance. L'heure du repas venue, vous n'aurez plus qu'à assembler les divers éléments de ce somptueux dessert. Si vous ne trouvez pas de vin de poire, utilisez un vin blanc ou rosé au bouquet floral et fruité tel un riesling, un gewurztraminer ou un zinfandel blanc.

1 **Préchauffer le four** à 100 °C (200 °F). Tapisser une plaque à pâtisserie avec du papier parchemin et vaporiser avec de l'enduit anticollant. Couper 2 poires en très fines tranches (pelure et cœur intacts) avec une mandoline ou un couteau bien tranchant. Étendre les tranches sur la plaque et mettre au four environ 3 heures pour les faire sécher. Laisser refroidir et conserver dans un contenant hermétique jusqu'à 5 jours.

2 **Pour préparer les poires pochées,** mélanger le sucre, le vin, l'eau et la vanille dans une casserole moyenne. Laisser mijoter doucement. Évider et peler les 6 autres poires et les mettre dans le liquide qui mijote. Couvrir et cuire environ 30 minutes, jusqu'à ce qu'elles soient tendres. Retirer du feu et laisser refroidir. Laisser les poires dans leur liquide jusqu'au moment de les utiliser. Les conserver au réfrigérateur si on ne les mange pas immédiatement. (Le liquide restant peut être utilisé pour pocher d'autres poires ou on peut le congeler pour faire un sorbet.)

3 **Pour préparer la sauce,** mélanger le cidre, la cannelle et la muscade dans une casserole moyenne. Amener à ébullition, réduire la chaleur et laisser mijoter environ 15 minutes, jusqu'à ce que le cidre soit réduit à 375 ml (1 ½ tasse). Jeter le bâton de cannelle. Délayer l'arrow-root dans 5 ml (1 c. à thé) d'eau froide et verser dans le cidre qui mijote. Remuer environ 1 minute, jusqu'à épaississement.

4 **Pour servir,** sortir les poires du liquide et mettre chacune dans un grand bol ou une assiette à soupe. Couvrir de sauce chaude, garnir avec un peu de sorbet aux poires et 3 chips de poires. Servir immédiatement.

6 portions

8 poires bartlett

750 ml (3 tasses) de sucre

500 ml (2 tasses) de vin de poire

375 ml (1 ½ tasse) d'eau

1 gousse de vanille, coupée en deux sur la longueur

500 ml (2 tasses) de cidre de poire ou de pomme

1 bâton de cannelle

Pincée de muscade moulue

5 ml (1 c. à thé) d'arrow-root

425 ml (1 ¾ tasse) de Sorbet aux poires (p. 340)

Par portion

389 Calories | 1 g Gras total | 0 g Gras saturé | 0 mg Cholestérol | 1 mg Sodium | 83 g Glucide total | 4 g Fibres alimentaires | 1 g Protéines | 37 mg Calcium

7 POINTS par portion

Ananas grillé à la noix de coco

Les riches saveurs tropicales du rhum, de l'ananas et de la noix de coco se rencontrent dans ce dessert à la fois simple et substantiel. Ce plat se prépare en un tournemain avec des ananas en conserve, mais si vous avez le temps, optez pour de l'ananas frais.

4 portions

30 ml (2 c. à soupe) de rhum brun

10 ml (2 c. à thé) de cassonade foncée, bien tassée

125 ml (½ tasse) de jus d'ananas (d'une boîte d'ananas en conserve)

8 tranches d'ananas en conserve (sans sucre ajouté)

40 ml (2 c. à soupe + 2 c. à thé) de noix de coco, râpé

1 **Préchauffer le gril.** Tapisser un plat de cuisson peu profond de 1 litre (1 pinte) avec du papier d'aluminium. Mélanger le rhum, la cassonade et le jus de citron dans un petit bol. Remuer jusqu'à dissolution de la cassonade.

2 **Étendre les ananas** sur une seule couche dans le plat de cuisson. Arroser uniformément avec la sauce au rhum. Faire griller de 5 à 8 minutes à 12,5 cm (5 po) de la source de chaleur, jusqu'à ce que les ananas brunissent légèrement. Saupoudrer de noix de coco et griller 3 ou 4 minutes de plus, jusqu'à ce qu'elle commence à brunir.

3 **Arroser les ananas** avec le jus de cuisson et servir immédiatement.

---

2 POINTS par portion **Par portion**

104 Calories | 1 g Gras total | 1 g Gras saturé | 0 mg Cholestérol | 12 mg Sodium | 22 g Glucide total | 1 g Fibres alimentaires | 1 g Protéines | 18 mg Calcium

Figues au four

Ce délicieux dessert composé de figues et de pâte d'amande nichées dans une pâte phyllo sera encore meilleur en été, lorsque les figues sont fraîches. Une fois vos feuilletés prêts, saupoudrez-les de sucre glace et servez-les avec des framboises fraîches. Si vous ne trouvez pas de figues, utilisez des poires que vous aurez pelées et coupées en tranches.

1 **Préchauffer le four** à 150 °C (300 °F). Vaporiser légèrement une plaque à pâtisserie avec de l'enduit anticollant. Équeuter les figues et faire une incision en croix sur le tiers supérieur de chacune.

2 **Façonner 6 boules** avec la pâte d'amande. Presser une boule contre la partie inférieure de chaque figue.

3 **Couper chaque feuille** de pâte phyllo en quatre. Empiler 4 feuilles, brosser celle du dessus avec du beurre fondu et mettre une figue au centre. Envelopper la figue en ramenant les coins de la pâte vers le haut pour former un petit chausson. Tordre les coins de la pâte pour bien fermer le chausson. Brosser l'extérieur avec du beurre fondu. Répéter les mêmes opérations avec la pâte et les figues restantes.

4 **Cuire au four** environ 30 minutes, jusqu'à ce que la pâte soit dorée. Saupoudrer de sucre glace et servir chaud.

6 portions

6 figues moyennes mûres

30 ml (2 c. à soupe) de pâte d'amande

6 feuilles de pâtes phyllo de 30 x 42,5 cm (12 x 17 po), à la température ambiante

15 ml (1 c. à soupe) de beurre sans sel, fondu

30 ml (2 c. à soupe) de sucre glace

Par portion   **2 POINTS par portion**

85 Calories | 4 g Gras total | 2 g Gras saturé | 5 mg Cholestérol | 2 mg Sodium | 14 g Glucide total | 2 g Fibres alimentaires | 1 g Protéines | 26 mg Calcium

Compote de fruits secs

Vous pouvez doubler cette recette de compote et la conserver au réfrigérateur. Servez-la chaude lors d'un petit déjeuner spécial, avec du gruau ou du pain doré, ou encore au dessert avec du pouding au pain. Composez votre propre mélange de fruits secs : cerises, bleuets, groseilles, canneberges, abricots, dattes, figues, raisins, prunes... ils seront tous excellents dans cette compote.

4 portions

250 ml (1 tasse) de fruits secs mélangés

50 ml (¼ tasse) de porto blanc ou de jus de raisin blanc, chaud

125 ml (½ tasse) de cidre de pomme

1 bâton de cannelle de 7,5 cm (3 po)

5 ml (1 c. à thé) d'arrow-root

1 ml (¼ c. à thé) de zeste de citron, râpé

Pincée (⅛ c. à thé) de muscade fraîchement râpée

1. **Hacher grossièrement** les fruits les plus gros (abricots, prunes, pommes, etc.) et laisser les plus petits (raisins secs, groseilles, cerises, etc.) entiers. Laisser tremper tous les fruits dans le vin environ 30 minutes pour les faire gonfler. Égoutter et réserver 15 ml (1 c. à soupe) de vin de trempage.

2. **Amener le cidre** et la cannelle à ébullition dans une petite casserole. Délayer l'arrow-root dans le vin réservé. Verser dans le cidre et laisser mijoter environ 2 minutes, jusqu'à épaississement.

3. **Incorporer les fruits,** le zeste de citron et la muscade. Amener à ébullition. Réduire la chaleur et laisser mijoter 1 minute à découvert. Retirer du feu, jeter le bâton de cannelle et servir chaud. Si on prépare le dessert à l'avance, laisser refroidir, couvrir et conserver jusqu'à 2 jours au réfrigérateur. Réchauffer avant de servir.

2 POINTS par portion   **Par portion**

133 Calories | 0 g Gras total | 0 g Gras saturé | 0 mg Cholestérol | 5 mg Sodium | 27 g Glucide total | 2 g Fibres alimentaires | 1 g Protéines | 18 mg Calcium

Compote de fruits secs

Coupe aux fruits tropicaux et au yogourt à la vanille et au miel

Ce parfait aux fruits est un dessert raffiné, mais facile à apprêter. Donnez-vous assez de temps pour le confectionner, car le fromage de yogourt doit être laissé à égoutter durant au moins cinq heures. Les ingrédients peuvent être préparés à l'avance, mais ne confectionnez vos parfaits que juste avant de servir.

4 portions

1 gousse de vanille

500 ml (2 tasses) de fromage de yogourt

50 ml (¼ tasse) de miel

1 banane moyenne, en petits cubes (environ 150 ml/⅔ tasse)

⅓ de mangue moyenne, en petits cubes (environ 125 ml/½ tasse)

¼ de petite papaye, en petits cubes (environ 125 ml/½ tasse)

50 ml (¼ tasse) de moitiés d'abricots secs, hachés

125 ml (½ tasse) de granola à faible teneur en matières grasses

1 **Mettre 4 verres** à vin ou à parfait de 300 ml (10 oz) au réfrigérateur au moins 1 heure à l'avance.

2 **Ouvrir la gousse de vanille** et recueillir les graines dans un bol (voir Conseil du chef ci-après). Incorporer le fromage de yogourt et le miel. Couvrir et conserver au réfrigérateur jusqu'au moment de l'utiliser.

3 **Pour assembler les parfaits,** remplir chaque verre avec une quantité égale de fruits mélangés, couvrir avec une couche de fromage de yogourt, une autre de fruits et une dernière de fromage de yogourt. Garnir de granola et servir immédiatement.

Conseils du chef

Pour faire le fromage de yogourt, verser 1 litre (1 pinte) de yogourt nature écrémé dans une passoire tapissée avec un filtre à café ou de la mousseline et placée au-dessus d'un bol. Couvrir et conserver au réfrigérateur au moins 5 heures ou toute la nuit. Jeter le liquide accumulé dans le bol.

Les gousses de vanille sont essentielles au succès de cette recette. Elles coûtent cher, mais on ne regrette jamais leur achat. Si on les remplaçait par de l'extrait de vanille, l'alcool contenu dans celui-ci nuirait au goût du yogourt. Les gousses doivent être souples et dégager une forte odeur de vanille. C'est là un signe de fraîcheur. Pour retirer les graines, fendre les gousses sur la longueur avec un petit couteau et gratter l'intérieur avec la pointe.

6 POINTS par portion **Par portion**

317 Calories | 5 g Gras total | 3 g Gras saturé | 15 mg Cholestérol | 204 mg Sodium | 57 g Glucide total | 3 g Fibres alimentaires | 14 g Protéines | 463 mg Calcium

Mandarine frappée

Voici un mélange de jus de fruits et de liqueur que l'on verse sur de la glace concassée. Nous vous proposons ici la saveur de la mandarine, mais n'importe quel jus d'agrume fera l'affaire (tangelo, tangerine, orange, etc.). Afin d'éviter les dégâts, broyez la glace par petites quantités dans le mélangeur.

1 **Remplir le gobelet** d'un shaker à cocktail de glace concassée. Ajouter le jus d'orange et le jus de lime. Remuer ou secouer pour refroidir complètement.

2 **Remplir 2 grands verres** de glace concassée. Verser le jus dans les verres en le filtrant dans une petite passoire.

3 **Garnir chaque verre** avec une tranche de lime et servir immédiatement.

2 portions

750 ml (3 tasses) de glace concassée, ou selon le besoin

375 ml (1 ½ tasse) de jus de mandarine fraîchement pressé

37 ml (2 ½ c. à soupe) de jus de lime fraîchement pressé

2 tranches de lime

2 POINTS par portion

Par portion
91 Calories | 1 g Gras total | 0 g Gras saturé | 0 mg Cholestérol | 2 mg Sodium |
22 g Glucide total | 1 g Fibres alimentaires | 1 g Protéines | 25 mg Calcium

Smoothie tropical

Mélanger le jus d'ananas, les fraises congelées et la banane dans le mélangeur. Réduire en purée très onctueuse. Verser dans 4 verres à cocktail et garnir avec une fraise fraîche selon le goût.

4 portions

375 ml (1 ½ tasse) de jus d'ananas non sucré, froid

8 fraises, congelées

1 banane, en tranches

4 fraises fraîches, équeutées (facultatif)

1 POINT par portion

Par portion
91 Calories | 0 g Gras total | 0 g Gras saturé | 0 mg Cholestérol | 2 mg Sodium |
23 g Glucide total | 2 g Fibres alimentaires | 1 g Protéines | 23 mg Calcium

Cocktail de cantaloup

Fruit sucré et juteux, le cantaloup est une excellente source de vitamine A et de vitamine C. Choisissez des cantaloups lourds et odorants.

4 portions

½ cantaloup moyen, pelé et haché (environ 625 ml/2 ½ tasses)

300 ml (1 ¼ tasse) de jus d'orange fraîchement pressé

30 ml (2 c. à soupe) de jus de lime fraîchement pressé

30 ml (2 c. à soupe) de miel

1 ml (¼ c. à thé) d'extrait de vanille

6 cubes de glace

4 tranches de lime

1 **Mettre 4 verres à vin** au congélateur au moins 1 heure à l'avance.

2 **Mélanger le cantaloup,** le jus d'orange, le jus de lime, le miel, la vanille et les cubes de glace dans le mélangeur. Réduire en purée très onctueuse.

3 **Verser dans les verres givrés** et garnir avec des tranches de lime. Servir immédiatement.

---

2 POINTS par portion   **Par portion**

107 Calories | 1 g Gras total | 0 g Gras saturé | 0 mg Cholestérol | 10 mg Sodium | 27 g Glucide total | 2 g Fibres alimentaires | 1 g Protéines | 24 mg Calcium

Chapitre 15

Pains

Muffins de blé entier aux épices	300
Muffins à l'avoine, aux poires et à l'érable	301
Muffins à l'avoine et aux fruits secs	302
Muffins à l'orange, à l'abricot et aux canneberges	304
Popovers au poivre	305
Pain de maïs traditionnel	306
Pain aux pommes de terre et au yogourt	307
Biscuits au poivre noir	308
Croûte aux fines herbes	309
Pain aux pois chiches et variantes	310
Pain naan et purée d'aubergine	312

Muffins de blé entier aux épices

Moelleux et faciles à préparer, ces muffins allient la saveur du blé entier à la douceur naturelle des raisins secs.

12 portions

- 250 ml (1 tasse) de raisins secs
- 250 ml (1 tasse) d'eau chaude
- 250 ml (1 tasse) de farine tout usage
- 250 ml (1 tasse) de farine de blé entier
- 12 ml (2 ½ c. à thé) de levure chimique (poudre à pâte)
- 10 ml (2 c. à thé) de cannelle
- 3 ml (¾ c. à thé) de macis moulu
- 1 ml (¼ c. à thé) de clou de girofle, moulu
- 75 ml (⅓ tasse) de sucre
- 75 ml (⅓ tasse) de yogourt nature sans matières grasses
- 1 œuf
- 37 ml (2 ½ c. à soupe) d'huile végétale

1 **Mélanger les raisins secs** et l'eau chaude dans un bol. Laisser tremper 20 minutes. Égoutter et réserver 175 ml (¾ tasse) du liquide.

2 **Préchauffer le four** à 190 °C (375 °F). Vaporiser 12 moules à muffins avec de l'enduit anticollant ou les tapisser de papier d'aluminium ou de moules en papier.

3 **Dans un bol,** mélanger la farine tout usage, la farine de blé entier, la levure chimique, la cannelle, le macis et les clous de girofle. Dans un autre bol, mélanger l'eau de trempage réservée, le sucre, le yogourt, l'œuf et l'huile. Incorporer aux ingrédients secs. Bien remuer. Ajouter les raisins secs.

4 **Verser dans les moules** en les remplissant aux deux tiers. Cuire au four environ 15 minutes, jusqu'à ce que le dessus soit doré et rebondisse quand on le presse légèrement, ou jusqu'à ce qu'un cure-dent inséré au centre ressorte propre. Laisser reposer le moule sur une grille 5 minutes. Démouler sur la grille et laisser refroidir complètement les muffins. Conserver jusqu'à 3 jours dans un contenant hermétique.

---

3 POINTS par portion **Par portion**

163 Calories | 4 g Gras total | 1 g Gras saturé | 18 mg Cholestérol | 90 mg Sodium | 31 g Glucide total | 2 g Fibres alimentaires | 3 g Protéines | 32 mg Calcium

Muffins à l'avoine, aux poires et à l'érable

Choisissez la variété de poire qui vous convient le mieux pour cette recette (bosc, bartlett, anjou, etc.). Assurez-vous de choisir une poire à la fois mûre et ferme. Ces muffins sucrés se conserveront jusqu'à trois jours à la température de la pièce, dans un contenant hermétique.

1 **Préchauffer le four** à 200 °C (400 °F). Vaporiser 12 moules à muffins avec de l'enduit anticollant ou les tapisser de papier d'aluminium ou de moules en papier.

2 **Dans un bol,** mélanger la farine, la levure chimique, le bicarbonate de soude, la cannelle et le sel. Dans un autre bol, mélanger les pacanes et 30 ml (2 c. à soupe) de flocons d'avoine. Dans un troisième bol, mélanger le reste de l'avoine, les poires, le babeurre, la cassonade, l'huile et l'œuf. Laisser reposer 5 minutes. Incorporer la préparation aux poires aux ingrédients secs. Remuer légèrement.

3 **Verser la pâte** dans les moules en les remplissant aux deux tiers. Saupoudrer avec le mélange de pacanes et d'avoine. Cuire au four de 18 à 20 minutes, jusqu'à ce qu'un cure-dent inséré au centre ressorte propre. Laisser reposer le moule sur une grille 5 minutes. Démouler sur la grille et laisser refroidir complètement les muffins.

12 portions

425 ml (1 3/4 tasse)
de farine tout usage

5 ml (1 c. à thé)
de bicarbonate de soude

5 ml (1 c. à thé) de levure chimique (poudre à pâte)

5 ml (1 c. à thé) de cannelle

2 ml (1/2 c. à thé) de sel

30 ml (2 c. à soupe)
de pacanes, finement hachées

375 ml (1 1/2 tasse)
d'avoine roulée à cuisson rapide

1 grosse poire, évidée,
pelée et hachée

250 ml (1 tasse)
de babeurre écrémé

125 ml (1/2 tasse) de cassonade foncée, bien tassée

75 ml (1/3 tasse) de sirop d'érable

30 ml (2 c. à soupe)
d'huile végétale

1 œuf

Par portion   **4 POINTS par portion**

220 Calories | 5 g Gras total | 1 g Gras saturé | 18 mg Cholestérol | 256 mg Sodium |
40 g Glucide total | 2 g Fibres alimentaires | 5 g Protéines | 60 mg Calcium

Muffins à l'avoine et aux fruits secs

Les fruits secs donneront un bon goût sucré et une texture croquante à ces muffins dorés et onctueux. Essayez différentes combinaisons de fruits secs (bleuet et mangue, abricot et framboise, prune et cerise, etc.).

12 portions

300 ml (1 ¼ tasse) de fruits secs, grossièrement hachés

250 ml (1 tasse) d'avoine roulée à l'ancienne

175 ml (¾ tasse) de son d'avoine

140 ml (½ tasse + 1 c. à soupe) de farine tout usage

1 banane moyenne, en purée

45 ml (3 c. à soupe) de cassonade pâle, bien tassée

75 ml (5 c. à thé) de levure chimique (poudre à pâte)

5 ml (1 c. à thé) de cannelle

250 ml (1 tasse) de lait écrémé

50 ml (¼ tasse) de jus d'orange fraîchement pressé

2 blancs d'œufs

30 ml (2 c. à soupe) d'huile végétale

10 ml (2 c. à thé) de zeste d'orange, râpé

1 **Préchauffer le four** à 200 ºC (400 ºF). Vaporiser 12 moules à muffins avec de l'enduit anticollant ou les tapisser de papier d'aluminium ou de moules en papier.

2 **Dans le robot de cuisine,** mélanger les fruits secs, les flocons d'avoine, le son d'avoine, la farine, la banane, la cassonade, la levure chimique et la cannelle. Faire tourner le moteur pour bien mélanger et transvider dans un bol.

3 **Dans un autre bol,** mélanger le lait, le jus d'orange, les blancs d'œufs, l'huile et le zeste. Verser dans le bol contenant les fruits secs et remuer juste assez pour mélanger.

4 **Verser dans les moules** en les remplissant aux deux tiers. Cuire au four environ 15 minutes, jusqu'à ce que le dessus soit doré et rebondisse quand on le presse légèrement, ou jusqu'à ce qu'un cure-dent inséré au centre ressorte propre. Démouler sur la grille et laisser refroidir 10 minutes avant de servir. Conserver jusqu'à 3 jours dans un contenant hermétique.

3 POINTS par portion **Par portion**
168 Calories | 4 g Gras total | 1 g Gras saturé | 0 mg Cholestérol | 187 mg Sodium | 31 g Glucide total | 3 g Fibres alimentaires | 5 g Protéines | 78 mg Calcium

Muffins à l'avoine et aux fruits secs (p. 302); Muffins à l'orange, à l'abricot et aux canneberges (p. 304)

Muffins à l'orange, à l'abricot et aux canneberges

Pour donner un petit goût inattendu au traditionnel muffin, incorporez du jus d'orange fraîchement pressé à la pâte. Utilisez une solide cuillère de bois pour mélanger cette pâte épaisse et collante. Ces muffins faciles à préparer peuvent être conservés jusqu'à trois jours à la température de la pièce, dans un contenant hermétique.

12 portions

250 ml (1 tasse) de farine tout usage

175 ml (¾ tasse) de farine de blé entier

50 ml (¼ tasse) de germe de blé

10 ml (2 c. à thé) de levure chimique (poudre à pâte)

2 ml (½ c. à thé) de bicarbonate de soude

1 ml (¼ c. à thé) de sel

60 ml (4 c. à soupe) de beurre sans sel ou de margarine, en petits cubes

125 ml (½ tasse) de sucre

150 ml (⅔ tasse) de jus d'orange

1 œuf

250 ml (1 tasse) de canneberges sèches sucrées

250 ml (1 tasse) de moitiés d'abricots secs, hachées

1. **Préchauffer le four** à 180 °C (350 °F). Vaporiser 12 moules à muffins avec de l'enduit anticollant ou les tapisser de papier d'aluminium ou de moules en papier.

2. **Dans un bol,** mélanger la farine tout usage, la farine de blé entier, le germe de blé, la levure chimique, le bicarbonate de soude et le sel. Avec une fourchette ou les doigts, incorporer le beurre aux ingrédients secs jusqu'à la formation de miettes. Incorporer le sucre.

3. **Dans un autre bol,** mélanger le jus d'orange et l'œuf. Verser dans les ingrédients secs et remuer. La pâte doit être très ferme. Incorporer les canneberges et les abricots.

4. **Verser la pâte** dans les moules en les remplissant aux deux tiers. Cuire au four de 20 à 25 minutes, jusqu'à ce que le dessus soit doré et qu'un cure-dent inséré au centre ressorte propre. Laisser reposer le moule sur une grille 5 minutes. Démouler sur la grille et laisser refroidir complètement les muffins.

Conseil du chef

Pour un goût plus intense, ajouter 10 ml (2 c. à thé) de zeste d'orange au moment d'incorporer les canneberges et les abricots.

4 POINTS par portion

Par portion

211 Calories | 5 g Gras total | 3 g Gras saturé | 29 mg Cholestérol | 216 mg Sodium | 39 g Glucide total | 3 g Fibres alimentaires | 4 g Protéines | 27 mg Calcium

Popovers au poivre

Lors de la cuisson, l'humidité contenue dans la pâte se changera en vapeur et vos chaussons lèveront au four de façon spectaculaire. N'ouvrez pas la porte du four durant la cuisson : il est important que la vapeur reste à l'intérieur.

1 **Préchauffer le four** à 230 °C (450 °F). Vaporiser 8 moules à muffins ou à popovers avec de l'enduit anticollant.

2 **Avec le batteur électrique,** à vitesse moyenne, battre les œufs jusqu'à ce qu'ils soient mousseux. Sans cesser de battre, incorporer le lait, puis la farine, le sel et le poivre.

3 **Verser 50 ml (1/4 tasse)** de pâte dans chaque moule. Cuire au four 15 minutes. Réduire la chaleur à 200 °C (400 °F) et cuire environ 12 minutes de plus pour les faire brunir. Servir immédiatement.

8 portions

2 œufs

250 ml (1 tasse) de lait écrémé

250 ml (1 tasse) de farine tout usage

2 ml (½ c. à thé) de sel

Poivre fraîchement moulu

Conseil du chef

Ne pas utiliser de moules isolants. Ils ne retiennent pas assez de chaleur pour créer la vapeur nécessaire pour faire lever les popovers.

Par portion
86 Calories | 1 g Gras total | 0 g Gras saturé | 54 mg Cholestérol | 177 mg Sodium | 14 g Glucide total | 0 g Fibres alimentaires | 4 g Protéines | 46 mg Calcium

2 POINTS par portion

Pain de maïs traditionnel

Le babeurre donnera à ce pain de maïs une texture légère et un goût riche et piquant. Faites-le cuire dans un poêlon ordinaire ou, à la façon traditionnelle, dans une poêle en fonte. Pour varier, vous pouvez incorporer à la pâte du chili en poudre, des échalotes ou des poivrons hachés, des piments jalapeño émincés, du maïs en grains ou du poivre de Cayenne.

6 portions

190 ml (¾ tasse + 1 c. à soupe) de semoule de maïs jaune

150 ml (⅔ tasse) de farine tout usage

15 ml (1 c. à soupe) de levure chimique (poudre à pâte)

10 ml (2 c. à thé) de sucre

1 ml (¼ c. à thé) de sel

150 ml (⅔ tasse) de babeurre écrémé

1 œuf

1 blanc d'œuf

1. **Préchauffer le four** à 190 °C (375 °F). Vaporiser un plat de cuisson de 20 x 20 cm (8 x 8 po) ou un poêlon de 20 cm (8 po) allant au four avec de l'enduit anticollant.

2. **Dans un grand bol,** mélanger la semoule de maïs, la farine, la levure chimique, le sucre et le sel. Dans un autre bol, mélanger le babeurre, l'œuf et le blanc d'œuf. Verser dans les ingrédients secs et remuer juste assez pour mélanger.

3. **Avec une spatule de caoutchouc,** verser la pâte dans le plat de cuisson ou le poêlon et étendre uniformément. Cuire au four environ 15 minutes, jusqu'à ce que le pain soit doré et qu'un cure-dent inséré au centre ressorte propre. Laisser reposer 5 minutes sur une grille et servir chaud.

Conseil du chef

Pour préparer un plat mijoté à la mode campagnarde, le verser dans un plat de cuisson et le couvrir avec la pâte de pain de maïs non cuite. Cuire au four à 190 °C (375 °F) jusqu'à ce que le plat commence à bouillonner et que le dessus soit doré. Un cure-dent inséré au centre doit ressortir propre.

3 POINTS par portion

Par portion

147 Calories | 2 g Gras total | 1 g Gras saturé | 36 mg Cholestérol | 343 mg Sodium | 27 g Glucide total | 2 g Fibres alimentaires | 5 g Protéines | 74 mg Calcium

Pain aux pommes de terre et au yogourt

La purée de pommes de terre et le yogourt donneront une consistance à la fois dense et veloutée à ce pain au goût légèrement aigre. Afin d'obtenir une belle texture, utilisez des pommes de terre à cuire au four idaho ou russet, par exemple. Ces variétés de pommes de terre sont riches en amidon et contiennent peu d'eau, ce qui les rend idéales pour ce plat. Ne passez pas vos pommes de terre au robot de cuisine, car elles deviendraient pâteuses et collantes. Pilez-les plutôt au presse-purée : elles seront veloutées à souhait.

1. **Dans une casserole,** mettre les pommes de terre dans suffisamment d'eau pour les couvrir. Amener à ébullition. Réduire la chaleur, couvrir et laisser mijoter environ 15 minutes, jusqu'à ce qu'elles soient tendres. Égoutter et remettre les pommes de terre dans la casserole. Mettre sur feu doux environ 5 minutes en secouant la casserole de temps à autre. Réduire en purée avec un moulin ou un presse-riz et laisser refroidir à la température ambiante.

2. **Dans un grand bol,** mélanger le yogourt, l'eau, le miel, la levure et le lait en poudre. Incorporer les pommes de terre, la farine à pain, la farine de blé entier et le sel. Pétrir à la main ou avec le batteur électrique muni d'un crochet pour la pâte. Battre environ 5 minutes à vitesse moyenne pour obtenir une pâte élastique et légère. Si la pâte est trop humide, ajouter une cuillerée à soupe de farine à pain à la fois.

3. **Vaporiser un grand bol** avec de l'enduit anticollant. Mettre la pâte dans le bol. Couvrir avec de la pellicule plastique et laisser reposer dans un endroit chaud environ 1 heure, jusqu'à ce que la pâte double volume et qu'elle garde une marque quelques secondes quand on presse dessus avec un doigt.

4. **Renverser la pâte** sur une planche légèrement farinée. La faire dégonfler en la pétrissant rapidement. Façonner en forme de pain, couvrir de pellicule plastique et laisser lever 30 minutes dans un endroit chaud.

5. **Préchauffer le four** à 180 °C (350 °F). Mettre le pain sur une plaque à pâtisserie, faire quelques incisions peu profondes sur le dessus et cuire au four environ 45 minutes, jusqu'à ce que la croûte soit dorée et que le pain sonne creux quand on frappe le dessous. Laisser refroidir complètement sur une grille avant de servir.

16 portions

1 pomme de terre pour cuisson au four d'environ 270 g (9 oz), pelée et coupée en quartiers

250 ml (1 tasse) de yogourt nature à faible teneur en matières grasses

50 ml (¼ tasse) d'eau tiède à 40-46 °C (105-115 °F)

11 ml (2 ¼ c. à thé) de miel

2 sachets de levure séchée à action rapide (15 g/½ oz)

10 ml (2 c. à thé) de lait en poudre écrémé

1 litre + 30 ml (4 tasses + 2 c. à soupe) de farine à pain

10 ml (2 c. à thé) de sel

Par portion — **3 POINTS par portion**

162 Calories | 1 g Gras total | 0 g Gras saturé | 1 mg Cholestérol | 304 mg Sodium | 32 g Glucide total | 2 g Fibres alimentaires | 6 g Protéines | 39 mg Calcium

Biscuits au poivre noir

Parfaits avec les chaudrées de palourdes et les pot-au-feu, ces biscuits moelleux se préparent rapidement et facilement. Pour une saveur optimale, utilisez du poivre frais moulu.

14 portions

550 ml (2 ¼ tasses) de farine tout usage

25 ml (1 c. à soupe + 2 c. à thé) de levure chimique (poudre à pâte)

15 ml (1 c. à soupe) de sucre

10 ml (2 c. à thé) de poivre grossièrement moulu

1 ml (¼ c. à thé) de sel

50 ml (¼ tasse) de beurre sans sel froid, en petits cubes

280 ml (1 tasse + 2 c. à soupe) de babeurre écrémé

1. **Préchauffer le four** à 190 ºC (375 ºF). Vaporiser une plaque à pâtisserie à revêtement antiadhésif avec de l'enduit anticollant.

2. **Dans un grand bol,** mélanger la farine, la levure chimique, le sucre, le poivre et le sel. Avec une fourchette, couper le beurre dans la farine jusqu'à l'obtention de grosses miettes.

3. **Faire un puits** au centre de la farine et y verser 250 ml (1 tasse) de beurre. Remuer légèrement, sans exagération. Renverser la pâte sur une planche farinée et la rouler à 1,25 cm (½ po) d'épaisseur. Couper la pâte avec un emporte-pièce rond de 5,5 cm (2 ¼ po). Rouler les retailles pour faire d'autres biscuits afin qu'il n'y ait aucune perte.

4. **Mettre les biscuits** sur la plaque et brosser le dessus avec le babeurre restant. Cuire au four de 12 à 15 minutes, jusqu'à ce qu'ils brunissent. Laisser refroidir un peu sur une grille. Servir chauds. On peut conserver les biscuits jusqu'à 2 jours dans un contenant hermétique.

2 POINTS par portion **Par portion**
117 Calories | 4 g Gras total | 2 g Gras saturé | 10 mg Cholestérol | 236 mg Sodium | 18 g Glucide total | 1 g Fibres alimentaires | 3 g Protéines | 51 mg Calcium

Croûte aux fines herbes

Cette pâte croustillante est idéale pour les pâtés tels que notre Pot-au-feu au poulet et aux crevettes (page 184). Abaissez la pâte au rouleau, puis taillez-la à la grandeur voulue. Pour gagner du temps, faites cuire la pâte tandis que la garniture de vos pâtés mijote. Vous pouvez préparer cette pâte à l'avance : bien enveloppée, elle se conservera une journée à la température de la pièce, et jusqu'à deux semaines au congélateur. Une fois la pâte décongelée, mettez-la au four cinq minutes à 150 °C (300 °F) avant d'en garnir vos pâtés.

1 **Dans un bol moyen,** mélanger la farine, le sucre, le sel et la levure chimique. Avec une fourchette, couper le beurre dans la farine. Ajouter le babeurre, le basilic, le persil et l'estragon. Pétrir pour obtenir une pâte ferme. Envelopper dans de la pellicule plastique et laisser 20 minutes au réfrigérateur.

2 **Préchauffer le four** à 200 °C (400 °F). Vaporiser 2 plaques à pâtisserie à revêtement antiadhésif avec de l'enduit anticollant.

3 **Sur une surface** légèrement farinée, avec un rouleau à pâte lourd, rouler la pâte pour former un grand cercle de 3 mm (1/8 po) d'épaisseur. Couper en 4 cercles de 15 cm (6 po), en récupérant et en roulant les retailles afin qu'il n'y ait pas de perte. (On peut donner une autre forme à la pâte selon l'usage qu'on veut en faire. Si on veut faire des cercles, on en obtiendra 3 pour commencer et un de plus avec les retailles.)

4 **Cuire au four** environ 10 minutes, jusqu'à ce que le fond soit doré. Retourner la croûte et cuire environ 5 minutes de plus pour la rendre croustillante.

4 portions

250 ml (1 tasse) de farine tout usage

3 ml (3/4 c. à thé) de sucre

1 ml (1/4 c. à thé) de sel

Pincée (1/8 c. à thé) de levure chimique (poudre à pâte)

15 ml (1 c. à soupe) de beurre sans sel froid, en petits cubes

105 ml (1/3 tasse + 2 c. à soupe) de babeurre écrémé froid

20 ml (1 c. à soupe + 1 c. à thé) de basilic frais, haché

20 ml (1 c. à soupe + 1 c. à thé) de persil frais, haché

10 ml (2 c. à thé) d'estragon frais, haché

Par portion   **3 POINTS par portion**

155 Calories | 4 g Gras total | 2 g Gras saturé | 9 mg Cholestérol | 219 mg Sodium | 26 g Glucide total | 1 g Fibres alimentaires | 4 g Protéines | 43 mg Calcium

Pain aux pois chiches et variantes

Nous vous proposons ici quelques variantes de ce pain fait à partir d'une levure que l'on aura laissée fermenter jusqu'à ce qu'elle devienne aigre et mousseuse. La pâte de ce pain prend du temps à lever, mais il n'est pas compliqué à préparer et son léger goût de noix en vaut la peine. Servez-le avec brochettes, soupes et salades.

12 portions

500 ml (2 tasses) d'eau chaude à 40-46 °C (105-115 °F)

20 ml (1 c. à soupe + 1 c. à thé) de miel

1 sachet de 7 g (¼ oz) de levure séchée à action rapide

625 ml (2 ½ tasses) de farine à pain

325 ml (1 ⅓ tasse) de farine de pois chiches

325 ml (1 ⅓ tasse) de farine de semoule de blé dur (semolina)

30 ml (2 c. à soupe) de ciboulette fraîche, hachée

3 ml (¾ c. à thé) de sel

175 ml (¾ tasse) de semoule de maïs, ou selon le besoin

1 **Dans un petit bol,** mélanger 125 ml (½ tasse) d'eau chaude avec le miel. Incorporer la levure et suffisamment de farine à pain pour faire une pâte légère. Couvrir avec de la pellicule plastique et garder 1 heure dans un endroit chaud, jusqu'à ce que la pâte devienne mousseuse et augmente de volume.

2 **Mélanger la préparation** précédente avec 375 ml (1 ½ tasse) d'eau chaude, la farine à pain restante, la farine de pois chiches, la semolina, la ciboulette et le sel. Pétrir à la main ou avec le batteur électrique muni d'un crochet pour la pâte. Battre de 8 à 10 minutes à vitesse moyenne pour obtenir une pâte élastique et légère. Si la pâte est trop humide, ajouter une cuillerée à soupe de farine à pain à la fois.

3 **Vaporiser un grand bol** avec de l'enduit anticollant. Mettre la pâte dans le bol. Couvrir avec de la pellicule plastique et laisser reposer dans un endroit chaud environ 1 heure, jusqu'à ce que la pâte double volume et qu'elle garde une marque quelques secondes quand on presse dessus avec un doigt.

4 **Renverser la pâte** sur une surface légèrement farinée. Faire dégonfler la pâte en la pétrissant rapidement. La diviser en 12 morceaux de même grosseur et leur donner la forme d'une boule. Couvrir les boules de pâte avec de la pellicule plastique et laisser lever 1 heure dans un endroit chaud.

5 **Préchauffer le four** à 260 °C (500 °F). Tapisser 2 plaques à pâtisserie avec du papier parchemin, vaporiser avec de l'enduit anticollant et saupoudrer avec un peu de semoule de maïs. Aplatir 6 boules de pâte pour former des cercles de 19 cm (7 ½ po) et les mettre sur les plaques. Cuire au four 6 ou 7 minutes pour la faire dorer. Laisser refroidir complètement sur une grille. Faire la même chose avec les 6 autres boules de pâte en préparant de nouveau les plaques avec du papier parchemin neuf, de l'enduit anticollant et de la semoule de maïs. Conserver les pains jusqu'à 2 jours dans un contenant hermétique.

Variantes

Pains grillés: Vaporiser une grille avec de l'enduit anticollant et préparer le gril. Faire griller à 12,5 cm (5 po) de la source de chaleur, jusqu'à ce que les pains gonflent, 2 ou 3 minutes d'un côté, puis 1 minute de l'autre. On peut faire la même chose au four pendant le même nombre de minutes et à la même distance de la source de chaleur.

Pains aux graines de sésame: Ajouter 15 ml (1 c. à soupe) de graines de sésame grillées et 15 ml (1 c. à soupe) de graines de sésame noires avant de pétrir la pâte.

Conseils du chef

Cette recette demande l'utilisation de la farine de pois chiches, de la semolina et de la farine à pain. La farine de pois chiches est populaire en Asie. On peut en trouver dans les épiceries indiennes et orientales ainsi que dans les épiceries d'aliments naturels. La semoule de blé dur (semolina) est de la farine de blé durum grossièrement moulue. On l'utilise souvent pour faire des pâtes. On s'en procure facilement dans les épiceries italiennes et les magasins d'aliments naturels.

Les graines de sésame noires, plus savoureuses que les blanches, dégagent un arôme extraordinaire quand on les fait griller. On en trouve facilement dans les épiceries orientales.

Pour griller les graines de sésame, les mettre dans un petit poêlon sur feu moyen-doux. Secouer le poêlon et remuer les graines sans cesse 1 ou 2 minutes, jusqu'à ce qu'elles brunissent légèrement et qu'une bonne odeur commence à se répandre. Il faut bien les surveiller puisqu'elles peuvent brûler rapidement. Les transvider ensuite sur une assiette pour les laisser refroidir.

Par portion **5 POINTS par portion**

260 Calories | 1 g Gras total | 0 g Gras saturé | 0 mg Cholestérol | 158 mg Sodium | 55 g Glucide total | 3 g Fibres alimentaires | 7 g Protéines | 21 mg Calcium

Pain naan et purée d'aubergine

Le naan est un pain plat d'origine indienne. Il est traditionnellement cuit dans le tandour, un four à bois fait de briques et de glaise. Ici, nous le ferons plutôt cuire sur le gril ou encore dans un poêlon, bien qu'alors il n'aura pas ce bon goût grillé. Servez le naan en entrée avec une purée d'aubergine ou pour accompagner des mets indiens.

4 portions

175 ml (¾ tasse) de semoule de blé dur (semolina)

2 ml (½ c. à thé) de levure chimique (poudre à pâte)

2 ml (½ c. à thé) de sel

45 ml (3 c. à soupe) de yogourt sans matières grasses

15 ml (1 c. à soupe) d'huile d'olive

1 blanc d'œuf

½ petite aubergine, fendue sur la longueur

50 ml (¼ tasse) d'oignons, émincés

2 ml (½ c. à thé) de piment jalapeño, émincé

1. **Pour préparer le pain,** tamiser ensemble la farine, la levure chimique et 1 ml (¼ c. à thé) de sel dans le bol d'un batteur électrique muni d'un crochet à pâte. Ajouter 30 ml (2 c. à soupe) de yogourt, l'huile et le blanc d'œuf. Battre à vitesse moyenne en ajoutant un peu d'eau chaude au besoin pour obtenir une pâte souple. Continuer de pétrir à vitesse moyenne pendant 3 minutes, en raclant les parois du bol au besoin.

2. **Vaporiser** un grand bol avec de l'enduit anticollant et y verser la pâte. Couvrir avec de la pellicule plastique et réserver 3 heures dans un endroit chaud.

3. **Pendant ce temps,** préparer la purée. Préchauffer le four à 180 ºC (350 ºF). Vaporiser les faces coupées de l'aubergine avec de l'enduit anticollant. Mettre l'aubergine sur la plaque, face coupée vers le haut. Mettre au four de 25 à 30 minutes, jusqu'à ce qu'elle soit molle et brune. Quand elle est suffisamment refroidie pour être manipulée, enlever la pelure et mettre la pulpe dans un bol pour la réduire en purée. Ajouter les oignons, les piments, ainsi que le sel et le yogourt restants. Bien remuer et réserver.

4. **Vaporiser la grille** avec de l'enduit anticollant et préparer le gril. Faire dégonfler la pâte en la pétrissant rapidement. La diviser en 4 morceaux de même grosseur. Étirer chaque morceau en lui donnant la forme d'une grosse larme de 15 cm (6 po). Faire griller à 12,5 cm (5 po) de la source de chaleur environ 2 minutes de chaque côté, jusqu'à ce que le pain soit brun et légèrement gonflé. Servir la purée d'aubergine avec le pain chaud.

Conseil du chef

La semoule de blé dur (semolina) est de la farine de blé durum grossièrement moulue. On l'utilise souvent pour faire des pâtes. On s'en procure facilement dans les épiceries italiennes et les magasins d'aliments naturels.

---

1 POINT par portion   **Par portion**

65 Calories | 4 g Gras total | 1 g Gras saturé | 0 mg Cholestérol | 380 mg Sodium | 7 g Glucide total | 2 g Fibres alimentaires | 2 g Protéines | 62 mg Calcium

Chapitre 16

Desserts

Gâteau éponge	314
Gâteau des anges au chocolat	316
Gâteau au chocolat	317
Gâteau aux carottes	318
Brownies au fudge	320
Soufflé à la polenta	321
Pouding au riz	324
Mousse au yogourt et au chocolat	325
Biscuits au fudge au chocolat	326
Tuiles aux amandes	328
Truffes aux amandes et au fudge	329
Croustade aux pommes	330
Strudel aux pommes	331
Petits fruits à la napolitaine	332
Shortcake aux fraises chaudes et au yogourt glacé	333
Tarte au citron	334
Tarte Tatin	336
Coulis de petits fruits	339
Sorbet aux poires	340

Gâteau éponge

Le gâteau éponge est un gâteau léger dont la pâte est levée avec des blancs d'œufs. Il ne contient aucun jaune d'œuf et est très faible en gras. Vous pouvez parfumer votre gâteau éponge au zeste de citron et y incorporer des noix hachées. Une fois cuit, imbibez-le de liqueur ou de sirop, ou encore faites-en des roulés aux fruits. À servir accompagné de fruits frais, avec un sorbet ou du yogourt glacé.

16 portions

150 ml (²/₃ tasse) de farine à gâteau

50 ml (¼ tasse) de fécule de maïs

1 ml (¼ c. à thé) de sel

8 blancs d'œufs

250 ml (1 tasse) de sucre glace, tamisé

2 ml (½ c. à thé) de crème de tartre

15 ml (1 c. à soupe) de beurre sans sel, fondu

7 ml (1 ½ c. à thé) d'extrait de vanille

50 ml (¼ tasse) de noisettes ou de noix (facultatif)

15 ml (1 c. à soupe) de zeste d'agrume, râpé (facultatif)

5 ml (1 c. à thé) d'extrait d'amande (facultatif)

1 **Préchauffer le four** à 160 °C (325 °F). Vaporiser un moule à gâteau de 25 cm (10 po) ou un moule à gâteau roulé de 27,5 x 42,5 cm (11 x 17 po) avec de l'enduit anti-collant, le fariner et le tapisser avec du papier parchemin.

2 **Dans un bol moyen,** mélanger la farine à gâteau, la fécule de maïs et le sel. Tamiser trois fois.

3 **Avec le batteur électrique,** à vitesse moyenne, battre les blancs d'œufs dans un grand bol jusqu'à ce qu'ils soient épais et mousseux. Ajouter graduellement le sucre et la crème de tartre sans cesser de battre, de 3 à 5 minutes, jusqu'à ce que les blancs forment des pics moyens.

4 **Ajouter les ingrédients secs** aux blancs d'œufs, en 3 étapes, en pliant bien après chaque addition. Incorporer le beurre et la vanille. Ajouter, si désiré, les noisettes, le zeste et l'extrait d'amande. Verser la pâte dans le moule. Cuire au four jusqu'à ce qu'un cure-dent inséré au centre ressorte propre : environ 25 minutes pour un gâteau roulé et 35 minutes pour un gâteau rond. Laisser refroidir le gâteau dans le moule placé sur une grille pendant 10 minutes. Démouler et laisser refroidir complètement sur la grille.

Variante

Gâteau éponge au chocolat: Remplacer 50 ml (¼ tasse) de farine à gâteau par 50 ml (¼ tasse) de poudre de cacao plus 2 ml (½ c. à thé) de poudre de café espresso instantané.

Conseils du chef

Pour faire un sirop simple : mélanger 125 ml (½ tasse) d'eau avec 125 ml (½ tasse) de sucre dans une casserole. Amener à faible ébullition. Retirer du feu et laisser reposer jusqu'à refroidissement. On peut parfumer le sirop avec de la poudre à café espresso délayée, du rhum ou n'importe quelle liqueur (kirsch, cognac, etc.).

On peut conserver facilement le gâteau éponge jusqu'a 1 mois au congélateur. Le laisser d'abord refroidir complètement à la température ambiante, couvrir avec de la pellicule plastique et congeler.

Laisser les blancs d'œufs à la température ambiante avant de les battre. S'assurer que le bol et les fouets sont parfaitement propres et secs et qu'aucune trace de jaune n'est mêlée aux blancs. Commencer à battre lentement puis, quand ils deviennent assez mousseux, augmenter la vitesse du batteur pour obtenir la consistance voulue.

Les blancs d'œufs peuvent augmenter jusqu'à huit fois leur volume si on les bat avec un fouet à main dans un bol en cuivre, mais on peut aussi obtenir d'excellents résultats avec le batteur électrique et un bol en métal. On peut obtenir des pics mous, moyens ou fermes. Quand on a obtenu la fermeté désirée, on ajoute graduellement le sucre sans cesser de battre afin de stabiliser les blancs.

- Pics mous : Quand on soulève le batteur, un pic rond et tombant se forme. À cette étape, la surface des blancs semble humide et luisante.

- Pics moyens : Quand on soulève le batteur, un pic rond mais plutôt stable se forme. À cette étape, la surface des blancs semble humide et luisante.

- Pics fermes : Quand on soulève le batteur, les pics se tiennent bien ; ils sont fermes et stables. Il est nécessaire de cesser de battre pendant que la surface est encore humide et luisante. Les blancs qui sont battus trop longtemps deviendront secs et perdront leur élasticité.

Pour incorporer les blancs d'œufs, utiliser une spatule en caoutchouc. Passer à travers les blancs jusqu'au fond du bol, les soulever et les retourner. Tourner le bol et répéter.

Par portion   **1 POINT par portion**

65 Calories | 1 g Gras total | 0 g Gras saturé | 2 mg Cholestérol | 72 mg Sodium |
11 g Glucide total | 0 g Fibres alimentaires | 2 g Protéines | 2 mg Calcium

Gâteau des anges au chocolat

Pour un dessert vraiment unique, faites légèrement griller des tranches de ce gâteau et servez-les accompagnées de baies fraîches ou de guimauves rôties.

12 portions

325 ml (1 ⅓ tasse) de farine à gâteau

125 ml (½ tasse) de poudre de cacao non sucrée

5 ml (1 c. à thé) de levure chimique (poudre à pâte)

12 blancs d'œufs

400 ml (1 ⅔ tasse) de sucre glace, tamisé

Sucre glace pour saupoudrer le gâteau (facultatif)

5 ml (1 c. à thé) de crème de tartre

30 ml (2 c. à soupe) de beurre sans sel, fondu

10 ml (2 c. à thé) d'extrait de vanille

1. **Préchauffer le four** à 160 ºC (325 ºF). Vaporiser légèrement un moule à cheminée de 25 cm (10 po) avec de l'enduit anticollant.

2. **Dans un bol moyen,** mélanger la farine à gâteau, le cacao et la levure chimique. Tamiser deux fois.

3. **Avec le batteur électrique,** à vitesse moyenne, battre les blancs d'œufs dans un grand bol jusqu'à ce qu'ils soient épais et mousseux. Ajouter graduellement le sucre et la crème de tartre sans cesser de battre, de 3 à 5 minutes, jusqu'à ce que les blancs forment des pics moyens.

4. **Ajouter les ingrédients secs** aux blancs d'œufs, en 3 étapes, en pliant bien après chaque addition pour bien mélanger. Incorporer le beurre et la vanille.

5. **Verser la pâte** dans le moule. Cuire au four environ 30 minutes, jusqu'à ce qu'un cure-dent inséré au centre ressorte propre et que le gâteau commence à se détacher des parois. Laisser refroidir complètement avant de démouler. Saupoudrer le dessus de sucre glace au goût.

Conseil du chef

Voir les conseils de la page 315 concernant les blancs d'œufs battus.

3 POINTS par portion — Par portion (1 tranche de 5 cm (2 po))
141 Calories | 2 g Gras total | 1 g Gras saturé | 6 mg Cholestérol | 95 mg Sodium | 25 g Glucide total | 0 g Fibres alimentaires | 5 g Protéines | 23 mg Calcium

Gâteau au chocolat

La saveur de ce gâteau au chocolat est rehaussée d'une touche d'espresso; le babeurre lui donnera un goût riche et aigrelet. Servez-le avec des framboises ou avec du yogourt glacé au café, ou utilisez-le pour confectionner un diplomate ou un tiramisu. Si vous désirez congeler ce gâteau, laissez-le d'abord reposer à la température de la pièce, puis enveloppez-le soigneusement; il se conservera jusqu'à un mois au congélateur.

1. **Préchauffer le four** à 180 °C (350 °F). Vaporiser légèrement un moule à cheminée de 25 cm (10 po) avec de l'enduit anticollant. (Si on utilise un moule à cheminée cannelé, le fariner légèrement après l'avoir vaporisé.)
2. **Dans un bol moyen,** mélanger la farine, le cacao, la levure chimique, le bicarbonate de soude et le sel.
3. **Dans un petit bol,** mélanger le babeurre, la vanille et la poudre de café. Réserver.
4. **Avec le batteur électrique,** à vitesse moyenne, battre le sucre et le beurre dans un grand bol jusqu'à consistance légère et duveteuse. Ajouter l'œuf et bien battre. Ajouter les ingrédients secs, en deux étapes, en alternant avec le babeurre. Bien battre après chaque addition pour obtenir une consistance onctueuse.
5. **Avec le batteur électrique,** à vitesse moyenne (les fouets doivent être bien propres), battre les blancs d'œufs 2 ou 3 minutes dans un grand bol, jusqu'à formation de pics mous. Avec un fouet à main, incorporer délicatement le tiers des blancs d'œufs dans la pâte pour la rendre plus légère. Avec une spatule en caoutchouc, incorporer les autres blancs. Verser la pâte dans le moule. Cuire au four environ 40 minutes, jusqu'à ce qu'un cure-dent inséré au centre ressorte propre. Laisser refroidir le gâteau dans le moule placé sur une grille pendant 10 minutes. Démouler et laisser refroidir complètement sur la grille. Saupoudrer le dessus avec du cacao au goût.

Conseil du chef

Voir les conseils de la page 315 concernant les blancs d'œufs battus.

8 portions

250 ml (1 tasse) de farine tout usage

30 ml (2 c. à soupe) de poudre de cacao non sucrée

Poudre de cacao non sucrée pour saupoudrer le gâteau (facultatif)

1 ml (¼ c. à thé) de levure chimique (poudre à pâte)

1 ml (¼ c. à thé) de bicarbonate de soude

1 ml (¼ c. à thé) de sel

75 ml (⅓ tasse) de babeurre écrémé

5 ml (1 c. à thé) d'extrait de vanille

2 ml (½ c. à thé) de poudre de café espresso instantané

375 ml (1 ½ tasse) de sucre

75 ml (1/3 tasse) de beurre sans sel ramolli

1 œuf

2 blancs d'œufs

6 POINTS par portion

Par portion

286 Calories | 9 g Gras total | 5 g Gras saturé | 49 mg Cholestérol | 222 mg Sodium | 49 g Glucide total | 1 g Fibres alimentaires | 3 g Protéines | 25 mg Calcium

Gâteau aux carottes

En y ajoutant de l'ananas, vous ferez de ce gâteau épicé un délice léger et onctueux. Pour une présentation raffinée, couvrez le gâteau d'un dessus d'assiette de dentelle, puis saupoudrez de sucre glace. Retirez ensuite le dessus d'assiette, et voilà : votre gâteau est maintenant garni d'un joli motif sucré !

16 portions

175 ml (¾ tasse) de farine tout usage

150 ml (⅔ tasse) de farine de blé entier

5 ml (1 c. à thé) de bicarbonate de soude

5 ml (1 c. à thé) de levure chimique (poudre à pâte)

5 ml (1 c. à thé) de cannelle

280 ml (1 tasse + 2 c. à soupe) de sucre

125 ml (½ tasse) d'huile végétale

2 œufs

4 carottes moyennes, pelées et râpées (500 ml/2 tasses)

250 ml (1 tasse) d'ananas broyé ou en petits morceaux non sucré en conserve, égoutté

125 ml (½ tasse) de raisins secs

2 blancs d'œufs

50 ml (¼ tasse) de sucre glace

1 **Préchauffer le four** à 180 ºC (350 ºF). Tapisser un moule à gâteau de 22,5 cm (9 po) avec du papier parchemin, vaporiser légèrement avec de l'enduit anticollant et fariner.

2 **Tamiser ensemble** dans un bol la farine tout usage, la farine de blé entier, la levure chimique, le bicarbonate de soude et la cannelle.

3 **Dans un autre bol,** battre le sucre, l'huile et les œufs entiers jusqu'à consistance onctueuse. Incorporer les ingrédients secs et bien remuer. Incorporer les carottes, les ananas et les raisins secs.

4 **Avec le batteur électrique,** à vitesse moyenne, battre les blancs d'œufs de 3 à 5 minutes dans un grand bol, jusqu'à formation de pics moyens. Avec un fouet à main, incorporer délicatement le tiers des blancs d'œufs dans la pâte pour la rendre plus légère. Avec une spatule en caoutchouc, incorporer les autres blancs. Verser la pâte dans le moule et cuire au four environ 45 minutes, jusqu'à ce qu'un cure-dent inséré au centre ressorte propre.

5 **Laisser refroidir** le gâteau dans le moule placé sur une grille pendant 10 minutes. Démouler et laisser refroidir complètement sur la grille. Saupoudrer le dessus avec du sucre glace.

---

4 POINTS par portion   **Par portion**

198 Calories | 8 g Gras total | 1 g Gras saturé | 27 mg Cholestérol | 124 mg Sodium | 31 g Glucide total | 2 g Fibres alimentaires | 3 g Protéines | 20 mg Calcium

Gâteau aux carottes

Brownies au fudge

Confectionnés avec des blancs d'œufs battus, ces brownies dégagent une riche et onctueuse saveur de chocolat. Servez-les avec un grand verre de lait froid partiellement écrémé, naturellement.

16 portions

300 ml (1 ¼ tasse) de farine tout usage

125 ml (½ tasse) de poudre de cacao non sucrée

1 ml (¼ c. à thé) de sel

45 ml (3 c. à soupe) de beurre sans sel

300 ml (1 ¼ tasse) de sucre

1 œuf battu

2 ml (½ c. à thé) d'extrait de vanille

75 ml (⅓ tasse) d'eau

2 blancs d'œufs

1 **Préchauffer le four** à 180 °C (350 °F). Vaporiser légèrement un moule de 20 x 20 cm (8 x 8 po) avec de l'enduit anticollant.

2 **Dans un bol,** tamiser ensemble la farine, le cacao, la levure chimique et le sel.

3 **Faire fondre le beurre** dans une casserole, retirer du feu et incorporer le sucre. Ajouter l'œuf entier et la vanille. Battre 1 minute. Incorporer les ingrédients secs et l'eau.

4 **Avec le batteur électrique,** à vitesse moyenne, battre les blancs d'œufs environ 4 minutes dans un grand bol, jusqu'à formation de pics mous. Avec un fouet à main, incorporer délicatement le tiers des blancs d'œufs dans la pâte pour la rendre plus légère, puis incorporer doucement les autres blancs.

5 **Verser la pâte** dans le moule avec une spatule. Cuire au four environ 25 minutes, jusqu'à ce qu'un cure-dent inséré au centre ressorte propre. Laisser refroidir de 15 à 20 minutes dans le moule placé sur une grille avant de découper. On peut conserver les brownies jusqu'à une semaine dans un contenant hermétique.

---

3 POINTS par portion   **Par portion (1 brownie)**

125 Calories | 3 g Gras total | 2 g Gras saturé | 20 mg Cholestérol | 59 mg Sodium | 24 g Glucide total | 0 g Fibres alimentaires | 2 g Protéines | 15 mg Calcium

Soufflé à la polenta

Ce soufflé inusité est fait à base de polenta à laquelle on a ajouté des fruits. On incorporera ensuite à ce mélange des blancs d'œufs battus, ce qui lui donnera une légère texture mousseuse. Utilisez des fruits bien mûrs pour parfumer la pâte (des baies, des mangues ou des pêches feront très bien l'affaire). Accompagnez ce soufflé d'un coulis de petits fruits (page 339). En automne et en hiver, vous pouvez remplacer les fruits frais de cette recette par de la compote de pomme ou de citrouille.

1. **Amener le lait** et le zeste à ébullition dans une petite casserole. Retirer du feu et laisser infuser 30 minutes. Jeter le zeste et verser le lait dans une grande casserole.

2. **Chauffer le lait** jusqu'à ce qu'il commence à mijoter. Réserver 45 ml (3 c. à soupe) de sucre. Ajouter le sucre restant au lait et bien remuer pour dissoudre complètement. Ajouter lentement la semoule de maïs sans cesser de fouetter. Ajouter la purée de fruit et les fruits frais.

3. **Amener la polenta** à ébullition, réduire la chaleur et laisser mijoter environ 20 minutes sans cesser de fouetter, jusqu'à ce qu'elle commence à se détacher des parois de la casserole. Verser dans un grand bol, couvrir légèrement de pellicule plastique et laisser reposer de 20 à 30 minutes.

4. **Préchauffer le four** à 200 ºC (400 ºF). Brosser six petits plats à soufflé de 120 ml (4 oz) avec du beurre fondu et fariner chacun avec 5 ml (1 c. à thé) du sucre réservé. Mettre au réfrigérateur jusqu'au moment de les utiliser. Réserver le sucre restant.

5. **Avec le batteur électrique,** à vitesse moyenne, battre les blancs d'œufs 2 ou 3 minutes dans un grand bol, jusqu'à formation de pics mous. Incorporer le sucre restant sans cesser de battre environ 4 minutes pour obtenir des pics fermes. Remuer la polenta puis, avec un fouet, incorporer le tiers des blancs d'œufs pour la rendre plus légère. Ajouter les autres blancs à l'aide d'une spatule en caoutchouc.

6 portions

375 ml (1 ½ tasse) de lait écrémé

15 ml (1 c. à soupe) de zeste d'orange, râpé

75 ml (⅓ tasse) de semoule de maïs jaune

75 ml (⅓ tasse) de jus ou de purée de fruit

30 ml (2 c. à soupe) de fruits frais, finement hachés

30 ml (2 c. à soupe) de beurre sans sel, ramolli

4 blancs d'œufs

30 ml (2 c. à soupe) de sucre glace

Suite à la page suivante

6 **Verser la polenta** dans les plats à soufflé en les remplissant aux trois quarts. Placer les moules dans une plaque à rôtir. Mettre dans le four, puis remplir la plaque d'eau chaude jusqu'aux deux tiers de la hauteur des plats. Cuire environ 25 minutes, jusqu'à ce que la polenta soit dorée et gonflée. Retirer les plats délicatement de l'eau chaude, saupoudrer de sucre glace et servir immédiatement.

Variante

Soufflé à la polenta chocolatée : Ajouter 50 ml (¼ tasse) de café espresso ou de café fort au lait après infusion du zeste d'orange (étape 1). Ajouter 75 ml (⅓ tasse) de poudre de cacao non sucrée et 2 ml (½ c. à thé) de cannelle au lait qui mijote (étape 2). Remplacer la purée ou le jus de fruit par 30 g (1 oz) de chocolat de cuisson mi-sucré râpé ou haché. Saupoudrer les moules avec du sucre glace et servir avec du yogourt glacé ou du sorbet parfumé au café.

Conseil du chef

Voir les conseils de la page 315 concernant les blancs d'œufs battus.

2 POINTS par portion   **Par portion**
120 Calories | 0 g Gras total | 0 g Gras saturé | 1 mg Cholestérol | 70 mg Sodium | 24 g Glucide total | 1 g Fibres alimentaires | 5 g Protéines | 78 mg Calcium

Incorporer les ingrédients dans les blancs d'œufs

Battre les blancs d'œufs pour former des pics fermes en faisant tourner les fouets autour du bol de façon uniforme.

Pour vérifier les pics, cesser de battre et sortir les fouets des blancs d'œufs : ils doivent se tenir fermement et être stables.

Fouetter délicatement le tiers des blancs d'œufs dans les autres ingrédients. Ici, ils sont incorporés à la polenta pour la rendre plus légère et pour faciliter l'addition des autres blancs. Ajouter les blancs restants à la polenta. Avec une spatule en caoutchouc, toucher le fond du bol et soulever les blancs en les retournant. Tourner le bol et répéter pour bien les incorporer à la préparation.

Pouding au riz

Le goût relevé du yogourt et la texture crémeuse du fromage ricotta rehausseront ici la saveur du traditionnel pouding au riz. On le saupoudre d'ordinaire de cannelle… mais pourquoi ne pas servir ce délicieux pouding nappé de notre savoureux Coulis de petits fruits (page 339) accompagné de baies fraîches?

4 portions

- 375 ml (1 ½ tasse) d'eau
- 125 ml (½ tasse) de riz blanc à grains longs
- 125 ml (½ tasse) de raisins secs dorés
- 45 ml (3 c. à soupe) de sucre
- 5 ml (1 c. à thé) de jus de citron fraîchement pressé
- Pincée de muscade moulue ou fraîchement râpée
- Pincée de cannelle
- Cannelle pour saupoudrer le pouding (facultatif)
- Pincée de sel
- 125 ml (½ tasse) de ricotta partiellement écrémée, en purée
- 30 ml (2 c. à soupe) de lait écrémé
- 30 ml (2 c. à soupe) de yogourt nature écrémé
- 5 ml (1 c. à thé) d'extrait de vanille

1 **Dans une casserole moyenne,** mélanger l'eau, le riz, les raisins secs, le sucre, le jus de citron, la muscade, la cannelle et le sel. Couvrir et laisser mijoter environ 18 minutes, jusqu'à ce que le riz soit cuit et que l'eau soit complètement absorbée.

2 **Verser le riz** dans un bol, couvrir légèrement de pellicule plastique et laisser reposer environ 15 minutes.

3 **Quand le riz** est refroidi, incorporer la ricotta, le lait, le yogourt et la vanille. Verser dans 4 bols ou verres à dessert et conserver environ 1 heure au réfrigérateur. Si on ne les sert pas immédiatement, les couvrir individuellement de pellicule plastique et les conserver jusqu'à une journée au réfrigérateur.

---

5 POINTS par portion **Par portion**
238 Calories | 3 g Gras total | 2 g Gras saturé | 10 mg Cholestérol | 127 mg Sodium | 46 g Glucide total | 2 g Fibres alimentaires | 6 g Protéines | 124 mg Calcium

Mousse au yogourt et au chocolat

Lorsque vous préparerez cette recette, prévoyez que le yogourt nécessitera un temps d'égouttement d'environ 5 heures. Au moment de faire la meringue, gardez un thermomètre à portée de la main : vos blancs d'œufs devront atteindre 57 °C (135 °F) lorsque vous les fouetterez. Servez cette superbe mousse dans des coupes à parfaits ou à champagne, accompagnée de Tuiles aux amandes (page 328).

1. **Mettre le chocolat** dans un bol allant au micro-ondes et faire fondre à puissance élevée à intervalles de 30 secondes en remuant après chaque intervalle. (Ou faire fondre au bain-marie.) Incorporer quelques cuillerées de fromage de yogourt au chocolat pour le refroidir un peu. Verser le chocolat dans le fromage de yogourt restant.
2. **Remplir une grande casserole** d'eau aux deux tiers et mettre sur le feu jusqu'à ce qu'elle commence à mijoter. Mettre le bol contenant le fromage de yogourt au-dessus de l'eau chaude, puis incorporer le cacao en remuant doucement jusqu'à ce qu'il devienne lustré (cette étape allège la préparation et facilite l'ajout de la meringue). Retirer le bol de la casserole et réserver au chaud.
3. **Pour préparer la meringue,** mélanger les blancs d'œufs et le sucre dans un bol en acier inoxydable bien propre. Mettre le bol au-dessus de l'eau qui mijote et fouetter doucement jusqu'à ce que les blancs soient mousseux et atteignent 57 °C (135 °F). Retirer le bol de la casserole et, avec le batteur électrique à vitesse moyenne, battre de 3 à 5 minutes jusqu'à formation de pics moyens.
4. **Incorporer la meringue** dans le fromage de yogourt. Verser la mousse dans des flûtes à champagne ou des verres à parfait. Conserver environ 4 heures au réfrigérateur.

6 portions

45 g (1 ½ oz) de chocolat
à cuisson noir mi-sucré

140 ml (½ tasse + 1 c. à soupe)
de fromage de yogourt

50 ml (¼ tasse)
de poudre de cacao
non sucrée, tamisée deux fois

4 blancs d'œufs

75 ml (⅓ tasse) de sucre

Conseil du chef

Pour faire le fromage de yogourt, verser 280 ml (1 tasse + 2 c. à soupe) de yogourt nature écrémé dans une passoire tapissée avec un filtre à café ou de la mousseline et placée au-dessus d'un bol. Couvrir et conserver au réfrigérateur au moins 5 heures ou toute la nuit. Jeter le liquide accumulé dans le bol.

Par portion — **2 POINTS par portion**

118 Calories | 3 g Gras total | 2 g Gras saturé | 2 mg Cholestérol | 79 mg Sodium | 19 g Glucide total | 1 g Fibres alimentaires | 6 g Protéines | 108 mg Calcium

Biscuits au fudge au chocolat

La compote de pommes, la purée de prunes et la purée de châtaignes rendront ces biscuits moelleux à souhait. Les biscuits ne changeront pas de forme durant la cuisson, assurez-vous donc de bien les modeler avant de les mettre au four. Vous trouverez de la purée de châtaignes dans la plupart des épiceries fines.

10 portions

75 ml (⅓ tasse) de pruneaux secs, dénoyautés ou de purée de prunes (lekvar)

75 ml (⅓ tasse) de compote de pommes

75 ml (⅓ tasse) de purée de châtaignes

30 ml (2 c. à soupe) de sucre

30 ml (2 c. à soupe) de poudre de cacao

15 ml (1 c. à soupe) de rhum brun

50 ml (¼ tasse) de chocolat noir, haché ou de grains de chocolat mi-sucrés

125 ml (½ tasse) de farine tout usage

5 ml (1 c. à thé) de levure chimique (poudre à pâte)

Sucre glace ou poudre de cacao pour saupoudrer les biscuits (facultatif)

1. **Préchauffer le four** à 180 °C (350 °F). Tapisser une plaque à pâtisserie avec du papier parchemin. Si on utilise des prunes entières, les réduire en purée dans le robot de cuisine miniature. Mélanger la purée de prunes avec la compote de pommes et la purée de châtaignes dans un grand bol.

2. **Dans une petite casserole,** mélanger le sucre, le cacao, l'eau et le rhum. Chauffer environ 2 minutes, en remuant au besoin, pour dissoudre le sucre.

3. **Mettre le chocolat** dans un bol allant au micro-ondes et faire fondre à puissance élevée à intervalles de 10 secondes en remuant après chaque intervalle. (Ou faire fondre au bain-marie.)

4. **Ajouter la préparation** au cacao et le chocolat fondu à la purée de prunes et bien remuer. Tamiser ensemble la farine et la levure chimique dans un petit bol. Incorporer la purée et bien remuer.

5. **Verser la pâte** sur la plaque à l'aide d'une cuillère à thé pour faire 20 biscuits. Étendre légèrement la pâte avec le dos de la cuillère. Cuire au four environ 10 minutes, jusqu'à ce que la pâte soit sèche au toucher. Laisser reposer les biscuits 10 minutes sur la plaque, puis les placer sur une grille pour qu'ils refroidissent complètement. Saupoudrer avec du sucre glace ou de la poudre de cacao. On peut conserver ces biscuits jusqu'à 4 jours dans un contenant hermétique.

---

2 POINTS par portion

Par portion (2 biscuits)
91 Calories | 2 g Gras total | 1 g Gras saturé | 0 mg Cholestérol | 43 mg Sodium | 19 g Glucide total | 1 g Fibres alimentaires | 1 g Protéines | 18 mg Calcium

Brownies au fudge (p. 320); Biscuits au fudge au chocolat (p. 326)

Tuiles aux amandes

Ce biscuit fut ainsi baptisé parce que sa forme traditionnelle s'apparente à un type de tuile très utilisé dans la région méditerranéenne ; mais n'hésitez pas à donner à ces biscuits croustillants et délicats la forme qui vous plaira ! La tuile française classique est faite d'amandes broyées, mais vous pouvez lui ajouter d'autres types de noix ainsi que des arômes de citron, d'orange ou de vanille.

12 portions

150 ml (⅔ tasse) de pâte d'amande

400 ml (1 ⅔ tasse) de sucre glace

75 ml (⅓ tasse) de farine à pain

3 blancs d'œufs

22 ml (1 ½ c. à soupe) de lait entier

1 **Mélanger la pâte d'amande,** le sucre glace et la farine dans le robot de cuisine et actionner le moteur pour obtenir une consistance fine et granuleuse. Pendant que le moteur tourne toujours, ajouter les blancs d'œufs et le lait par le tube. Quand la pâte est onctueuse, la verser dans un bol. Couvrir et conserver de 6 à 8 heures au réfrigérateur pour bien la refroidir.

2 **Préchauffer le four** à 190 °C (375 °F). Vaporiser généreusement une plaque à pâtisserie avec de l'enduit anticollant ou la couvrir avec un matelas de cuisson en silicone. En procédant par étapes, verser la pâte sur la plaque et l'étendre avec le dos d'une cuillère ou une spatule pour obtenir une couche très mince.

3 **Cuire au four** de 10 à 12 minutes, jusqu'à ce que la pâte perde son aspect lustré et que les bords commencent à sécher. Retirer la plaque du four. Façonner les tuiles pendant que la pâte est encore chaude ou, si on préfère des tuiles plates, laisser refroidir la pâte sur la plaque avant de la retirer. Conserver les tuiles jusqu'à 3 jours dans un contenant hermétique. Les restes peuvent être moulus en chapelure qu'on utilisera pour un autre usage.

Conseil du chef

Pour faire des tuiles en forme d'arc ou en forme de tasse comestible pour servir une mousse, un yogourt glacé ou un sorbet, soulever les tuiles encore chaudes de la plaque et les placer autour d'un rouleau à pâte ou d'un bol ou d'un verre renversé. Au moment de refroidir, elles sécheront. Les tuiles peuvent être façonnées pendant qu'elles sont encore chaudes. Il ne faut donc pas en faire cuire trop en même temps si on veut avoir le temps nécessaire pour leur donner la forme voulue.

3 POINTS par portions   **Par portion (1 tuile)**

130 Calories | 4 g Gras total | 0 g Gras saturé | 0 mg Cholestérol | 16 mg Sodium | 23 g Glucide total | 1 g Fibres alimentaires | 2 g Protéines | 25 mg Calcium

Truffes aux amandes et au fudge

La truffe est une confiserie qui tire son nom du tubercule hors de prix que l'on connaît bien. Recouverts de poudre de cacao, ces délices au chocolat ressembleront à de vraies truffes.

1 **Réserver 30 ml (2 c. à soupe)** de poudre de cacao sur une feuille de papier ciré. Mélanger le cacao restant avec le sucre glace, le fromage à la crème et l'extrait d'amande dans le robot de cuisine ou dans un bol. Actionner le moteur ou fouetter à haute vitesse avec le batteur électrique pour obtenir une consistance onctueuse.

2 **Remplir une cuillerée à thé comble** avec cette préparation et verser dans la poudre de cacao réservée. Rouler pour faire une truffe. Procéder de la même manière pour obtenir 24 truffes. Conserver de 1 à 2 heures au réfrigérateur, jusqu'à ce qu'elles soient fermes.

24 portions

155 ml (½ tasse + 2 c. à soupe) de poudre de cacao non sucrée

250 ml (1 tasse) de sucre glace, tamisé

125 ml (½ tasse) de fromage à la crème léger, à la température ambiante

2 ml (½ c. à thé) d'extrait d'amande

Conseils du chef

Conserver la préparation environ 30 minutes au réfrigérateur avant de façonner les truffes, ce qui la rendra moins collante.

Emballer les truffes dans du papier à bonbon en aluminium pour une présentation élégante ou pour les offrir en cadeau.

Par portion

45 Calories | 1 g Gras total | 1 g Gras saturé | 2 mg Cholestérol | 27 mg Sodium | 6 g Glucide total | 1 g Fibres alimentaires | 1 g Protéines | 10 mg Calcium

1 POINT par portion

Croustade aux pommes

Fruité et facile à préparer, le pavé est un dessert irrésistible qui saura plaire aux enfants autant qu'aux palais les plus raffinés. Il est préparé ici en portions individuelles, mais vous pouvez également faire un grand pavé dans le même plat que vous aurez utilisé pour faire cuire les pommes. À servir accompagné de yogourt glacé à la vanille.

6 portions

3 pommes pour cuisson au four (environ 1 litre/4 tasses), pelées, évidées et coupées en cubes de 1,25 cm (½ po)

50 ml (¼ tasse) de compote de pommes

125 ml (½ tasse) de lait écrémé

125 ml (½ tasse) de farine

75 ml (⅓ tasse) de sucre

7 ml (1 ½ c. à thé) de levure chimique (poudre à pâte)

5 ml (1 c. à thé) d'extrait de vanille

1 ml (¼ c. à thé) de cannelle

Pincée (⅛ c. à thé) de sel

1. **Pour préparer la garniture,** préchauffer le four à 190 °C (375 °F). Vaporiser un plat de cuisson de 20 x 20 cm (8 x 8 po) avec de l'enduit anticollant. Mettre les pommes dans le plat et les cuire au four environ 15 minutes, jusqu'à ce qu'elles soient tendres. (On peut aussi mettre les pommes dans un plat allant au micro-ondes et cuire 3 minutes à puissance élevée, jusqu'à ce qu'elles soient tendres.) Laisser refroidir, puis les incorporer à la compote de pommes.

2. **Réduire la température** du four à 180 °C (350 °F). Vaporiser six ramequins ou plats à pouding de 120 ml (4 oz) avec de l'enduit anticollant.

3. **Dans un petit bol,** mélanger le lait, la farine, le sucre, la levure chimique, la vanille, la cannelle et le sel. Fouetter jusqu'à consistance onctueuse.

4. **Verser la préparation** aux pommes dans les ramequins et couvrir chacun avec la pâte. Cuire au four environ 20 minutes, jusqu'à ce que le dessus soit doré. (Si on préfère préparer une grande croustade, verser la pâte sur la préparation aux pommes et cuire au four environ 30 minutes.) Servir chaud.

Variante

Croustade aux petits fruits : Remplacer la préparation aux pommes par 500 à 750 ml (2 à 3 tasses) de framboises, de mûres ou de bleuets frais mélangés avec 22 ml (1 ½ c. à soupe) de miel ou de sucre et une pincée de cannelle ou de muscade.

1 POINT par portion

Par portion

93 Calories | 0 g Gras total | 0 g Gras saturé | 0 mg Cholestérol | 158 mg Sodium | 21 g Glucide total | 2 g Fibres alimentaires | 2 g Protéines | 48 mg Calcium

Strudel aux pommes

L'emploi de la pâte phyllo fera de ce feuilleté un dessert simple et rapide à préparer. Pour lui donner encore plus de goût, faites tremper les raisins secs dans du brandy plutôt que dans de l'eau. Servir chaud avec une sauce au caramel ou avec du yogourt glacé à la vanille.

1. **Mélanger les raisins secs** avec l'eau dans un petit bol et laisser reposer 20 minutes. Égoutter et jeter le liquide.
2. **Préchauffer le four** à 180 °C (350 °F). Étendre les pommes sur une plaque à pâtisserie tapissée de papier parchemin. Cuire au four de 30 à 45 minutes, jusqu'à ce que les pommes soient tendres. Retirer du four et laisser refroidir complètement.
3. **Mélanger les pommes** et les raisins secs dans un bol moyen. Ajouter la cassonade, la cannelle et la muscade. Bien remuer.
4. **Empiler les feuilles** de pâte phyllo sur la plaque. Brosser le dessus avec 10 ml (2 c. à thé) de beurre fondu. Étendre les pommes sur une seule couche le long d'une des côtés les plus longs de la pâte. Rouler la pâte pour bien enfermer la garniture. Brosser avec le beurre fondu restant et, avec un petit couteau, faire 8 incisions sur le dessus pour indiquer les 8 portions (ne pas couper trop profondément). (À cette étape-ci, le strudel peut être enveloppé et congeler jusqu'à un mois avant d'être cuit au four.)
5. **Cuire au four** environ 45 minutes, jusqu'à ce que le strudel soit doré. Laisser reposer 10 minutes sur une grille. Couper les bouts pour enlever la pâte en trop, puis découper en 8 portions en suivant les incisions qui ont été faites. Servir chaud.

8 portions

50 ml (¼ tasse) de raisins secs dorés

50 ml (¼ tasse) d'eau chaude ou de brandy

6 pommes granny smith (environ 840 g (1 ¾ lb), évidées, pelées et coupées en tranches

50 ml (¼ tasse) de cassonade pâle, bien tassée

10 ml (2 c. à thé) de cannelle

1 ml (¼ c. à thé) de muscade moulue

3 feuilles de pâte phyllo de 30 x 42,5 cm (12 x 17 po), à la température ambiante

30 ml (2 c. à soupe) de beurre sans sel, fondu

Conseil du chef

La pâte phyllo est très mince et fragile. Elle peut sécher rapidement et il est important de suivre les indications inscrites sur l'emballage. On peut en trouver dans la section des produits congelés. Il est important de la faire décongeler avant de l'utiliser. On peut la conserver jusqu'à un mois au réfrigérateur quand elle est gardée dans son emballage original. Quand le paquet a été ouvert, il faut l'utiliser dans les quelques jours qui suivent.

Par portion (1 tranche de 3,75 cm (1 ½ po)   **3 POINTS par portion**

148 Calories | 4 g Gras total | 2 g Gras saturé | 8 mg Cholestérol | 70 mg Sodium | 30 g Glucide total | 3 g Fibres alimentaires | 1 g Protéines | 1 mg Calcium

Petits fruits à la napolitaine

Cette élégante pâtisserie française est traditionnellement confectionnée en feuilleté. Nous la ferons plutôt avec des tuiles aux amandes qui viendront séparer les couches successives de baies fraîches et de fromage ricotta parfumé au miel.

6 portions

150 ml (2/3 tasse) de ricotta partiellement écrémée

22 ml (1 1/2 c. à soupe) de miel

1 ml (1/4 c. à thé) d'extrait de vanille

12 Tuiles aux amandes (p. 328)

15 ml (1 c. à soupe) de sucre glace

480 g (1 lb) de mûres et de framboises (environ 800 ml (3 1/4 tasses))

175 ml (3/4 tasse) de Coulis de petits fruits (p. 339)

1 **Dans le robot de cuisine,** réduire en purée la ricotta, le miel et la vanille.

2 **Saupoudrer les tuiles** avec le sucre glace.

3 **Verser 5 ml (1 c. à thé)** de ricotta au centre de chaque assiette. Couvrir avec 45 ml (3 c. à soupe) de petits fruits, puis avec une tuile aux amandes. Napper la tuile avec 5 ml (1 c. à thé) de ricotta. Couvrir avec 45 ml (3 c. à soupe) de petits fruits, puis une autre tuile. Verser le coulis tout autour en faisant six petites touches de couleur de 2 ml (1/2 c. à thé) chacune. Répéter les mêmes opérations pour composer 5 autres portions. Servir immédiatement.

7 POINTS par portion

Par portion

394 Calories | 10 g Gras total | 2 g Gras saturé | 9 mg Cholestérol | 66 mg Sodium | 10 g Glucide total | 7 g Fibres alimentaires | 9 g Protéines | 154 mg Calcium

Shortcake aux fraises chaudes et au yogourt glacé

Savoureuse variante du classique shortcake aux fraises. Les fraises seront ici aromatisées au porto, tandis que le yogourt glacé prendra le goût de noisette du Frangelico. Préparez les divers éléments de ce dessert à l'avance, puis assemblez-les juste avant de servir.

6 portions

1. **Pour préparer le shortcake,** préchauffer le four à 190 °C (375 °F). Vaporiser légèrement une plaque à pâtisserie avec de l'enduit anticollant.
2. **Mélanger la farine,** le sucre et la levure chimique dans le robot de cuisine. Ajouter le beurre et faire tourner le moteur jusqu'à consistance floconneuse. Pendant que le moteur tourne toujours, ajouter le lait et le zeste par le tube. Faire tourner pour obtenir une pâte.
3. **Renverser la pâte** sur un comptoir légèrement fariné et l'abaisser à 1,25 cm (1/2 po) d'épaisseur. Avec un emporte-pièce rond de 5 cm (2 po), couper la pâte en 6 cercles en utilisant les restes de pâte qu'on roulera de nouveau au besoin.
4. **Placer les shortcakes** sur la plaque et brosser le dessus avec le lait. Cuire au four de 15 à 20 minutes, jusqu'à ce que le dessus soit doré et gonflé. Retirer du four et réserver au chaud.
5. **Pour préparer les fraises,** chauffer le porto sur feu doux dans une casserole, puis ajouter les fraises et la confiture. Remuer doucement pour bien réchauffer.
6. **Pour préparer le yogourt glacé,** incorporer le Frangelico au yogourt glacé et bien remuer. Conserver au réfrigérateur jusqu'au moment de l'utiliser.
7. **Pour servir,** couper chaque shortcake en deux à l'horizontale et mettre les deux morceaux sur une assiette, face coupée vers le haut. Couvrir avec les fraises chaudes, puis une petite boule de yogourt glacé. Servir immédiatement.

250 ml (1 tasse) de farine tout usage

30 ml (2 c. à soupe) de sucre

10 ml (2 c. à thé) de levure chimique (poudre à pâte)

30 ml (2 c. à soupe) de beurre sans sel, froid et coupé en morceaux

50 ml (1/4 tasse) de lait écrémé

Pincée (1/8 c. à thé) de zeste d'orange, râpé

30 ml (2 c. à soupe) de lait entier

75 ml (1/3 tasse) de porto ruby

1 litre (4 tasses) de fraises, en quartiers

75 ml (1/3 tasse) de confiture de framboises sans graines

500 ml (2 tasses) de yogourt glacé à la vanille, ramolli

45 ml (3 c. à soupe) de liqueur Frangelico

Conseil du chef

Pour ramollir le yogourt, le laisser décongeler 20 minutes au réfrigérateur.

Par portion

325 Calories | 8 g Gras total | 5 g Gras saturé | 13 mg Cholestérol | 227 mg Sodium | 54 g Glucide total | 3 g Fibres alimentaires | 5 g Protéines | 122 mg Calcium

7 POINTS par portion

Tarte au citron

La croûte de cette magnifique tarte au citron est très simple à préparer et sa garniture au citron se révèle légère et à peine gélatineuse. Décorez-la de zeste de citron et de feuilles de menthe, ou accompagnez-la de crème fouettée et de yogourt à la vanille.

8 portions

Croûte

250 ml (1 tasse) de farine levante

1 ml ($\frac{1}{4}$ c. à thé) de levure chimique (poudre à pâte)

75 ml ($\frac{1}{3}$ tasse) de sucre

1 œuf

2 ml ($\frac{1}{2}$ c. à thé) de zeste de citron, râpé

1 ml ($\frac{1}{4}$ c. à thé) d'extrait de vanille

15 ml (1 c. à soupe) d'huile de canola (colza)

Caillé au citron

45 ml (3 c. à soupe) d'eau

5 ml (1 c. à thé) de gélatine sans saveur

4 œufs

375 ml (1 $\frac{1}{2}$ tasse) de jus de citron fraîchement pressé

375 ml (1 $\frac{1}{2}$ tasse) de sucre

22 ml (1 $\frac{1}{2}$ c. à soupe) de zeste de citron, râpé

10 ml (2 c. à thé) d'extrait de vanille

6 POINTS par portion

1. **Pour préparer la croûte,** fouetter ensemble la farine et la levure chimique dans un bol moyen. Dans un grand bol, fouetter ensemble le sucre, l'œuf, le zeste de citron et la vanille jusqu'à dissolution du sucre. Incorporer l'huile sans cesser de fouetter. Incorporer la farine et bien remuer. La pâte devrait ressembler à une pâte à crêpes épaisse plutôt qu'à une pâte à gâteau. Couvrir de pellicule plastique et conserver au moins 20 minutes au réfrigérateur.

2. **Préchauffer le four** à 220 °C (425 °F). Vaporiser une assiette à tarte de 22,5 cm (9 po) à fond amovible avec de l'enduit anticollant. Presser la pâte au fond et sur les côtés de l'assiette avec les mains légèrement farinées. Piquer le fond à la fourchette. Vaporiser une feuille de papier d'aluminium avec de l'enduit anticollant et la mettre sur la pâte, côté vaporisé vers le fond. Couvrir avec des haricots secs pour faire un poids. Cuire au four 8 minutes. Retirer les haricots et le papier. Cuire environ 4 minutes de plus, jusqu'à ce que la croûte soit dorée. Retirer du four et laisser refroidir complètement sur une grille.

3. **Pour préparer le caillé au citron,** mesurer l'eau dans un petit bol allant au micro-ondes, saupoudrer avec la gélatine et laisser reposer au moins 5 minutes. Battre les œufs vigoureusement avec la gélatine.

4. **Mélanger le jus de citron,** le sucre et le zeste de citron dans une petite casserole. Chauffer jusqu'à ce que la préparation commence à mijoter, puis retirer du feu. Fouetter environ 125 ml ($\frac{1}{2}$ tasse) de cette préparation dans les œufs battus pour les réchauffer, puis verser le tout dans la préparation restante. Remettre sur le feu et cuire jusqu'à ce que le caillé commence à mijoter et à épaissir. Retirer du feu.

5. **Mettre la gélatine** au micro-ondes faire fondre à puissance moyenne à intervalles de 10 secondes en remuant après chaque intervalle. Passer le caillé dans un tamis fin, puis mélanger avec la gélatine et la vanille. Laisser refroidir à la température ambiante, puis verser dans la croûte. Couvrir la tarte avec de la pellicule plastique et conserver au moins 4 heures, ou toute la nuit, au réfrigérateur.

Par portion

304 Calories | 5 g Gras total | 1 g Gras saturé | 133 mg Cholestérol | 252 mg Sodium | 60 g Glucide total | 1 g Fibres alimentaires | 6 g Protéines | 76 mg Calcium

Tarte au citron

Tarte Tatin

La tarte Tatin est une tarte renversée préparée dans un poêlon. Les pommes seront cuites dans du sucre caramélisé, puis recouvertes de pâte et mises au four. Lorsque la tarte Tatin sera renversée, la sauce caramélisée se répandra sur les pommes… et alors il n'y aura plus qu'à déguster! Les pommes peuvent être remplacées par des poires si vous le désirez.

12 portions

Pâte sucrée à la ricotta

425 ml (1 ¾ tasse) de farine tout usage

75 ml (⅓ tasse) de sucre

7 ml (1 ½ c. à thé) de levure chimique (poudre à pâte)

Pincée de sel

50 ml (¼ tasse) de beurre sans sel, froid et coupé en petits cubes

125 ml (½ tasse) de ricotta partiellement écrémée, froide

75 ml (⅓ tasse) de lait écrémé, froid

1 blanc d'œuf, froid

7 ml (1 ½ c. à thé) d'extrait de vanille

Garniture

175 ml (¾ tasse) d'eau

15 ml (1 c. à soupe) de beurre sans sel

6 pommes granny smith, pelées, évidées et coupées en tranches (environ 840 g/1 ¾ lb)

1 **Pour préparer** la pâte sucrée à la ricotta, mélanger la farine, le sucre, la levure chimique et le sel dans le robot de cuisine. Faire tourner le moteur rapidement pour obtenir un mélange homogène. Ajouter le beurre et faire tourner le moteur pour que la pâte ressemble à de grosses miettes.

2 **Fouetter ensemble** la ricotta, le lait, le blanc d'œuf et la vanille dans un bol moyen. Verser dans le robot et former une pâte. Former une boule avec la pâte, couvrir de pellicule plastique et conserver au moins 1 heure au réfrigérateur pour qu'elle devienne ferme. (On peut congeler cette pâte jusqu'à 2 semaines avant de la faire cuire. On la fait d'abord décongeler toute une nuit au réfrigérateur.)

3 **Renverser la pâte** sur un comptoir légèrement fariné et la rouler pour former un cercle de 30 cm (12 po). Faire glisser la pâte sur une plaque à pâtisserie, couvrir de pellicule de plastique et conserver au réfrigérateur.

4 **Préchauffer le four** à 180 °C (350 °F). Verser le sucre dans un poêlon ou un plat à sauté à revêtement antiadhésif de 30 cm (12 po) allant au four. Mettre sur feu doux. Cuire de 5 à 10 minutes, jusqu'à ce que le sucre commence à fondre et à tourner en caramel doré. Ne pas remuer le sucre pendant qu'il caramélise mais secouer le poêlon de temps à autre. Ajouter délicatement le beurre et les pommes. Faire sauter jusqu'à ce que les pommes soient cuites et enrobées de caramel. Il ne doit plus rester de liquide dans le poêlon. Retirer du feu.

5 **Placer les pommes** en cercles concentriques dans le poêlon. Sortir la pâte du réfrigérateur et faire quelques incisions sur le dessus avec un petit couteau. Couvrir délicatement les pommes avec la pâte. Plisser les bords de la pâte dans le poêlon en prenant soin de ne pas se brûler. Mettre sur feu élevé et cuire jusqu'à ce qu'une odeur de caramel se répande dans la cuisine. Poursuivre la cuisson au four environ 20 minutes, jusqu'à ce que la croûte soit dorée.

6 **Détacher la croûte** des parois du poêlon avec un petit couteau. Placer une grande assiette de service sur le poêlon. Renverser la tarte sur l'assiette en prenant soin de porter des mitaines. Si les pommes collent au fond, les décoller et les remettre sur la tarte. Racler le caramel resté au fond et le verser sur les pommes. Laisser reposer 10 minutes et servir chaud.

Conseil du chef

Préparer la pâte sucrée à la ricotta au moins 1 $\frac{1}{2}$ heure à l'avance afin qu'elle puisse avoir le temps de refroidir au réfrigérateur. Quand la pâte a été roulée, la mettre sur une plaque à pâtisserie, la couvrir avec de la pellicule plastique et la conserver au réfrigérateur jusqu'au moment de la mettre sur les pommes.

Par portion **5 POINTS par portion**

228 Calories | 6 g Gras total | 4 g Gras saturé | 16 mg Cholestérol | 139 mg Sodium | 41 g Glucide total | 2 g Fibres alimentaires | 0 g Protéines | 34 mg Calcium

Tarte Tatin

Coulis de petits fruits

Velouté et savoureux, ce coulis peut littéralement être employé à toutes les sauces ! Essayez-le avec du yogourt glacé à la vanille ou avec un pouding au riz. Le coulis aux baies se conservera entre cinq et huit jours au réfrigérateur, et de deux à trois mois au congélateur.

1 **Réduire tous les ingrédients** en purée dans le mélangeur ou le robot de cuisine. Goûter et ajouter plus de vin pour obtenir une texture plus onctueuse ou plus de miel pour un goût plus sucré.

2 **Passer le coulis** dans un tamis fin pour enlever les graines.

6 portions

500 ml (2 tasses)
de framboises, de fraises ou
d'autres petits fruits, décongelés

50 ml (¼ tasse) de miel

50 ml (¼ tasse)
de vin blanc sec ou doux

15 ml (1 c. à soupe) de
kirschwasser (facultatif)

Conseil du chef

Kirschwasser signifie « eau de cerises » en allemand. Il s'agit d'un brandy fait de jus et de noyaux de cerises. On l'appelle aussi « kirsch ». Éviter d'acheter les brandys sucrés artificiellement vendus sous le même nom.

Si on utilise des fruits congelés, choisir ceux qui renferment le moins de sucre possible.

Par portion

71 Calories | 0 g Gras total | 0 g Gras saturé | 0 mg Cholestérol | 1 mg Sodium |
18 g Glucide total | 3 g Fibres alimentaires | 0 g Protéines | 11 mg Calcium

1 POINT par portion

Sorbet aux poires

Ce rafraîchissant dessert glacé ne contient aucun produit laitier. La petite quantité d'alcool que vous incorporerez à ce sorbet l'empêchera de trop durcir, et il restera ainsi facile à servir. Si vous ne pouvez trouver de vin de poire, utilisez un vin blanc fruité ou encore 45 ml (3 c. à soupe) d'eau-de-vie de poire (williamine).

4 portions

3 poires très mûres, pelées, évidées et coupées en tranches (environ 480 g/1 lb)

125 ml (½ tasse) d'eau

150 ml (⅔ tasse) de sucre

75 ml (⅓ tasse) de vin de poire ou 45 ml (3 c. à soupe) d'eau-de-vie de poire (williamine)

1 gousse de vanille, coupée en deux sur la longueur

1 **Dans une casserole,** mélanger les poires, l'eau, le sucre, le vin et la gousse de vanille. Amener à ébullition, réduire la chaleur et laisser mijoter environ 10 minutes, jusqu'à ce que les poires soient très tendres.

2 **Retirer la gousse de vanille,** détacher les graines et mettre celles-ci dans la casserole. Réduire les poires et leur liquide de pochage en purée dans le mélangeur ou le robot de cuisine. Passer la purée à travers un tamis fin. Couvrir de pellicule plastique et conserver au moins 2 heures, ou toute la nuit, au réfrigérateur.

3 **Verser dans une sorbetière** et faire congeler selon les indications du manufacturier.

Conseils du chef

Si le sorbet commence à fondre ou s'il devient trop dur dans le congélateur, le laisser fondre et le congeler de nouveau dans la sorbetière pour lui redonner sa consistance douce et onctueuse.

Les gousses de vanille sont essentielles au succès de cette recette. Elles coûtent cher, mais on ne regrette jamais leur achat. Les gousses doivent être souples et dégager une forte odeur de vanille. C'est là un signe de fraîcheur qui donnera au sorbet sa pleine saveur.

5 POINTS par portions **Par portion**
259 Calories | 0 g Gras total | 0 g Gras saturé | 0 mg Cholestérol | 1 mg Sodium | 58 g Glucide total | 2 g Fibres alimentaires | 0 g Protéines | 14 mg Calcium

Index

Les nombres en *italique* renvoient aux photographies.

A

Abricots
    Coupe aux fruits tropicaux et au yogourt à la vanille et au miel, 296
    Muffins à l'orange, à l'abricot et aux canneberges, 304
    Poulet et riz au safran à la marocaine, 176
    Rôti de longe de porc aux fruits secs et à l'armagnac, 208

Agneau
    Cari d'agneau aux fruits secs, 215
    Chiche-kebab d'agneau, 211
    Côtelettes d'agneau au romarin et aux haricots blancs, 212
    Jarrets d'agneau braisés, 214

Agrumes
    Mandarine frappée, 297
    Suprêmes, 148

Ail
    Espadon grillé aux tomates, aux anchois et à l'ail, 151
    Pennes à la sauce crémeuse à l'ail et au parmesan, 113
    Purée de pommes de terre à l'aubergine et à l'ail, 278

Albacore à l'orzo et à la salsa, 145
Albacore et salade d'agrumes, 146, *147*

Amandes
    Farro au persil et aux amandes grillées, 234
    Truffes aux amandes et au fudge, 329
    Tuiles aux amandes, 328

Ananas
    Ananas grillé à la noix de coco, 292
    Bifteck de flanc à l'ananas et aux échalotes grillées, 199
    Comment couper un, 285
    Mandarine frappée, 297
    Salsa aux fruits à la mode tropicale, 284

Ananas grillé à la noix de coco, 292

Anchois
    Espadon grillé aux tomates, aux anchois et à l'ail, 151

Arachides
    Dumplings épicés au poulet et aux arachides, 30

Armagnac
    Rôti de longe de porc aux fruits secs et à l'armagnac, 208

Artichauts
    Artichauts et champignons à la sauce au vin blanc, 264
    Poitrines de poulet aux artichauts et à la sauce moutarde, 175
    Salade de calmars à l'italienne, 54

Artichauts et champignons à la sauce au vin blanc, 264

Asiago
    Orzo aux épinards et à l'asiago, 112

Asperges
    Asperges grillées au parmesan, 256
    Crêpes au homard et aux asperges, 105
    Farfalles aux asperges grillées, aux morilles et aux petits pois, 120
    Lasagne aux asperges, 132
    Risotto aux pétoncles et aux asperges, 237
    Salade de roquette et de poivrons grillés au prosciutto, 37
    Soupe aux asperges, 66

Asperges grillées au parmesan, 256

Aubergines
    Lasagne aux légumes grillés, 131
    Pain naan et purée d'aubergine, 312
    Pot-au-feu aux légumes, 282
    Purée de pommes de terre à l'aubergine et à l'ail, 278
    Rigatonis à l'aubergine et aux tomates séchées, 124
    Tarte à la provençale, 36

Avocats
    Soupe aux tortillas, 75
    Trempette à l'avocat et aux épinards, 20

Avoine
    Muffins à l'avoine, aux poires et à l'érable, 301
    Muffins à l'avoine et aux fruits secs, 302

B

Bananes
    Smoothie tropical, 297

Bar au gingembre à la nage, 140
Bar et pétoncles en papillote, 138
Baudroie à la thaï, 144

Bière
    Palourdes à la bière, 163

Bifteck de flanc à l'ananas et aux échalotes grillées, 199
Biftecks de venaison, sauce cumberland, 218
Biscuits au fudge au chocolat, 326, *327*
Biscuits au poivre noir, 308
Bisque d'huîtres, 85

Blancs d'œufs
    Conseils du chef, 315, 323
    Soufflé au fromage, 242

Bœuf
    Bifteck de flanc à l'ananas et aux échalotes grillées, 199
    « Carpaccio » à la sauce aux câpres, 201
    Longe de bœuf à la provençale, 197
    Médaillons de bœuf au fromage bleu, avec croûte aux fines herbes, 194
    Médaillons de bœuf aux champignons sauvages, 196
    Pot-au-feu à la bolivienne, 200
    Rouleaux de laitue farcis au bœuf à l'orientale, 108
    Salade de bœuf à la thaï, 58
    Tournedos chasseur, 198
Bouillon
    Morue dans un riche bouillon de légumes d'automne, 142
    Moules au safran dans un bouillon au vin blanc, 164
    Poitrines de poulet pochées dans un bouillon épicé, 172
    Rigatonis aux légumes et au bouillon de champignons sauvages, 119
Brochettes
    Brochettes de crevettes, 29
    Chiche-kebab d'agneau, 211
    Kebabs de bison à l'indienne, 219
Brochettes de crevettes, 25, 29
Brocoli à la sauce à l'orange et au sésame, 261
Brocolis
    Brocoli à la sauce à l'orange et au sésame, 261
    Pennes au rapini et à la saucisse de dinde épicée, 125
    Pizza au brocoli grillé à la new-yorkaise, 91
    Purée de brocoli et de pommes de terre, 277
Brownies au fudge, 320, *327*
Burgers aux légumes, 102
Burritos au poulet grillé, 177

C

Canard
    Poitrines de canard à la vinaigrette d'oignons grillés, 189
    Pot-au-feu au canard et à la saucisse, 191
Canneberges
    Muffins à l'orange, à l'abricot et aux canneberges, 304
    Pilaf de riz brun et de riz sauvage aux canneberges, 226
Capellinis au citron et aux câpres, 111
Capellinis aux légumes grillés, 118
Câpres
    Capellinis au citron et aux câpres, 111
    « Carpaccio » à la sauce aux câpres, 201
    Escalopes de veau au citron et aux câpres, 202
    Fettucines au saumon fumé, aux câpres et aux petits pois, 122
Cari
    Cari d'agneau aux fruits secs, 215
    Salade de riz au cari, 51
    Soupe aux pommes et à la citrouille au cari, 73
Cari d'agneau aux fruits secs, 215
« Carpaccio » à la sauce aux câpres, 201
Céréales, 10-12, 221-239
    Couscous aux champignons sauvages et aux noix, 232
    Farro au persil et aux amandes grillées, 234
    Kasha aux pommes et aux noix, 228
    Pilaf de millet à l'orange, 227
    Pilaf de quinoa aux poivrons rouges, 231
    Pilaf de riz brun et de riz sauvage aux canneberges, 226

Polenta au fromage de chèvre, 233
Riz basmati aux fines herbes, 222
Risotto aux petits pois et aux oignons verts, 239
Risotto aux pétoncles et aux asperges, 237
Riz au citron et à l'aneth, 223
Riz sauvage aux noisettes, 224
Taboulé, 229
Ceviche de vivaneau et de pétoncles, 112
Champignons
    Artichauts et champignons à la sauce au vin blanc, 264
    Chaudrée de crabe et de champignons sauvages, 84
    Conseils sur les, 84
    Couscous aux champignons sauvages et aux noix, 232
    Gnocchis aux shiitake, aux courgettes et au pesto, 129
    Médaillons de bœuf aux champignons sauvages, 196
    Morue dans un riche bouillon de légumes d'automne, 142
    Pizza aux champignons sauvages et au fromage de chèvre, 93
    Rigatonis aux légumes et au bouillon de champignons sauvages, 119
    Riz sauvage aux champignons, 267
    Salade de haricots blancs et de portobellos, 38
    Salade tiède de champignons sauvages et de fenouil, 48
    Sandwiches aux portobellos glacés au madère, 100
    Strudel au fromage de chèvre et aux champignons sauvages, 35
    Tournedos chasseur, 198
    Veau aux champignons sauvages et aux poireaux, 203
Chaudrée de crabe et de champignons sauvages, 84
Cheveux d'ange. *Voir* Capellinis
Chiche-kebab d'agneau, 211
Chili de bison, 220
Chou frisé à la mode du sud, 263
Chou rouge aux raisins secs, 266
Choux de Bruxelles glacés à la moutarde, 259
Chutney à la mangue, 286
Cigares au chou, 270, *271*
Cinq-épices, 157
Citron
    Capellinis au citron et aux câpres, 111
    Escalopes de veau au citron et aux câpres, 202
    Poulet grillé au citron et au gingembre, 182
    Riz au citron et à l'aneth, 223
    Tarte au citron, 334
    Vinaigrette au citron, 43
Cocktail de cantaloup, 298
Compote de fruits secs, 294, *295*
Concombres
    Croquettes au saumon avec relish au concombre, 26
    Rouleaux de laitue farcis au bœuf à l'orientale, 108
Côtelettes d'agneau au romarin et aux haricots blancs, 212, *213*
Coulis de petits fruits, 339
Coupe aux fruits tropicaux et au yogourt à la vanille et au miel, 296
Courges et citrouilles
    Capellinis aux légumes grillés, 118
    Pot-au-feu aux légumes, 282
    Pot-au-feu aux légumes et aux dumplings aux fines herbes, 280
    Soupe aux pommes et à la citrouille au cari, 73

Courgettes
    Capellinis aux légumes grillés, 118
    Feuilletés de saumon aux légumes, 137
    Gnocchis aux shiitake, aux courgettes et au pesto, 129
    Lasagne aux légumes grillés, 131
    Pétoncles frits, 160
    Pot-au-feu aux légumes et aux dumplings aux fines herbes, 280
    Soupe aux courgettes et au cheddar, 72
Couscous aux champignons sauvages et aux noix, 232
Crabe
    Chaudrée de crabe et de champignons sauvages, 84
    Crabes mous grillés, 168
    Sandwiches au crabe épicé, 106
    Strudel au crabe, aux poires et au fromage, 166
Crabes mous grillés, 168
Crêpes au homard et aux asperges, 105
Crêpes aux légumes à l'orientale, 279
Crevettes
    Brochettes de crevettes, 29
    Comment nettoyer les, 29
    Crevettes épicées à la mode du sud, 156
    Crevettes épicées grillées à l'orientale, 157
    Minestrone, 83
    Poitrines de poulet pochées dans un bouillon épicé, 172
    Pot-au-feu au poulet et aux crevettes, 184
Crevettes épicées à la mode du sud, 156
Crevettes épicées grillées à l'orientale, 157
Croquettes au maïs et aux oignons verts, 24, *25*
Croquettes au saumon avec relish au concombre, 26
Croquettes de haricots noirs, 250
Croquettes de maïs, de quinoa et de riz sauvage, 236
Croquettes de patates douces, 273
Croquettes de pommes de terre et relish épicé aux tomates, 275
Croustade aux pommes, 330
Croûte aux fines herbes, *195*, 309
Cuisses de poulet au vinaigre balsamique, 183

D

Demi-glace, 189, 212
Desserts
    Biscuits au fudge au chocolat, 326
    Brownies au fudge, 320
    Coulis de petits fruits, 339
    Croustade aux petits fruits, 330
    Croustade aux pommes, 330
    Gâteau au chocolat, 317
    Gâteau aux carottes, 318
    Gâteau des anges au chocolat, 316
    Gâteau éponge, 314
    Mousse au yogourt et au chocolat, 325
    Petits fruits à la napolitaine, 332
    Pouding au riz, 324
    Shortcake aux fraises chaudes et au yogourt glacé, 333
    Sorbet aux poires, 340
    Soufflé à la polenta, 321
    Strudel aux pommes, 331
    Tarte au citron, 334
    Tarte Tatin, 336
    Truffes aux amandes et au fudge, 329
    Tuiles aux amandes, 328
Dinde
    Empenadas à la dinde, 31
    Paninis à la dinde fumée et aux poivrons grillés, 99
    Pennes au rapini et à la saucisse de dinde épicée, 125
    Poitrine de dinde fumée glacée au whisky avec confiture à l'orange et aux fines herbes, 188
    Sandwiches à la salade Cobb, 96
Doliques à œil noir aux tomates séchées, 247
Doliques à œil noir aux riz aux légumes, 248
Dumplings épicés au poulet et aux arachides, 30

E

Empenadas à la dinde, *25*, 31
Endives
    Mesclun au fromage bleu et aux pignons, 42
    Saumon en croûte épicée à la marocaine, 134
Épinards
    Épinards à la vinaigrette balsamique, 258
    Mesclun au fromage bleu et aux pignons, 42
    Orzo aux épinards et à l'asiago, 112
    Salade de bœuf à la thaï, 58
    Salade de fraises et d'épinards, 40
    Trempette à l'avocat et aux épinards, 20
Épinards à la vinaigrette balsamique, 258
Escalopes de veau au citron et aux câpres, 202
Espadon grillé aux tomates, aux anchois et à l'ail, 151
Espadon grillé et pâtes au poivre noir, 149, *150*

F

Farro au persil et aux amandes grillées, 234, *235*
Farfalles aux asperges grillées, aux morilles et aux petits pois, 120, *121*
Fenouil
    Salade tiède de champignons sauvages et de fenouil, 48
    Soupe aux betteraves, au fenouil et au gingembre, 68
Fettucines au saumon fumé, aux câpres et aux petits pois, 122
Feuilles de vigne farcies à la morue, 143
Feuilletés de saumon aux légumes, 137
Figues au four, 293
Flétan aux poivrons grillés avec salade de pommes de terre, 141
Fraises
    Mandarine frappée, 297
    Salade de fraises et d'épinards, 40
    Shortcake aux fraises chaudes et au yogourt glacé, 333
Fromage bleu
    Médaillons de bœuf au fromage bleu, avec croûte aux fines herbes, 194
    Mesclun au fromage bleu et aux pignons, 42
    Vinaigrette au fromage bleu, 62
Fromage de yogourt
    Coupe aux fruits tropicaux et au yogourt à la vanille et au miel, 296
    Feuilletés de saumon aux légumes, 137
Fromages
    Coupe aux fruits tropicaux et au yogourt à la vanille et au miel, 296
    Gratin de pommes de terre, 276

344 La grande cuisine de tous les jours

Médaillons de bœuf au fromage bleu, avec croûte aux fines herbes, 194
Mesclun au fromage bleu et aux pignons, 42
Orzo aux épinards et à l'asiago, 112
Petits fruits à la napolitaine, 332
Pizza au provolone, aux tomates séchées et aux olives noires, 95
Pizza aux champignons sauvages et au fromage de chèvre, 93
Polenta au fromage de chèvre, 233
Salade de romaine et de pamplemousse aux noix et au stilton, 41
Sandwiches aux légumes grillés, 101
Soufflé au fromage, 242
Soupe aux courgettes et au cheddar, 72
Spaghettis à la sauce crémeuse au gorgonzola, 114
Strudel au crabe, aux poires et au fromage, 166
Strudel au fromage de chèvre et aux champignons sauvages, 35
Tarte à la provençale, 36
Tarte Tatin, 336
Tortillas aux légumes cuites au four, 252
Vinaigrette au fromage bleu, 62
Fruits
    Agrumes, suprêmes d', 148
    Ananas grillé à la noix de coco, 292
    Chutney à la mangue, 286
    Cocktail de cantaloup, 298
    Compote de fruits secs, 294
    Coupe aux fruits tropicaux et au yogourt à la vanille et au miel, 296
    Figues au four, 293
    Mandarine frappée, 297
    Mûres à la sauce aux agrumes, 289
    Petits fruits à la napolitaine, 332
    Poires au gingembre, 290
    Poires pochées dans la sauce au cidre chaud, 291
    Salsa aux fruits épicée, 158
    Salsa à la papaye verte, 288
    Salsa aux fruits à la mode tropicale, 284
    Smoothie tropical, 296
    Voir aussi chacun des noms de fruits
Fruits de mer
    Bar et pétoncles en papillote, 138
    Brochettes de crevettes, 29
    Ceviche de vivaneau et de pétoncles, 162
    Chaudrée de crabe et de champignons sauvages, 84
    Crabes mous grillés, 168
    Crevettes épicées à la mode du sud, 156
    Crevettes épicées grillées à l'orientale, 157
    Homard bouilli à la mode traditionnelle, 165
    Minestrone, 83
    Moules au safran dans un bouillon au vin blanc, 164
    Palourdes à la bière, 163
    Pétoncles à la salsa aux fruits épicée, 158
    Pétoncles à la vinaigrette aux betteraves, 28
    Pétoncles frits, 160
    Risotto aux pétoncles et aux asperges, 237
    Sandwiches au crabe épicé, 106
    Strudel au crabe, aux poires et au fromage, 166

Fruits secs
    Cari d'agneau aux fruits secs, 215
    Muffins à l'avoine et aux fruits secs, 302
Fudge
    Biscuits au fudge au chocolat, 326
    Brownies au fudge, 320
    Truffes aux amandes et au fudge, 329

G
Gâteau au chocolat, 317
Gâteau aux carottes, 318, *319*
Gâteau des anges au chocolat, 316
Gâteau éponge, 314
Gâteaux
    Croquettes au maïs et aux oignons verts, 24
    Croquettes au saumon avec relish au concombre, 26
    Croquettes de haricots noirs, 250
    Croquettes de maïs, de quinoa et de riz sauvage, 236
    Croquettes de patates douces, 273
    Gâteau au chocolat, 317
    Gâteau aux carottes, 318
    Gâteau des anges au chocolat, 316
    Gâteau éponge, 314
Gingembre
    Bar au gingembre à la nage, 140
    Poires au gingembre, 290
    Poulet grillé au citron et au gingembre, 182
    Salade de poulet au sésame, vinaigrette au gingembre, 57
    Soupe aux betteraves, au fenouil et au gingembre, 68
Gnocchis, 128
Gnocchis aux shiitake, aux courgettes et au pesto, 129
Gorgonzola
    Spaghettis à la sauce crémeuse au gorgonzola, 114
Grains de blé à la menthe et à l'orange, 230
Gratin de pommes de terre, 276

H
Haricots
    Côtelettes d'agneau au romarin et aux haricots blancs, 212
    Croquettes de haricots noirs, 250
    Haricots frits à la mode végétarienne, 244
    Haricots noirs et maïs grillé, 249
    Haricots verts à l'aigre-doux, 260
    Haricots verts aux noix, 257
    Maïs grillé et haricots de Lima, 245
    Minestrone de fruits de mer, 83
    Morue dans un riche bouillon de légumes d'automne, 142
    Pain de maïs et de haricots noirs, 251
    Salade de haricots blancs et de portobellos, 38
    Salade de haricots chinois, vinaigrette à la tangerine, à la moutarde et au sherry, 44
    Saumon grillé aux fines herbes et aux haricots blancs, 136
    Soupe aux haricots blancs, 76
    Tortillas aux légumes cuites au four, 252
Haricots frits à la mode végétarienne, 244
Haricots noirs et maïs grillé, 249
Haricots verts à l'aigre-doux, 260
Haricots verts aux noix, 257
Hoisin, sauce, 78, 279

Homard
    Crêpes au homard et aux asperges, 105
    Homard bouilli à la mode traditionnelle, 165
    Salade de homard et de poivrons rouges grillés, 55
Homard bouilli à la mode traditionnelle, 165
Hors-d'œuvre
    Brochettes de crevettes, 29
    Croquettes au maïs et aux oignons verts, 24
    Croquettes au saumon avec relish au concombre, 26
    Dumplings épicés au poulet et aux arachides, 30
    Empenadas à la dinde, 31
    Œufs farcis au jambon à la diable, 23
    Pétoncles à la vinaigrette aux betteraves, 28
    Rouleaux vietnamiens, 32
    Salade de haricots blancs et de portobellos, 38
    Salade de roquette et de poivrons grillés au prosciutto, 37
    Salsa aux tomatilles, 22
    Strudel au fromage de chèvre et aux champignons sauvages, 35
    Tarte à la provençale, 36
    Tartinade aux légumes, 21
    Trempette à l'avocat et aux épinards, 20

J
Jambon
    Œufs farcis au jambon à la diable, 23
    Tournedos chasseur, 198
Jarrets d'agneau braisés, 214
Jicama
    Salade de jicama, de poivrons et de maïs grillé, 46
Julienne, préparation d'une, 80

K
Kasha aux pommes et aux noix, 228
Kebabs de bison à l'indienne, 219

L
Lasagne aux asperges, 132
Lasagne aux légumes grillés, 131
Légumes
    Artichauts et champignons à la sauce au vin blanc, 264
    Asperges grillées au parmesan, 256
    Brocoli à la sauce à l'orange et au sésame, 261
    Burgers aux légumes, 102
    Capellinis aux légumes grillés, 118
    Chou frisé à la mode du sud, 263
    Chou rouge aux raisins secs, 266
    Choux de Bruxelles glacés à la moutarde, 259
    Cigares au chou, 270
    Crêpes aux légumes à l'orientale, 279
    Croquettes de patates douces, 273
    Croquettes de pommes de terre et relish épicé aux tomates, 275
    Épinards à la vinaigrette balsamique, 258
    Feuilletés de saumon aux légumes, 137
    Gratin de pommes de terre, 276
    Haricots verts à l'aigre-doux, 260
    Haricots verts aux noix, 257
    Lasagne aux légumes grillés, 131
    Morue dans un riche bouillon de légumes d'automne, 142
    Oignons et chou-fleur au safran, 265
    Pommes de terre au safran, 272
    Pot-au-feu aux légumes, 282
    Pot-au-feu aux légumes et aux dumplings aux fines herbes, 280
    Pouding au maïs, 269
    Purée de brocoli et de pommes de terre, 277
    Purée de pommes de terre à l'aubergine et à l'ail, 278
    Rigatonis aux légumes et au bouillon de champignons sauvages, 119
    Riz au safran et aux légumes épicés, 268
    Riz sauvage aux champignons, 267
    Rösti de pommes de terre et de céleri-rave, 274
    Soupe aux légumes d'hiver à la japonaise, 70
    Soupe aux pommes et à la citrouille au cari, 73
    Tajine aux légumes et aux pois chiches, 246
    Tartinade aux légumes, 21
    Tomates et cresson à la poêle, 262
    Tortillas aux légumes cuites au four, 252
    Voir aussi chacun des noms de légumes
Lentilles
    Salade de lentilles, d'olives et d'oranges, 52
    Salade de lentilles rouges, 53
    Saumon en croûte épicée à la marocaine, 134
    Soupe aux lentilles à l'indienne, 77
Linguines à la sauce blanche aux palourdes, 123
Linguines aux olives, au basilic et aux deux tomates, 116, *117*
Longe de bœuf à la provençale, 197

M
Maïs
    Croquettes au maïs et aux oignons verts, 24
    Croquettes de maïs, de quinoa et de riz sauvage, 236
    Maïs grillé et haricots de Lima, 245
    Pain de maïs et de haricots noirs, 251
    Pain de maïs traditionnel, 306
    Pouding au maïs, 269
    Salade de jicama, de poivrons et de maïs grillé, 46
    Salade de maïs à la mexicaine, 47
    Soupe au poulet et au maïs à la mode amish, 81
Maïs grillé et haricots de Lima, 245
Mandarine frappée, 297
Mangues
    Chutney, 286
    Coupe aux fruits tropicaux et au yogourt à la vanille et au miel, 296
    Préparation des, 287
    Salsa aux fruits à la mode tropicale, 284
Marocaine, à la,
    Poulet et riz au safran, 176
    Sandwiches à la salade de poulet, 98
    Saumon en croûte épicée, 134
Médaillons de bœuf au fromage bleu, avec croûte aux fines herbes, 194, *195*
Médaillons de bœuf aux champignons sauvages, 196
Médaillons de porc au cidre, 210
Mesclun au fromage bleu et aux pignons, 42
Millet
    Pilaf de millet à l'orange, 227
Minestrone de fruits de mer, 83
Miso
    Soupe aux légumes d'hiver à la japonaise, 70

Morilles
    Farfalles aux asperges grillées, aux morilles et aux petits pois, 120
Morue
    Feuilles de vigne farcies à la morue, 143
    Morue dans un riche bouillon de légumes d'automne, 142
Morue dans un riche bouillon de légumes d'automne, 142
Moules
    Minestrone, 83
    Moules au safran dans un bouillon au vin blanc, 164
    Nettoyer les, 83
Moules au safran dans un bouillon au vin blanc, 164
Mousse au yogourt et au chocolat, 325
Moutarde
    Choux de Bruxelles glacés à la moutarde, 259
    Poitrines de poulet aux artichauts et à la sauce moutarde, 175
    Poulet pané aux fines herbes, sauce crémeuse à la moutarde, 173
    Rôti de longe de porc, sauce à la moutarde et au miel, 206
    Salade de haricots chinois, vinaigrette à la tangerine, à la moutarde et au sherry, 44
Muffins à l'avoine, aux poires et à l'érable, 301
Muffins à l'avoine et aux fruits secs, 302, *303*
Muffins à l'orange, à l'abricot et aux canneberges, *303*, 304
Muffins de blé entier aux épices, 300
Mûres
    Mûres à la sauce aux agrumes, 289
    Petits fruits à la napolitaine, 332
Mûres à la sauce aux agrumes, 289

N
Navets
    Morue dans un riche bouillon de légumes d'automne, 142
    Pot-au-feu aux légumes et aux dumplings aux fines herbes, 280
Noix de coco
    Ananas grillé à la noix de coco, 292
    Baudroie à la thaï, 144
Nouilles
    Nouilles au poivre, 110
    Pad thaï, 126
    Salade de nouilles de sarrasin à l'orientale, 50
Nouilles au poivre, 110

O
Œufs farcis au jambon à la diable, 23
Oignons
    Couper en dés les, 225
    Oignons et chou-fleur au safran, 265
    Pizza à la pancetta et aux oignons caramélisés, 94
    Poitrines de canard à la vinaigrette d'oignons grillés, 189
    Venaison à la sauce aux oignons caramélisés, 216
Oignons et chou-fleur au safran, 265
Oignons verts
    Croquettes au maïs et aux oignons verts, 24
    Risotto aux petits pois et aux oignons verts, 239
Olives
    Linguines aux olives, au basilic et aux deux tomates, 116
    Pizza au provolone, aux tomates séchées et aux olives noires, 95
    Salade de lentilles, d'olives et d'oranges, 52

Oranges
    Brocoli à la sauce à l'orange et au sésame, 261
    Grains de blé à la menthe et à l'orange, 230
    Muffins à l'orange, à l'abricot et aux canneberges, 304
    Pilaf de millet à l'orange, 227
    Poitrine de dinde fumée glacée au whisky avec confiture à l'orange et aux fines herbes, 188
    Salade de lentilles, d'olives et d'oranges, 52
    Zeste, 172
Orzo
    Albacore à l'orzo et à la salsa, 145
    Orzo aux épinards et à l'asiago, 112
Orzo aux épinards et à l'asiago, 112

P
Pacanes
    Comment griller les, 56
    Salade de poulet grillé et de pacanes, 56
Pad thaï, 126, *127*
Paella à la valencienne, 185
Pain aux pois chiches et variantes, 310
Pain aux pommes de terre et au yogourt, 307
Pain de maïs et de haricots noirs, 251
Pain de maïs traditionnel, 306
Pain naan et purée d'aubergine, 312
Pains
    Biscuits au poivre noir, 308
    Croûte aux fines herbes, 309
    Muffins à l'avoine, aux poires et à l'érable, 301
    Muffins à l'avoine et aux fruits secs, 302
    Muffins à l'orange, à l'abricot et aux canneberges, 304
    Muffins de blé entier aux épices, 300
    Pain aux pois chiches et variantes, 310
    Pain aux pommes de terre et au yogourt, 307
    Pain de maïs et de haricots noirs, 251
    Pain de maïs traditionnel, 306
    Pain naan et purée d'aubergine, 312
    Paninis à la dinde fumée et aux poivrons grillés, 99
    Pita, 89
    Popovers au poivre, 305
    Soupe aux courgettes et au cheddar, 72
Palourdes à la bière, 163
Paninis à la dinde fumée et aux poivrons grillés, 99
Papayes
    Coupe aux fruits tropicaux et au yogourt à la vanille et au miel, 296
    Salsa à la papaye verte, 288
    Salsa aux fruits à la mode tropicale, 284
Papillote
    Bar et pétoncles en papillote, 138
    Conseils du chef, 139
Parmesan
    Asperges grillées au parmesan, 256
    Pennes à la sauce crémeuse à l'ail et au parmesan, 113
    Vinaigrette aux grains de poivre et au parmesan, 61
Patates douces
    Croquettes de patates douces, 273
    Potage aux patates douces, 71
Pâte à pizza et variantes, 88

Pâtes
  Capellinis au citron et aux câpres, 111
  Capellinis aux légumes grillés, 118
  Espadon grillé et pâtes au poivre noir, 149
  Farfalles aux asperges grillées, aux morilles et aux petits pois, 120
  Fettucines au saumon fumé, aux câpres et aux petits pois, 122
  Gnocchis, 128
  Gnocchis aux shiitake, aux courgettes et au pesto, 129
  Lasagne aux asperges, 132
  Lasagne aux légumes grillés, 131
  Linguines à la sauce blanche aux palourdes, 123
  Linguines aux olives, au basilic et aux deux tomates, 116
  Nouilles au poivre, 110
  Orzo aux épinards et à l'asiago, 112
  Pad thaï, 126
  Pennes à la sauce crémeuse à l'ail et au parmesan, 113
  Pennes au rapini et à la saucisse de dinde épicée, 125
  Rigatonis à l'aubergine et aux tomates séchées, 124
  Rigatonis aux légumes et au bouillon de champignons sauvages, 119
  Spaghettis à la sauce crémeuse au gorgonzola, 114
  Spätzles, 130
Pêches
  Peler les, 174
  Poitrine de poulet aux pêches, sauce zinfandel, 174
Pennes à la sauce crémeuse à l'ail et au parmesan, 113
Pennes au rapini et à la saucisse de dinde épicée, 125
Pesto
  Gnocchis aux shiitake, aux courgettes et au pesto, 129
  Préparation du, 129
Petits fruits à la napolitaine, 332
Pétoncles
  Bar et pétoncles en papillote, 138
  Ceviche de vivaneau et de pétoncles, 162
  Pétoncles à la salsa aux fruits épicée, 158
  Pétoncles à la vinaigrette aux betteraves, 28
  Pétoncles frits, 160
  Risotto aux pétoncles et aux asperges, 237
Pétoncles à la salsa aux fruits épicée, 158, *159*
Pétoncles à la vinaigrette aux betteraves, 28
Pétoncles frits, 160
Phyllo, pâte
  Conseils166
  Feuilletés de saumon aux légumes, 137
Pignons
  Comment griller les, 42
  Mesclun au fromage bleu et aux pignons, 42
Pilaf de millet à l'orange, 227
Pilaf de quinoa aux poivrons rouges, 231
Pilaf de riz brun et de riz sauvage aux canneberges, 226
Pita, 89
Pizza à la pancetta et aux oignons caramélisés, *92,* 94
Pizza au brocoli grillé à la new-yorkaise, 91, *92*
Pizza au provolone, aux tomates séchées, aux olives noires, 95
Pizza aux champignons sauvages et au fromage de chèvre, 93
Pizza aux tomates grillées et à la mozzarella, 90
Poireaux
  Comment laver les, 172
  Veau aux champignons sauvages et aux poireaux, 203

Poires
  Muffins à l'avoine, aux poires et à l'érable, 301
  Poires au gingembre, 290
  Poires pochées dans la sauce au cidre chaud, 291
  Sorbet aux poires, 340
  Strudel au crabe, aux poires et au fromage, 166
Poires au gingembre, 290
Poires pochées dans la sauce au cidre chaud, 291
Pois
  Farfalles aux asperges grillées, aux morilles et aux petits pois, 120
  Fettucines au saumon fumé, aux câpres et aux petits pois, 122
  Risotto aux petits pois et aux oignons verts, 239
Poisson entier grillé à la marocaine, 153
Poissons
  Albacore à l'orzo et à la salsa, 145
  Albacore et salade d'agrumes, 146
  Bar au gingembre à la nage, 140
  Bar et pétoncles en papillote, 138
  Baudroie à la thaï, 144
  Ceviche de vivaneau et de pétoncles, 162
  Espadon grillé aux tomates, aux anchois et à l'ail, 151
  Espadon grillé et pâtes au poivre noir, 149
  Feuilles de vigne farcies à la morue, 143
  Feuilletés de saumon aux légumes, 137
  Flétan aux poivrons grillés avec salade de pommes de terre, 141
  Minestrone de fruits de mer, 83
  Morue dans un riche bouillon de légumes d'automne, 142
  Moules au safran dans un bouillon au vin blanc, 164
  Poisson entier grillé à la marocaine, 153
  Requin mako à l'indienne, 152
  Saumon en croûte épicée à la marocaine, 134
  Saumon grillé aux fines herbes et aux haricots blancs, 136
Poitrine de dinde fumée glacée au whisky avec confiture à l'orange et aux fines herbes, 188
Poitrines de canard à la vinaigrette d'oignons grillés, 189, *190*
Poitrines de poulet aux artichauts et à la sauce moutarde, 175
Poitrine de poulet aux pêches, sauce zinfandel, 174
Poitrines de poulet farcies au gremolata avec relish aux tomates, 178, *179*
Poitrines de poulet pochées dans un bouillon épicé, 172
Poivre
  Biscuits au poivre noir, 308
  Espadon grillé et pâtes au poivre noir, 149
Poivrons
  Capellinis aux légumes grillés, 118
  Comment griller les, 47
  Crêpes aux légumes à l'orientale, 279
  Feuilletés de saumon aux légumes, 137
  Flétan aux poivrons grillés avec salade de pommes de terre, 141
  Lasagne aux légumes grillés, 131
  Paninis à la dinde fumée et aux poivrons grillés, 99
  Pilaf de quinoa aux poivrons rouges, 231
  Salade de calmars à l'italienne, 54
  Salade de homard et de poivrons rouges grillés, 55
  Salade de jicama, de poivrons et de maïs grillé, 46

Salade de roquette et de poivrons grillés au prosciutto, 37
Sandwiches aux légumes grillés, 101
Polenta
  Polenta au fromage de chèvre, 233
  Soufflé à la polenta, 321
Pommes
  Croustade aux pommes, 330
  Kasha aux pommes et aux noix, 228
  Rôti de longe de porc à la compote de pommes, 205
  Soupe aux pommes et à la citrouille au cari, 73
  Strudel aux pommes, 331
  Vinaigrette crémeuse au raifort et aux pommes, 63
Pommes de terre
  Flétan aux poivrons grillés avec salade de pommes de terre, 141
  Gratin de pommes de terre, 276
  Pain aux pommes de terre et au yogourt, 307
  Pommes de terre au safran, 272
  Purée de brocoli et de pommes de terre, 277
  Purée de pommes de terre à l'aubergine et à l'ail, 278
  Rösti de pommes de terre et de céleri-rave, 274
Pommes de terre au safran, 272
Popovers au poivre, 305
Porc
  Médaillons de porc au cidre, 210
  Rôti de longe de porc à la compote de pommes, 205
  Rôti de longe de porc aux fruits secs et à l'armagnac, 208
  Rôti de longe de porc, sauce à la moutarde et au miel, 206
Potage aux patates douces, 71
Pot-au-feu à la bolivienne, 200
Pot-au-feu au canard et à la saucisse, 191
Pot-au-feu au poulet et aux crevettes, 184
Pot-au-feu aux légumes, 282
Pot-au-feu aux légumes et aux dumplings aux fines herbes, 280, *281*
Pouding au maïs, 269
Pouding au riz, 324
Poulet
  Burritos au poulet grillé, 177
  Cuisses de poulet au vinaigre balsamique, 183
  Dumplings épicés au poulet et aux arachides, 30
  Poitrines de poulet aux artichauts et à la sauce moutarde, 175
  Poitrine de poulet aux pêches, sauce zinfandel, 174
  Poitrines de poulet farcies au gremolata avec relish aux tomates, 178
  Poitrines de poulet pochées dans un bouillon épicé, 172
  Pot-au-feu au poulet et aux crevettes, 184
  Poulet à la jerk, 170
  Poulet aux noix, 181
  Poulet épicé à la séchouanaise, 180
  Poulet et riz au safran à la marocaine, 176
  Poulet grillé au citron et au gingembre, 182
  Poulet pané aux fines herbes, sauce crémeuse à la moutarde, 173
  Poulet rôti à la mexicaine, 186
  Poulets de Cornouailles glacés aux prunes, 187
  Salade de poulet au sésame, vinaigrette au gingembre, 57
  Salade de poulet grillé et de pacanes, 56
  Sandwiches à la salade de poulet à la marocaine, 98

Sandwiches au poulet grillé et au chutney, 97
Soupe au poulet et au maïs à la mode amish, 81
Soupe aux tortillas, 75
Soupe won-ton, 78
Poulet à la jerk, 170, *171*
Poulet aux noix, 181
Poulet épicé à la séchouanaise, 180
Poulet et riz au safran à la marocaine, 176
Poulet grillé au citron et au gingembre, 182
Poulet pané aux fines herbes, sauce crémeuse à la moutarde, 173
Poulet rôti à la mexicaine, 186
Poulets de Cornouailles glacés aux prunes, 187
Prosciutto
  Salade de roquette et de poivrons grillés au prosciutto, 37
Purée de brocoli et de pommes de terre, 277
Purée de pommes de terre à l'aubergine et à l'ail, 278

Q
Quinoa
  Croquettes de maïs, de quinoa et de riz sauvage, 236
  Pilaf de quinoa aux poivrons rouges, 231

R
Relish
  Croquettes au saumon avec relish au concombre, 26
  Croquettes de pommes de terre et relish épicé aux tomates, 275
  Poitrines de poulet farcies au gremolata avec relish aux tomates, 178
Requin mako à l'indienne, 152
Rigatonis à l'aubergine et aux tomates séchées, 124
Rigatonis aux légumes et au bouillon de champignons sauvages, 119
Risotto aux petits pois et aux oignons verts, 239
Risotto aux pétoncles et aux asperges, 237, *238*
Riz au citron et à l'aneth, 223
Riz au safran et aux légumes épicés, 268
Riz basmati aux fines herbes, 222
Riz sauvage aux champignons, 267
Riz sauvage aux noisettes, 224
Roquette
  Artichauts et champignons à la sauce au vin blanc, 264
  Mesclun au fromage bleu et aux pignons, 42
  Salade de calmars à l'italienne, 54
Rösti de pommes de terre et de céleri-rave, 274
Rôti de longe de porc à la compote de pommes, 205
Rôti de longe de porc aux fruits secs et à l'armagnac, 208, *209*
Rôti de longe de porc, sauce à la moutarde et au miel, 206
Rouleaux de laitue farcis au bœuf à l'orientale, 108
Rouleaux vietnamiens, 32

S
Safran
  Moules au safran dans un bouillon au vin blanc, 164
  Oignons et chou-fleur au safran, 265
  Pommes de terre au safran, 272
  Poulet et riz au safran à la marocaine, 176
  Riz au safran et aux légumes épicés, 268
Salade de bœuf à la thaï, 58
Salade de calmars à l'italienne, 54

Salade de carottes à la menthe, vinaigrettte au citron, 43
Salade de fraises et d'épinards, 40
Salade de haricots blancs et de portobellos, 38
Salade de haricots chinois, vinaigrette à la tangerine, à la moutarde et au sherry, 44, *45*
Salade de homard et de poivrons rouges grillés, 55
Salade de jicama, de poivrons et de maïs grillé, 46
Salade de lentilles, d'olives et d'oranges, 52
Salade de lentilles rouges, 53
Salade de maïs à la mexicaine, 47
Salade de nouilles de sarrasin à l'orientale, 50
Salade de poulet au sésame, vinaigrette au gingembre, 57
Salade de poulet grillé et de pacanes, 56
Salade de riz au cari, 51
Salade de romaine et de pamplemousse aux noix et au stilton, 41
Salade de roquette et de poivrons grillés au prosciutto, 37
Salade tiède de champignons sauvages et de fenouil, 48, *49*
Salsa à la papaye verte, *171*, 288
Salsa aux fruits à la mode tropicale, 284
Salsa aux tomatilles, 22, *25*
Sandwiches à la salade Cobb, 96
Sandwiches à la salade de poulet à la marocaine, 98
Sandwiches au crabe épicé, 106, *107*
Sandwiches au poulet grillé et au chutney, 97
Sandwiches aux huîtres et à la rémoulade, 103
Sandwiches aux légumes grillés, 101
Sandwiches aux portobellos glacés au madère, 100
Sarrasin
    Pâte à pizza, 89
    Salade de nouilles de sarrasin à l'orientale, 50
    Voir aussi Kasha
Sauces
    À l'ail et au parmesan, 113
    À la moutarde, 173, 175
    À la moutarde et au miel, 206
    À la noix de coco, 144
    À l'armagnac, 208
    À l'orange et au sésame, 261
    Au cidre, 291
    Au gorgonzola, 114
    Au romarin, 212
    Au vin blanc, 264
    Au zinfandel, 174
    Aux agrumes, 289
    Aux câpres, 201
    Aux oignons grillés, 216
    Blanche aux palourdes, 123
    Coulis de petits fruits (desserts), 339
    Cumberland, 218
    Rémoulade, 103
    Voir aussi Salsa, Vinaigrette et Trempette
Saucisses
    Pennes au rapini et à la saucisse de dinde épicée, 125
    Pot-au-feu au canard et à la saucisse, 191
Saumon
    Croquettes au saumon avec relish au concombre, 26
    Fettucines au saumon fumé, aux câpres et aux petits pois, 122
    Feuilletés de saumon aux légumes, 137

Saumon en croûte épicée à la marocaine, 134
Saumon grillé aux fines herbes et aux haricots blancs, 136
Saumon en croûte épicée à la marocaine, 134, *135*
Saumon grillé aux fines herbes et aux haricots blancs, 136
Semoule de maïs
    Pain de maïs et de haricots noirs, 251
    Pizza au provolone, aux tomates séchées et aux olives noires, 95
Shortcake aux fraises chaudes et au yogourt glacé, 333
Sirop simple, préparation d'un, 315
Smoothie tropical, 296
Sorbet aux poires, 340
Soufflé à la polenta, 321
Soufflé au fromage, 242, *243*
Soupe au poulet et au maïs à la mode amish, 81, *82*
Soupe au tofu épicée à la thaï, 67
Soupe aux asperges, 66
Soupe aux betteraves, au fenouil et au gingembre, 68, *69*
Soupe aux courgettes et au cheddar, 72
Soupe aux haricots blancs, 76
Soupe aux légumes d'hiver à la japonaise, 70
Soupe aux lentilles à l'indienne, 77
Soupe aux pommes et à la citrouille au cari, 73
Soupe aux tortillas, 75
Soupe froide aux prunes, 74
Soupe won-ton, 78
Soupes. *Voir aussi* Potages
Spaghettis à la sauce crémeuse au gorgonzola, 114, *115*
Spätzles, 130
Strudel au crabe, aux poires et au fromage, 166, *167*
Strudel au fromage de chèvre et aux champignons sauvages, 35
Strudel aux pommes, 331

T
Taboulé, 229
Tajine aux légumes et aux pois chiches, 246
Tamari, 78
Tarte à la provençale, 36
Tarte au citron, 334, *335*
Tarte Tatin, 336, *337*
Tartinade aux légumes, 21
Tofu
    Soupe au tofu épicée à la thaï, 67
    Soupe aux légumes d'hiver à la japonaise, 70
    Tartinade aux légumes, 21
    Tofu à la provençale, 254
    Tofu mariné et légumes frits, 253
Tofu à la provençale, 254
Tofu mariné et légumes frits, 253
Tomates
    Espadon grillé aux tomates, aux anchois et à l'ail, 151
    Gnocchis aux shiitake, aux courgettes et au pesto, 129
    Linguines aux olives, au basilic et aux deux tomates, 116
    Pizza au provolone, aux tomates séchées et aux olives noires, 95
    Pizza aux tomates grillées et à la mozzarella, 90
    Poitrines de poulet farcies au gremolata avec relish aux tomates, 178
    Tarte à la provençale, 36

Tomates et cresson à la poêle, 262
Tomates et cresson à la poêle, 262
Tomatilles
    Salsa aux tomatilles, 22
Tortillas aux légumes cuites au four, 252
Tournedos chasseur, 198
Trempette à l'avocat et aux épinards, 20, *25*
Truffes aux amandes et au fudge, 329
Tuiles aux amandes, 328

V

Veau
    Escalopes de veau au citron et aux câpres, 202
    Veau aux champignons sauvages et aux poireaux, 203
Veau aux champignons sauvages et aux poireaux, 203
Venaison à la sauce aux oignons caramélisés, 216
Viande
    Bifteck de flanc à l'ananas et aux échalotes grillées, 199
    Biftecks de venaison, sauce cumberland, 218
    Cari d'agneau aux fruits secs, 215
    « Carpaccio » à la sauce aux câpres, 201
    Chiche-kebab d'agneau, 211
    Chili de bison, 220
    Côtelettes d'agneau au romarin et aux haricots blancs, 212
    Escalopes de veau au citron et aux câpres, 202
    Jarrets d'agneau braisés, 214
    Kebabs de bison à l'indienne, 219
    Longe de bœuf à la provençale, 197
    Médaillons de bœuf au fromage bleu, avec croûte aux fines herbes, 194
    Médaillons de bœuf aux champignons sauvages, 196
    Médaillons de porc au cidre, 210
    Pot-au-feu à la bolivienne, 200
    Rôti de longe de porc à la compote de pommes, 205
    Rôti de longe de porc aux fruits secs et à l'armagnac, 208
    Rôti de longe de porc, sauce à la moutarde et au miel, 206
    Rouleaux de laitue farcis au bœuf à l'orientale, 108
    Salade de bœuf à la thaï, 58
    Tournedos chasseur, 198
    Veau aux champignons sauvages et aux poireaux, 203
    Venaison à la sauce aux oignons caramélisés, 216
Vin
    Artichauts et champignons à la sauce au vin blanc, 264
    Moules au safran dans un bouillon au vin blanc, 164
    Poitrine de poulet aux pêches, sauce zinfandel, 174
    Vinaigrette au porto, 64
Vinaigrette à la lime et à la coriandre, 60
Vinaigrette au fromage bleu, 62
Vinaigrette au porto, 64
Vinaigrette aux grains de poivre et au parmesan, 61

Vinaigrette crémeuse au raifort et aux pommes, 63
Vinaigrette balsamique, 59
Vivaneau
    Ceviche de vivaneau et de pétoncles, 162
Volaille
    Burritos au poulet grillé, 177
    Cuisses de poulet au vinaigre balsamique, 183
    Dumplings épicés au poulet et aux arachides, 30
    Paella à la valencienne, 185
    Poitrines de canard à la vinaigrette d'oignons grillés, 189
    Poitrine de dinde fumée glacée au whisky avec confiture à l'orange et aux fines herbes, 188
    Poitrines de poulet aux artichauts et à la sauce moutarde, 175
    Poitrine de poulet aux pêches, sauce zinfandel, 174
    Poitrines de poulet farcies au gremolata avec relish aux tomates, 178
    Poitrines de poulet pochées dans un bouillon épicé, 172
    Pot-au-feu au canard et à la saucisse, 191
    Pot-au-feu au poulet et aux crevettes, 184
    Poulet à la jerk, 170
    Poulet aux noix, 181
    Poulet épicé à la séchouanaise, 180
    Poulet et riz au safran à la marocaine, 176
    Poulet grillé au citron et au gingembre, 182
    Poulet pané aux fines herbes, sauce crémeuse à la moutarde, 173
    Poulet rôti à la mexicaine, 186
    Poulets de Cornouailles glacés aux prunes, 187
    Salade de poulet au sésame, vinaigrette au gingembre, 57
    Salade de poulet grillé et de pacanes, 56
    Sandwiches à la salade de poulet à la marocaine, 98
    Sandwiches au poulet grillé et au chutney, 97
    Soupe au poulet et au maïs à la mode amish, 81
    Soupe aux tortillas, 75
    Soupe won-ton, 78

Y

Yogourt
    Coupe aux fruits tropicaux et au yogourt à la vanille et au miel, 296
    Mousse au yogourt et au chocolat, 325
    Pain aux pommes de terre et au yogourt, 307
    Shortcake aux fraises chaudes et au yogourt glacé, 333

Z

Zeste
    De citron, 178, 182
    Des agrumes, 217
    D'orange, 172

Table des matières

Introduction 7
Chapitre premier: L'art de manger sainement au XXIe siècle 9
Chapitre 2: Entrées et hors-d'œuvre 19
Chapitre 3: Salades 39
Chapitre 4: Soupes 65
Chapitre 5: Pizzas, sandwiches et wraps 87
Chapitre 6: Pâtes 109
Chapitre 7: Poissons 133
Chapitre 8: Fruits de mer 155
Chapitre 9: Volaille 169
Chapitre 10: Viande et gibier 193
Chapitre 11: Céréales 221
Chapitre 12: Œufs, haricots, fromage et tofu 241
Chapitre 13: Légumes 255
Chapitre 14: Fruits 283
Chapitre 15: Pains 299
Chapitre 16: Desserts 313
Index 341

Achevé d'imprimer au Canada
en août 2001
sur les presses de l'imprimerie Interglobe Inc.